ShenZhen DiTie 5HaoXian
BT MoShi JianShe GuanLi
YanJiu Yu ShiJian

深圳地铁5号线BT模式建设管理研究与实践

陈湘生 编著

人民交通出版社

China Communications Press

内 容 提 要

本书分为上、下两篇。上篇为研究篇,主要针对深圳地铁5号线BT模式下的建设管理进行全面阐述,探讨了BT模式下的管理现状、管理关系、管理界面及管理中存在的问题,以及下一步优化的方向与建议,指明了城市轨道交通采用BT模式的关键要素,提出了城市轨道交通BT工程深圳模式;下篇为实践篇,主要内容包括5号线BT建设模式下的工程进度、质量安全、设计管理等相应的工作程序、界面、管控要点和管理办法。

本书可作为政府机构、建设单位等相关部门人员运作BT模式的参考用书;也可作为高校、科研单位、建筑企业等相关研究和建设管理人员的参考用书或工具书。

图书在版编目(CIP)数据

深圳地铁5号线BT模式建设管理研究与实践/陈湘生编著. --北京:人民交通出版社,2011.6
 ISBN 978-7-114-08906-0

Ⅰ.①深… Ⅱ.①陈… Ⅲ.①地下铁道–基本建设项目–项目管理–研究–深圳市 Ⅳ.①U231

中国版本图书馆CIP数据核字(2011)第041471号

书　　名:深圳地铁5号线BT模式建设管理研究与实践
著 作 者:陈湘生
责任编辑:高　培
出版发行:人民交通出版社
地　　址:(100011)北京市朝阳区安定门外外馆斜街3号
网　　址:http://www.ccpress.com.cn
销售电话:(010) 59757969,59757973
总 经 销:人民交通出版社发行部
经　　销:各地新华书店
印　　刷:北京市密东印刷有限公司
开　　本:787×1092　1/16
印　　张:24.25
字　　数:573千
版　　次:2011年6月　第1版
印　　次:2012年7月　第2次印刷
书　　号:ISBN 978-7-114-08906-0
定　　价:80.00元

(有印刷、装订质量问题的图书由本社负责调换)

前　言

随着国内基本建设大规模开展,各种不同的建设管理模式在各地应运而生,其中 BT 模式在近年来取得了较大的发展,其优势是能较好地解决建设单位资金紧张的难题,降低建设工期风险,减少招投标数量,但同时也面临着与我国现行法律法规不完全适应的方面,如:承办人的组织管理体制和项目管理人员经验缺乏;工程总体驾驭能力不足等。

地铁 BT 项目通常规模大,投资多,建设周期长,涉及的项目相关主体多,法律关系相对复杂,除传统的建设、勘察、设计、施工、监理 5 大建设主体外,BT 建设主体还包括 BT 发起人、BT 承办人以及 BT 承办人为规避建设 BT 项目风险而专门成立的 BT 项目公司;有时,BT 发起人也会成立项目公司管理 BT 项目。因此,BT 项目主体可能呈现出"5＋1"、"5＋2"甚至"5＋3"或"5＋4"等多种形态。

全国 20 多个城市都在建设地铁,同一个城市往往又有多条线路同时在施工,使得设计、施工、监理、科研咨询、监测、业主管理等多方面的力量被全面摊薄,加上地铁工程土建隐蔽工程非常多且复杂,造成了设计和施工技术力量、监理和业主管理很难全面到位的困难局面。这种局面下如何对施工过程质量进行有效监管,国内没有任何经验可以借鉴,深圳市地铁集团有限公司进行了有益的尝试。由于 BT 承办人承担了 BT 项目的施工,因此,为了保证工程的质量、进度、成本及安全工作全面可控,各施工监理单位均由业主通过招标确定,监理工作均对业主负总责。同时根据 BT 承办人的自身特点,充分发挥其在土建施工阶段的管理与指挥作用,提高管理效率,在土建施工阶段的部分监理工作由业主与 BT 承办人共管。同时,业主聘请了监理管理单位,对深圳地铁 5 号线全线六家施工监理的工作进行统一协调和监督,确保了共管模式下监理工作的质量。

深圳地铁 5 号线 BT 项目建设范围包括地铁 5 号线全线的土建工程、常规设备安装、车站建筑装修工程以及通信系统、信号系统、35kV 变配电、接触网、消防系统和综合监控系统共 6 大系统的安装和调试工程,是深圳首例以 BT 模式建设的项目,也是目前国内最大的城市轨道交通 BT 建设项目。为了尽可能符合我国现行法律法规,以便更好界定法律责任,深圳市政府有关部门及深圳市地铁集团公司在对国内外 BT 模式进行了大量调查研究的基础上,结合 5 号线工程项目的特点以及深圳市实际情况,对传统意义上的 BT 模式进行了改良。将地铁 5 号线的 BT 模式定位为"设计施工总承包＋投融资＋回报"。由深圳市政府授权深圳市地铁集团公司作为发包方,完全履行建设单位法律责任;5 号线 BT 承办人作为具有融资、设计和施工总承包能力的承办方,完全履行施工单位的法律责任。在明确双方法律关系的同时,可以赋予 BT 承办人更多权力,发挥其主动性、积极性,提高建设效率。

依照国家设计施工总承包的相关法规,本工程的勘察和初步设计单位、勘察设计咨询单位、监理单位和有关第三方监测单位由深圳市地铁集团公司招标委托,履行深圳地铁5号线建设的初步设计和监理管理的职责。深圳市地铁集团公司成立了5号线建设分公司,该分公司代表深圳市地铁集团公司对相关各方行使日常管理工作。BT承办人中国中铁成立了5号线项目独立公司——中铁南方投资发展有限公司,作为BT发起人在合同文件中明确其与BT承办人承担连带责任,同时,如BT承办人将施工图设计、专业工程等分包,其与分包单位在法律定位上为总分包关系。深圳市地铁集团有限公司依照双方约定,对施工图变动有否决权,即工程管理单位有BT发起人深圳市地铁集团公司和项目建设管理公司——5号线建设分公司、勘察设计单位、勘察设计咨询单位、工程监理单位、第三方监测单位、BT承办人中国中铁股份有限公司和其项目法人公司——中铁南方投资发展有限公司等八方(5+3模式)。

  本书是对深圳地铁5号线BT模式建设管理创新和程序的总结,是所有参建单位智慧的结晶。深圳市住房和建设局在改良BT模式方面起到了主导作用;深圳市地铁集团林茂德总经理等领导对本书所涉项目若干重大程序等做出了决策;中国中铁深圳地铁5号线项目法人公司——中铁南方投资发展有限公司参加了课题的研究和工程管理工作;中国铁道科学研究院参与本书依托课题的研究,其中,谭万忠助理研究员等编写了全书;课题组另一组长(2009年3月起设计管理)深圳地铁集团有限公司肖民总工程师,以及副组长李全清、雷江松、龙宏德、刘文、朱益海、郭晋杰,5号线建设分公司容建华、赖步一、蔡翔等对本课题做了相关工作。深圳地铁集团有限公司技术委员会和中国铁道科学研究院有关专家对本书提出了许多宝贵意见和建议,对提高本书质量起到了很好的作用。作者作为该项目建设管理的负责人和该课题组长之一(工程建设管理和2009年3月前的设计管理),2006年提出BT模式建议和策划并负责了该项目的全过程工作。现把深圳地铁5号线工程BT模式管理项目和对应表格全部呈现给读者,一方面供大家参考,更主要的是希望大家提出宝贵意见,有助于BT模式建设管理在我国得到有序的发展和提高。

作 者
2011年3月6日于深圳

目 录

上篇 研 究 篇

第1章 总论 ··· 3
- 1.1 深圳地铁5号线项目概况 ··· 3
- 1.2 深圳地铁5号线BT工程现状 ··· 6
- 1.3 研究目的及重点 ··· 9
- 1.4 深圳地铁5号线BT模式的创新点 ··· 10

第2章 深圳地铁5号线BT模式的提出 ··· 15
- 2.1 BT模式的演变及在我国的发展现状研究 ··· 15
- 2.2 BT模式在我国城市轨道交通工程中的运用和发展 ··· 18
- 2.3 深圳地铁5号线BT模式的产生及基本特征 ··· 23
- 2.4 深圳地铁5号线BT模式的优势分析 ··· 27

第3章 BT工程项目管理的指导思想及管理体系 ··· 34
- 3.1 BT项目发起人项目管理的总体指导思想 ··· 34
- 3.2 BT工程全寿命周期集成化管理 ··· 38
- 3.3 BT工程目标管理 ··· 43

第4章 BT工程范围管理 ··· 47
- 4.1 BT工程范围确定的基本原则 ··· 47
- 4.2 BT工程范围界定 ··· 48
- 4.3 BT工程接口管理 ··· 51
- 4.4 BT工程范围与界面划分的优化建议 ··· 52

第5章 BT工程组织管理 ··· 54
- 5.1 深圳地铁5号线BT工程组织架构 ··· 54
- 5.2 主要参与单位主体定位和各方法律关系 ··· 56
- 5.3 参与主体职责划分 ··· 58

第6章 BT项目发起人项目管理模式 ··· 61
- 6.1 BT项目发起人的组织架构 ··· 61
- 6.2 BT项目发起人的管理措施 ··· 62
- 6.3 存在问题及建议 ··· 65

第7章 BT工程设计和变更管理 ··· 70
- 7.1 深圳地铁5号线BT工程设计管理 ··· 70
- 7.2 BT工程变更管理 ··· 74

7.3 结论及优化建议 ……………………………………………………… 80

第8章 BT工程监理管理
8.1 BT工程监理管理模式的提出 ………………………………………… 82
8.2 深圳地铁5号线BT工程监理管理的实践 …………………………… 84
8.3 监理管理工作成效 ……………………………………………………… 86
8.4 BT工程监理管理模式优化建议 ……………………………………… 87

第9章 BT工程项目进度管理
9.1 项目进度管理研究和应用 ……………………………………………… 89
9.2 BT工程进度管理的特点 ……………………………………………… 90
9.3 BT工程进度管理体系 ………………………………………………… 90
9.4 BT工程进度管理效果分析 …………………………………………… 100
9.5 BT工程进度管理优化建议 …………………………………………… 101

第10章 基于精益建设理论的全面质量管理
10.1 BT工程全面质量管理的特点与难点 ………………………………… 103
10.2 BT工程全面质量管理体系 …………………………………………… 104
10.3 BT工程全面质量保证措施 …………………………………………… 110
10.4 BT工程安全保证措施 ………………………………………………… 111
10.5 BT工程全面质量管理效果分析 ……………………………………… 113
10.6 BT工程全面质量管理优化建议 ……………………………………… 114

第11章 BT工程动态施工风险管理
11.1 BT工程动态施工风险管理的特点和难点 …………………………… 116
11.2 风险管理流程 ………………………………………………………… 117
11.3 风险识别 ……………………………………………………………… 118
11.4 工程风险评估 ………………………………………………………… 124
11.5 风险控制体系 ………………………………………………………… 128
11.6 BT工程施工风险管理成效及优化建议 ……………………………… 132

第12章 结论与展望
12.1 BT工程建设管理实践成效 …………………………………………… 133
12.2 BT工程建设管理经验总结及优化建议 ……………………………… 136
12.3 深圳地铁5号线BT模式的应用前景 ………………………………… 140
12.4 轨道交通BT模式的方案设计与建议 ………………………………… 143

下篇 实 践 篇

第13章 总则
13.1 编制目的 ……………………………………………………………… 151
13.2 编制依据 ……………………………………………………………… 151
13.3 适用范围 ……………………………………………………………… 152

第14章 工程概况 ……………………………………………………………… 153

14.1	项目基本情况	153
14.2	项目目标	153
14.3	单位定义	153

第15章 项目管理模式 155

15.1	项目组织架构	155
15.2	BT项目发起人组织架构	156

第16章 工程设计管理 158

16.1	工程设计管理组织层次	158
16.2	施工图设计及审查管理	158
16.3	工程变更管理	160

第17章 计划管理 178

17.1	进度计划管理层次	178
17.2	计划管理责任划分	178
17.3	进度计划管理	179
17.4	劳动竞赛	184

第18章 安全质量管理 192

18.1	安全质量管理层次	192
18.2	安全质量管理责任划分	192
18.3	施工方案编审制度	193
18.4	样板工程制度	197
18.5	检查制度	200
18.6	安全教育	204
18.7	重大危险源管理	205
18.8	工程质量事故处理	215
18.9	安全质量文明施工考核	218

第19章 风险管理 249

19.1	风险管理层次	249
19.2	风险管理责任划分	249
19.3	信息化监控与管理系统	250
19.4	第三方监测	267
19.5	风险应急处置机制	268

第20章 监理管理 281

20.1	监理管理单位及职责范围	281
20.2	监理管理体系	281
20.3	监理例会	281
20.4	监理检查	283
20.5	监理管理报告	286
20.6	监理考核	286

第 21 章　物资采购 …… 307
  21.1　物资采购管理层次 …… 307
  21.2　物资采购责任划分 …… 307
  21.3　材料控制模式及分类 …… 308
  21.4　甲购材料管理办法 …… 308
  21.5　乙购甲控材料管理办法 …… 310
第 22 章　BT 工程验收与移交 …… 317
  22.1　土建工程竣工验收程序 …… 317
  22.2　设备安装、装修工程竣工验收程序 …… 345
参考文献 …… 376

上篇 研究篇

第1章 总 论

1.1 深圳地铁5号线项目概况

1.1.1 项目建设背景

1. 政治、经济和社会环境

深圳市地处广东省东南部沿海,东临大亚湾,西濒珠江口,北与东莞市和惠州市接壤,南与香港特别行政区仅一河之隔,为珠三角城市群核心之一。

深圳市土地总面积为1 952.84km²,其中,原深圳经济特区面积为395.81km²。作为我国对外开放的窗口,深圳市自建立经济特区以来,社会经济取得了快速发展,已经建成初具规模的现代化城市,综合经济实力居全国大城市前列,2010年深圳市生产总值为9 510.91亿元。深圳市人口总数接近1 450万人,其中登记流动人口1 200.55万人,常住人口约246万人。2010年12月8日,深圳交警部门宣布,全市机动车总量突破170万辆。加上每日入境、过境的外地牌照车辆,目前在深圳道路上行驶的汽车总量已超过190万辆。深圳全市道路总长不足6 000km,汽车密度跃居全国第一。现有路网的交通承载力已经逼近极限。深圳市交警局于2009年对全市主干道路的车速检测结果显示,平峰时段的平均车速为36.3km/h,而2008年同期则为40.7km/h,车速同比降低10.8%。而且,深圳高峰时段主要干道公交运营速度逐年下降,中心区已经降到10km/h,这基本上与自行车的速度相同。国内外大都市解决交通拥挤问题的经验表明:为实现城市资源、环境和人口之间的和谐发展,大力发展公交,尤其是作为骨干的轨道交通事业,让市民出行更为方便和舒适,才是缓解城市交通拥挤的根本的出路。

2. 城市总体规划

目前,深圳市的主要城市功能基本集中在东西长49km、南北宽约7km的狭长形的特区内。该区域土地面积占全市的20.27%,人口占全市总人口的38.15%,人口密度是全市人口密度的1.88倍,完成的地区生产总值占全市生产总值的57.39%。随着社会经济的快速发展和土地开发强度的加大,既有中心城区土地、交通、环境等各种瓶颈制约日益显现,迫切需要改变城市空间布局,引导城市向外围发展。

2004年,深圳市未利用地面积为113.46km²,占全市总面积的5.8%。从空间分布来看,未利用地主要分布在宝安区和龙岗区,分别占全市未利用地的总面积的49.6%和30%。从统计结果可知,深圳特区用地已近饱和,未利用地主要集中在特区外,城市空间开发迫切需要向特区外拓展,即由第一圈层向第二、三圈层发展。

3. 城市交通现状及轨道交通线网规划

目前,深圳市城市交通存在以下几个问题:

(1)需求增长迅猛,道路系统趋于饱和,交通设施建设不足,供求矛盾突出。

(2)城市公交运力结构不合理。

(3)不合理的需求日趋明显,交通需求管理有一定困难。

(4)交通不畅影响深圳的国际化建设进程。

因而,在目前深圳市土地资源稀缺、可供道路建设的土地有限的情况下,必须在进行道路建设、形成合理路网结构的同时,大力发展公共交通,引导市民使用公共交通工具,使机动车使用量维持在与道路建设增长相一致的水平。为此,深圳市在《深圳市整体交通规划》中提出了建立以轨道交通为骨干、常规公交为主体、出租车为补充,对小汽车交通具有竞争力的公共交通体系。

深圳市轨道线网共规划16条线,总长约543km,已建成通车21.6km。其中,地铁一期工程已于2004年12月28日建成通车,由1号线东段和4号线南段组成,全长21.6km,设站20座。地铁二期工程多条线路将于2011年6月建成通车(表1-1)。地铁二期工程建成后,深圳市的轨道线网总长度将达到150km。在深圳市轨道交通网络远景规划中,深圳市轨道网络由16条线路组成,总长度约542.8km,其中轨道快线3条(6、11、14号线),长约134.5km;轨道干线6条(1、2、3、4、5、10号线),长约224.5km;轨道局域线7条(7、8、9、12、13、15、16号线),长约183.8km。

深圳市地铁二期工程技术参数一览表　　　　　　　　　　表1-1

线　　路	投融资/建设模式	长度(km)	车站(个)	投资(亿元)	工期(月)
1号线西段	设计—招标—建造(DBB)	23.4	15	121.26	75
2号线	设计—招标—建造(DBB)	35.85	29	187.53	54
3号线	设计施工总承包(DB)	41.6	30	169.12	57
4号线北段	建设—运营—移交(BOT)	15.83	10	57.99	67
5号线	建设—移交(BT)	40.06	27	200.58	42
小计		156.74	111	736.48	—

4. 自然地理环境

深圳市气候属亚热带季风气候,热量丰富,日照时间长,雨量充沛。年平均气温为22.4℃,极端最高气温为38.7℃,极端最低气温为0.2℃;年平均风速为2.6m/s;多年平均降雨量为1 933.3mm,雨季为5~9月,雨季降雨量为1 516.1mm。

深圳地铁5号线工程所经地区地势北高南低,仅有海湾水系,主要河流为大沙河、新圳河、布吉河等。沿线地下水充沛,对混凝土具有弱—中等腐蚀性,按其赋存条件可分为松散岩类孔隙水和基岩裂隙水。项目所处区域地貌丰富,线路经过地区的主要地貌有:海积平原、冲洪积平原、台地、丘陵。地质情况复杂多变,有填海区、建(构)筑物密集区、河流区、软弱地层作业区、硬岩作业区、软硬不均复合地层作业区等。

1.1.2 项目建设规模

深圳地铁5号线作为深圳市轨道交通线网规划的二期工程项目,贯穿城市第一、二圈层,连接城市西、中、东三条发展轴,并与十条轨道交通线换乘,是构成深圳市近、中期线网的骨干线路,也是联系沿线各组团和三大交通枢纽的快速走廊,它对缓解道路系统交通压力、提高轨道交通网络效率、拓展城市发展空间、支持2011年在深圳举行的第26届世界大学生运动会具有重要意义。

深圳地铁5号线西起前海湾,经宝安中心、新安旧城区、西丽、大学城、龙华拓展区、坂田、布吉,至黄贝岭,线路全长约40km,其中高架线3.4km,地下线35.8km,地面线0.8km,共设车站27座,以及塘朗车辆段和上水径停车场。工程总投资200.58亿元,是目前国内城市轨道交通中一次性建成的单条线路最长的地铁工程。本工程自2007年12月21日正式开工建设,于2011年6月30日建成并开通试运营。图1-1为深圳市轨道交通线网规划图。图1-2为深圳市地铁5号线线路示意图。

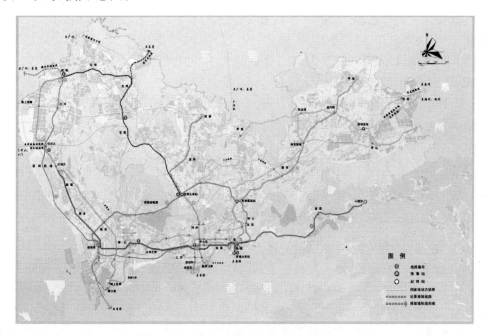

图1-1 深圳市轨道交通线网规划图

1.1.3 项目建设难度

(1)地质复杂,施工难度大。项目地形地貌有海积平原、冲洪积平原、台地、丘陵,且分布于全线不同地段,地质情况复杂多变。根据地质情况分析,全线矿山法隧道地层为Ⅴ、Ⅵ级围岩的地段高达57.8%。根据以往地铁施工经验,该围岩级别地段进度指标难以超过每月30m的指标,面临无法按时洞通的风险。5号线盾构区间共11段,总长19.782km(单线),部分区段位于填海区,另外还有浅埋暗挖大跨隧道、立交桥、建筑桩基托换工程、海积淤泥地层处理、高架桥现浇梁制作等诸多施工技术难题,施工难度在国内地铁中是较为罕见的。

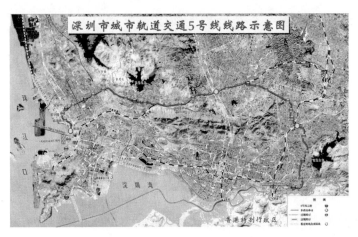

图 1-2　深圳地铁 5 号线线路示意图

（2）专业接口多，施工组织难度大，安全质量任务重。本项目工程建设涉及站前、站后、线上、线下，既跨越 4 个行政区，又与 14 条轨道交通线或铁路线有交叉换乘，涉及多个工程接口，牵扯多家单位，关系复杂，协调难度大。全线 69 个工点同时开工建设，有的换乘站长度达 600 多米，规模大，基坑深，土方开挖量大，安全生产压力大，同时需交叉立体作业的区段众多，施工生产组织、安全质量管理难度很大。

（3）施工方法种类多。车站以明挖为主，个别采用局部盖挖和半盖挖、暗挖；区间以盾构、暗挖为主，部分采用明挖法和高架。

1.2　深圳地铁 5 号线 BT 工程现状

1.2.1　BT 工程深圳模式的产生历程

作为第 26 届世界大学生运动会的交通配套项目，深圳地铁 5 号线必须在 2011 年 6 月 30 日之前建成通车，其建设面临投资规模巨大、建设工期异常紧张、政府财政资金短期压力较大以及建设管理力量不足等问题。为确保 5 号线建设的顺利推进，深圳市委、市政府充分听取各方意见，经广泛调研和深入论证，决定采用 BT 模式建设地铁 5 号线。深圳地铁 5 号线采用 BT 模式建设是深圳市委、市政府实践科学发展观，解放思想、开拓创新的大胆尝试。深圳市委、市政府还组织成立了地铁 5 号线建设管理办公室（以下简称 5 号办）。5 号办隶属于市住房和建设局，负责统筹协调 5 号线 BT 项目建设管理有关事宜。深圳地铁集团有限公司（以下简称深圳地铁公司）作为项目发起人，成立了 5 号线 BT 工作小组和 5 号线建设分公司，负责具体实施开展各项工作。

深圳地铁 5 号线 BT 项目得到了深圳市委、市政府和市轨道交通建设指挥部（下设办公室，简称轨道办）的高度重视，在市轨道办、5 号办的统筹协调、指导下，5 号线 BT 工作小组和 5 号线建设分公司经反复论证，研究确定了地铁 5 号线 BT 项目招标资质、招标办法、项目承办人的定位、BT 项目工程范围等关键问题。BT 项目发起人于 2007 年 11 月 9 日组织了 5 号线 BT 项目邀请招标工作并正式公告，中国中铁股份有限公司（以下简称中国中铁）参加投标，双方于2007年12月20日完成了《深圳地铁5号线及其相关工程BT项目协议书》的拟定,明确了由中国中铁以BT模式负责地铁5号线及其相关工程的投融资建设。深圳地铁公司履行地铁5号线及其相关工程BT工程的建设业主单位职责,中国中铁履行"投融资、施工图设计施工总承包"的职责。

1.2.2　BT工程与非BT工程的划分

深圳地铁5号线项目采用了非传统的BT模式。传统BT模式针对的是一个完整的工程项目,深圳地铁5号线项目中BT模式的运用对象仅是部分工程,因而深圳地铁5号线项目被划分为BT工程和非BT工程。

深圳地铁5号线BT工程范围为土建工程及与土建工程密切相关的装修工程、常规设备安装工程、部分系统设备安装工程,包括24座车站、25个区间、1个车辆段和1个停车场、4个主变电站、全线轨道和人防工程等。征地拆迁、管线迁移和交通疏解等前期工程,重要材料及系统设备的采购均为非BT工程范围。深圳地铁5号线BT工程投资约105.7亿元。

深圳地铁5号线采用了"投融资+施工图设计施工总承包+回报"的BT模式。BT项目发起人负责深圳地铁5号线所有BT工程及非BT工程的初步勘察设计,BT项目承办人仅仅承担BT工程范围内土建工程的施工图设计和详勘、补勘工作,BT工程范围内其他单位工程的施工图设计完全由BT项目发起人负责。

1.2.3　BT工程各参建方的职责定位

深圳市政府授权深圳地铁公司作为深圳地铁5号线项目的建设单位,负责项目投融资、建设、运营的全过程运作,深圳地铁公司作为BT项目发起人对BT工程进行了邀请招标,选择了中国中铁作为BT项目承办人。中国中铁成立了中铁南方投资发展有限公司(以下简称中铁南方公司)作为BT项目公司,负责深圳地铁5号线BT工程的投融资和建设管理工作。BT工程参建方及其定位具体如下:

(1)深圳市政府为了加快轨道交通建设,专门成立了轨道交通建设指挥部及办公室,统筹全市轨道交通规划设计、投资融资、建设、运营、监管等方面工作。同时,鉴于地铁5号线模式新、工期紧、任务重、协调难度大、专业技术性强等特点,深圳市又专门成立了地铁5号线建设管理办公室,隶属于深圳市住房和建设局,负责统筹协调5号线BT工程建设管理过程相关事宜,研究探索轨道交通等重大投资项目建设管理新模式,并推动有关行政审批制度的改革和优化。

深圳市政府相关职能部门按其职责对BT工程进行监督和管理,主要包括市政府发展改革部门、建设行政主管部门、财政部门、审计部门、规划和国土部门、人居环境部门、交通运输部门、水务部门、市场监督管理部门等。

(2)深圳地铁公司,作为地铁5号线BT项目发起人和项目法人,将以BT工程建设单位或业主的身份负责整个项目的全过程运作。将深圳地铁公司作为BT工程建设单位,一是出于深圳地铁公司本身职责所在,便于统筹安排5号线全线建设;二是出于工程的特殊性考虑,深圳地铁5号线虽分为BT和非BT两部分发包,但工程是一个整体,不可分割,只允许存在一个建设单位,因此工程总体规划、初步设计均由深圳地铁公司负责。

(3)深圳地铁公司成立了地铁5号线分公司,负责对5号线进行全过程、全方位的管理。为了加强BT项目发起人对地铁5号线的管理力度,深圳地铁公司从内部各职能部门抽调相关人员,成立了深圳地铁5号线分公司,代表地铁公司行使BT项目发起人的项目管理职能。

(4)中国中铁为深圳地铁5号线BT项目承办人,承担BT投融资和设计施工总承包的职责。作为BT工程的总承包人,中国中铁在建设期不具备对BT工程的完全控制权(不是建设单位),对监理单位也没有直接委托权。

(5)中国南方公司,是中国中铁为完成地铁5号线BT工程建设而出资设立的BT项目公司。中国中铁通过BT项目公司实现BT工程投融资和建设期项目管理职责。中国中铁与中铁南方公司就BT工程承担连带责任关系。

(6)铁道第三勘察设计院(以下简称铁三院),作为5号线BT工程勘察设计总承包单位,由BT项目发起人招标确定,承担5号线工程建设勘察设计、设计管理及相关报建工作的组织与协调。在施工图设计阶段,铁三院承担征地拆迁、管线迁移的方案和资料准备及前期协调工作,负责对BT工程各类设计变更图纸进行总体审核和接口协调管理,并对各工点设计单位进行施工图设计及变更设计的管理。

(7)上海轨道交通设计研究院,作为5号线BT工程设计咨询单位,由BT项目发起人招标确定,承担设计监理工作,对设计及变更设计审查并提出审查要点和要求,参加重大工程变更审查会,并提供咨询意见。

(8)工点设计院作为深圳地铁5号线BT工程的设计分包单位,承担各工点施工图设计工作。工点设计院与勘察设计总承包单位签订设计分包合同,在施工图设计阶段,各工点设计院在BT项目公司和BT项目发起人的共同管理下,完成施工图设计和变更设计等相关工作。

(9)铁科院(北京)工程咨询有限公司(以下简称铁科院)作为监理管理单位,由BT项目发起人招标确定,是BT项目发起人建设管理的延伸,承担着5号线工程各标段监理机构全过程监督和管理工作。铁科院为工程建设提供技术和管理支持,确保工程达到建设项目安全、质量、工期、投资目标。

(10)监理单位由BT项目发起人招标确定,承担其合同范围内工程全过程、全方位的监理任务。监理单位依照法律、行政法规及有关的技术标准、设计文件和合同,对各标段项目部在施工质量、安全、文明施工、接口管理、建设工期、建设资金使用方面等代表BT项目发起人实施监督。

(11)各标段项目部由BT项目承办人根据施工标段划分,为完成深圳地铁5号线BT工程建设任务而成立,承担各标段工程施工和管理工作。各标段项目部与BT项目公司签订施工总承包合同。在土建施工阶段,各标段项目部主要接受BT项目公司的管理;在安装装修阶段,各标段项目部直接接受BT项目发起人的直接管理。

1.2.4 BT工程合同类型及回报方式

BT工程采取合同总价包干的方式,除出现合同约定可调整合同价款的情况外,其他情况均属于BT项目承办人应承担的合同风险。合同价款包括工程费用、风险包干及其他费用、项目投融资费用、暂定金额四个部分。工程费用以批准后的初步设计概算的工程费用为基数下浮一定比例确定。风险包干及其他费用包括风险包干费、赶工费、总承包管理费等,以批准后的初步设计概算的工程费用的一定比例包干使用。BT项目承办人自有资金的投入占BT工程总投资的35%，BT项目发起人逐年按一定比例的回报率给予其回报；项目融资投入占65%，融资年费率按央行三年期同期基准贷款利率下浮比例计算，逐年支付给BT项目承办人。暂定金额是BT项目发起人为保证本项目的顺利建成，对重大变更、单项变更费用累计总额超过一定金额时的超出部分、法律变更、信息化管理工程、新增工程、主材价差调整、奖励基金等而预留的费用。

通常，BT工程的回购是在竣工移交后以回购BT项目公司股权或支付合同价款的方式进行。深圳BT模式将BT工程的回购时点大大提前，从建设期第一年开始即根据BT项目承办人当年完成的工程量逐年支付合同价款，大大降低了BT项目承办人的投融资风险。

1.3　研究目的及重点

1.3.1　研究背景

深圳作为我国改革开放的前沿城市，始终以一种改革开放试验田和排头兵的创新精神，走在全国经济和社会发展的前列，多年来一直积极探索大型城市公共基础设施投资建设创新模式，并在轨道交通投资建设创新方面做了积极的探索与尝试，先后采用了BOT（投资、建设、运营）、DB（设计施工总承包）等多种模式，取得了显著的效果。

深圳地铁5号线是目前我国最大的以BT模式建设的城市轨道交通工程。在对BT模式的运用过程中，提出了轨道交通BT工程深圳模式，实现了工程项目投融资体制和建设管理体制的两大创新，缓解了政府短期财政压力，再次展现了"深圳速度"、"深圳效率"，取得了诸多成果。深圳地铁公司在对5号线BT工程的建设管理过程中，结合深圳地铁5号线BT模式的基本定位进行了积极的项目管理改革和创新，形成了一套完整的管理体制，并取得了很好的管理效果，具有重要的应用和推广价值，对深圳地铁5号线BT工程建设管理进行经验总结和理论提升具有重要意义。

1.3.2　研究目的

本课题的研究目的主要有以下两点：

（1）对深圳地铁5号线所采用的BT模式及相关的建设管理经验进行总结和分析，使人们深入了解该模式的特征及建设管理经验，拓宽管理思路，为我国城市轨道交通工程的建设和发展方式探索出一条新路。

（2）由于深圳地铁5号线BT工程涉及投融资金额巨大、影响范围广、风险因素多、法律关系复杂、社会关注度高，需要对该模式下BT项目发起人建设管理中存在的问题进行深入研究，不断完善BT工程建设管理工作，为深圳地铁轨道交通建设管理模式积累管理经验，并为地铁项目的后期建设提供指导和依据。

1.3.3　研究重点

（1）对深圳地铁5号线所采用的BT模式进行全面的分析和总结，集中开展对该模式产生背景、基本特征、优缺点等问题的研究,分析该模式在深圳地铁5号线建设过程中的影响和作用,并探讨该模式应用与推广的价值所在。

(2)从深圳地铁5号线BT项目发起人的角度出发,深入本工程建设工作,全面了解和掌握工程的工期、安全、质量技术标准和管理现状、管理关系、管理界面及管理中存在的各类问题。通过调研和依据国家现行建设管理法规法律及政策,运用现代工程建设理论进行梳理、归纳、总结和提升,形成一套完整的在深圳地铁5号线BT模式下的工程进度、安全、质量和设计工作的管理研究成果。

1.4 深圳地铁5号线BT模式的创新点

1.4.1 BT项目发起人管理模式的创新

在传统BT模式的理念下,BT项目承办人承担了项目法人或建设单位的地位和职责,在BT工程竣工移交给相关单位之前,对BT工程具有绝对的控制权,而BT项目发起人的控制较弱。在我国城市轨道交通领域,BT项目发起人的这种弱控制难以为政府和BT项目发起人所接受,主要原因有三点:

(1)我国建筑市场诚信缺失。作为我国国民经济的重要支柱,建筑业为我国经济的快速发展作出了重大的贡献。但是在发展的同时,我国建筑业也暴露了许多问题,其中诚信缺失的问题尤为突出。目前,我国建筑市场存在着大量技术力量薄弱、管理经验欠缺、操作不规范的建筑业企业,普遍存在片面追求施工利润最大化,合同单位履约意识不强,管理制度不规范、不完善等问题;监理企业规模小,监理人员素质不高,对城市轨道交通建设管理经验和能力不足。在这种情况下,BT项目发起人的弱控制将给其带来巨大的项目失控风险,工程质量、工期和投资目标的实现难以保障。

(2)城市轨道交通工程建设责任重大。城市轨道交通工程作为重要的民生项目,具有重大的社会责任和历史责任,关系到广大人民的交通出行等切身利益,社会影响度高。特别是深圳地铁5号线,作为第26届世界大学生运动会的承诺项目,受到了国内外的广泛关注,其建设得到了深圳市政府的高度重视。为了确保项目各项目标的顺利完成,BT项目发起人加强对BT工程建设的全过程实时、深度控制很有必要。

(3)BT项目发起人的管理需求。深圳地铁公司作为BT项目发起人在深圳市城市轨道交通一期工程中积累了宝贵的建设经验,队伍建设和管理工作不断加强。BT项目发起人设有规划部、设计部、合约部、财务部等基本职能部门,并为每条地铁线路设置了分公司,专门负责该线路的建设管理工作,具有设计施工总承包的管理能力。同时,深圳地铁公司是深圳地铁5号线建设和运营一体的项目法人,为了保障地铁项目运营期间的质量和合理性,在规划设计以及建设管理阶段即考虑到全寿命周期(特别是考虑运营阶段)的诉求,需要深度介入项目全过程的建设管理活动。

因此,深圳地铁5号线BT模式采用了BT项目发起人强控制的管理模式,主要体现在以下几点:

(1)BT项目发起人作为项目法人,以BT工程建设单位或业主的身份负责整个项目(包括

BT工程和非BT工程)的全过程运作。BT项目承办人仅在BT工程范围内承担投融资和设计施工总承包职责。一些重大事项的决策权由BT项目发起人牢牢掌控。

(2)监理单位由BT项目发起人直接委托。在我国建筑市场法律不完善和存在信用危机的前提下,监理单位难以保证公正性和承担法律赋予其的职责,BT项目发起人只有牢牢把握监理单位的委托权,才能确保监理单位从BT项目发起人利益出发加强对BT工程的建设监管。

(3)BT项目发起人通过成立5号线分公司并派驻现场代表来加强对施工现场的监控。现场业主代表代表深圳地铁公司对所负责标段进行管理协调。主要工作内容有:标段施工单位履约能力考查、投资进度情况、标段验工计价、安全质量文明施工、设计变更、地铁周边单位的协调及前期工程的协调等。

1.4.2 BT工程项目管理理念的创新

深圳地铁5号线BT工程建设管理面临着进度管理压力大、组织协调困难、项目前期工程复杂等多重难题,传统的项目管理理念存在项目参与各方只顾各自利益、项目实施各阶段分割孤立、信息的沟通渠道不畅通等种种弊端,无法满足深圳地铁5号线BT项目发起人项目管理的要求。深圳地铁5号线BT模式运用了全寿命周期集成化管理的新理念,成功地实现了项目管理的综合效益,提高了管理效率。

工程建设项目集成化管理是以系统理论作为指导,从整个工程建设的全局出发,以工程建设项目的全生命周期为对象,对工程建设项目实施科学、系统、高效的集成化管理,以有效完成项目的总体目标,实现项目经济利益的整体最优。深圳地铁5号线BT模式的集成化管理主要包括全寿命周期过程集成、目标集成、组织(项目参与方)集成和信息集成,其中全寿命周期过程集成最为核心,其他三种集成理念中都需要充分考虑全寿命周期过程集成。

(1)全寿命周期过程集成包括设计阶段与施工阶段的集成,运营阶段与决策阶段、设计阶段的集成两个方面。前者实现了设计与施工的衔接,缩短了项目的建设周期;后者则充分满足了深圳地铁公司的建设、运营和物业发展"三位一体"的企业发展战略的需求。

(2)在目标集成方面,深圳地铁5号线BT模式的在传统三大目标的基础上,充分考虑健康、安全和环境目标以及历史和社会目标,建立了全寿命周期目标体系,从而实现了建设期目标和运营期目标的平衡,促成了组织目标的统一。

(3)在组织集成上实现了设计单位与施工单位的集成,通过引入监理管理单位实现了全线监理单位的集成,通过实行设计总包实现了设计单位的集成。同时,建立了组织责任体系,调动了各组织成员的积极性,实现了资源的有效整合。

1.4.3 BT工程范围的创新

城市轨道交通工程投资规模巨大,若整个深圳地铁5号线项目采用BT模式,将使政府和BT项目发起人面对巨大的投资和管理失控风险,BT工程与非BT工程的划分具有重要意义。深圳地铁5号线BT模式在对BT与非BT工程的划分过程中采用了"管理优势互补"原则,即将BT项目承办人具有管理优势的相关工程纳入BT工程范围,将BT项目发起人具有管理优势和管理需求的工程作为非BT工程由BT项目发起人单独招标和管理。具体划分如下:

(1) 土建工程作为 BT 工程范围的主体内容。土建工程对项目工期的影响非常大，土建工程的施工工期往往是整个项目工期的瓶颈，且 BT 项目承办人往往对土建工程施工的经验丰富、能力强，其由直接完成将有利于施工工期的缩短。

(2) 与土建工程关系密切的相关工程纳入 BT 工程范围。这里的相关工程包括装修工程、常规设备和部分系统设备安装工程。这些工程与土建工程存在大量的设计和施工接口，纳入 BT 工程范围由 BT 项目承办人统一管理有利于减轻 BT 项目发起人的接口管理和变更管理工作，同时便于 BT 项目承办人合理统筹安排工期，促进项目进展。

(3) 核心机电工程和重要材料设备的采购纳入非 BT 工程范围由 BT 项目发起人直接招标和把控。核心机电工程专业性、垄断性较强，BT 项目承办人一般不具有相应的施工资质和能力，同时核心机电工程和重要设备采购对项目后期运营质量和安全影响巨大，从全寿命周期成本控制的角度而言，宜由 BT 项目发起人直接采购。

(4) 前期工程纳入非 BT 工程范围。前期工程由于具有工期紧、协调难度大、不确定因素多等特点，一直以来都是城市轨道交通工程建设的一大难点。这里的前期工程主要包括征地拆迁、交通疏解、管线迁改和绿化迁移。

征地拆迁情况复杂，牵涉面广，实施难度大，由 BT 项目承办人实施将大大增加其项目承包风险；而完全由 BT 项目发起人负责，则可能会因拆迁造成工期延误，使得 BT 项目发起人因拆迁问题受到 BT 项目承办人索赔。为了解决这个问题，深圳地铁 5 号线 BT 模式采取了"以 BT 项目发起人为主，BT 项目承办人参与并配合开展征地拆迁工作，边拆迁边进场"的方式，既加快推进了工程建设的速度，同时又降低了 BT 项目发起人的风险。

交通疏解、管线迁改和绿化迁移等前期工程也具有较大的实施难度。管线迁改，直接委托各管线业主单位组织实施；燃气管道的迁改工程由市燃气集团代建；交通疏解工程和绿化迁移工程分别由市城管局下属的专业队伍实施。鉴于这些前期工程实施主体的特定性和 BT 项目发起人地位的特殊性和管理协调优势，由 BT 项目发起人直接承担有利于工程的顺利进行。

1.4.4 BT 工程回购的创新

按照传统 BT 模式的做法，BT 项目发起人对 BT 工程的回购往往是在 BT 项目承办人竣工移交工程后的一段时间内逐年支付合同价款。然而，城市轨道交通工程投资规模巨大，工期长，竣工后支付合同价款的方式将给 BT 项目承办人带来巨大的融资压力。城市深圳地铁 5 号线 BT 模式将 BT 工程回购时点大大提前，在建设期间即根据 BT 项目承办人当年完成的工程量逐年支付合同价款。回购时点的前移产生了以下效果：

(1) 降低了 BT 项目发起人的融资成本支出。BT 模式下由 BT 项目承办人负责项目的投融资和建设虽然可以缓解 BT 项目发起人的短期资金紧张困难，但 BT 项目承办人高额的融资成本也包含在了合同价款中转嫁给了 BT 项目发起人。项目回购时点的提前大大降低了 BT 项目承办人的融资成本，为 BT 项目发起人节约了约 8 亿元的融资成本支出。

(2) 为 BT 项目发起人的强控制奠定了基础。建设期逐年支付合同价款，为 BT 项目发起人通过支付权的控制实现管理需求创造了有利条件，为 BT 项目发起人全过程实时监控项目进展、全面落实全寿命周期管理理念的强控制管理需求奠定了基础，有利于项目总体目标的实现。

(3)降低了BT项目承办人的投融资风险。BT工程回购时点的提前大大降低了BT项目承办人的投融资风险,吸引了具有较强技术和管理力量的企业参与投标,并极大地调动BT项目承办人的积极性,有利于项目按时、高质量地完成。

1.4.5　设计管理的创新

在我国建筑市场现有法律体系下,BT项目发起人需要进行BT项目的立项和可行性研究,确定项目的规模、技术方案和指标,完成项目的初步勘查、总体(初步)设计和总投资概算等。施工图设计阶段,BT项目承办人才有可能介入。深圳地铁5号线BT模式将土建工程施工图设计纳入了BT工程范围,采取了以BT项目承办人管理为主、BT项目发起人管理为辅的共同管理原则。

将土建工程施工图设计纳入BT工程范围主要基于以下三点考虑:

(1)BT项目发起人作为项目的建设单位,具有强烈的全寿命周期项目管理的意愿,需要全面介入设计管理工作,以确保设计结果满足运营的要求,因而对项目运营具有重要影响的装修工程、常规设备和系统设备工程等设计工作宜由BT项目发起人直接把控。

(2)土建工程的设计标准相对明确,BT项目发起人对该部分设计往往没有个性化的要求,对设计内容的干扰少,设计变更少,实行设计施工总承包可行性较大。

(3)土建施工速度是项目工期的瓶颈,采取设计施工总承包模式,有利于引进快速路径法,边设计边施工,缩短建设工期。

土建工程施工图设计虽然纳入了BT工程范围,但考虑到BT项目发起人作为深圳地铁5号线的建设单位,需要协调BT工程与非BT工程的设计接口问题,同时土建施工图设计还牵涉到BT项目发起人的一些切身利益,因而BT项目发起人希望对施工图设计单位具有一定的管理权。为了实现BT项目发起人对施工图设计的管理,深圳地铁5号线BT模式采取了两个关键措施:

(1)采取了合同转化型的设计施工总承包模式,即BT项目发起人招标选择设计总包单位负责项目总体设计和施工图设计,总体设计完成后BT项目发起人进行合同主体变更,由BT项目承办人完成后续的施工图设计任务。BT项目发起人通过对设计单位委托权的把控来确保设计单位的资质和能力满足BT项目发起人的要求。

(2)施工图设计阶段,实行双方共同管理的策略,以BT项目承办人的管理了为主,BT项目发起人的管理为辅。BT项目承办人的管理职责主要是根据现场施工需求,进行设计优化,实现设计与施工的衔接。BT项目发起人的主要职责则是把握设计标准,确保设计质量满足BT项目发起人的功能需求,并通过设计总包单位负责BT工程与非BT工程(特别是系统工程)设计接口的协调。

1.4.6　监理管理模式的创新

城市轨道交通项目监理工作具有两个重要特征:一是专业多样化,如深圳地铁5号线的监理单位在专业上包括土建工程监理、轨道工程监理和系统设备监理等;二是数量多,如深圳地铁5号线的土建工程监理共划分了9个标段。因而,城市轨道交通项目业主需要对全线监理单位进行统一的协调、监督和管理,工作量巨大。在实践中,业主为减轻自身管理工作量和提升监理管理工作的专业化,通常采取两种策略:

(1)委托项目管理单位对建设项目进行全方位的管理,对全线监理单位的协调管理工作也包含在项目管理单位的管理范围之内。

(2)实行监理总包模式,即将全线所有的监理工作单独发包给一家监理总包单位,由监理总包单位再进行监理分包。该模式在深圳地铁一期工程中得到了运用。

深圳地铁5号线采用BT模式,以上两种常规策略在BT工程中难以运用。一方面,BT项目承办人承担了BT工程的建设管理职责,大大减轻了业主管理工作量,业主不具有委托项目管理单位的需求;另一方面,业主希望直接与各监理单位签订合同,监理单位关于造价、变更等指令需BT项目发起人确认后方可生效,采用监理总包模式则产生总包单位地位尴尬、难以代表业主进行监理管理工作等问题,在实际操作中效果不佳。

因此,深圳地铁5号线BT工程在监理管理的模式上进行了进一步的探索和创新,引入了监理管理单位,由其负责对全线各标段监理单位进行监督和管理,并为工程建设提供技术和管理支持。监理管理单位的引入在减轻BT项目发起人管理工作量的同时,并没有削弱业主对监理单位的直接管理权。监理管理单位的定位是BT项目发起人建设管理的延伸,BT项目发起人仍然把握着对监理单位的管理控制权。

第2章 深圳地铁5号线BT模式的提出

2.1 BT模式的演变及在我国的发展现状研究

近几年来,国内许多城市对BT模式建设市政基础设施项目进行了尝试,并取得了良好的经济效益和社会效益。采用BT模式有利于推进工程建设项目管理体制的创新,逐步建立和完善工程建设管理的市场化竞争机制,合理改善政府投资项目的负债结构,缓解当期政府资金压力,锁定建设成本,适当转移建设风险。BT模式是非经营性或准经营性项目建设投资、管理与收益市场化运作的一个新机制,是改革投融资体制、拓宽建设资金渠道的一次新尝试。

2.1.1 BT模式的基本内涵

BT是Build Transfer的缩写,即建设—转让(移交)模式,是政府或其授权的单位作为项目发起人经过法定程序选择拟建的基础设施或公用事业项目的项目投资人,并由该投资人负责项目资金筹措和工程建设,在项目建成竣工验收合格后进行移交并从政府或其授权的单位获取回购建设投资的一种融资模式。根据该定义,BT模式具有以下两个重要的内涵:

(1)BT模式本质上是一种融资模式。BT模式是由BOT模式演变而来,同BOT模式一样是一种重要的融资模式。BT模式之所以能够得到政府的青睐并广为运用,正是因为这种融资模式能够很好地解决政府财政资金紧张的问题,可以使政府有限的资金产生最大的经济效益和社会效益,有效解决基建设施不足与建设资金短缺的矛盾,引导和吸纳社会资金,使政府规划建设的项目得以早日实施。另外,对于企业而言,承办BT项目更是一种投资行为,能够获得稳定的较高的投资回报,这与工程施工所获得的利润有明显的区别。

(2)由投资人完成项目的设计、招标、采购、施工和移交所有工程建设和管理工作。这很类似于EPC或"交钥匙"的承包方式,因此美国又称BT为"交钥匙"承包方式,即政府通过招标,"订购"一项工程,采用固定总价、固定工期的总承包合同,承包商负责设计、融资、建造,竣工验收合格后,政府一次性支付合同价款。投资人需要全面负责项目的资金、进度、质量、安全等管理工作,并对可能发生的风险承担全部责任。

由于BT模式具有融资和建设管理这两个重要的内涵,能够疏通大规模城市化建设资金短缺的瓶颈,而且还可以使政府从直接管理建设项目的事务中解脱出来,从而得到了政府的青睐。

2.1.2 BT模式的起源及基本类型

如今,BT模式在我国政府投资工程中得到广泛的运用,许多项目运用BT模式获得了很大的成功,但同时也出现了许多操作不规范甚至不合法的伪BT模式,严重扰乱了建筑市场,使得很多人对BT模式产生了畏惧感。为了使人们更为清晰的了解BT模式及其在我国的发展,认识BT模式的正规合法的操作流程,首先简要分析BT模式的基本类型及其起源。

依据BT模式的成因和投资回报方式,国外主要存在四种类型的BT模式:政策型BT模式、无偿型BT模式、租赁型BT模式和采购型BT模式。

1. 政策型BT模式

政策型BT模式,是指基于安全和策略的BT模式,有些基础设施必须由政府直接经营,因而将BOT变换为BT。该类型BT模式起源于菲律宾。

1990年,菲律宾国会颁布了亚洲第一个BOT法,即共和国法律(Republic Act)No.6957,该法第1条[c]款定义:建设—转让——一种契约性安排,项目建议人据此承担授予的基础设施或发展设施的融资和建设,并在建成后将它转让给政府机关或地方政府有关单位,后者按商定的分期付款时间表,支付建议人在项目上花费的总投资,加上合理比例的利润。这种安排可应用于建设任何基础设施或发展项目,包括关键设施。由于安全或战略的原因,这些设施必须由政府直接经营。这是世界上第一个对BT模式的法律定义。从该定义可知,BT模式是由BOT模式演化而来,由于安全或战略原因不适合投资人运营,因而政府直接控制该类项目的运营权,但给予投资人一定的投资回报。

2. 无偿型BT模式

无偿型BT模式,是指政府提供优惠条件给投资人实施其商业项目,并要求其无偿建设一些公共基础设施。该类型BT模式起源于越南。

2000年越南国会修订的《越南外国投资法》第1章第2条第13款定义:建设—转让合同是指获得授权的越南国家机关与外国投资者为建设基础设施而签署的书面文件;建设完成后,外国投资者将该设施转让给越南当局,而越南政府创造条件给该外国投资者去实施其他投资项目,以偿还投资和获得合理利润。可见,越南的BT项目是无偿性的,投资人只能以其他项目的收益来抵偿BT项目的投资。实际上,我国许多地区早就有了这种方式。例如,某商品房土地使用权招标文件规定,中标人负责建设一座小学并无偿转让给政府。当然,此时的中标地价必然低于市场水平。

3. 租赁型BT模式

租赁型BT模式,是指项目建成转让给政府后,政府在较长的一段时期内以租金形式还款。该类型BT模式起源于韩国。

2005年1月,韩国修订后的《民间参与基础设施法》提出了BTL(建设—转让—租赁)模式,即项目建成后所有权无偿转让给政府,在特许期内,特许权人将项目出租给政府使用,租期满后政府完全取得项目。韩国正大力推广这种BTL模式,并用于兴建学校、医院等公益设施,租期为10~30年,视项目寿命期而定,以减轻政府财政赤字。韩国的BTL与菲律宾的BT性质相似,两者都是"公有公营","建设—转让"后由政府使用和经营,并承担经营风险。韩国采用

BTL 而不是 BLT(建设—租赁—转让),反映了一种立法观点:政府应拥有公共基础设施所有权,以保障公共安全和公共利益。这与菲律宾以安全和战略为理由而采用 BT 方式如出一辙。

4. 采购型 BT 模式

采购型 BT 模式,是指项目建成转让给政府后,政府以财政预算资金一次性支付或分期支付承包商的合同价款。我国台湾地区 2000 年颁布、2001 年修订的《促进民间参与公共建设法》第八条定义了 BOT、无偿 BTO、有偿 BTO、ROT、OT、BOO 共 6 种方式。法务部《招商法令之研析——促进民间参与公共建设法与政府采购法》解释民间参与公共建设方式时称:至于以 BT 方式兴办公共建设,主要为政府递延付款的投资方式属政府采购行为,应以政府采购法规范之,不列入本法。

2.1.3 BT 模式在我国的应用

1. BT 项目承办人的项目法人地位

2006 年 1 月 4 日,国家原建设部、发改委、财政部、中国人民银行等四部委联合出台了《关于严禁政府投资项目使用带资承包方式进行建设的通知》(以下简称《通知》),严格禁止了建筑业企业带资承包的方式。《通知》出台后,引起了较为强烈的反响,甚至在一定程度上导致了对政府投资项目建设模式认识上的混乱,产生了 BT 模式是否属于带资承包的疑惑。

根据上文对传统 BT 模式的内涵分析可知,传统 BT 模式的核心是投融资和交钥匙总承包的结合。BT 项目承办人以项目法人的身份,负责项目的全过程运作,承担了建设单位的责任及相关所有的风险。BT 模式与带资承包方式的最大的差别在于带资承包的主体不是项目法人,而仅仅是建筑业企业。在 BT 模式下,BT 项目承办人通过成立项目公司的方式,以项目法人的身份与施工承包商签订合同,按时支付合同价款,避免了承包商的垫资施工。

2. BT 项目公司的成立

项目法人责任制是我国基本建设领域的一项基本制度。在传统 BT 模式下,BT 项目承办人作为项目的投资和建设主体,成立项目公司是其必然要求。BT 模式项目公司具有独立的法人资格和财产,在 BT 模式中实际履行了建设单位的职责,BT 模式项目公司将以自己的名义直接参与项目投融资和建设管理,直接同勘察设计单位、施工单位、材料设备供应商和监理单位签订合同,办理有关建设手续,直接承担项目债务责任和项目风险。

随着 BT 模式在我国的运用和发展,一方面政府开始授权相关单位作为项目法人组织项目建设的全过程运作,另一方面传统 BT 模式中的"交钥匙"承包方式逐渐向施工总承包方式发展,BT 项目承办人很难再具有项目法人的地位。然而,项目公司的成立仍然是 BT 模式在我国顺利实施的重要条件。具体原因有以下两点:

(1)即使项目公司不具有项目法人地位,仍然可以避免带资承包的发生。带资承包是指建设单位未全额支付工程预付款或未按工程进度按月支付工程款,由建筑业企业垫款施工。带资承包方式因破坏了正常的建设程序,扰乱了建筑市场秩序,严重妨碍了建筑业企业的正常发展而被严格禁止。不具有项目法人的项目公司仍然是 BT 项目的融资和建设管理主体,项目公司与施工承包企业之间的合同关系要求其按时支付施工承包企业的工程预付款和进度款,避免了建筑业企业垫资施工现象的发生。

(2) BT 项目公司的设立便于政府或其授权单位对 BT 模式的监管。在不设立项目公司的情况下,由于建筑业企业一般不在政府方的管辖区内,且资产和业务非常复杂,要在建筑业企业的资产和账户中独立地识别出项目建设资金并监督其专项使用是非常困难的。在单独设立项目公司的情况下,项目公司的资产和业务非常简单和单纯,便于政府方监管。

鉴于项目公司的设立在 BT 模式运作过程中的重要性,《重庆市人民政府关于加强和规范政府投资项目 BT 融资建设管理的通知》也要求融资人应组建与项目建设管理相适应的具有独立法人资格的项目公司,具体实施项目建设。项目公司的设立是 BT 模式在我国良性发展的重要前提。

3. 我国 BT 模式的基本类型

根据 BT 模式的运作形成,可以将我国目前存在的 BT 模式分为两种类型:设立项目公司的 BT 模式和不设立项目公司的 BT 模式。

设立项目公司的 BT 模式是指由 BT 项目承办人组建项目公司,负责项目的投融资和建设管理,BT 项目公司作为建设管理主体与建设(包括设计、采购、施工)主体相分离。该 BT 模式又可分为两种类型:施工二次招标型 BT 模式和直接施工型 BT 模式。这两者最大的区别在于,前者由 BT 项目公司通过公开招标的方式确定施工单位,后者则在 BT 投融资招标时即确定了由 BT 项目承办人或其附属子公司完成主体工程施工任务。目前,由于 BT 项目的承办人通常是大型建筑业企业,具有强大的施工和管理能力,由承办人直接完成施工任务的直接施工型 BT 模式在我国得到了最为广泛的运用。

不设立项目公司的 BT 模式又可以分为施工同体型 BT 模式和垫资施工型 BT 模式。此两者的共同特征是施工单位与 BT 项目承办人同体;两者的区别在于前者的 BT 项目承办人负责项目的投资、建设管理和施工工作,而后者仅承担投资和施工工作,建设管理工作由 BT 项目发起人完成。垫资施工型和施工同体型 BT 模式存在建设项目单位同体的情形,管理关系十分复杂,面临的诸多问题难以解决。

2.2 BT 模式在我国城市轨道交通工程中的运用和发展

2.2.1 传统交钥匙型 BT 模式

在传统 BT 模式下,应由 BT 模式项目承办人组建项目公司进行项目的投资、融资和建设管理,采取"交钥匙"的承包方式,在项目建成竣工验收合同后移交给项目"订购人"(BT 项目发起人)。本研究称此种模式为传统交钥匙型的 BT 模式(图 2-1)。

传统交钥匙型 BT 模式的重要特征是 BT 项目公司以项目法人的身份承担建设单位的职责,全面负责项目的投融资和全面的建设管理工作。勘查设计单位、监理单位、各类承包商都由 BT 项目公司直接招标选择并负责管理。BT 项目发起人的管理工作弱化,仅仅从宏观层面监控 BT 项目公司的建设管理工作。

2.2.2 BT 模式在城市轨道交通工程中的演化方向

传统 BT 模式是由 BOT 模式演变而来的,因而也符合 BOT 模式的基本特征,即传统 BT 模式的运用对象是一个项目。例如，BT项目可以是一个水厂，但不能是水厂的一个水池，后者只是一个单位工程或分部工程，而不是一个具有投资价值的工程项目。正是因为传统BT模式采取的是交钥匙承包的项目融资方式，BT项目承办人才可能承担项目法人的责任，负责项目的融资和全面的建设管理，承担项目建设的全部风险。

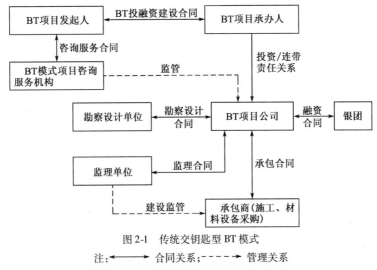

图2-1 传统交钥匙型BT模式
注：——→ 合同关系；----→ 管理关系

城市轨道交通工程直接关系到人民的生命财产安全，具有重要的社会责任和历史责任，确保这类项目的功能完善和使用安全是政府的首要考虑。传统的BT模式采取的交钥匙的承发包方式弱化了BT项目发起人对工程的直接控制，在我国建筑市场存在信用问题的前提下，这种承发包方式难以为政府接受。BT模式具有投融资和建设管理这两个重要的内涵，而投融资又是BT模式的最本质特征，是项目发起人选择BT模式的最根本考虑，BT模式在我国城市轨道交通工程中的演化方向是对建设管理方式的变革。

如今，BT模式的运用的对象从一个项目逐渐退化为一个或多个单位工程，由原先的BT项目转变成了BT工程。BT承办范围在不断缩小，项目承办人不再具有项目法人地位，取而代之的是由项目发起人作为项目法人全面管理和监控项目的运作，BT项目承办人只在其承办的BT工程范围内负责组建项目公司进行投融资和建设管理（多数仅仅是施工管理）。当然，有时项目发起人可能会给予BT项目承办人更为广泛的建设管理权，如进行项目前期的拆迁工作。然而，随着传统BT模式在城市轨道交通工程中的演变，项目建设的主导权已经由BT项目承办人转交给BT项目发起人。

2.2.3 BT模式在城市轨道交通工程中的发展现状

1. BT项目发起人完成初步设计等前期工作

按照传统交钥匙型BT模式的要求，BT项目公司需要完成勘查、设计、征地拆迁等所有前期工作。然而，在我国，由于BT项目运用对象的特殊性，在进行BT模式招标前，项目发起人需要进行BT项目的立项和可行性研究，确定项目的规模、技术方案和指标，完成项目的初步勘查、总体（初步）设计和总投资概算等，并报政府主管部门审批。BT项目公司只能完成初步设计之后的施工图设计和施工阶段的工作，并承担风险。鉴于征地拆迁工作较为复杂，具体操作中涉及大量的政府协调工作,实施难度高,对工期影响较大,措施费难以估算,为了增强BT项目的吸引力,提高投资者的投资积极性,现行BT项目运作中的征地拆迁工作通常由BT项目发起人另外委托拆迁代办单位实施,但BT项目公司可以配合管理。

2. BT项目承办人直接承担施工任务

目前,国内BT项目承办人通常都是大型建筑业企业,具有较强的施工和管理能力。对BT项目承办人而言,BT项目的承办不仅仅是一种投资行为,更重要的是可以以投融资带动施工总承包,实现投资收益和施工收益的双收,而这也正是一些大型建筑业企业热衷于BT项目的根本原因。另外,由于城市轨道交通工程项目通常对工期的要求比较紧,BT项目发起人在投融资招标时就确定由BT项目承办人或其下属的子公司完成项目的施工任务、甚至施工图设计任务,可以减少BT项目公司的后续招标环节,促使项目的施工能够快速启动。同时,考虑到BT项目发起人和BT项目承办人之间的合同关系,由BT项目承办人完成施工任务将有利于BT项目发起人对施工过程的监控。

3. BT项目范围的缩小

在城市轨道交通工程中,政府往往授权具有一定融资和建设管理能力的公司,如基础设施投资有限公司或地铁公司,由其直接或组建建设分公司进行BT项目的前期策划、招标和全过程管理工作。由于项目发起人管理能力的强化以及城市轨道交通工程项目自身的特征,BT模式的项目范围逐渐缩小,原先"交钥匙"式的BT模式项目被分解为BT工程和非BT工程。非BT工程由BT项目发起人另外发包,不在BT项目承办人的融资和管理范围之内。城市轨道交通项目主要包括土建工程和机电工程两个部分。机电工程专业性很强,其设备采购还涉及轨道网络技术标准要求和国家审批环节。因此,目前通常的做法是将责任易于明确、难度较小的土建工程和部分机电工程作为BT工程,而将需要项目发起人加强控制的核心机电工程和重要设备采购作为非BT工程由BT项目发起人另外发包。至于项目前期的房屋拆迁、交通疏解和管线迁移工作是否包含在BT项目范围内,则要根据BT项目发起人的管理需求而决定。

2.2.4 我国城市轨道交通工程BT模式的分类

1. 我国标准BT模式

在传统交钥匙型BT模式下,BT项目公司招标选择勘查设计单位,负责初步设计和施工图设计的工作。然而,对于城市基础设施和公共事业工程等政府投资工程,由BT项目发起人完成初步设计工作是该类项目的必然要求,因此,传统交钥匙型BT模式在我国的应用过程中得到了修正(图2-2)。本研究称这种修正后的BT模式为我国的标准BT模式。

我国标准BT模式的运用对象是一个项目,BT项目公司以项目法人的身份负责初步设计以后的所有建设管理并承担其后所有的风险。这种标准BT模式也被称为平衡的BT模式,这是国内诸多专家讨论和分析BT模式的一个基本原型,被作为典型的BT模式而多次引用。然而,由于政府往往授权相关单位作为项目发起人,以项目法人的身份负责进行项目的报批和初步设计等前期工作,标准BT模式下BT项目公司的项目法人的地位很难得到行政主管部门及质量监督部门的认可,相关部门仍以原项目法人(BT项目发起人)为项目责任人。

随着BT模式在我国城市轨道交通中运用过程中的演化和发展,BT项目公司已不再具有项目法人地位,BT项目发起人的项目建设管理主导地位逐渐增强,BT项目范围不断缩小。随着BT项目向BT工程的转变,建设管理型BT模式和施工管理型BT模式运用而生。

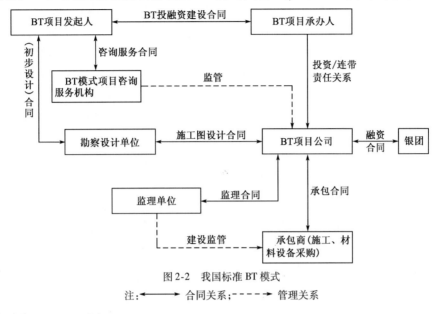

图 2-2　我国标准 BT 模式

注：——→ 合同关系；-----→ 管理关系

2. 建设管理型 BT 模式

建设管理型 BT 模式是指由 BT 项目承办人或 BT 项目公司完成投融资和建设管理工作的一种 BT 模式(图 2-3)。依据 BT 项目承办人是否直接承担施工任务,又可以分为两类：

(1)BT 项目承办人仅负责建设管理工作,不直接承担施工任务,施工另行招标。该模式即是目前所称的"施工二次招标型 BT 模式",本研究称为投融资+建设管理 BT 模式。

(2)BT 项目承办人负责建设管理工作并承担施工任务。该模式又被称之为直接施工型 BT 模式,本研究称为投融资+建设管理+施工总承包 BT 模式。

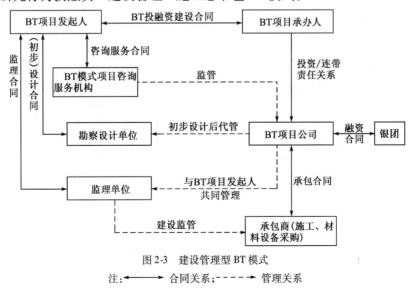

图 2-3　建设管理型 BT 模式

注：——→ 合同关系；-----→ 管理关系

21

建设管理型BT模式是对我国标准BT模式的延续,BT项目公司负责项目建设的全面管理,但与我国标准BT模式最大的区别就是对BT项目公司的项目法人地位。在建设管理型BT模式下,BT项目发起人以项目法人的身份同时承担施工设计单位和监理单位的招标工作,BT项目公司则以建设管理总承包商的身份,负责对某个或某些单位工程进行投融资和全面的建设管理。这种全面的建设管理主要体现在BT项目公司对施工图设计单位的代管工作以及与项目发起人共同管理监理单位方面。同时,项目发起人可以根据需要将拆迁工程、交通疏解和管线迁移等前期工作包含在建设管理范围交由BT项目公司完成。

在城市轨道交通工程中,北京地铁奥运支线BT工程和北京地铁亦庄线BT工程是对建设管理型BT模式的典型运用。北京地铁奥运支线BT工程受到联合国亚太经社会的高度赞扬,这也从侧面说明了建设管理型BT模式作为一种新型的BT模式得到了人们的广泛认可。

3. 施工总承包型BT模式

DBB(设计—招标—建造)是一种较为传统的承发包方式,即由业主提供设计图纸,承包商严格按图纸完成施工任务。DBB的承发包方式在我国有着长期而广泛的应用。BT项目发起人对此种承发包方式的运作流程较为熟悉,容易接受。另外,由于城市基础设施和公共事业项目是关系到民生影响面较广的项目,而设计工作的质量又直接影响着项目的功能和质量安全,项目发起人为了更好地控制设计工作的质量。通常都愿意将设计工作单独发包。因此,由BT项目发起人负责设计(包括初步设计和施工图设计)、BT项目承办人完成某个或某些单位工程(通常是操作比较简单且对工程建设工期、质量和成本有较大影响的土建工程)投融资和施工总承包的BT模式是我国目前较为常建的一种BT模式,该模式又可称为投融资+施工总承包BT模式。由于BT工程的运作主体是BT项目承办人组建的BT项目公司,而BT项目公司本身并不具有施工资质,只是负责完成BT模式项目的投融资和施工管理协调工作。因此,此处称该模式为施工总承包型BT模式是基于项目发起人与项目承办人之间的合同关系而言的。图2-4为施工总承包型BT模式。

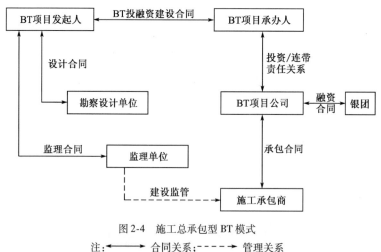

图2-4 施工总承包型BT模式

注:⟷ 合同关系;----→ 管理关系

在施工总承包型BT模式下,BT项目公司通常不再通过招标的方式选择施工单位,施工任务由BT项目承办人或其指定的下属企业承担。

2.3 深圳地铁5号线BT模式的产生及基本特征

2.3.1 深圳地铁5号线BT模式的产生背景

1. 政府财政能力分析

深圳市无论是GDP还是政府可支配财政收入数量均较大,但随着城市的快速发展,特别是大型基础设施建设力度的加大,政府财政面临着巨大的压力。深圳轨道交通二期工程包括5号线在内共有5条线路同时在线,总长度约155km,2011年前将全部完成。即便不计运营补贴,整个建设资金需求达700多亿元,同时还需配合铁道部和广东省建设广深港客运专线和厦深铁路(深圳投资约100亿元)。在全市大力推进轨道交通建设的同时,一大批文化教育、医疗卫生、生态环保项目正抓紧实施,使得深圳市政府短期内财政压力明显增大。深圳地铁5号线投资额度高达200多亿元,如采用政府直接投资,将直接影响一大批民生工程(如大运体育场馆、海滨医院等工程)的实施。因此,需要创新轨道交通投融资模式,拓宽融资渠道,缓解政府融资压力。

2. 项目管理目标分析

(1) 进度目标

由于深圳地铁5号线是26届世界大学生运动会的承诺项目,项目自2007年12月21日开工建设,距离2011年6月30日开通试运营时间仅有42个月,而土建部分工期要求控制在26个月,相比于采用传统模式的深圳地铁1号(长度17.4km、车站16座、工期42个月)、广州1号线(长度18.4km、车站16座、工期60个月)、北京5号线(长度27.6km、车站24座、工期44个月)、上海6号线(长度33.4km、车站27座、工期50个月),在建设里程最长、车站数最多的情况下,工期缩短了38%~56%,工期压力非常大。在这种情况下,采取设计和施工相衔接的建设管理模式,可以促使承包商采取快速路径施工法,边设计边施工,从而大大缩短工期。

(2) 质量目标

根据全寿命周期集成化管理的理念,这里的质量不仅仅包括施工质量和设备采购质量,还应充分考虑项目建成后的运营质量。根据深圳地铁5号线BT项目发起人项目管理的定位和指导思想,项目建设应以运营为导向。因此,项目的施工质量和设备采购质量目标也应以运营质量目标为导向。为了提高运营质量,确保线路、车站的物理功能满足设计规范的同时具有可维修性、运营的安全性和舒适性,BT项目发起人需要与设计单位具有直接的沟通和良好的合作,确保BT项目发起人的意愿能够直接在设计上得到反映。另外,由于城市轨道交通工程涉及大量专业性较强、对运营质量有较大影响的设备采购,BT项目发起人必须考虑是否将这类重要设备由其直接采购,以确保采购设备的质量目标。由于上述的这两个问题直接涉及BT工程范围,因此较为合适的做法是将土建工程和常规设备安装纳入BT工程范围,而对于一些核心机电工程、重要设备的采购则作为非BT工程由BT项目发起人直接控制。

(3) 成本目标

深圳地铁5号线的成本目标主要有两点。第一,以相对较低、合理的成本采购到质量合格的工程。对于本项目而言,质量目标和进度目标应是项目采购模式选择的第一考虑要素,成本目标应服从前两个目标。因此,这里应强调的是合理成本,而不是低成本,因为较低的成本往往伴随着较高的进度和质量风险。第二,将项目投资控制在项目概算以内。这是所有政府投资项目都需要达到的目标,因此,需要避免过多的工程变更发生。采用设计和施工相互衔接的建设管理模式,如设计施工总承包模式,可以很好地解决因过多的工程变更而导致投资超概算的问题。

3. 项目自身特征分析

(1) 投资规模

深圳地铁 5 号线项目总投资 200.58 亿元,线路全长约 40km,是目前国内城市轨道交通一次性建成的单条线路最长的地铁工程。对于投资规模如此巨大的一个项目,将其完全交由一个承包商去实施是不现实的。一方面,国内具有如此资金实力和技术力量的大型建筑业企业数量很少,容易造成招标采购的竞争性较低甚至流标;另一方面,这也会使 BT 项目发起人承担巨大的风险。因此,可行的办法是采取平行分包的办法,或仅将项目的某部分以工程总承包的方式采购,而同时这也必将造成 BT 项目发起人的管理协调和监管任务加重。为了解决这个问题,BT 项目发起人需要进行项目管理服务采购,选择合适的项目管理单位管理协调全线工作,并为 BT 项目发起人提供咨询意见。

(2) 技术难度

深圳地铁 5 号线土建工程技术难度大,这在国内地铁施工中也是罕见的。技术难度主要体现在三个方面:一是地质情况复杂多变,施工难度大;二是专业接口多,施工组织难度大,安全质量任务重;三是工法种类多。高难度的技术要求承包企业专业性强、技术过硬;专业接口多、施工组织协调难度大要求承包企业具有较强的管理协调能力。能够同时达到这两个要求的企业必然是大型建筑业企业,实行工程总承包的模式、选择技术力量雄厚、项目管理能力强的大型建筑业企业是本项目较为合理的建设管理模式选择。

轨道交通设备是技术型密集产品,主要包括机车车辆、通信系统、电气传动系统、计算机系统和自动检票系统等,涉及机械、电气、计算机、声学等技术领域,与工业基础有密切联系。由于城市轨道交通系统技术复杂,国内仅有 4 家工厂具有车辆生产条件,有能力承担信号控制系统集成的公司只有 3 家,而轻量化车辆大断面铝型材则仅有西南铝厂 1 家能够生产。因此,对于轨道交通工程设备安装工程,特别是核心机电工程,BT 项目发起人可以单独自主采购。

4. BT 项目发起人要求分析

(1) BT 项目发起人的能力与经验

BT 项目发起人(深圳地铁公司)自 1998 年成立以来承担的第一个项目是深圳市地铁一期工程罗宝线东段和龙华线南段,建设项目全长 21.866km,共设 20 个车站,总投资 115.53 亿元。BT 项目发起人在一期工程建设中积累了宝贵的建设经验,队伍建设和管理工作不断加强;BT 项目发起人设有规划部、设计部、合约部、财务部等基本职能部门,并为每条地铁线路设置了分公司,专门负责该线路的建设管理工作,具有设计施工总承包的管理能力。

(2) BT 项目发起人介入活动的程度

BT 项目发起人是深圳地铁 5 号线建设和运营一体的项目法人,因此,BT 项目发起人为了保障地铁项目运营期间的质量和合理性,需要深度介入项目全过程的建设管理活动,在规划设计以及建设管理阶段即考虑到全寿命周期(特别是考虑运营阶段)的诉求。另外,深圳地铁5号线作为重要的民生项目,又是第26届世界大学生运动会的承诺项目,具有重大的社会责任和历史责任,深圳市政府部门非常重视该项目的建设,要求BT项目发起人作为BT项目发起人深度介入项目建设全过程的质量、安全控制,以确保工期顺利完成。

(3) 责任明确程度

BT项目发起人希望能够承担地铁项目一定的建设管理工作,且要求承担的工作量适中,不希望面临大量的管理协调工作,希望与承包商之间的责任关系较为清晰,因而倾向于选择总承包的管理模式,由一家承包商负责全线的施工、管理甚至设计任务。责任关系的明确将有利于保证项目的顺利完成及减少纠纷。

(4) 风险分配原则

过度地将一些承包商无法承担的风险转移给承包商将极大地打击承包商的积极性,不利于项目的顺利进行。因此,BT项目发起人希望在与承包商之间的风险分担处以一种相对公平合理状态的前提下,将建设过程中的管理风险,特别是设计变更的风险,尽量转移给承包商。

2.3.2 深圳地铁5号线BT模式的成因分析

在深圳地铁5号线BT模式的产生背景中,较为突出的有以下四个方面:
(1) 政府短期内财政紧张,需要进行轨道交通项目融资模式的创新,缓解政府财政压力。
(2) 工期异常紧张,需要采取边设计边施工的设计施工总承包模式。
(3) 项目投资规模巨大,需要及时给予承包商合同价款,缓解承包商资金压力。
(4) BT项目发起人具有一定的项目管理能力,出于全寿命周期质量管理的需求,BT项目发起人有较强的项目监控意愿。

深圳地铁5号线BT模式的产生背景分析见表2-1。

深圳地铁5号线BT模式的产生背景分析　　　　表2-1

项目背景		简要描述	对项目融资模式和建设管理模式的影响
政府财政能力		短期内财政压力巨大	采取BT的项目融资模式
项目目标	进度目标	工期压力非常大,相比常规工期缩短了38%~56%	采取快速路径法,边设计边施工
	质量目标	以运营质量目标为核心	BT项目发起人需要与设计单位具有直接的沟通和良好的合作
		确保重要设备采购质量	重要设备业主提供
	成本目标	较合理的建设成本,投资控制在概算以内	设计与施工相衔接,避免过多的设计变更
项目特征	投资规模	投资规模巨大	需要大型建筑业集团企业或多个承包商共同完成该项目,并及时支付合同价款
	技术难度	技术难度大、组织协调困难	希望由大型建筑业企业完成项目建设
		核心机电工程技术负责,垄断性高	重要材料设备业主甲供,核心机电工程业主单独采购

续上表

项目背景		简要描述	对项目融资模式和建设管理模式的影响
业主要求	能力和经验	具有一定的管理能力和经验	可采取多标段平行分包模式或部分工程采取总承包模式且业主希望较为深入的监控总承包商行为
	介入活动程度	希望较为深入的介入工程活动	
	责任明确程度	希望责任明确，减少纠纷	设计施工责任主体相统一
	风险分配原则	在风险分配相对公平的前提下尽量转移风险	采取总承包模式

基于上述因素考虑，深圳地铁5号线创新性地提出了BT项目发起人强控制的设计施工总承包型BT模式，即深圳地铁5号线BT模式，又称为"投融资＋设计施工总承包＋回报"的BT模式，该模式又被誉为轨道交通BT工程深圳模式，是深圳地铁公司在充分分析其他BT模式建设管理的经验和教训的基础上，结合深圳地铁5号线项目的目标体系、工程特征和自身管理要求，对项目融资方式和项目采购模式的一次大胆创新。

2.3.3 深圳地铁5号线BT模式的基本特征

深圳地铁5号线BT模式相比于其他BT模式，具有以下三个基本特征。

1. BT项目发起人的项目法人地位及强控制

在传统BT模式的理念下，BT项目承办人承担了建设单位的地位和职责，在BT工程竣工移交给相关单位之前，BT项目承办人对BT工程具有绝对的控制权，BT项目发起人对项目的控制较弱。而在深圳地铁5号线BT模式下，BT项目发起人作为深圳地铁5号线的项目法人，以业主或建设单位的身份负责5号线项目（包括BT工程及非BT工程）的总体运作，BT项目承办人仅在BT工程范围内承担投融资和设计施工总承包职责。

因而，深圳地铁5号线BT模式最重要的特色就是BT项目发起人对BT工程建设全过程的强控制，对BT项目承办人的质量、进度和安全等管理工作进行全面监控。BT项目承办人作为总承包商，在建设期不具备对BT工程的完全控制权，对监理单位也没有直接委托权。然而，BT项目承办人仍然需要对BT工程进行全面的管理并承担相关责任和风险，但其决策能力受到了较大的削弱，一些重大事项的决策权由BT项目发起人牢牢掌控。BT项目发起人的强控制为项目的全寿命周期管理奠定了基础。

2. 设计施工总承包

目前，国内BT模式通常采取的是"投融资＋施工总承包"的方式，深圳地铁5号线BT模式推出了"投融资＋设计施工总承包"，实现了投融资、设计和施工三者的集成，大大减轻了BT项目发起人的投融资压力和建设管理压力。深圳地铁5号线BT模式是BT融资模式与设计施工总承包采购模式的完美结合体，具有这两种模式的诸多优势。

按照设计的深度，设计施工总承包模式可以分为三类：传统设计施工总承包模式、传统施工图设计施工总承包模式和合同转换型设计施工总承包模式。

（1）传统设计施工总承包模式是指业主提供设计任务书，承包商完成总体设计、施工图设计和施工所有任务。

（2）传统施工图设计施工总承包模式是指业主完成总体设计，承包商完成施工图设计和施工任务。

（3）传统施工图设计施工总承包模式下，总体设计单位和施工图设计单位之间一般没有直接的联系，容易造成总体设计和施工图设计的脱节。合同转换型设计施工总承包模式则可以很好地解决这个问题。在此模式下，由业主招标选择设计单位负责项目总体设计和施工图设计，总体设计完成后业主将该设计进行合同主体变更，由设计施工总承包商完成后续的施工图设计和施工任务，见图2-5。

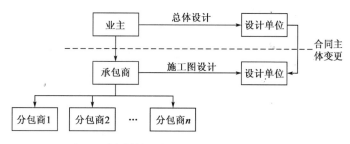

图2-5　合同转换设计施工总承包模式结构示意图

深圳地铁5号线BT工程采用的正是合同转换型设计施工总承包模式。该模式一方面可以使BT项目发起人能够直接控制项目的总体设计，满足BT项目发起人对设计强控制的要求；另一方面当设计合同主体变更后，相关的权利义务和风险也一并转移给了BT项目承办人，降低了BT项目发起人的风险。

3. 项目回购时点的提前

按照传统的做法，BT项目发起人（或回购人）对BT工程的回购往往是在BT项目承办人竣工移交工程后的一段时间内逐年支付合同价款。对于深圳地铁5号线BT工程而言，其投资规模达105.7亿元，工期只有42个月，BT项目承办人的融资压力非常大。在项目质量目标和工期目标优先于成本目标的前提下，为了缓解BT项目承办人的资金压力，吸引具有较强技术和管理力量的企业投标，本BT工程提出了合同价款在建设期间即根据承办人当年完成的工程量逐年支付。不仅如此，合同价款中还包含了融资费用、投资回报和风险费用，在BT项目发起人将风险转移给承办人的同时，能够极大地调动承办人的积极性，有利于项目按时、高质量地完成。

2.4　深圳地铁5号线BT模式的优势分析

2.4.1　不同BT模式参与主体的权利、义务对比

深圳地铁5号线BT模式又可称为设计施工总承包型BT模式，即"投融资+设计施工总承包BT模式"，见图2-6。在该模式下，BT项目发起人以项目法人的身份负责项目全过程运作，直接掌控监理单位的选择权和管理权，BT项目承办人负责完成投融资和设计施工总承包任务。

深圳地铁5号线BT模式与其他BT模式责任主体的权利、义务对比见表2-2。

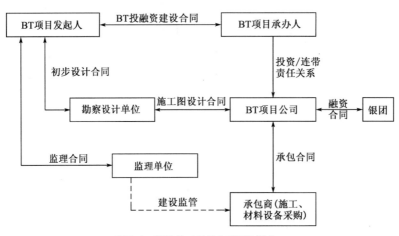

图 2-6 设计施工总承包型 BT 模式
注：⟷ 合同关系；----→ 管理关系

BT 模式责任主体的权利、义务对比 表 2-2

BT 模式类型	传统交钥匙型 BT 模式	我国标准 BT 模式	建设管理型 BT 模式	施工总承包型 BT 模式	设计施工总承包型 BT 模式
BT 项目承办人的义务	投融资				
	EPC/交钥匙承包	总体设计后的 EPC/交钥匙承包	建设管理	建设管理+施工总承包	施工总承包	设计施工总承包
BT 项目公司的地位及责任	项目法人，建设单位	项目法人，建设单位	非项目法人，建设单位职责	非项目法人，承包商	非项目法人，承包商
总体（初步）设计单位的招标与管理	BT 项目承办人	BT 项目发起人			
施工图设计单位的招标	BT 项目承办人	BT 项目承办人或发起人	BT 项目发起人	BT 项目发起人	BT 项目承办人或发起人
施工图设计单位的管理	BT 项目承办人	BT 项目承办人	BT 项目承办人代位管理	BT 项目发起人	BT 项目承办人
监理单位的招标	BT 项目承办人	BT 项目承办人	BT 项目发起人	BT 项目发起人	BT 项目发起人
监理单位的管理	BT 项目承办人	BT 项目承办人	BT 项目发起人和承办人共同管理	BT 项目发起人	BT 项目发起人

1. BT 项目承办人的义务

由 BT 项目承办人负责项目的投融资是 BT 模式的根本特征，因此在任何类型的 BT 模式下 BT 项目承办人都须承担项目投融资任务。不同 BT 模式的本质区别在于项目采购模式的不同，传统交钥匙 BT 模式和我国标准 BT 模式采取的是 EPC/交钥匙的承包方式。根据 BT 项目承办人义务的不同，建设管理型 BT 模式可称为"投融资+建设管理 BT 模式"和"投融资+建设管理+施工总承包 BT 模式"，施工总承包型 BT 模式可称为"投融资+施工总承包 BT 模式",深圳的设计施工总承包型BT模式可称为"投融资+设计施工总承包BT模式"。

2. BT项目公司的地位和责任

在传统交钥匙型BT模式和我国标准BT模式下,BT项目公司具有项目法人的地位,承担了建设单位的责任,负责对BT工程全过程全方位的管理并承担风险和责任。随着BT模式在轨道交通工程中的运用和发展,BT工程的承办范围逐渐缩小,原先的BT项目被划分为BT工程和非BT工程,无论是在建设管理型BT模式、施工总承包型BT模式还是深圳的设计施工总承包型BT模式下,BT项目承办人的项目法人地位都已无法实现。但在建设管理型BT模式下,BT项目公司承担了BT工程范围内建设单位的管理职责,对BT工程进行全面的管理,BT工程竣工后移交给相关单位。在施工总承包型BT模式和深圳设计施工总承包型BT模式下,BT项目公司既非项目法人,也无法承担建设单位的责任,主要承担承包商的职责,进行施工或设计施工总承包,并完成投融资和其他一些建设管理工作。

3. 总体(初步)设计单位的招标与管理

在传统交钥匙型BT模式下,总体(初步)设计单位的招标和管理工作完全由BT项目承办人负责。在我国,由于BT模式的运用对象通常为政府投资项目,一般要求BT项目发起人进行立项、可行性研究、初步设计、编制投资概算并报政府有关主管部门审批。因此,我国BT工程的总体(初步)设计单位通常都由BT项目发起人进行招标和管理,设计施工型BT模式也是在BT项目发起人完成总体(初步)设计后进行BT工程招标。

4. 施工图设计单位的招标与管理

在传统交钥匙和我国标准BT模式下,施工图设计单位的招标和管理都由BT项目承办人负责。在建设管理型BT模式下,BT项目承办人实行初步设计后对施工图设计单位代BT项目承办人管理,以实现设计与施工的衔接。深圳地铁5号线BT工程采用的是合同转换型的设计施工总承包方式,BT项目发起人负责对总体设计和施工图设计总包单位的招标,其后将BT工程范围内的土建施工图设计以合同主体转移的方式交由BT项目承办人负责全面的管理,因而该模式的实质是由BT项目发起人完成施工图设计单位的招标,BT项目承办人对其进行全面管理,并承担相应风险。

5. 监理单位的招标与管理

BT模式下监理单位的招标和管理与BT项目承办人是否具有项目法人地位有一定关系。在传统交钥匙BT模式和我国标准BT模式下,BT项目公司承担了项目法人的地位,具有对监理单位的招标和管理权。建设管理型BT模式下,BT项目公司承担了建设单位的职责,但不具有项目法人地位,BT项目发起人为了加强对BT工程的监控,需要把握对监理单位的选择和管理权,BT项目承办人仅有与BT项目发起人对监理单位的共同管理权。在设计施工型BT模式下,BT项目公司非项目法人,承担承包商的建设管理职责,对监理单位的招标和管理权由BT项目发起人完全掌控。

2.4.2 深圳地铁5号线BT模式与北京建设管理型BT模式的对比

全国城市轨道交通工程中采用BT模式的项目主要有:北京地铁奥运支线和亦庄线以及南京地铁2号线某标段。不同城市的轨道交通工程由于建设背景、政府的偏好以及项目建设管理者的管理深度要求不同,所采用的BT模式其类型也不同。北京奥运支线和亦庄线采取的是建设管理型BT模式,南京地铁2号线某标段采取的是施工总承包型BT模式。其中,北京地铁奥运支线BT项目受到了联合国亚太经社会的高度赞扬,得到了社会广泛的认可,是BT模式在我国城市轨道交通工程中的一次成功实践,对深圳设计施工总承包型BT模式具有较高的参考价值。在充分吸收北京建设管理型BT模式实践经验和教训的基础上,深圳地铁5号线进行了大胆创新,提出了设计施工总承包型BT模式,见表2-3。

深圳地铁5号线BT模式与北京建设管理型BT模式对比　　　　表2-3

项　目		北京建设管理型BT模式	深圳地铁5号线BT模式
建设背景		投融资、建设管理、运营三权分立	投融资、建设管理、运营三位一体
投资规模		总投资24.2亿元,BT工程14.3亿元	总投资200.58亿元,BT工程98亿元
全寿命周期管理需求		较弱	强烈
项目采购方式		投融资+施工总承包	投融资+设计施工总承包
BT工程范围	土建工程设计	不包含	包含
	管线迁移和交通疏解	包含	不包含
	装修材料、常规设备采购		
	防灾报警、环境与设备监控系统、门禁系统等一般机电工程		
BT项目承办人地位		承担建设单位职责	承担承包商职责
BT项目发起人管理深度		弱控制	强控制
项目失控风险		大	小
项目回购方式		项目公司股权回购	分期支付合同价款
运营单位(部门)是否参与管理		不参与	参与

1. 城市轨道交通项目建设背景

北京市城市轨道交通项目采取的是投融资、建设管理和运营三权分立的模式,即由北京市城市基础设施投融资单位作为项目所有权人和项目发起人,以项目法人的身份进行项目的投融资和建设资金支付;北京市轨道交通建设管理单位承担建设管理单位的职责,负责进行项目全过程和全方位的建设管理,项目建成竣工验收合格后移交给投融资单位;北京市城市基础设施投融资单位作为项目的资产所有权人,以租赁的方式交由北京地铁运营单位运营。

深圳市城市轨道交通项目实行了项目的投融资、建设管理和运营开发三位一体的模式,即由深圳地铁公司负责项目从项目立项、投融资、建设管理,到竣工验收移交、运营和物业开发的全寿命周期运作。同时,深圳市存在多家的轨道交通项目运营主体,运营主体的多元化激发了不同主体之间的竞争意识。

不同的城市轨道交通项目建设背景造成了BT项目发起人对项目的控制深度和全寿命周期管理的需求有明显的差异,从而催生了不同类型的BT模式。

2. BT项目发起人的控制深度

由图2-7可知,不同BT模式下项目发起人对BT工程的控制深度有所不同。北京建设管理型BT模式偏向于我国标准的BT模式,BT项目承办人承担了建设管理单位的职责,BT项目发起人的控制深度较弱,可称为弱控制的BT模式;而深圳设计施工管理型BT模式是一种强控制的BT模式,BT项目发起人以项目法人和建设管理单位的身份对BT工程进行深度管理和强势控制。这两种模式在BT项目发起人的控制深度方面主要存在以下几点区别。

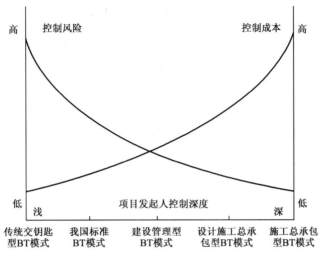

图2-7 不同BT模式下项目发起人对BT工程的控制深度

(1)BT工程范围

北京建设管理型BT工程范围要大于深圳设计施工管理型BT工程范围。北京建设管理型BT工程范围和深圳设计施工管理型BT工程范围都包含以下内容:施工前期准备工作、土建工程、装修工程、部分一般机电工程。相比深圳BT模式,北京建设管理型BT工程范围更为广泛,主要体现在以下几个方面:

①施工前期准备工作包含了管线迁移和交通疏解;

②装修材料、常规设备的采购;

③部分一般机电工程,如防灾报警、环境与设备监控系统,门禁系统等。

在深圳模式下,以上三方面的工作内容作为非BT工程由BT项目发起人直接发包和管理。

(2)过程控制

在北京建设管理型BT模式下,BT项目承办人承担了建设单位的职责,负责项目的全过程管理,建设管理公司的监管力度较弱。而在深圳BT模式下,地铁公司(BT项目发起人)深度介入BT工程的建设管理工作,实行全过程的深度控制。地铁公司针对地铁5号线项目成立了地铁5号线建设管理公司,现场派驻业主代表直接进行项目实施全过程的监控,地铁公司内部多部门,包括合约部、设计部、采购部和运营部门等,直接介入5号线BT工程建设过程中设计、质量、进度、采购等管理工作。

(3)BT工程回购方式

BT工程回购方式对BT项目发起人的控制深度有较大的影响。在北京建设管理型BT模式下,BT项目发起人以收购项目公司股权的方式回购BT工程,即承认在项目回购前BT项目公司具有BT工程资产的所有权。然而,这将产生BT工程的资产归属和税务问题,一旦发生纠纷,将难以解决。深圳模式采取了投资回报的方式,BT项目发起人从建设期开始即分期给予BT项目承办人投资成本和投资回报,从建设期开始分期支付合同价款的方式将有利于BT项目发起人在项目实施过程中的全过程管理和监督。

3. 全寿命周期管理

在北京市城市轨道交通项目投融资、建设管理和运营三权分立的背景下,运营单位难以介入到项目前期和建设过程,BT项目发起人和建设管理单位的全寿命周期管理意愿薄弱。而在深圳城市轨道交通投融资、建设管理和运营三位一体的背景下,BT项目发起人作为项目建设的投融资单位、建设管理单位和运营单位,需要统筹考虑全寿命各阶段之间的联系,实行以运营为导向的全寿命周期管理,实现项目的可持续发展。

深圳地铁公司作为项目发起人,具有强烈的全寿命周期管理的意愿,从而促使其采取强控制的BT模式,加强对项目前期、施工过程和竣工移交全过程的控制,地铁公司的运营部门从项目前期策划、设计即开始参与项目实施的全过程监控,使得建设过程以运营为导向的理念能够贯彻项目实施的全过程。

2.4.3 深圳地铁5号线BT模式的优势

通过前文的分析可知,相对于其他BT模式,深圳地铁5号线BT模式存在以下几个基本优势:

(1) BT项目发起人承担的控制风险和控制成本适中

BT项目发起人在选择BT模式时,最主要考虑的是控制风险和控制成本这两个因素,而这都与BT项目发起人对项目的控制深度有着密切的联系。不同类型的BT模式下BT项目发起人的控制深度不同,也对应着不同的控制风险和控制成本,见图2-7。

城市轨道交通工程一般投资规模巨大,BT项目承办人的承办范围有限,无法承担项目法人的地位,同时传统交钥匙BT模式和我国标准BT模式对项目发起人而言有较高的控制风险难以为政府采纳,因此这两种类型的BT模式在城市轨道交通工程中缺乏可行性。建设管理型BT模式下,BT项目承办人承担建设单位的职责对BT工程进行全面的管理,BT项目发起人对项目控制深度较低。而在施工总承包型BT模式下,BT项目发起人则以建设单位的身份对BT工程进行深度的控制。设计施工总承包型BT模式下,BT项目发起人的控制深度介于建设管理型和施工总承包BT模式之间,能够满足深圳地铁公司对BT工程控制深度的要求,且承担的风险相对较低。

(2) 有利于BT项目发起人的全过程实时控制

城市轨道交通作为重要的民生工程,承担着重要的社会责任和历史责任,影响深远,其建设过程受到社会广大各界人士的关注。目前,在我国城市轨道交通建设领域存在着大量技术力量薄弱、管理经验欠缺、操作不规范的建筑业企业,建筑市场管理体制不完善;同时,BT项目发起人和BT项目项目承办人作为不同的利益主体,BT项目承办人关注自身的经济利益而容易忽视项目的整体利益。采用一般的BT模式则意味着将BT项目的管理权完全交由BT项目承办人,BT项目发起人将面对巨大的项目失控风险。

在深圳地铁5号线BT模式下,BT项目发起人作为建设单位,对BT工程具有绝对的项目控制权,可以全过程、实时监控项目的进展,有利于BT项目发起人所关心的项目总体目标的实现。

(3) 解决了BT项目发起人全寿命周期管理的难题

BT项目发起人和BT项目承办人属于不同的利益主体，BT项目发起人追求项目功能、效果的实现，立足于项目建设和项目运营整个寿命周期；BT项目承办人则追求投资和施工利润的实现，仅仅立足于项目建设期。在传统的BT模式下，BT项目承办人对BT工程具有绝对的控制权，关注项目建设期成本，忽略了包括项目后期运营的全寿命周期成本。

如今，全寿命周期管理的理念得到了人们的广泛认可，特别是对于城市轨道交通工程，全寿命周期管理的意义重大，它能够实现BT项目发起人利益的最大化。在深圳地铁5号线BT模式下，BT项目发起人对BT工程具有绝对的控制权，将有利于其全寿命周期管理理念的落实。

(4) 使设计与施工环节得到了很好的衔接

深圳地铁5号线BT模式的一个重要特色就是采取了设计施工总承包，使得设计与施工环节得到了很好的衔接。一方面，使设计服务于施工，有利于优化设计的实现，减少设计变更和签证环节；另一方面，可以增强设计的可施工性，使设计方案更合理，减少不合理的设计，提高施工效率。同时，在设计施工总承包模式下，有利于承包商采用快速路径法，边设计边施工，大大缩短了工期。

(5) 降低了BT项目承办人的投融资风险

在传统BT模式下，BT项目发起人对BT项目的回购往往是在BT项目承办人竣工移交工程后的一段时间才开始逐年支付合同价款。而在深圳地铁5号线BT模式下，BT项目发起人在建设期间即根据承办人当年完成的工程量逐年支付合同价款。这大大降低了BT项目承办人的投融资风险，极大地调动了BT项目承办人的积极性，有利于项目按时、高质量地完成。

第 3 章　BT 工程项目管理的指导思想及管理体系

3.1　BT 项目发起人项目管理的总体指导思想

3.1.1　BT 项目发起人项目管理的地位

工程项目管理通常包括业主方的项目管理、设计方的项目管理、施工承包商的项目管理和材料供应商的项目管理等,它们分别从不同角度组构成项目管理系统的主要部分,如图 3-1。项目建设成功与否,取决于项目实施各方项目管理的成效好坏。虽然工程建设项目的各参与方都要对项目的实施进行管理,但与业主不同的是,其他参与方仅负责对与业主所签订合同的本身任务的履行过程实施管理;而业主则要与不同的参与方分别签订相应的合同,要负责从可行性研究开始,直到工程竣工交付使用的全过程管理。因此,作为建设项目的发起者及项目建设的最终责任者,业主是建设项目的总组织者、总集成者,业主方的项目管理是建设工程项目管理的核心。

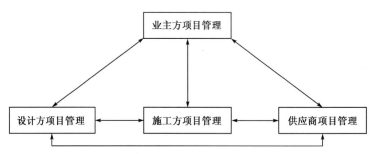

图 3-1　建设工程项目管理系统的主要组成

在深圳地铁 5 号线 BT 模式下,BT 项目发起人作为业主方,需要统筹处理 BT 工程与非 BT 工程的建设管理工作,BT 项目发起人的项目管理是 BT 工程项目管理的核心。

3.1.2　BT 项目发起人项目管理的特征

1. 组织协调难度大

深圳地铁 5 号线全长约 40km,总投资 200.58 亿元,BT 工程投资 105.7 亿元。虽然由 BT 项目承办人负责 BT 工程的投融资、设计施工和建设管理工作,可以使 BT 项目发起人从繁重的项目管理任务中解放出来，但同时也使得 BT 项目承办人在建设过程中具有较为强势的地位，不利于 BT 项目发起人对 BT 工程的控制，对于工程规模如此巨大的 BT 工程，BT 项目发起人将面临巨大的项目失控风险。因此，对于深圳地铁 5 号线 BT 工程，BT 项目发起人的项目管理既要充分授权 BT 项目承办人，发挥其建设管理的能力，同时又要加强对 BT 工程的全过程监控，适当地约束 BT 项目承办人的权利，以防止项目失控。这是 BT 项目发起人项目管理面临的最大难题。

另一方面，BT 工程投资仅占项目总投资一半的比例，BT 项目发起人将面临巨大的 BT 工程与非 BT 工程的接口管理和协调工作，如土建施工预埋与非常规设备安装的接口，BT 工程承办人对"甲供"材料和设备进场时间要求与 BT 项目发起人的采购计划之间的协调，BT 工程与非 BT 工程施工相互之间的干扰等。BT 项目发起人面对如此繁杂的接口管理和协调工作，需要加强项目管理策划工作，并引导各组织之间及时沟通。

2．进度管理压力大

深圳地铁 5 号线是 26 届世界大学生运动会的承诺项目，项目自 2007 年 12 月 21 日开工建设，距离 2011 年 6 月 30 日开通试运营时间仅有 42 个月，而作为 BT 工程主体内容的土建工程工期要求控制在 26 个月，且包含工程前期拆迁及交通疏解准备工作，比目前国内平均地铁项目综合工期少 6 个月以上，工期压力非常大。因此，深圳地铁 5 号线 BT 工程的进度管理工作显得尤为重要，BT 项目发起人需要采取合理的措施激励 BT 项目承办人在保证质量安全的前提下加快工程进度，协调各组织工作内容之间的衔接，减少干扰，同时加强对进度计划的动态控制，确保各节点工期和总工期的按时完成。

3．项目前期工作复杂

深圳地铁 5 号线项目属于城市内施工，穿越了深圳市 4 个行政区的主要城市干道，交通疏解难度大，管线复杂，牵扯面广，征地拆迁和管线迁改的组织协调和实施难度极大。虽然征地拆迁、交通疏解和管线绿化迁移作为非 BT 工程由 BT 项目发起人单独发包，但该类项目前期工作对 BT 工程的施工具有重大的影响。BT 项目发起人需要加强对项目前期工作的管理，创造良好的施工条件。

4．政府管理部门多

深圳地铁 5 号线项目作为深圳市政府投资的重要民生工程，需要接受轨道办、市发改局、建设局、交通局、审计局等多个部门的监督管理。同时，针对深圳地铁 5 号线 BT 工程，深圳市政府还专门成立了 5 号办负责对项目建设全过程的监督管理。深圳地铁公司作为市政府授权的深圳地铁 5 号线项目的 BT 项目发起人，在进行项目管理的过程中，需要充分考虑政府各相关部门的建议，一些重大事项甚至需要经过政府相关部门的审批方能实施。

5．其他

深圳地铁 5 号线项目贯穿城市各种复杂工程水文地质条件及商业、文化、娱乐、金融、工业、居民区等，不论是施工期，还是运营期，必须考虑工程水文地质条件变化中的施工方法和安全防范措施选择，必须预测项目污染物的排放对沿线地区振动、噪声、大气、地表水等环境要素的影响程度和范围，并提出应采取的环保措施和对策。同时，该项目对周边社会生活影响大，社会各方面关注度高，具有社会责任和历史责任。不仅如此，该项目技术要求高且涉及的学科门类繁多，车站建设、隧道挖掘、轨道铺设、车辆制造、信息通信等几乎涉及现代土木工程、信息电子工程、机电设备工程的所有高新技术领域，这些都将加大BT项目发起人项目管理工作的难度。

3.1.3 BT项目发起人项目管理的定位及指导思想

1. 全寿命周期集成化管理的思想

由于城市轨道交通项目的规模和特点，使得其建设必然承担很大的社会责任和历史责任。传统的工程项目管理中各项管理内容是分割的、孤立的、静态的，偏重于短期利益、局部利益和各参与方自身利益的实现，具有一定的局限性和片面性。工程项目全寿命周期集成化管理从全局观点出发，以项目的整体利益、长期利益和社会利益最大化作为目标，有利于城市轨道交通项目社会责任和历史责任的实现。因此，在深圳地铁5号线BT项目发起人项目管理中，工程项目全寿命周期集成化管理思想被提出并得到了实践应用。

（1）以运营为导向

深圳地铁一期工程建成通车后，深圳地铁公司的经营模式由单纯的工程建设转变为建设、运营、资源和物业开发"三位一体"协调发展。所谓"三位一体"是指以提供优质轨道交通服务为核心，将建设、运营和物业发展三方面融为一体，以资源为统领，发挥三种业务的协同作用。因而，深圳地铁5号线项目建设战略定位在于确保如期、安全、高质量、高性价比完成工程建设任务，创造良好的运营条件，同时最大限度地创造附属商业资源和物业资源。

在三大业务板块中，运营始终是第一位的。提供便捷、舒适、安全、高效和环保的公共交通服务，是城市轨道交通项目建设的根本目的。因此，在深圳地铁公司的经营模式和地铁5号线项目建设战略定位的指导下，实行以运营为导向的全寿命周期项目管理成为必然，具体应做到以下两点：

①以项目的全寿命周期成本最低为目标。全寿命周期成本包括项目的建设成本、运营成本、社会和环境成本。突破传统项目管理以施工阶段为重点的理念，项目建设过程中的三大目标应以运营目标为指导，实现项目决策、设计、施工和运营各阶段的集成。

②地铁公司运营部门参与项目建设全过程的监督与管理。运营部门的提前介入，有利于以运营为导向的全寿命周期项目管理的实现，使得地铁建设过程中运营目标能够及时得到反映和落实。

（2）注重项目前期策划和设计阶段管理工作

深圳地铁公司作为"三位一体"发展战略的具体实施者，在项目前期策划阶段，项目管理人员对策略的制订不应仅仅针对项目的施工过程，而应当注重以资源为统领，建立三大业务板块之间的协同关系，通过良好的运作，实现资源的价值最大化。

在设计阶段，实现"两个前置"，即：

①运营的前置。从运营角度完善设计方案，从保障运营安全、确保服务水平、降低运营维修成本、有效开发附属商业资源等方面提出设计需求意见和建议，供设计单位在设计中落实。

②物业开发的前置。首先，地铁上盖物业的开发，是对城市轨道交通项目用地的二次利用，如果不预先进行综合开发的接口设计，一旦地铁开通，就难以再对用地进行开发。其次，城

市轨道交通项目沿线物业要实现预先规划和设计。由于城市轨道交通项目的开通能带来沿线物业的迅速升值,如不预先规划,留待运营企业的物业发展利润空间就会大大缩小。因此,在深圳地铁5号线项目规划设计阶段,物业发展业务就应介入,实现同步规划、同步设计。

(3) 小业主、大社会

"小业主、大社会"的管理思想是指BT项目发起人精简自身的项目管理职责和风险,将其转移委托给总承包单位和专业化的咨询单位。这种管理思想可以充分调动和整合社会专业资源,发挥社会中介力量和专家的作用,使业主把主要精力投入到综合管理和科学决策中,营造专业人员充分发挥作用的环境,极大地调动了参建单位的积极性和创造性,使工程的每个环节都具备专业人才和力量,从而提高业主方的工程项目管理能力和水平。

在深圳地铁5号线BT工程中,"小业主、大社会"的管理思想主要是指由BT项目公司负责项目全线各施工标段的设计施工、项目管理和总体协调工作,BT项目发起人委托监理单位、监理管理单位、设计总体单位、设计监理等专业化的咨询单位加强对BT项目承办人设计施工工作的全面监督。BT项目发起人在战略层面上加强宏观控制,牢牢把握住项目的"决策控制权"。

控制权,是指围绕"决策"过程的一系列权利,决策过程可分为四个阶段:提议、审批、执行和监督。其中,提议和执行为决策经营,对它们产生实质性影响的控制权为决策经营的控制权;审批和监督为决策控制,对它们产生实质性影响的控制权为决策控制的控制权。深圳地铁公司作为BT项目发起人,在运用"小业主、大社会"项目管理思想的同时,将保留控制权的最核心部分——决策控制的控制权,强有力地把握项目管理的方向,影响BT项目承办人和各专业化咨询单位,以保证深圳地铁5号线项目总体目标的实现。

2. 坚持可持续发展的理念

我国政府提出建设资源节约型社会和环境友好型社会的号召,要求发展绿色经济和循环经济,遵循科学发展观,促进社会可持续发展。这些在很大程度上是对工程提出的要求,尤其是大型基础设施工程——地铁,这些理念应该落实在工程设计、施工和运营中,作为指导工程建设的基本方针。

一个简陋的、忽视社区需求和乘客安全的轨道交通系统,将无法吸引及保证充足的客流;一个先进豪华但不能创造利润的轨道交通系统,将不利于系统的发展壮大,也不利于吸引投资或保障投资者的利益。因而,在我国企业化运作模式下城市轨道交通的可持续发展,应当实现社会责任、环境保护和经济贡献三个方面的目标。

(1) 社会责任

城市轨道交通项目建设的使命就在于缓解城市的交通压力,引领城市的发展,为市民提供安全、快捷、优质的服务,并不断提升服务质量,贡献社会。因此,深圳地铁5号线项目在建设过程中,必须充分考虑社会责任,在保证项目建成后能够实现安全、可靠和高效率运行的同时,实现人性化设计,提高乘客的满意度。

(2) 环境保护

可持续发展离不开对环境的保护。深圳地铁5号线项目在建设过程中,一方面,应加强对项目周边自然生态环境、人文环境和建构筑物的保护,同时应尽量降低对周围居民生活、交通环境的影响;另一方面,应加强对设计的管理,降低项目建成后对沿线环境的影响,促使项目和周边环境和谐共处。

(3)经济贡献

在我国城市轨道交通企业化运作模式下,必然要实现可持续的企业经营。城市轨道交通的发展必须建立在可持续盈利的基础上。唯有如此,城市轨道交通才能获得自我发展功能,而不至于导致资金链断裂而使常运营难以为继。如果城市轨道交通企业不能实现可持续经营和自我发展,可持续的社会服务也将成为空中楼阁。为了提高深圳地铁5号线的经济贡献能力,在项目建设前期策划和设计阶段,应考虑尽量降低运营成本、延长项目使用寿命的方法和措施,为后期持续盈利打下基础。在技术创新方面,出于长期经营维护成本及系统整体可靠性的考虑,不应盲目地追求某一子系统采用当时最先进的"高科技",而应选择最适用、最可靠的技术。

3. 以人为本的管理思想

以人为本的管理是指在管理过程中以人为出发点和中心,围绕着激发和调动人的主动性、积极性、创造性展开的,以实现人与组织机构共同发展的一系列管理活动。以人为本的管理思想必须体现:

(1)充分考虑到在项目建设期间城市道路使用者的便利,通过有效的交通组织,保证他们的安全、方便和尽可能快捷地通行,减少对他们的干扰。

(2)通过对工程完备的功能设计和人性化设计,保证轨道交通项目建成后为用户提供更加安全、稳定、快捷、更为人性化的服务。

(3)保证施工期间施工人员的安全、健康,保护基层施工人员的切身利益。

(4)不仅考虑到业主、政府、投资者的需求、目标和利益,而且充分考虑到沿途地区和周边居民的利益和交通要求,从而达到各方面满意的结果。

3.2 BT工程全寿命周期集成化管理

3.2.1 集成化管理的基本内涵

城市轨道交通工程投资额巨大、技术复杂、建设周期长、施工现场跨越多个区域、包含众多子项目、参与方众多、社会和环境影响大,是一个复杂的系统工程,其管理难度非常大。传统的项目管理理念存在种种弊端,无法适应城市轨道交通工程BT项目发起人项目管理的需要,具体体现在以下几个方面:

(1)项目参与各方只顾自身利益,追求各自目标,忽略了项目的总目标。

(2)项目实施过程的各个阶段是分割的、孤立的、静态的,难以实现项目的全寿命周期管理。

(3)组织方式和合同管理模式不能适应新形势的要求。

(4)信息的沟通渠道不畅通,存在严重的信息孤岛现象,信息传递过程中失真、漏缺、延误等现象严重,信息管理落后。

工程建设项目集成化管理正是针对如上弊端提出的一种新型管理模式,它以系统理论作为指导,从工程建设的全局出发,以工程建设项目的全生命周期为对象,实施科学、系统、高效的集成化管理,以有效完成项目的总体目标,实现项目经济利益的整体最优。

集成化管理主要包含四个方面的内容:全寿命周期过程集成、目标集成、组织(项目参与方)集成和信息集成,见图3-2。它们之间是互相影响、互相促进的,具有相互嵌套、相互推动的辩证关系。全寿命周期过程集成是目标集成和组织集成之间的桥梁和纽带;多目标的集成和权衡是各种集成的综合体现;信息集成则是目标集成、过程集成和参与方集成的基础。只有实现了城市轨道交通工程项目各个层面和方面的综合集成,才能真正实现其项目管理的综合效益,实现这个开放复杂巨系统"整体大于部分之和"和系统功能。

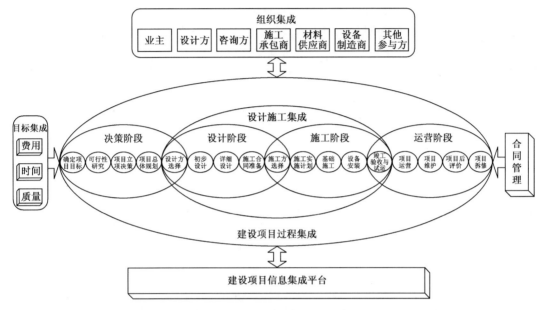

图3-2 工程建设项目集成化管理系统

3.2.2 BT工程集成化管理分析

1. 全寿命周期过程集成

传统管理模式中,作为全寿命周期的四个阶段——决策、设计、施工和运营,无论在目标、服务内容、服务时间等方面都相对分离、不连贯,不利于项目总体目标的实现。全寿命周期过程集成主要包含两个方面:设计阶段与施工阶段的集成,运营阶段与决策阶段、设计阶段的集成。对于深圳地铁5号线BT项目发起人的项目管理而言,这两个方面的集成尤为重要。

(1) 设计阶段与施工阶段的集成

设计阶段和施工阶段的集成对于工程项目的实施具有重大的意义。设计与施工集成,一方面可以使设计招标和施工招标合二为一,缩短招标时间;另一方面有利于设计施工总承包商采取快速路径法边设计边施工,同时进行设计优化,增强设计的可施工性,提高施工效率,缩短项目的建设周期。这两方面的优势对于工期非常紧张的深圳地铁5号线项目而言,具有重要的意义。

(2) 运营阶段与决策阶段、设计阶段的集成

深圳地铁公司作为深圳地铁5号线项目的投资者、建设者和运营者,坚持着建设、运营和物业发展"三位一体"的企业发展战略。在这三大业务板块中,运营始终是第一位的,提供便

捷、舒适、安全、高效、环保的公共交通服务,是企业经营城市轨道交通的根本目的,建设的出发点是为城市轨道交通运营提供优质的资源载体。在此企业发展战略的指导下,实现运营阶段与决策、设计阶段的集成成为必然。这种集成具有两个方面的重要意义:

①促使BT项目发起人在决策和设计阶段即考虑运营的需求,以提供便捷、舒适、安全、高效、环保的公共交通服务为指导,创造良好的运营条件,确保安全性和舒适性,促使项目的保值与增值,实现其社会价值和历史价值。

②实现全寿命周期费用的最优。传统的管理模式中强调一次性建设费用,而轻视运营及维护费用,为了实现全寿命周期总体费用的最优,就要从项目决策阶段开始,将一次性建造费用和运营及维护费用予以综合考虑,从运营角度完善设计方案,尽量降低运营和维修成本,取得两者之间的最佳平衡。

为了实现运营阶段与决策阶段、设计阶段的集成,在决策阶段和设计阶段就要从整体上进行长远规划,坚持以运营为导向。深圳地铁公司的运营部门尽早介入项目的决策阶段和设计阶段具有重要的战略意义。

2. 目标集成

工程项目成功的标志是项目目标的实现,工程项目管理的实质为项目目标管理。进行项目目标集成,建立目标体系,实现以目标为导向的管理模型,是工程项目集成化管理的需要。对于深圳地铁5号线而言,目标集成主要包含三个方面内容:

(1)突破传统的质量、进度和成本三大目标,实现更为广泛而全面的目标集成。深圳地铁5号线作为深圳市轨道交通线网规划的二期工程和26届世界大学生运动会的承诺项目,具有重要的历史和社会责任,同时城市轨道交通工程项目的建设对周边自然生态环境、人文环境和社会环境都有巨大的影响,因此深圳地铁5号线项目的目标集成在传统三大目标的基础上,充分考虑健康、安全和环境目标,历史和社会目标,实现项目的可持续发展。

(2)注重项目的全寿命周期目标,达到建设期目标和运营期目标的平衡。首先,建立全寿命周期的统一整体目标体系,并进行精心论证、详细设计、寻求目标系统的整体最优化,同时将全寿命周期总目标分解到各阶段,保证项目在全生命期内目标、过程、责任体系的连续性和整体性;其次,要以运营期目标指导建设期目标,实现建设期目标与运营期目标的平衡。

(3)实现组织目标的统一。面对着设计方、BT项目承办人、材料设备供应商、监理单位等多重组织,各组织都有自身的利益和目标要求。深圳地铁5号线BT项目发起人需要对各组织目标进行集成统一,协调各组织之间的目标,形成一个整体性的目标责任体系,促使各组织能够以项目的整体利益为重,确保项目总体目标的实现。

3. 组织集成

目标决定组织,组织是目标能否实现的决定性因素,组织集成(项目参与方的集成)应与目标集成结合起来考虑。深圳地铁5号线项目的参与方众多,深圳地铁公司作为项目BT项目发起人,是项目集成化管理的倡导者和推动者,应通过项目招标采购模式的选择、合同管理等途径实现项目的组织集成。

深圳地铁5号线全长约40km,有多个标段的施工队伍同时进行平行施工,并有多个施工监理单位进行监管。为此,BT项目发起人进行招标采购模式的创新,采取了"投融资+设计施工总承包+回报"BT模式的组织集成方式,实现了设计阶段和施工阶段的多组织大集成,即设计单位与施工单位的集成和各标段项目部BT模式总承包的集成。同时,对全线多个监理单位进行集成,由一个监理管理单位直接对BT项目发起人负责,进行全线施工监理单位的集成化管理。深圳地铁5号线的组织集成,减轻了BT项目发起人项目管理的任务及相应的责任和风险,充分调动了项目各组织成员的积极性,实现了资源的有效整合。

4. 信息集成

信息集成作为工程建设项目集成化管理实现的基础工具,主要是为了解决工程建设项目实施全过程、全方位的管理中大量存在的信息孤岛问题,实现信息的正确、高效共享和交换。项目管理者需要一个完善、快速的信息平台,从而及时了解实时信息和反馈,进行科学、系统的动态决策。

深圳地铁5号线BT工程的数字信息化管理系统主要包含三个子系统:施工监控指挥子系统、安全检测子系统和工程信息管理子系统,一方面可以促使BT项目承办人运用信息化的手段进行施工现场的监控,提高工程安全风险防范能力和工程项目管理水平,同时可以有利于BT项目发起人的后台资料管理,实时了解项目的进展情况,保证其计划和决策的及时性和协调、控制的有效性。更为重要的是,深圳地铁5号线BT工程的信息化集成化管理系统保证了项目全生命期的数据得到合理的定义、组织和管理,实现了项目全寿命周期不同阶段的信息传递和各组织之间的信息共享,并使信息能够在最短的时间内准确地传达给需要的组织或个人。

3.2.3 BT工程集成化项目管理体系的构建

全寿命周期过程集成、目标集成、组织集成和信息集成是集成化管理的基本理念,其中全寿命周期过程集成最为核心,其他三种集成理念中都需要充分考虑全寿命周期过程集成。工程项目集成化管理体系是基于工程项目系统理论(图3-3)和集成化管理的理念发展而来的,是从工程项目管理的全局和全过程出发而建立的新的管理模式。该体系包含4个部分:目标管理体系、项目分解结构体系、组织责任体系和信息管理体系,见图3-4。

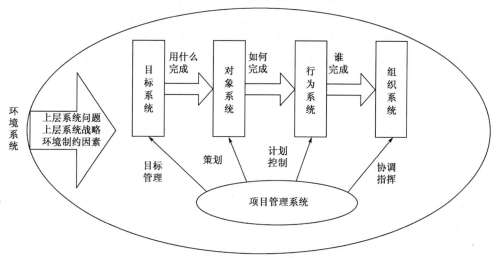

图3-3 工程项目总体系统模型

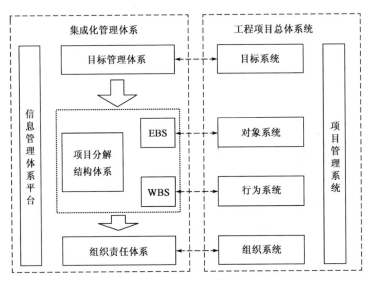

图 3-4　工程项目集成化管理体系

1. 目标管理体系

工程项目的目标贯穿于工程项目的全生命周期,项目在实施前必须建立明确的目标体系,并进行精心论证、详细设计、寻求目标体系的整体最优化。在构建项目目标体系时,应对工程项目进行充分的战略研究、风险分析,制订正确、科学、符合客观实际、具有可行性的项目目标体系。工程项目的目标体系应包含目标的自上而下分解和自下而上的集成两个方面,即全寿命周期各阶段目标的分解和集成、各组织目标的分解和集成。工程项目的目标体系具有时间上和空间上的完备性。

2. 项目分解结构体系

项目分解结构体系主要包括工程系统结构(EBS)和工作分解结构(WBS)。EBS 针对的是对象系统,是对实体工程的分解结果。WBS 针对的是行为系统,是对项目实施过程中工作活动的分解结果,EBS 是 WBS 的基础。对深圳地铁 5 号线 BT 工程而言,需要对深圳地铁 5 号线项目进行工程实体的 EBS 分解,确定 BT 工程的实施对象。在此基础上进行 WBS 分解,明确 BT 工程范围。这里的 BT 工程范围是指 BT 项目承办人根据合同约定应承担的所有工作活动,包括实体性工作和非实体性工作。

3. 组织责任体系

为保障集成化管理的有效,恰当的组织结构和明晰的组织责任是集成化管理的组织保证,可以实现项目集成化管理功能的有效发挥。目标决定组织,组织是对目标的落实,因此组织责任体系是在目标体系的基础上完成,是项目目标实现的保障。组织责任体系通常包括组织总体目标、组织成员及架构、各组织成员的目标和责任三个方面的内容。组织责任体系应注意完整性,确保每一个目标都有相应一个或多个组织成员完成,每一个组织成员都对应一个或多个项目目标,实现目标体系与组织责任体系多对多的映射关系。

4. 信息管理体系

由于城市轨道交通工程项目的特殊性,要求实现在项目全寿命周期内项目参与各方能对建设工程的信息进行快速收集、处理、反馈、共享，为项目管理提供保障，即逐渐积累起来的建设工程信息能根据需要对不同阶段参与项目的设计方、施工方、材料设备供应方、运营方等保持较高程度的透明性和可操作性。这一方面需要项目参与各方改变传统的工作方式，改善相互之间的工作协调和信息交流，另一方面需要应用最新的IT方法和手段为信息的交流和利用提供有力的技术支持。

信息管理体系旨在弥合城市轨道交通工程项目信息管理方面存在的鸿沟，使整个建设工程的信息形成一个系统性的整体，从而避免建设工程项目实施中的错误，建立基础的信息平台，实现基础信息的统一管理和维护，打破目前的孤岛现状，具有重要的经济和社会效益。

3.3 BT工程目标管理

3.3.1 目标管理体系的构建

传统工程项目目标管理的核心是经典的三大目标管理：成本、时间、质量管理。这种以工程建设过程为对象的目标是近视的、局限性的，造成项目管理者的思维过于现实和视角太低，同时形成项目管理过于技术化的倾向。这种状况损害项目管理理论的发展和科学体系的建立。现行工程项目管理理论更强调从整体、全局出发，进行全寿命周期集成化的目标管理。城市轨道交通工程项目应从目标层次性、目标管理的流程性和系统的完备性三个方面构建目标管理体系。

1. 目标的层次性分析

项目管理目标体系从层次上由上而下可以分为总体目标、分项目标和可执行目标。上层目标是下层目标制订的直接依据，下层目标是对上层目标的分解和落实，下层目标服从上层目标。

（1）总体目标

总体目标是指上层组织在环境调查和约束条件分析的基础上，为解决上层系统存在的问题或谋求新的发展战略而提出的总体性目标。城市轨道交通工程总体目标是在对城市交通现实状况改良需求的理性分析基础上，准确把握城市未来发展趋势，为解决城市现有交通问题和促进城市快速发展而提出的总体性交通规划目标。总体目标的完成是项目成功的最基本标志。

（2）分项目标

分项目标是目标管理体系的核心内容，具有承上启下的重要作用，分项目标设计得是否科学合理将直接决定工程项目管理的成败。分项目标可以分为成果性目标、社会性目标和过程性目标。成果性目标是指工程实体应达到的标准，主要集中于规划设计层面。过程性目标是指项目实施过程中各种工作活动应完成的目标，主要包括工程建设活动和项目管理活动的目标。过程性目标主要集中于项目实施层面。社会性目标是项目的历史责任和社会使命所决定的，城市轨道交通工程投资大，消耗的社会资源多，历史责任重大，建设和运营过程中对环境和社会的影响大、牵涉面广，因此社会性目标对于城市轨道交通工程尤为重要。

（3）可执行目标

当分项目标分解落实于组织层面便成为可执行目标，可执行目标设计的前提是项目招标采购模式和组织架构设计的完成。项目招标采购模式和组织架构是在对项目的总体目标和分项目标深入分析的基础上,充分考虑现有管理人员的数量和专业架构的约束条件,为高效地完成项目的总体目标和分项目标而设计的。可执行目标是对分项目标的分解和落实,是项目目标实现的基本保障。

2. 目标管理的流程

目标管理从流程上可分为目标规划和目标的实施与监督两个阶段。目标规划实质上是对工程项目所要达到的最终状态的描述,也是整个目标管理体系的核心内容。目标规划包括总体目标的确立和分项目标的设计,而分项目标的设计又是目标规划的主要内容。目标规划应由项目的 BT 项目发起人在项目管理组织体系构建之前完成,目标规划将为后期的项目采购模式选择、组织体系构建和可执行目标的设计提供依据。目标的实施与监督是基于可执行目标层面的,是对目标规划阶段形成的分项目标在组织层面上的具体落实。该阶段主要工作是项目采购模式的选择、组织架构的设计和可执行目标的设定。

3. 目标管理体系的完备性

工程项目自身是一个复杂的系统,是技术、物质、组织、行为和信息系统的综合体。工程项目最重要的系统角度有工程项目环境系统、目标系统、工程技术系统、行为系统和管理系统等(图 3-3)。

项目管理是一个典型的目标管理过程,项目管理系统和目标管理体系之间也存在着直接的联系。分项目标对应于项目管理系统中的对象系统和行为系统。其中的成果性目标是针对工程实体而言,与对象系统相对应,称为对象系统目标;其中的过程性目标是针对工程实施过程的各种工作活动而言,与行为系统相对应,可称为行为系统目标;而其中的社会性目标中既有工程实体的目标,也有实施过程的目标,可分别归类于对象系统目标和行为系统目标。可执行目标一方面是分项目标分解后在组织上的落实,另一方面也是组织架构责任体系构建的基础,可执行目标和项目管理组织之间存在多对多的映射关系。因此,可执行目标落实于项目管理系统中的组织系统,故可称之为组织系统目标。完整的工程项目目标管理体系如图 3-5 所示。

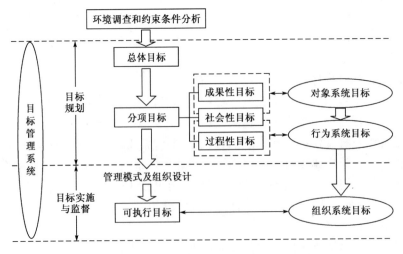

图 3-5 城市轨道交通工程项目管理目标体系框架

3.3.2 目标规划

目标规划包括总体目标规划和分项目标规划两个部分。总体目标反映的是上层组织对项目最迫切需要的总体描述；分项目标则是对总体目标的进一步细化和落实。

1. 总体目标规划

深圳地铁5号线是深圳市政府在申办2011年第26届世界大学生运动会时向世人承诺的城市轨道交通综合配套项目，属于深圳市城市轨道交通体系二期规划的主要筹建线路之一。总体目标包含以下几个方面：

(1)于2011年6月底前开通试运营，为第26届世界大运会提供交通服务。

(2)为城市第一、二城市圈层及城市西、中、东三条发展轴提供快速客运服务，满足客流需要，最大限度地缓解地面交通压力。

(3)发挥区域优势，合理利用资源，以最低的工程造价实现最优的功能需求，与周边生态环境和人文环境相协调，在为社会经济可持续发展提供有力保障的同时，最终实现轨道交通建设自身的可持续发展。

2. 分项目标规划

分项目标在项目采购模式和组织架构确定前对总体目标的分解，一方面应能准确全面反映项目总体目标的落实；另一方面应具有适当的目标设计深度，切实反映上层组织的要求，并能够为项目招标采购模式的选择和组织架构的设计提供直接的依据。

成果性目标反映的是上层组织的最根本需求，是对对象系统相关特征要求的描述；过程性目标是对成果性目标的保障，故也可称为保障性目标；社会性目标是项目的历史和社会使命的直接反映，这对于城市轨道交通工程而言尤为重要。深圳地铁5号线项目的分项目标规划如表3-1所示。

深圳地铁5号线项目分项目标规划 表3-1

分项目标	目标分类	目标内容描述
成果性目标	工期目标	2011年6月30日前完成试运营
	时间目标	项目的使用寿命应能担负起历史使命，更新改造周期应适应城市近期和远期的发展要求，维修周期合理
	功能目标	线路、车站的物理功能满足设计规范，具有可维修性、营运的安全性和舒适性
	费用目标	在满足功能要求的前提下尽量降低总投资、建设项目建成后的运营成本和维护成本
过程性目标	进度目标	从2007年7月到2011年6月30日完成招标、征地拆迁、土建施工、设备安装和试运营的所有工作，确保里程碑事件和关键节点工作的按时完成
	成本目标	项目的建设成本控制在经批准的投资估算以内
	质量目标	确保设计质量满足成果性目标要求，设备采购质量和施工质量达到设计标准，争创鲁班奖
	安全目标	杜绝死亡、重伤事故，杜绝重大交通、重大火灾事故，轻伤率控制在0.5%以内，确保人员安全；将各种变形均控制在允许范围内，确保工程本身和周边建筑物安全
社会性目标	与环境协调	工程实体和工程实施活动与生态环境、经济环境、市场环境、人文历史环境协调
	可持续发展	资源节约、环境友好、促进社会和经济发展；项目自身的稳定性和持续性，具有防灾、进一步发展和更新能力
	各方面满意	用户、政府、业主、承包商、周边组织和生产者等各方均满意，促使项目在和谐中得以完成

分项目标本身也有层次性(图3-6)。成果性目标和过程性目标是基础性的,是出于现实性的思维,是任何成功的项目所必须具备的。各方面满意是项目管理的理性思维,因为没有项目相关者的满意,项目很难成功。与环境协调和可持续发展是项目管理的哲学思维,具有较高的哲学内涵。

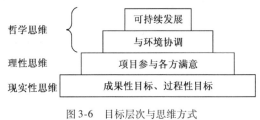

图3-6 目标层次与思维方式

3.3.3 目标的实施与监督

项目管理组织是为了实现项目目标而设置的,组织的目标取决于项目目标。组织目标的设计,要根据项目目标及其分解的目标体系来进行。社会性目标是基于项目管理的理性和哲学思维,与招标采购模式选择和组织设计并无直接的联系。成果性目标和过程性目标是出于现实性的思维,是上层组织在选择招标采购模式和组织设计的主要依据。目标与现实之间总是存在差距的,目标的实现需要克服多方面的约束条件,对分项目标和环境系统约束条件的充分分析是项目采购模式确定和组织设计的重要前提。

分项目标经过时间和空间上的分解,并落实于组织层面,便形成了可执行目标。可执行目标的设计具有以下几个特征:

(1)可执行目标与项目组织是密不可分的,可执行目标和项目组织结合形成的目标责任体系是组织架构责权利划分的重要依据。

(2)可执行目标与项目组织之间具有多对多的映射关系。每一个可执行目标必然有一个或多个组织成员来完成(实施或监督),每一个组织必然设立了一个或多个可执行目标。这种映射关系确保了项目目标的落实。

(3)基于业主层面的可执行目标设计仅仅是基于项目组织层面,并不涉及各组织内部的目标分解。BT项目发起人对于可执行目标的落实主要是通过与其他组织之间的合同关系来实现的。对于其他组织成员内部如何分解并落实目标,BT项目发起人无需考虑。

第4章 BT工程范围管理

4.1 BT工程范围确定的基本原则

1. 土建工程及与其关系密切的相关工程纳入BT工程范围

(1) 土建工程纳入BT工程的原因主要有两点:一是土建工程对项目工期的影响非常大,土建工程的施工工期往往是整个项目工期的瓶颈,且BT项目承办人往往对土建工程施工的经验丰富、能力强,由其直接完成将有利于施工工期的缩短;二是土建工程的设计相对标准,BT项目发起人对该部分设计往往没有个性化的要求,对设计内容的干扰少,实行设计施工总承包可行性较大。

(2) 与土建工程密切相关的工程主要包括:装修工程、常规设备和部分系统设备安装工程。这些工程与土建工程存在大量的设计和施工接口,纳入BT工程范围由BT项目承办人统一管理有利于减轻BT项目发起人的接口管理和变更管理工作,同时便于BT项目承办人合理统筹安排工期,促进项目进展。

(3) 核心机电工程和重要材料设备的采购作为非BT工程由BT项目发起人单位招标,直接把控。核心机电工程专业性、垄断性较强,BT项目承办人一般不具有相应的施工资质和能力,同时核心机电工程和重要设备采购对项目后期运营质量和安全影响巨大,从全寿命周期成本控制的角度而言,宜由BT项目发起人直接采购。

(4) 深圳地铁5号线整个项目的投资规模巨大,仅仅由一个承包商完成所有内容将使政府和BT项目发起人面对巨大的投资和管理失控风险。

2. 土建工程施工图设计纳入BT工程范围,但由双方共同管理

深圳地铁5号线作为政府投资项目,BT项目发起人需要完成项目总体设计,确定建设标准和投资规模。同时,BT项目发起人作为项目的建设单位,具有强烈的全寿命周期项目管理的意愿,需要全面介入设计管理工作,确保设计结果满足运营的要求,因而对项目运营具有重要影响的装修工程、常规设备和系统设备工程等设计工作宜由BT项目发起人直接把控。

土建施工图设计纳入BT工程范围是基于以下三点考虑:

(1) BT项目承办人作为大型建筑业企业,具有丰富的土建工程施工经验和管理能力。

(2) 土建工程的设计标准较为明确,受BT项目发起人的影响小。

(3) 土建施工速度是项目工期的瓶颈,采取设计施工总承包模式,有利于引进快速路径法

边设计边施工,缩短建设工期。

因而,深圳地铁5号线BT工程采取了合同转化型的设计施工总承包方式,施工图设计合同主体转移后,对施工图设计单位的合同价款支付权和设计管理权由BT项目发起人转移给了BT项目承办人。然而,BT项目发起人作为深圳地铁5号线项目的建设单位,需要协调BT工程与非BT工程的设计接口问题,同时对于土建施工图设计过程中关于BT项目发起人切身利益的一些关键问题,业主要求施工图设计单位直接对其负责。因此,在施工图设计阶段,实行双方共同管理的策略,以BT项目承办人的管理为主,BT项目发起人的管理为辅。BT项目承办人的管理职责主要是根据现场施工需求,进行设计优化,实现设计与施工的衔接。BT项目发起人的主要职责则是把握设计标准,确保设计质量满足BT项目发起人的功能需求。

3. 前期工程纳入非BT工程

前期工程由于工期紧、协调难度大、不确定因素多等特点,一直以来都是城市轨道交通工程建设的一大难点。这里的前期工程主要包括征地拆迁、交通疏解、管线迁改和绿化迁移。

征地拆迁情况复杂,牵涉面广,实施难度大,由BT项目承办人实施将大大增加其项目承包风险。而完全由BT项目发起人负责,可能会因拆迁造成工期延误,使得BT项目发起人因拆迁问题受到BT承办方索赔。为了解决这个问题,深圳地铁5号线项目采取了"以业主单位为主,BT项目承办人参与并配合开展征地拆迁工作,边拆迁边进场"的方式,既加快推进了工程建设的速度,又降低了BT项目发起人的风险。

交通疏解、管线迁改和绿化迁移等前期工程也具有较大的实施难度。管线迁改,直接委托各管线业主单位组织实施,如管线业主单位具备施工资质的,直接由业主单位承担施工任务;燃气管道的迁改工程由深圳市燃气集团代建,深圳市燃气集团委托有专业资质的施工单位承担施工任务;交通疏解工程和绿化迁移工程分别由深圳市城管局下属的深圳市道路工程公司和深绿公司作为总承包单位。鉴于这些前期工程实施主体的特定性以及BT项目发起人地位的特殊性,由BT项目发起人直接承担有利于工程的顺利进行。

4.2　BT工程范围界定

深圳地铁5号线项目分为BT工程和非BT工程。BT工程由BT项目承办人一揽子承包,整体性强,可以作为一个独立的研究对象;非BT工程由BT项目发起人根据专业特征分为多个标段另外招标。明确BT工程范围,准确界定BT工程与非BT工程的界面,是BT项目发起人项目管理的首要工作。深圳地铁5号线BT工程范围定义运用了WBS(项目分解结构)的方法,基本过程如下:

(1)BT工程的对象系统是由5号线项目的部分单位工程组成,因而深圳地铁5号线BT工程范围界定的首要任务是对5号线整个项目的工程实体对象进行EBS(系统分解结构)分解。

工程项目实体对象的分解主要有两种方式:按照功能区间进行分解和按专业要素进行分解。深圳地铁5号线项目按功能区间可以分解为车站工程、区间工程、轨道工程、车站设备系统、区间设备系统、车辆段工程、停车场工程、主变电所工程、供电系统、通信系统、信号系统、防灾报警系统和环境监控系统等;而按专业要素则分解为土建工程、装修工程、常规设备工程、系统设备工程、轨道工程等。由于项目标段的划分通常以专业工程为基础,因此深圳地铁5号线项目实体对象的分解采取了以专业要素分解为主、功能区间分解为辅的策略。分解结果见表4-1。

深圳地铁 5 号线工程系统结构　　　　　　　　　　　表 4-1

序号	第 1 层	第 2 层	第 3 层	是否为 BT 工程
1	车站及区间土建工程	各标段（××站××区间）	车站围护结构及土方工程	是
			车站主体结构工程	
			车站及区间附属结构工程	
			区间主体结构工程	
			区间围护结构及土方工程	
2	车辆段及综合基地工程	车辆段工程	土建工程	是
			装修工程	
			常规及系统设备安装工程	
			段内铺轨	
			工艺设备	否
		停车场工程	土建工程	是
			装修工程	
			常规及系统设备安装工程	
			段内铺轨	
		综合楼　主、附楼		否
3	主变电站工程	各变电所	结构工程	是
			装修工程	
4	人防工程	各标段		
5	轨道工程	西段轨道工程		
		东段轨道工程		
6	装修及常规设备工程	各标段（×站×区间）	装修工程	
			给排水工程	
			消防工程	
			环境控制及通风工程	
			低压照明设施	
7	系统设备工程		车辆工程	否
			供电系统	
			通信系统	
			信号系统	
			AFC 系统	
			综合监控系统	
			屏蔽门系统	
			电扶梯系统	

（2）BT工程并非仅仅指实体工程，而是由一系列的项目管理活动所组成的，包括实体性工作和非实体性工作。实体性工作是指针对工程实体对象的工作，如土建工程、装修和安装工程的设计采购和施工；非实体性工作则主要包括前期准备工作、施工过程的其他管理工作和合同约定的BT项目发起人要求等其他工作。实体工作是非实体性工作的基础，通过对深圳地铁5号线项目的系统结构分解，确定了BT工程的实体性工作，加上其他一些合同约定BT项目承办人需承担的非实体性工作，形成了深圳地铁5号线BT工程范围的定义，见表4-2。

深圳地铁5号线BT工程范围　　　　　　　　　　　　　　表4-2

项目实施过程		专业工程		BT工程	非BT工程
总体设计		全线所有工程			√
详勘、补勘和施工图设计		土建工程		√	
		其他工程			√
前期工程		房屋拆迁工程			√
		交通疏解工程			√
		管线改迁工程			√
		绿化迁移工程			√
		临时供水工程			√
		临时供电工程			√
		施工便道、临时用道、临时用地		√	
采购		土建施工材料		√	
		装修材料		√	
		常规设备			√
		系统设备			√
施工	实体工程	车站及区间土建工程	各标段(×站×区间)	√	
		车辆段及停车场工程	土建工程	√	
			装修工程	√	
			常规及系统设备安装工程	√	
			段内铺轨工程	√	
		主变电站工程	土建工程	√	
			装修工程	√	
		人防工程	土建工程	√	
			装修工程	√	
		轨道工程	西段轨道工程	√	
			东段轨道工程	√	
		装修工程		√	

续上表

项目实施过程	专业工程		BT工程	非BT工程
施工	实体工程	常规设备安装工程		
		装修工程	√	
		给排水工程	√	
		消防工程	√	
		环境控制及通风工程	√	
		低压照明设施	√	
		系统设备安装工程		
		车辆工程		√
		供电系统	√	
		通信系统	√	
		信号系统	√	
		AFC系统		√
		综合监控系统	√	
		屏蔽门系统		√
		电扶梯系统		√
	其他	管线悬吊及保护	√	
		白蚁防治工程	√	
		数字信息化管理系统	√	
		配合征地拆迁等前期工程实施	√	
		系统接口管理	√	
		其他合同要求的工作	√	
系统调试		单机调试	√	
		单系统调试	√	
		站级调试		√
		总联调		√
移交、保修			√	

4.3 BT工程接口管理

在城市轨道交通工程建设过程中,各专业工程之间需要进行相互协调、密切配合,这种各专业工程之间的协调和匹配问题称为工程接口问题。深圳地铁5号线BT工程的成功关键有赖于土建和机电设备、土建和土建及机电设备和机电设备在施工上的协调。实践证明,充分协调、确认和解决有冲突的接口问题是非常重要的。

与BT工程相关的工程接口主要存在两类:

(1)BT工程内部各专业之间接口事项。

(2)BT工程范围与非BT工程范围各专业之间的接口事项。

此两类BT工程接口管理工作属于BT项目承办人的合同责任范围,但对于第二类的接口管理工作，BT项目发起人需要加强协调和监管，减少BT工程与非BT工程界面的冲突和摩擦，具体采取了以下几点措施：

(1) 要求BT项目承办人定期或不定期召开接口协调会议。BT项目承办人作为BT工程接口管理的负责人，应定期或不定期召开接口协调会议，并记录接口会议结论及接口争议位置和具体解决方式。BT项目承办人须保持记录完整以作为监理机构在施工期间的执行依据，并供业主核查或验收移交清查之用。

(2) 加强接口计划管理。接口管理计划是指计划项目工作范围内各项接口的管理方法。在接口管理计划的内容中，BT项目承办人应提出接口兼容要求以及实体上、电气上或软件功能上的接口管理的方法与程序。当接口不能满足要求时，则要求BT项目承办人依照接口管理计划书所规定的程序进行接口的变更。

(3) 加强接口管理文件的管理，制订接口清单及接口管理表单。BT项目承办人对接口管理表进行细化，接口管理文件的内容依照接口会议协调的结果定期变更、修正、补充、抽换并更新。

4.4 BT工程范围与界面划分的优化建议

1. 将部分前期工程纳入BT工程范围

征地拆迁工程社会影响大，实施难度大，需要政府部门的协调，深圳地铁5号线将其纳入非BT工程，具体实施采取"以业主单位为主，BT项目承办人参与并配合开展征地拆迁工作，边拆迁边进场"的方式效果明显，值得肯定。然而，由于征地拆迁工程包括沿线永久用地和施工临时用地两个部分，建议在合同中明确永久用地征地拆迁由BT项目发起人负责，施工临时用地的征地拆迁则由BT项目承办人自己承担。

交通疏解、管线迁改和绿化迁移等前期工程也具有较大的实施难度，若由BT项目发起人承担，一方面耗费了BT项目发起人大量的管理资源，另一方面给BT项目承办人的施工带来了不利影响，容易引起BT项目承办人与BT项目发起人之间的工期和费用索赔纠纷，给BT项目发起人带来很大的风险。因而，建议将前期工程中管线迁改、交通疏解、绿化迁移工程纳入BT工程范围，由BT项目承办人负责协调和管理，BT项目发起人仅负责外部接口的协调配合工作。

从BT项目发起人角度分析，可以充分发挥BT项目承办人的协调和管理能力，减少BT项目发起人繁杂的前期工程协调工作量，降低BT项目发起人的责任和风险；从BT项目承办人角度分析，可以按照BT项目承办人的施工总体部署进行前期工程的进度安排，使工期更为可控。然而，该模式存在的问题是，由于工期紧迫，前期工程在BT项目发起人招标确定BT项目承办人已经开工，可以采取在BT项目承办人确定之前由BT项目发起人管理，BT项目承办人确定之后则转交BT项目承办人管理的方式解决。

2. 将周边建筑物保护、修复及社会维稳工作纳入BT工程范围

深圳地铁5号线暗挖里程达38.8km，盾构只有19.8km，暗挖比例过高，加上沿线房屋大部分是20世纪80年代以前的建筑，基础较差，施工引起周边房屋沉降开裂的问题较为严重。虽然在BT合同中考虑了4%的风险包干费，但由于BT项目公司在分配中没有明确是否包含

此类补充费问题,部分施工标段在房屋沉降开裂的处理上积极性不高,补偿资金不能及时到位支付,理赔进展困难,导致沿线居民上访事件时有发生,给地铁公司及政府造成了一定的压力。另外,风险包干费分配到各项目部的比例也没有明确。

因此,建议将对工程周边建、构筑物的保护,对受损建、构筑物的修复、加固处理或赔偿及由此引起的协调和社会维稳工作直接纳入BT工程范围,并在合同中明确约定该部分费用已经包含在风险包干费中,同时加强BT项目公司对各标段风险包干费的支付管理。

3. 加强对将公共区装修与出入口上盖工程的管理

地铁车站内的公共区是直接面对乘客的,代表着地铁形象,其装修质量直接关系到广大市民对地铁建设的评价;出入口上盖是地铁地上部分的窗口,其施工质量也直接影响到地铁给外界的视觉效果。因此,公共区装修和出入口上盖工程的施工质量要求较高,应选择信誉良好、经验丰富的施工队伍。目前,公共区装修与出入口工程属于BT工程范围,但BT项目承办人装修能力较薄弱,由其选择装修分包单位,装修工程承包商直接对BT项目承办人负责,BT项目发起人在施工过程中难以直接管理。

由于公共区装修、出入口上盖工程与其他专业的接口较多,尤其是公共区装修,涉及常规设备风、水、电,电梯、电扶梯、AFC等。如果直接由业主来管理,将大大增加业主的接口协调工作量,耗费有限的管理资源。因此,BT项目发起人可以通过对装修工程承包商选择权的控制,以确保承包商的施工能力。可行的办法是仍然将公共区装修和出入口上盖工程纳入BT工程范围,由BT项目承办人负责全面管理,而对于承包商的选择则由业主和BT项目承包人共同招标,从源头上确保公共区装修和出入口上盖工程施工承包商的施工能力。

第 5 章 BT 工程组织管理

5.1 深圳地铁 5 号线 BT 工程组织架构

深圳地铁 5 号线在项目管理组织框架上吸收和发展了传统的"指挥部制"或"项目法人责任制"的单一模式,形成了独具特色的"指挥部+项目法人责任制"管理体制。深圳市政府成立了轨道交通建设指挥部,负责工程筹建全过程的协调和监管,以指挥部的形式加强了政府的统筹协调力度;深圳市政府授权深圳地铁公司作为 BT 项目发起人,履行建设单位职责,负责包括投标人的确定、建设管理以及材料设备采购等经济行为,以项目法人责任制的形式提高了项目市场化运作水平。"指挥部+项目法人责任制"管理体制实现了项目行政管理和市场化运作的高度结合。具体而言,深圳地铁 5 号线 BT 工程组织架构包含了 4 个组织管理层次:行政监督层、决策控制层、协调监督层和施工管理层,见图 5-1。

1. 行政监督层

深圳市政府为了加快轨道交通建设,专门成立了轨道交通建设指挥部及办公室,由市长任总指挥,四位副市长和一位副秘书长任副总指挥,代表市政府,行使政府监管职责,统筹全市地铁工程、铁道项目等轨道交通相关工作,统筹全市轨道交通规划设计、投资融资、建设、运营、监管等方面工作。同时,鉴于地铁 5 号线模式新、工期紧、任务重、协调难度大、专业技术性强等特点,深圳市又专门成立了地铁 5 号线建设管理办公室,设在深圳市建设局,负责统筹协调 5 号线 BT 项目建设管理过程相关事宜,研究探索轨道交通等重大投资项目建设管理新模式,并推动有关行政审批制度的改革和优化。

政府相关职能部门按其职责对 BT 工程进行监督和管理,主要包括市政府发展改革部门、建设行政主管部门、财政部门、审计部门、规划和国土部门、人居环境部门、交通运输部门、水务部门、市场监督管理部门等。

2. 决策控制层

该层次包括深圳地铁公司和中国中铁,他们是深圳地铁 5 号线 BT 工程的核心管理层。深圳地铁公司在市政府的授权下,以 BT 项目发起人的身份履行建设管理单位职责,通过招标确定了中国中铁作为 BT 项目承办人。在合同谈判过程中,虽然深圳地铁公司作为项目业主方具有决策控制权,但对于 BT 模式下各方主体的职责、法律关系以及由新模式引起的合同价款组成、合同变更调整原则等核心问题需要与中国中铁进行讨论和谈判后才能确定。在 BT 工程建设过程中,按季度定期举行双方高层领导之间的"双铁会",沟通解决项目实施过程中出现的重大事项和问题。

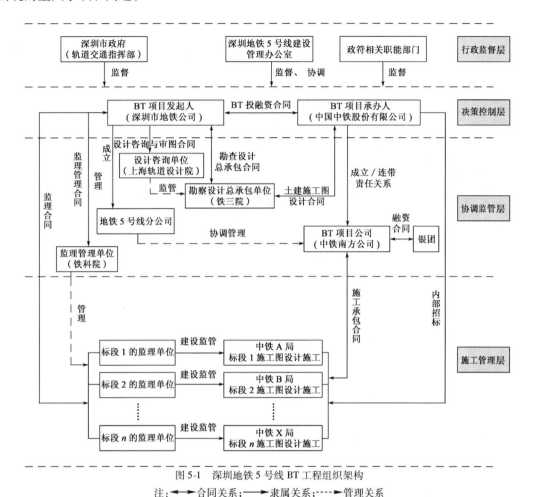

图 5-1　深圳地铁 5 号线 BT 工程组织架构

注：←→合同关系；——→隶属关系；----→管理关系

勘查设计总承包合同包括总体设计和施工图设计，BT 项目主办方招标确定勘查设计总承包单位，对其进行管理以完成总体设计；确定 BT 项目承办方之后，BT 项目主办方将该合同转让给 BT 项目承办方，BT 项目承办方负责管理勘查设计总承包单位完成土建工程施工图设计及施工过程的设计管理。

3. 协调监管层

深圳地铁公司成立了地铁 5 号线分公司，负责对 5 号线项目全过程、全方位的管理；BT 项目承办人成立中国中铁南方公司作为 5 号线 BT 项目公司，负责 BT 工程的投融资和建设管理工作。同时，BT 项目主办方作为 5 号线项目的建设单位，委托了专业咨询单位协助业主的建设管理工作：勘查设计总包单位负责对全线各标段设计的总体协调和管理，设计咨询单位为业主提供设计咨询服务和图纸审查工作，监理管理单位负责对全线各标段监理的总体协调和管理。以上项目组织成员组成了协调监管层。协调监管层组织主要负责对决策控制层组织提出的各项决策的落实和施工管理层组织的协调和监督管理，具有承上启下的作用。

4. 施工管理层

该层次的施工主体为各标段承担设计施工总承包责任的中国中铁下属各局，由 BT 项目发起人委托的监理单位负责对各标段施工队伍的建设监管工作。协调监管层组织是对 BT 工

55

程全线各标段项目部的协调与管理,而施工管理层则是由施工现场一线各标段的施工和管理组织所组成。

5.2 主要参与单位主体定位和各方法律关系

5.2.1 BT工程三大核心主体的定位

在BT模式下,对BT项目发起人、BT项目承办人以及BT项目公司三大核心主体进行定位、理清管理关系,是BT工程顺利实施的重要保障。

1. BT项目发起人——深圳地铁公司

在深圳市政府的授权下,深圳地铁公司是深圳地铁5号线项目的项目法人和业主,并作为建设地铁5号线BT工程的发起人,同时肩负着地铁5号线BT工程的建设单位职责。

深圳地铁公司作为深圳市政府出资成立的全资国有公司,代表市政府享有地铁资产的最终所有权,作为深圳地铁5号线项目的项目法人和业主无可厚非。而作为BT工程的建设单位,则主要出于以下三点考虑:

(1)深圳地铁公司集地铁项目建设、运营和物业开发三位于一体,负责全寿命周期的项目运作,要求项目建设充分考虑运营和物业开发,具有全寿命周期集成化管理的强烈意愿。因此,深圳地铁公司只有以建设单位的身份才能实现对BT工程的强控制。

(2)深圳地铁5号线(包括BT工程部分)从立项审批、方案设计、前期拆迁到开工报建等所有前置工作均由深圳地铁公司完成,作为BT项目承办人的中国中铁以及成立的BT项目公司,并未参与以上工作。即使项目施工阶段由BT项目承办人或项目公司承担建设单位身份,也难以得到政府相关部门的认可。

(3)深圳地铁5号线项目范围包含BT工程和非BT工程,是一个整体,不可分割。若将BT工程的建设单位职能交于BT项目承办人中国中铁,则会出现一个项目、两个建设单位的局面。为便于统筹协调深圳地铁5号线工程建设,确保工程实施处于可控状态,深圳地铁公司必须作为地铁5号线BT工程真正意义上的建设单位。

2. BT项目承办人——中国中铁

中国中铁是深圳地铁5号线BT工程的承办人,承担BT工程的投融资和设计施工总承包职责。通常,BT项目的投融资单位被称为BT项目主办人,而在深圳地铁5号线BT工程中,中国中铁被命名为BT项目承办人,这充分体现了中国中铁在深圳地铁5号线BT工程中的地位和责任,即中国中铁以BT工程总承包商的身份,具体负责BT工程建设,履行项目投资建设职能,而不具有对BT工程的绝对主导权,建设单位仍然是深圳地铁公司。这与传统BT模式有最大的区别,而这也是深圳地铁5号线BT模式的最大特色。

3. BT项目公司——中铁南方公司

中铁南方公司是中国中铁根据投融资合同的约定,为完成深圳地铁5号线BT工程的建设而出资设立的BT项目公司,中国中铁作为BT项目承办人通过中铁南方公司实现其投融资及项目实施期管理职能。

中铁南方公司的成立,是BT模式合法运作的必然要求。理论上,中国中铁为完成深圳地铁5号线BT工程的建设,通过出资设立中铁南方公司的方式,将BT工程的投融资和建设风险主要部分转移到了BT项目公司(独立的项目法人)上,从而降低了自身的风险。然而,在实际操作中,中铁南方公司的成立并不能免除中国中铁的责任与风险。因为深圳地铁公司仅与中国中铁签订了BT工程投融资合同,而与中铁南方公司并没有合同关系,同时BT投融资合同中明确约定了中国中铁与BT项目公司对BT工程的投融资和建设行为承担连带责任,中国中铁作为合同主体的一方难以免除其作为BT项目承办人的责任。这样就明确了BT项目承办人的权责归属,从而大大降低了深圳地铁公司的风险。

5.2.2 设计单位的委托和定位

深圳地铁5号线BT工程采取了合同转化型设计施工总承包方式,即深圳地铁公司招标确定勘查设计总承包单位,双方签订合同后勘查设计总包单位在深圳地铁公司的管理下完成BT工程的总体设计;深圳地铁公司确定中国中铁作为BT项目承办人后,将勘查设计总包合同转让给中国中铁,由中国中铁负责详勘、补勘和施工图设计的管理工作并承担相应的责任和风险,勘查设计总承包商对深圳地铁5号线BT工程范围内施工图设计阶段的各工点设计单位的工程勘察设计工作进行总体管理和技术协调。这是深圳地铁5号线BT工程对设计作出的特殊安排,主要出于以下几个方面考虑:

(1)地铁工程作为城市公共基础设施,有着统一的规划和功能要求,由地铁公司统一负责总体设计,便于整个轨道交通体系各线路良好衔接和功能整合。

(2)深圳地铁公司作为地铁5号线项目的建设单位,集建设、运营和物业开发于一体,需要对BT工程实行全寿命周期集成化管理,而对总体设计的控制是全寿命周期管理的核心,总体设计阶段的管理对项目后期运营和物业开发具有重要意义。

(3)将土建施工图设计交由BT项目承办人进行管理,有利于设计与施工阶段的衔接和整合,能够大大缩短项目建设工期,这对工期目标异常紧张的深圳地铁5号线项目而言意义重大。

(4)总体设计和施工图设计由同一家总包单位承担,便于设计阶段的良好衔接,使得线路设计标准、设计口径达到良好的统一,加快了设计速度,提高了设计质量。

5.2.3 监理单位的委托和定位

目前,对于BT工程,监理单位由BT项目发起人委托还是由BT项目承办人委托这一问题仍然存在争议。根据一般意义的BT工程,若由BT项目承办人出资成立BT项目公司并取得了建设单位的地位,则根据我国相关法律以及"工程监理制"的要求,BT项目公司应负责聘请工程监理单位对工程建设实施监督管理。

然而,深圳地铁5号线项目建设工艺复杂,且存在大量的隐蔽工程,工程质量控制难度大。若由BT项目承办人委托监理单位,则其特殊身份将给BT项目发起人带来巨大的风险。主要原因有两点:一是BT项目承办人在承担项目投融资和建设管理职责的同时,还负责项目施工任务,即BT项目承办人集建设管理主体与施工主体于一身;二是在我国目前的监理制度下,监理单位很难作为独立的第三方履行管理监督职责。因此,为了避免BT项目承办人通过控制监理单位而在项目施工过程中获得不正当利益,确保监理单位对施工单位的监督管理职责到位,深圳地铁公司直接委托监理单位。

由深圳地铁公司直接委托监理单位,也是深圳地铁5号线BT模式下的BT项目发起人强控制理念的必然要求。深圳地铁公司通过对监理单位的委托和管理,在一定程度上确保了BT工程的可控性,确保了工程目标的顺利实现。

不仅如此,为使中铁南方公司及时了解掌握工程实施过程中出现的各种问题,深圳地铁5号线就监理工作建立了良好地监理信息共享制度,同时为确保监理工作更好的落实,并将中铁南方公司纳入监理工作考核体系中,增加中铁南方公司对监理工作的监督管理。中铁南方公司参与监理单位的管理,有利于其加强对监理单位与施工单位之间的沟通协调,实现BT项目公司更为全面的建设管理。

5.3 参与主体职责划分

5.4.1 行政监督层

1. 轨道办

轨道办代表深圳市政府,行使政府监管职责,统筹全市轨道交通规划设计、投融资、建设、运营、监管等方面工作。深圳地铁5号线BT工程的进度、投资、质量安全、设计等管理工作中的重大事项须经轨道办批准后方能实施。

2. 5号办

5号办是深圳市政府设立的负责地铁5号线建设统筹、协调、监督、指导、服务的专门机构。5号办在市轨道交通建设指挥部及其办公室的总体协调和指导下,履行下列主要职责:

(1)落实市政府、轨道办有关地铁5号线建设的工作部署和各项决议,研究审核地铁5号线建设过程中的重大事项,积极推进5号线建设各项工作的落实。

(2)制订地铁5号线建设管理办法和细则,指引地铁5号线建设各项工作的开展。

(3)审查地铁公司提出的地铁5号线建设计划,报经市轨道交通建设指挥部批准后监督实施。

(4)组织地铁5号线勘察设计文件的联合审查,对地铁5号线建设过程中出现的设计优化、设计变更进行监管。

(5)参与地铁5号线设计概算、招标标底审查,对地铁5号线建设过程中各项招标投标活动进行监管。

(6)研究确定地铁5号线BT工程承发包方式和合同原则,指引地铁5号线BT工程承发包活动和合同谈判工作的开展。

(7)开展地铁5号线建设进度管理、合同管理、质量管理和安全管理,组织有关工程验收工作。

(8)牵头解决地铁5号线建设过程中的各种争议问题、突发性事件等,协调解决地铁5号线建设过程中涉及各部门的相关问题,促使地铁5号线建设的顺利推进。

3. 其他相关职能部门

市政府发展改革部门负责BT项目建议书和可行性研究报告审批及项目总概算审核;市政府财政部门负责BT项目建设资金的拨付及监管;市建设行政主管部门对工程前期的技术和经济方案、总体设计文件进行审查,并负责5号线建设过程的质量安全监督;市规划和国土部门负责对建设用地规划许可、征地拆迁等工作等。

5.4.2 决策控制层

1. 深圳地铁公司

地铁公司作为项目业主和BT项目发起人，主要负责依照BT合同约定付款，对工程工期、安全、质量等进行全方面监管，并成立5号线项目分公司，专门负责5号线BT工程的建设管理；地铁公司聘请有实力的监理公司负责对工期、质量、安全和投资进行监督控制。

地铁公司作为地铁5号线建设项目法人、BT项目发起人和建成后的运营单位，主要履行以下职责：

(1)组织、管理地铁5号线建设的设计、施工、监理等项工作，控制建设投资，保证工程进度、质量和安全。

(2)编制地铁5号线工程工期总策划，对5号线BT工程建设各阶段提出明确关键里程碑工期和资源配置要求。

(3)组织地铁5号线工程总体设计、初步设计和非BT工程的施工图设计工作，对BT工程施工图设计进行监管，统筹协调管理BT工程与非BT工程的设计技术接口。

(4)对地铁5号线建设的设计、咨询、施工、监理、设备采购、服务及BT工程等进行招标，择优选定中标单位。

(5)负责地铁5号线建设的征地拆迁、管线改迁、绿化迁移、交通疏解等项目建设前期工作。

(6)检查和督促BT项目承办人的资金投入、资源配置、工期进度、质量安全、文明施工等方面工作的落实。

(7)根据地铁5号线建设规划和项目建设进度要求，同步建设与BT工程直接配套的项目，并负责建设过程中各专业工程的统一指挥和调度工作。

2. 中国中铁

利用集团内部的经济和行政手段，合理配置各方人才和资源，发挥集团作战的优势，强力推进工程建设。BT项目承办人为BT项目的投融资主体和设计施工总承包单位，主要履行以下职责：

(1)依据地铁5号线建设的设计文件、建设标准、工期进度、资源配置等要求，对项目投融资、设计和施工进度、安全质量等进行全面管理，以保证建设资金按时足额到位，确保工程的顺利进行。

(2)依据地铁5号线工程总体设计和初步设计要求，组织完成BT项目的施工图设计工作。

(3)依据地铁5号线工期总策划和关键里程碑工期要求，制订详细的工期进度计划，建立防止工期延误保证体系，保证地铁5号线建设按期完工。

5.4.3 协调监督层

1. 中铁南方公司

中铁南方公司是中国中铁为完成地铁5号线BT工程建设出资设立的BT项目公司。中国中铁通过BT项目公司实现项目投融资和建设期项目管理职责。

中铁南方主要负责领导、指挥、协调、检查各标段的施工单位，对工程工期、安全、质量等进行直接管理,并向设计、施工、监理等参与承包单位依照合同支付工程款。

2. 设计总包单位

(1)完成深圳地铁5号线BT工程的初勘、总体(初步)设计工作,并对各工点设计单位进行施工图设计及变更设计的管理。

(2)对BT工程施工图设计文件进行总体审核,审核通过后报送设计咨询单位。对BT工程各类设计变更图纸进行总体审核,并对非BT工程的影响提出总体设计意见。

(3)负责BT工程内外设计技术接口以及有关施工图设计文件(含设计变更文件)的技术协调。

3. 设计咨询单位

(1)作为施工图设计的审查机构,根据有关施工图审查的要求及规划、建设、消防、人防等政府专业部门提出的施工图设计及审查要点和要求,对施工图设计文件进行全面审查。

(2)参加重大工程变更审查会,并提供咨询意见。

(3)对BT工程各类设计变更图纸进行审核,并对非BT工程的影响提出设计咨询意见。

4. 监理管理单位

(1)协助BT项目发起人进行各施工监理标段的人员审核、工作检查等常规管理,组织对各监理标的季度考核,并负责协调监理单位之间的接口协调工作。

(2)协助业主开展5号线的投资进度和计量支付工作,对全线进行安全质量管理及信息化管理。

(3)提供监理管理报告,按月、季度、年就进度、质量、安全、文明施工、接口管理等内容向业主报告,并提出合理化建议。

5.4.4 施工管理层

1. 各标段施工承包商

中国中铁下属各工程局作为各标段施工承包商,在施工现场成立了各标段项目部,接受工程局和BT项目公司的双重领导。各标段施工承包商是5号线BT工程施工任务的最终承担者,负责项目现场的施工和管理工作。

2. 监理单位

监理单位按照建设工程法律法规和监理合同的规定履行监理职责,并接受BT项目发起人和监理管理单位的管理。

第6章 BT项目发起人项目管理模式

6.1 BT项目发起人的组织架构

6.1.1 矩阵式项目组织结构

深圳地铁公司自成立以来承担了深圳地铁1号线和4号线的一期工程建设,目前已完工且正常运营了多年。地铁公司在一期工程建设中积累了宝贵的经验,公司内部组织架构逐渐完善,项目管理能力大大提高。深圳地铁公司在建设地铁5号线之前,已经开始了1号线二期工程和2号线工程的建设。为了加强对地铁5号线的管理力度,深圳地铁公司从内部各职能部门抽调相关人员,成立了深圳地铁5号线分公司,代表地铁公司行使BT项目发起人的项目管理职能。深圳地铁公司采取的矩阵式项目组织形式(图6-1)具有以下优势:

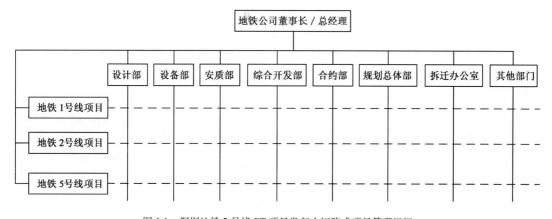

图6-1 深圳地铁5号线BT项目发起人矩阵式项目管理组织

(1)矩阵式组织打破了传统的以权力为中心的管理思想,树立了以项目任务为中心的管理模式,能够集中企业全部的资源(特别是技术力量)于各项目上,确保了地铁公司对各项目的管理能够直接、到位。

(2)地铁5号线分公司的项目管理人员来自地铁公司内部各职能部门,有利于地铁公司对资源实行统一管理,使人力资源能够得到有效、均衡的利用,特别是能充分发挥公司稀缺人才的作用,进行保证项目和部门工作的稳定性和高效率。

(3)矩阵式项目组织形式使得项目管理人员从公司内部职能部门暂时脱离,便于其集中精力进行5号线项目的管理工作。地铁5号线分公司的成立,能够增强各职能部门调出人员对地铁5号线项目的归属感,充分调动管理人员的积极性。

6.1.2 地铁5号线分公司的主要管理职能

深圳地铁5号线分公司的主要职责是代表深圳地铁公司进行5号线项目施工现场的进度、质量安全、设备、设计等常规性项目管理工作,并负责招标管理、监理管理、调度协调等现场其他日常性实务管理事务,履行BT项目发起人施工现场一线管理人员的职责。深圳地铁5号线分公司各部门的管理职责见表6-1。

深圳地铁5号线分公司各部门的管理职责　　表6-1

序号	部门	职责
1	综合部	5号线项目的招标管理、工程调度协调管理、工程变更归口管理、资源统筹及协调;监理单位的管理;信息化及工程保险合同管理;考核考评、计划、统计、资料档案和后勤保障等工作
2	设备部	5号线项目的电扶梯、屏蔽门、环控、给排水、消防等设备的技术规格书、招标、设计联络、监造、安装协调与技术支持、常规设备与系统设备的接口管理、总联调、交验等工作
3	车辆段部	5号线项目的车辆段、停车场土建、安装装修工程的安全、质量、进度管理和接口协调工作
4	设计部	5号线项目的设计管理、技术管理、施工图审核、变更核准工作
5	工程一部	5号线项目土建5301~5303(A、B)标段土建、安装装修工程的安全、质量、进度管理和接口协调工作
6	工程二部	5号线项目土建5304~5307标段工程土建、安装装修工程的安全、质量、进度管理和接口协调工作
7	安质部	5号线项目的工程安全、质量、文明施工监督检查工作;信息化实施及工程事故理赔协调配合工作

深圳地铁公司通过矩阵式项目管理模式对深圳地铁5号线分公司进行了充分授权,但同时保留了地铁公司作为BT项目发起人应承担的重大事项的决策和控制权力。对于施工现场出现的一些重大事项,地铁5号线分公司初步处理后需要上报地铁公司相关职能部门及高层领导,经审批同意后再由地铁5号线分公司负责执行。

6.2 BT项目发起人的管理措施

6.2.1 对BT项目公司的管理

1. 资金管理

BT项目发起人对BT项目公司的资金管理主要体现在以下两个方面:

(1) 要求BT项目公司在深圳市的商业银行设立工程建设资金专户,确保融资资金到位和工程款的及时支付,并不得用于与本工程无关的其他活动,接受BT项目发起人监管,并提供银行查询相关资料的配合。

(2) 要求BT项目公司按月向BT项目发起人提供银行对账单等相关资料、工程进度款和材料设备的支付情况说明及支付凭证,以便于BT项目发起人的监管。

2. 支付管理

BT项目公司作为5号线BT工程的投融资和建设管理主体,应及时支付各标段设计施工总承包工程款,避免承包商带资施工行为的发生。因此,深圳地铁公司加强了中铁南方公司对各标段项目部工程款支付的管理,要求中铁南方公司对按季度对各标段进行验工计价并及时支付工程款。如果中铁南方公司未及时支付,则深圳地铁公司可依据监理工程师或项目部的申请,从中铁南方公司的履约担保中扣出应支付工程款金额,向标段项目部直接支付。

3. 人员管理

(1) 严格限定BT项目公司负责人应具备的投资管理和大型工程项目管理能力和经验。

(2) 要求BT项目公司设立总工程师1人,并设分管设计、施工、机电的副总工程师;设专门安全管理机构,设专职安全主任1人,并对相关人员提出明确的资质和能力标准。

(3) 要求项目公司在每个标段设置1名经项目公司授权代表项目公司的专职管理人员,及时有效地与甲方、工点监理单位、设计单位、标段项目部以及其他有关部门进行沟通协调,以配合解决工程实施过程中的各种问题。

6.2.2 对各标段施工总承包商的管理

1. 现场派驻业主代表制度

轨道交通BT工程深圳模式下,BT项目发起人具有对施工过程强监管的要求,同时深圳地铁5号线BT工程存在线路长、施工标段大、协调问题多等特点,深圳地铁公司为了加强对施工过程的管理,成立了5号线分公司,并在每个施工标段派驻一名业主代表。现场业主代表代表深圳地铁公司对所负责标段进行管理协调。主要工作内容有:标段施工单位履约能力考查、投资进度情况、标段验工计价、安全质量文明施工、设计变更、地铁周边单位的协调及前期工程的协调等。为了确保现场业主代表能够发挥对施工现场的管理效率,深圳地铁公司在与中国中铁的BT投融资合同中约定深圳地铁公司可以对除车站和区间土建工程外的所有标段项目部直接进行管理,而对于车站和区间的土建施工阶段,深圳地铁公司则通过中铁南方公司对各标段项目部进行管理。

2. 分包管理

深圳地铁5号线BT工程分包主要包括专业工程的分包和设备材料分包,深圳地铁公司可以直接参与分包管理,并对BT项目承办人或项目公司选定的不合格分包人具有否决权。

深圳地铁5号线BT工程范围内土建工程和轨道工程由BT项目承办人子公司承担,通过中国中铁内部招标确定,地铁公司进行审核批准即可;人防工程、主变电站工程、装修和常规设备安装工程则要求BT项目承办人或项目公司进行公开招标。BT项目承办人或项目公司发出中标通知书之前,需将评标结果及中标候选人的名单及相关资料报地铁公司审查和备案。

深圳地铁公司若发现 BT 项目承办人未进行公开招标、评标程序存在违法问题或中标候选人的资质或业绩条件不符合要求,可以要求 BT 项目承办人重新招标。

对于由 BT 项目承办人采购和供应的大宗材料,如钢材、水泥、商品混凝土等土建阶段用材料,深圳地铁公司根据实际情况及深圳地铁一期工程质量统计的情况,设置了一个深圳地铁合格供应商名录,在项目招标过程中明确提出,BT 项目承办人在施工过程中所采用的材料必须从业主的合格供应商名录中选择,并且经过监理和业主的审批方可使用。对于在设备安装及装修过程使用的材料,深圳地铁公司编制了详细的控制办法,首先对供应商进行考查,合格入库,然后督促承包商根据材料的重要性进行公开招标采购。深圳地铁公司根据地铁工程材料的重要性、数量和合同额,将 BT 项目承办人供应的安装和装修材料分为三个级别,并设置不同的招标管理办法。

3. 激励措施

为保障工程质量与进度、争创国家优质工程、激励先进标段与个人,深圳地铁公司与中国中铁在 BT 合同约定双方各设立上限为 3 000 万元的奖励基金。为了落实奖金激励措施,深圳地铁公司与中国中铁共同制订了劳动竞赛考核办法,对季度对全线施工单位进行考核评比,并邀请监理、监理管理单位相关人员参加考核,并实行安全质量问题一票否决制。对于没有完成进度目标的单位实施处罚,对按时完成或超前完成的单位进行奖励,奖罚分明,且当季兑现。除此之外,还设立了安全质量和文明施工奖、年度先进标段奖、年度优秀项目经理、年度优秀项目总工等。通过这些奖励办法的制订,极大地刺激了 BT 项目承办人一线管理人员的积极性,对进度和质量安全管理起到了很大的促进作用。

6.2.3 伙伴关系的项目管理模式

考虑到深圳地铁 5 号线 BT 工程线路长、技术难度大、工期紧等特征,深圳地铁公司为了充分调动 BT 项目承办人的能动性和积极性,采用了伙伴关系的项目管理模式。伙伴关系模式是以伙伴关系理念为基础的一种项目管理模式,在该模式下,业主与参建各方在相互信任、资源共享的基础上,通过签订伙伴关系协议作出承诺和组建工作团队,在兼顾各方利益的条件下,明确团队的共同目标,建立完善的协调和沟通机制,实现风险的合理分担和争议的友好解决。

深圳地铁公司在伙伴关系理念的指导下,在与中国中铁关系的处理上,坚持风险合理分担、充分合作、及时协调沟通的基本原则。

1. 风险合理分担

深圳地铁公司合同谈判阶段和项目施工阶段,始终坚持风险合理分担的原则,不盲目将所有风险都转嫁给 BT 项目承办人,使得 BT 项目承办人承担的风险适当,充分调动了 BT 项目承办人的积极性和工作热情,为 BT 项目承办人在巨大的工期压力下按时完工打下了坚实的基础。

2. 充分合作

征地拆迁、管线迁改、交通疏解等前期工程作为非 BT 工程,由深圳地铁公司组织实施。为充分发挥 BT 项目承办人的管理力量,深圳地铁公司与 BT 项目承办人进行了充分的合作,BT 项目承办人积极配合了前期工程的实施。BT 项目承包人为协助深圳地铁公司推动前期工程的实施,高度重视前期工程的实施,成立了拆迁专门机构,明确了责任目标,建立了奖惩机制,有效推进了征地拆迁、管线改迁等前期工作,试验段开工三个月就有85%的工点项目实现开工,开工仅半年多时间全线形成大干局面。这在传统的工程项目建设中是难以做到、甚至是不可想象的。

3.协调沟通机制

深圳地铁5号线BT工程存在三个层面的协调沟通机制,加强了项目参与各方之间的协调沟通,实现了争议的友好解决,为BT工程的顺利进行奠定了基础。

(1)政府层面的协调。由深圳市建设局牵头、深圳地铁公司参加的5号线BT项目管理办公室,给予5号线政策层面的指导与支持。同时,深圳市轨道办等政府部门也全过程参与协调,解决5号线BT工程出现的各种重大问题。

(2)调度例会及"双铁联席会"。地铁5号线分公司组织并主持调度例会,5号办、地铁公司安质部、设计部、拆迁办、监理管理、各监理单位、中铁南方公司、设计总体院、工点院、设计咨询单位、前期工程设计院等单位参加,协调解决建设过程中出现的各类问题。同时,定期举行深圳地铁公司和中国中铁领导之间的"双铁联席会",商议对策,解决分歧,并出台了一系列的工期与安全质量管理办法。

(3)标段监理工程例会。为解决工地现场的具体设计、施工及各方协调存在的问题,每周按土建标段为单位召开标段监理工程例会,由标段总监主持,地铁5号线分公司、南方公司、施工单位项目经理、总工、安质部负责人及设计院等参加,对本周存在的安全质量、前期工程、进度投资等问题进行督促和协调。

6.3 存在问题及建议

6.3.1 BT项目发起人与BT项目公司的双重管理

轨道交通BT工程深圳模式的一大特色就是BT项目发起人与BT项目公司对各标段项目部的双重管理。一方面,BT项目公司作为投融资和建设管理单位,履行建设单位的建设管理职责,负责对BT工程各标段项目部进行全面和全过程管理;另一方面,BT项目发起人通过业主现场代表、监理单位等手段对BT工程实行全过程的强控制。这种双重管理造成了以下几个方面的问题:

(1)BT项目发起人现场代表人员配备不足,管理任务重,管理责任大,造成了BT项目发起人现场代表人员工作繁重,工作积极性不高。

(2)BT项目发起人和监理人员的现场管理工作过细,承担了BT项目公司的部分职责,导致BT项目公司管理的积极性不高和管理效率偏低。

(3)由于BT项目公司与各标段项目部之间的特殊关系,使得监理单位在BT项目公司对各标段项目部的进度款支付时的成本控制职能减弱,BT项目发起人对BT项目公司进度款支付的监管要求在一定程度上难以实现。

6.3.2 BT项目承办人内部关系复杂、管理层次过多

在轨道交通BT工程深圳模式下,BT项目承办人承担了BT工程的投融资、建设管理和设

计施工总承包的任务,其中投融资和建设管理任务由BT项目公司承担,设计施工总承包的施工任务则由其BT项目承办人下属子公司直接承担。在深圳地铁5号线BT工程中,中铁南方公司作为BT项目公司,与BT项目承办人下属各工程局之间存在总分包合同关系,BT项目公司与各工程局之间具有管理与被管理关系。中铁南方公司以投资者的身份进行投融资和建设管理,追求的是投资利润;中国中铁下属各工程局作为各标段施工承包商,追求的是施工利润。双方之间属于不同的利益主体。

然而,各工程局作为中国中铁集团公司下属的具有独立资质、独立法人的集团有限公司,与中铁南方公司同为中国中铁下属的同级别的单位,如图6-2所示。在这种模式下,虽然中国中铁可以发挥集团优势,但由于各方多重身份的存在,内部关系过于复杂,行政手段过多渗入,不利于进行科学有效的管理。

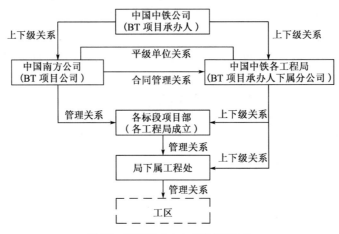

图6-2 BT项目承办人内部主要关系

不仅如此,BT项目承办人还存在项目管理层次多、管理链条较长的问题。深圳地铁5号线BT工程现场的基本管理模式为"BT项目发起人—中铁南方公司—标段项目部(工程局)—局下属工程处—工区",标段项目部所负责的工程范围大到5站6区间,仅土建工程造价就在20亿元左右,更多现场的管理由局下属工程处甚至工区负责,涉及较大的问题仍需上层机构决策,BT项目发起人的指令也必须一层层下达,从而造成管理链条过长。再加上标段项目部是由各工程局临时组建的,与工程处之间并无行政隶属关系,有时存在政令不通的情况,执行力不强。

6.3.3 BT项目公司内部管理有待加强和提升

BT项目公司代表BT项目承办人承担了投融资和建设管理的责任,在深圳地铁5号线BT工程的实践中,中铁南方公司作为BT项目公司在建设管理方面存在以下几点问题。

1. 定位认识不充分

在轨道交通BT工程深圳模式下,BT项目发起人作为项目的业主,承担建设单位职责,对整个项目(包括BT工程和非BT工程)进行全过程、全面的监管。BT项目公司仅仅以设计施工总承包商的身份对BT工程范围内工作进行全面的建设管理,同时接受BT项目发起人的深度控制。然而,在深圳地铁5号线BT工程的实践中,BT项目公司对轨道交通BT工程深圳模式认识不足,不具有建设单位地位却仍希望行使建设单位权力,在日常的项目管理过程对BT项目发起人和监理的管理有一定的抵触情绪，有时对BT项目发起人下达的指令不执行或者执行不得力。

2. 对各标段项目部工程款的支付不能很好地满足工程现场的需求

深圳地铁5号线BT投融资合同中仅仅约定了BT项目发起人对BT项目承办人合同款支付的原则和方法，监理工程师的现场计量结果也仅仅作为BT项目发起人对BT项目承办人的支付基础。BT项目公司对各标段项目部的工程款支付是BT工程合法、顺利实施的重要前提，而BT合同中并没有约定详细的支付原则。工程实践中，BT项目公司对各标段项目部工程款的支付办法未及时上报BT项目发起人接受监督。总体而言，BT项目公司对各标段项目部工程款的支付脱离了BT项目发起人的监督，对各标段项目部工程款支付不能很好地满足工程现场的需求。

3. 风险包干费的使用和分配不尽合理

BT项目公司对BT合同风险包干费的使用，未能建立完善的管理程序和制度，分配方式过于简单，未能得到有效、合理的利用。在实际工程中，BT项目公司对各标段项目部风险包干费的分配采取"一刀切"在方式，未能根据不同标段的风险大小、难易程度进行合理分配，致使个别施工标段出现由于资金压力险情得不到及时处理，造成了不良的社会影响。

4. 主材供应方式不尽合理

BT项目公司对全线推行资金、物资和大型设备的集中管理、统一招标采购和集中调配，有利于节约投资成本、保证工程质量和进度。但正如前文所述，BT项目公司和各标段项目部属于不同利益主体，在全线主材供应方面出现了不合理现象。BT项目公司供应给各标段项目部的材料价格按信息价降较少比例作为供应价，而据了解信息价一般要高出市场价约10%左右，这给施工标段造成较大成本压力。

5. 标段管理有待加强

（1）对标段管理的总体思路上有所偏差，较侧重进度管理，安全文明施工及质量管理存在较为松懈的现象。

（2）派往标段驻地的现场代表不足，存在一个现场代表管辖两个施工标段的现象，对驻地代表管理也不到位，诸多合同要求应办理的事项迟迟未有落实，如督促标段项目部向监理工程师提交按深圳有关行政规定缴纳工资保障金的有关证明、每月向监理工程师报送农民工或劳务工工资支付情况、雇用的特殊工种工人和操作人员应受过专门的培训且取得政府有关管理部门规定的上岗证书等落实得不甚理想。

（3）针对标段人员到位情况一直不理想、一线有资质和经验的施工技术人员较为缺乏、分管安全质量的专业人员较少等情况，一直未采取有效措施要求施工标段整改。

6.3.4 BT项目发起人项目管理的建议

1. 提升业主工作重心，注重决策能力的提高

BT项目发起人作为业主，以项目所有者和项目管理主体的身份，居于项目组织最高层。深圳地铁公司作为BT项目发起人，应从投资者利益出发，根据建设意图和建设条件，对项目投资和建设方案作出既符合自身利益、又适应建设法规和政策法规的决策，并在项目的实施过程中履行业主应尽的责任和义务，为项目的实施者创造必要的条件。同时，BT项目发起人还应站在投资主体的立场上，对工程建设的全过程进行科学、有效和必要的管理。业主的决策水

平和业主的行为规范性,对一个项目的建设起着重要的作用。

在轨道交通BT工程深圳模式下,深圳地铁公司应由过去的业主管理项目转变为协调监管,由直接管理项目转变为宏观管理。然而,在深圳地铁5号线BT工程中,BT项目发起人管理中存在部分工作重心下移的问题,对一般性的具体工作管理过多,尤其是技术性问题,做了许多本应是监理或者是管理咨询单位的工作,而忽视了对参建各方组织架构、组织界面之间的管理,形成了管理界面不清的局面,不利于提升BT工程建设管理的整体效率。因此,BT项目发起人应合理改变工作重心,将工程的一般性管理委托给监理单位或者咨询管理单位,注重提高自身对重大问题的决策能力、外部接口的协调能力和项目参与组织之间的界面管理能力,充分调动项目参与各方的能动性和积极性,从总体上把控项目的进展。

2. 以BT项目公司与各标段项目部的合并主体为管理对象

轨道交通BT工程深圳模式最重要的特征就是BT项目承办人作为投融资和设计施工总承包的统一主体,实现施工利润和投资回报的双收。然而,在实际操作中,BT项目承办人的投融资和施工职责分别由BT项目公司和标段项目部承担,其中中铁南方公司作为BT项目公司以投资者的身份进行投融资和建设管理,中国中铁下属各工程局作为各标段施工承包商承担施工任务。前者追求的是投资回报,后者追求的是施工利润,两者之间属于不同的利益主体。这给BT项目发起人对BT项目承办人的管理带来了一定的困难。

因此,建议转变标段项目部的职能定位,将其纳入BT项目公司的内部机构,实现BT项目公司与标段项目部的目标和利益统一。具体操作方式是由BT项目承办人集团总公司和参与施工的各工程局共同出资成立BT项目公司,投资回报按比例分成。标段项目部由施工主体转变为投融资和施工主体,从以施工利润为唯一目标转变为更加注重投资回报的实现,与BT项目公司的利益重心得到了统一,便于BT项目发起人的统一管理。

3. 加强对BT项目公司的管理

深圳地铁5号线BT项目发起人的项目管理偏重于对现场各标段项目部的管理,如BT合同中约定除车站和区间土建工程业主需要通过BT项目公司对各标段项目部进行管理之外,其他标段业主可以直接进行管理和协调。然而,由于BT项目发起人与施工现场各项目部并没有合同管理,存在经济管理手段有限等问题,管理难度较大。不仅如此,由于BT项目发起人过于重视对施工标段的现场管理,造成了对BT项目公司的管理力量偏弱。因此,深圳地铁公司作为BT项目发起人应加强对BT项目公司的管理,充分调动BT项目公司的能动性与积极性,发挥其应承担的建设管理职责。具体应采取以下几个方面的措施。

(1)加强BT项目公司的组织架构和人员管理

BT项目发起人应要求BT项目公司组织结构设置力求精简和扁平化,减少管理链条,提高管理效率,避免深圳地铁5号线BT工程实践中出现的多头指挥、多头管理或管理中间环节冗余的现象,并设置有关投资经营、征地拆迁、设计管理、土建施工管理、安质环保、设备安装管理等对应的职能部门。同时,要求BT项目公司加强对自身管理人员的资质、能力和行为的管理。BT项目发起人应设定BT项目公司管理人员的基本数量,并限制高级工程师和中级工程师的人员比例,对BT项目公司负责人和主要管理人员资质提出明确要求,同时要求BT项目公司保证自身人员和各标段项目部人员的稳定,各标段项目部主要管理人员离开深圳需经监理工程师和BT项目发起人批准。

（2）加强对BT项目公司的资金监管

对BT项目公司的资金监管内容主要包括BT项目公司的投融资资金到位情况和BT项目公司对各标段的进度款支付情况。深圳地铁5号线BT工程中，虽然BT项目发起人在BT合同中对资金监管提出明确要求，这些要求包括BT项目承办人须按月向BT项目发起人提供银行对账单等相关资料，以便甲方检查监督资金到位和使用情况，同时应按照BT项目发起人要求提供工程进度款和材料设备的支付情况说明及支付凭证。然而，在工程实践中，一方面深圳地铁5号线分公司没有设置专门的财务人员，没能力去监管；另一方面深圳地铁公司的财务部仅负责对BT项目承办人的工程款支付，没有参与到BT项目发起人的项目管理之中。这就直接导致了BT项目发起人对BT项目承办人的资金并不能实现有效的监管。为实现BT项目发起人对BT项目公司的资金实现有效监管，应从以下两个方面着手：

①设立双方的共管账户，要求BT项目承办人所有的自有资金、融资资金和BT项目发起人支付的资金均直接进入共管账户。BT工程内的所有资金进出必须通过共管账户进行，以便于BT工程资金的有效监管。

②BT项目发起人应为对BT项目公司的资金监管配备责任人员，或交由咨询单位（如监理管理单位）进行全过程跟踪管理，以保证项目资金及时、足额满足工程需要，避免工程款拖欠事件的发生。

第7章 BT工程设计和变更管理

7.1 深圳地铁5号线BT工程设计管理

7.1.1 BT工程全寿命周期设计管理的提出

1. 城市轨道交通项目设计的特征

在城市轨道交通项目建设中，设计作为前期工作中的一个复杂的子系统，具有独特的特点，主要表现在以下4个方面：

(1) 工作界面复杂。涉及已建和在建项目之间、城市建设和城市规划之间、各系统设计之间、各工点设计之间、系统与工点之间的技术问题和接口处理。

(2) 协调困难。设计单位在设计工作中不仅需要与规划、市政、供电、消防、交通、通信等部门进行协调，还需与业主、设计监理或设计咨询单位及各设计单位之间进行协调。

(3) 专业系统多而复杂、接口问题多。城市轨道交通项目是涉及多个专业的系统工程，各专业既独立又存在许多接口关系，均需在设计过程中加以协调和解决。

(4) 设计服务期长，不确定因素多。项目建设期间因设计边界条件改变、施工现场条件变化、不可抗力、设计缺陷等各种主客观因素需进行设计变更和现场服务。

设计工作的以上特点显示了城市轨道交通项目设计管理工作的难度和重要性。

2. 深圳地铁5号线BT工程设计管理的基本特征

在深圳地铁5号线"投融资+设计施工总承包+回报"的BT模式下，BT项目发起人BT项目设计管理具有以下三个基本特征：

(1) BT项目设计、采购和施工范围不对应。BT工程的范围包括土建工程的施工图设计，土建工程和装修工程的材料采购以及土建工程、装修工程、常规设备和部分系统设备安装工程的施工，见表7-1。因而，深圳地铁5号线BT工程的设计管理针对不同的单位工程采取了不同的措施。对于土建工程的施工图设计，由于其设计较为标准和规范化，受BT项目发起人的影响小，且属于BT项目承办人的承包范围，由BT项目承办人完全负责管理并承担所有责任和风险，BT项目发起人只需适当监督即可。对于装修工程和常规设备安装工程，业主对设计具有直接的管理和控制权，应加强设计管理。特别是针对BT项目承办人负责采购任务的装修工程,由于 BT 投融资合同的工程价款是以招标时的初步设计概算指标为基础而确定的,而装修工程的设计标准受业主的影响大,易于变动且目前装修工程的概算指标偏低,容易引起装修工程的工程变更合同价款调整的争议。

深圳地铁 5 号线 BT 工程设计、采购、施工范围　　　　　表 7-1

项　目	设　计	采　购	施　工
土建工程	√	√	√
装修工程	×	√	√
常规设备安装工程	×	×	√

注:√表示在 BT 范围内;×表示在 BT 范围以外。

(2)政府部门介入对设计工作的监督。5 号办在轨道办的指导下,负责对地铁 5 号线 BT 工程施工图文件及建设过程中的设计变更进行监管。因而,对于 BT 工程的设计管理,出现了政府、业主和 BT 工程公司三方管理的情形。BT 项目公司负责对土建工程施工图设计工作进行全面的管理,业主负责除土建施工图设计以外的所有初步设计和施工图设计管理工作。BT 项目公司和业主是 BT 工程设计管理主体,政府部门履行监督职责,并负责对重大问题(如重大变更)进行审查批准。

(3)地铁公司具有强烈的全寿命周期设计管理的愿望。工程项目的设计工作对项目后期的运营成本具有重大影响,地铁公司集投资、建设和运营于一体,为了实现全寿命周期成本的最低,地铁公司需要运用全寿命周期理念进行设计管理。一方面,地铁公司的运营部门参与设计管理工作,对可能影响运营效率和运营成本的重要变更进行审批;另一方面,地铁公司希望加强对设计工作的管理力度,以利于全寿命周期理念在设计中的实现,地铁公司这种设计工作强监控的思想甚至深入到了 BT 范围内的土建工程施工图设计工作。

3. 全寿命周期设计管理原则

全寿命周期设计管理是指指导设计人员从工程项目的全寿命周期角度对项目进行设计,是工程项目全寿命周期管理的一项重要内容。将全寿命周期管理理念引入设计环节,能有效地避免设计阶段可能发生的短期行为,使设计方从一开始就立足于工程项目的全寿命,以设计质量保证项目的全寿命周期质量。深圳地铁 5 号线 BT 工程全寿命周期设计管理的基本原则有以下几点:

(1)设计方应在严格遵守相关法律法规和技术标准规范的基础上,满足 BT 项目发起人提出了各项设计技术要求。

(2)注重对项目运营阶段的运营安全、运营和维护成本、运营对自然和社会环境的影响进行综合评估。

(3)要正确处理和协调好各专业工程的设计接口,特别是 BT 工程土建施工图设计与非 BT 工程的设计接口,实现设计工作的整体性和统一性。

(4)项目设计成果应充分考虑了项目利益相关方的要求,包括政府、项目使用者、BT 项目发起人、BT 项目承办人、勘察设计单位和项目周边组织等。

7.1.2 全寿命周期设计管理理念的应用

在全寿命周期设计管理理念的指导下,深圳地铁5号线BT项目发起人对设计工作提出更多、更高层次的要求。

1. 节能化设计

节能化设计要求选用低能耗的环保材料、选用产品和能源消耗少的设备,并节约使用土地,同时尽可能采用生态工法,使工程项目在全寿命周期的各个阶段对环境的影响最小。

2. 可靠性和安全性设计

可靠性和安全性是指工程在运行时不发生故障和事故。可靠性和安全性设计的目的在于追求系统的可靠性和功能的稳定性,要求严格执行国家有关设计规范,对于重点部位,适当提高设计标准,以较小的经济代价换取结构可靠性的较大提升,同时在施工和运营过程中保障现场人员人身安全等。

3. 可施工性设计

选用的设计方案便于施工,能尽量避免施工过程中发生设计变更,保证工程项目工期和成本的节约,同时考虑了材料、设备的可供性和施工的便捷性。

4. 可维护性设计

选用的设计方案使工程项目在使用、运行和维护时方便、低成本、不影响安全,且结构设计充分考虑必要的运行维护要求。

5. 人性化设计

工程项目设计做到"以人为本",充分考虑建设过程中的人性化、使用过程的人性化,使人们舒适、方便、快捷地使用工程。

6. 可扩展性设计

可扩展性设计应考虑未来城市发展的规模、可持续发展、环境协调以及社会需求等变化带来工程的要求。主要包括两点内容:一是要为城市发展留有余地,为后阶段的设计预留接口,并注重城市规划轨道交通工程与环境的协调性;二是要充分考虑未来城市发展规模及社会需求,应考虑到运能预留及可持续发展的要求。

7. 防灾和突发事件处理设计

在工程设计中,要充分考虑在工程全寿命周期中发生的各种灾害(地震、水灾、冰灾、火灾等)带来的危害,严格执行防灾规范,采用设计灾害预警、预报系统和工程备用防灾或灾害处理系统,以确保在这些灾害面前工程可以最大限度地维持运行,灾害易损性小,灾后恢复快。

8. 全寿命周期费用优化设计

全寿命周期费用优化是指全面考虑整个工程系统的规划、设计、制造、购置、安装、运行、维修、改造、更新、直至报废的全过程费用和长期经济效益,使全寿命周期费用达到最优的一种管理理念和方法。

7.1.3 BT工程设计管理组织责任体系

深圳地铁5号线BT工程的设计管理工作实行了多层次、多主体管理制度。具体的设计管理组织见图7-1。

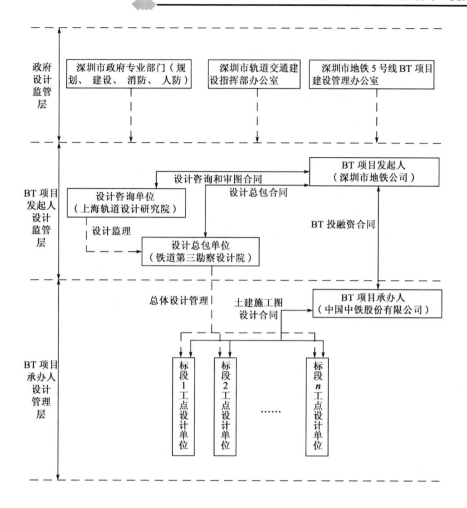

图 7-1　深圳地铁 5 号线 BT 工程设计管理组织架构
注：⟷ 合同关系；− − → 管理关系

1. BT 项目承办人设计管理层

在深圳地铁 5 号线项目可行性研究阶段，BT 发起人即与设计总包单位签订了总体设计和施工图设计总包合同。BT 投融资合同签订后，BT 项目发起人将设计总包合同中的土建施工图设计工作内容转移给了 BT 项目承办人，由 BT 项目承办人作为 BT 工程施工图设计和施工总承包单位，负责对各标段土建施工图设计进行全面的管理并承担相关责任和风险，根据工程建设进度要求，提出施工图出图计划表。各标段工点设计单位受 BT 项目承办人直接管理，同时还要服从设计总包单位的总体设计管理。各工点设计单位在完成施工图设计后，将设计文件报送 BT 项目承办人，BT 项目承办人签署认可后报送设计总包单位进行审核。

2. BT 发起人设计监管层

BT 发起人设计监管层由 BT 发起人及其委托的设计咨询单位和设计总包单位组成。设计总包单位负责 BT 工程内外设计技术接口以及有关施工图设计文件（含设计变更文件）的技术协调，对 BT 工程施工图设计文件进行总体审核，审核通过后报送设计咨询单位。设计咨询单位作为施工图设计的审查机构,根据有关施工图审查的要求及规划、建设、消防、人防等政府专业部门提出的施工图设计及审查要点和要求,对施工图设计文件进行全面审查。BT 发起人负责对施工图设计管理的总体监控,施工图设计文件必须加盖设计总包单位、设计咨询单位的审图章以及 BT 项目发起人的"深圳地铁 5 号线 BT 项目施工图受控文件"章,方能作为有效的施工图设计文件。

3. 政府设计监管层

政府设计监管层主要包括深圳市政府专业部门(规划、建设、消防、人防等)、深圳市轨道交通指挥部办公室和深圳市地铁 5 号线 BT 项目建设管理办公室。政府专业部门对施工图设计文件及施工图审查机构的审查情况进行抽查,发现问题,可以直接要求责任单位予以改正。施工图设计文件审查通过后交付施工的同时需报送政府专业部门备案,政府专业部门认为需要修改的,可要求退回修改后重报。5 号办在市轨道办的指导下,负责对地铁 5 号线 BT 工程施工图设计文件以及建设过程中的设计变更进行监管。施工图审查过程中,地铁公司、总体设计单位以及施工图审查机构认为有必要,或者 BT 项目承办人对审核、审查有异议,可提请 5 号办组织政府有关部门和专家对施工图设计文件进行会审。

7.2 BT 工程变更管理

7.2.1 工程变更管理的基本原则

深圳地铁 5 号线 BT 工程变更管理主要实行以下三大基本原则:

(1)事前控制、事后监督的动态管理原则。在工程变更发生前进行深入调查、充分论证,对变更产生原因、可能造成的影响进行分析,决定是否采取变更。若决定变更则一次变更到位,避免"反复变更",工程变更应尽量在双方协商一致的提前下实施。在工程变更实施的过程中,进行动态跟踪和管理,及时反映变更实施的最新状态和预期影响,使变更掌握在可控范围。工程变更实施后,双方应及时协商、确认和调整受影响的合同价款,如有争议,应及时解决,避免影响后续工程的施工。

(2)有利于工程进度的原则。深圳地铁 5 号线 BT 工程的工期异常紧迫,工程变更采取了有利于工程进度的原则,减轻了变更对工期的影响。该原则要求提高工程变更审批和实施的效率,在最短的时间内完成工程变更的审批和实施,及时处理双方对工程变更处理办法的争议,避免工程变更事件影响到其他相关非变更工程和后续工程的实施。

(3)分类授权审批的原则。该原则主要包含三个方面的内容:一是工程变更根据其发生的原因和可能产生的影响被划分为多个等级,不同等级采取不同的处理原则和处理程序;二是对工程变更的技术审查和经济审查采取不同的审查程序,区别对待;三是进行多级部门的审批授权,设计合理的审批和监督流程,发挥地铁公司相关部门和政府部门的管理优势,反映各部门对设计内容的要求。

7.2.2 工程变更管理的基本方法

1. 工程变更原因的分类

深圳地铁 5 号线项目将工程变更分为以下 7 种原因:

(1) 报建原因。指计划发改、规划、国土、建设、人防、消防、交管、环保、卫生防疫、城管等政府部门要求变化需要修改设计或用地拆迁困难无法满足建设需要的工程变更。

(2) 勘察原因。指施工过程中提供的地形、地物资料、工程地质与水文地质、地下管线、地面地下构(建)筑物、用地红线等资料与实际不符而产生的工程变更。

(3) 设计原因。指因设计文件缺陷、错误、遗漏、碰撞等需要修改、补充完善或优化而进行的工程变更。

(4) 技术标准或功能变化原因。指国家或行业技术标准、规范变化或使用功能变化或地铁公司要求变化而引起的工程变更。

(5) 施工原因。指因施工工艺、施工设备、施工错误、工期、施工条件等发生的变化而引起的工程变更。

(6) 不可预见因素。指不可抗力或其他不可预见的外部因素变化等引起的工程变更。

(7) 其他原因。指不属于上述原因的工程变更。

其中,由报建原因、技术标准或功能变化原因引起的工程变更通常可以直接判定为业主责任的变更;勘查原因、设计原因则要根据是否属于 BT 范围内的土建工程勘查和施工图设计而区别对待;由施工原因引起的工程变更为 BT 项目承办方责任的变更;由不可预见因素原因和其他原因引起的变更,则需根据合同约定的责任和风险范围而确定责任方。

2. 工程变更的分类

深圳地铁 5 号线 BT 工程变更分为由甲方引起的 A 类变更和由乙方引起的 B 类变更。A 类变更包括由报建原因、勘查原因、设计原因、技术标准或功能变化原因、不可预见因素和其他原因引起的变更;B 类变更包括由勘查原因、设计原因、施工原因、不可预见因素和其他原因引起的变更。

A 类变更分为 AⅠ、AⅡ、AⅢ、AⅣ类;B 类变更分为 BⅠ、BⅡ 类。AⅠ、AⅡ 类变更调整合同价款,AⅢ 类变更累计超过 4 000 万元时,超出部分调整合同价款,AⅣ 类变更不调整合同价款;B 类变更不引起 BT 工程合同价款调整。

(1) AⅠ 类变更包括:

①重大技术标准、建设规模和工程范围变化的变更;

②单项变更费用增减超过人民币 1 000 万元以上的变更;

③涉及工程概算调整的变更。

(2) AⅡ 类变更指变更金额在 200 万(含 200 万)~1 000 万元的变更。

(3) AⅢ 类变更指变更金额在 30 万(含 30 万)~200 万元的变更。

(4) AⅣ 类变更指变更金额在 30 万以下的工程变更。

(5) BⅠ 类变更包括:

①对技术标准、建设规模和工程范围、主要工法等的变更;

②涉及非 BT 工程工程造价、工期、质量改变的变更。

(6) BII 类变更。包括 B 类变更中 BI 类变更外的其他变更。

工程变更的处理程序依变更类型的不同而有所区别。AI 类变更属于重大变更,地铁公司审查同意后报 5 号办组织政府相关部门进行审查,审查同意后报轨道办批准后方能实施。AII、AIII、AIV 类变更由地铁公司审查批准。BI 类变更经地铁公司组织技术审查后由 BT 项目承办人批准实施,BII 类变更 BT 项目承办人自行组织实施,并报地铁公司备案。

3. 工程变更审查审批会议制度

地铁公司有关部门和 BT 项目承办人按照工程变更的类别组织审查审批会议。

(1) BT 项目承办人负责组织地铁公司、设计单位、监理单位召开对 B 类工程变的审查审批会议。

(2) 5 号线分公司负责组织 BT 项目承办人、设计单位、监理单位及地铁公司相关部门召开对 AIII、AIV 类变更的审查审批会议和 AI、AII 类变更的初步审查会议,并组织对 BI 变更的初步审查会议。

(3) 地铁公司可根据需要及时召开经营班子会议及专题会议,审批建设过程中发生的工程变更。

(4) 技术委员会组织会议对 AI、AII 类变更和 BI 类变更中涉及技术标准、建设规模、安全和质量等方面的工程变更进行审查、论证。

4. 工程变更审批的时限管理

深圳地铁 5 号线 BT 工程变更管理在"有利于工期进度"原则指导下,实行了工程变更审批的时限管理制度,大大地提高了工程变更的审批效率。工程变更审批的时限管理主要体现在以下两个方面:

(1) 工程变更技术审查时限。包括地铁公司审批工程变更的时限、设计及监理单位审查工程变更的时限、5 号线分公司签发工程变更通知单的时限、设计单位变更工程图纸的设计时限。

(2) 工程变更经济审查时限。包括 BT 项目承办人申报时限、监理单位审查时限、地铁公司审查工程变更造价的时限。

7.2.3 工程变更管理的组织责任体系

深圳地铁 5 号线 BT 工程变更管理的组织架构主要包含 4 个层面:BT 项目承办人层面、咨询单位层面、地铁公司层面和政府部门层面。

1. BT 项目承办人层面

包括进行土建施工图设计的各工点设计单位和 BT 承办方,是工程变更的具体实施者。

2. 咨询单位层面

包括监理单位、设计总包单位和设计咨询单位。

3. 地铁公司层面

包括深圳地铁 5 号线分公司、合约部、规划总体部、总工程师办公室(技术委员会办公室)、经营班子。

4. 政府部门层面

包括政府相关专业部门、5号办和轨道办。

不同层面的组织成员承担着不同的工程变更管理的任务和职责,见表7-2。

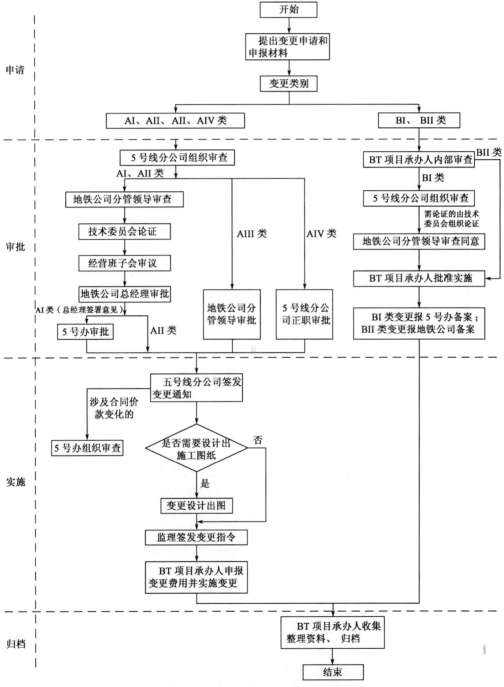

图7-2 深圳地铁5号线BT工程变更流程图

表 7-2

深圳地铁 5 号线 BT 工程变更管理组织责任体系

项目	工点设计单位	BT承办方	监理单位	设计总包单位	设计咨询单位	5号线分公司	深圳地铁公司合约部	深圳地铁公司规划总体部	深圳地铁公司总工程师办公室（技术委员会办公室）	深圳地铁公司经营班子	政府相关专业部门	5号办	轨道办
技术审查	及时处理工程变更，提出设计方案意见	参与AI,AII,AIII,AIV类变更审查		BT工程内外设计技术接口以及有关施工图设计文件（含设计变更文件）的技术协调	对BT工程各类变更设计图纸进行审核，并对非BT工程的影响提出咨询意见	组织AI类的初审，并负责上报；组织5号办审批；组织AII,AIII,AIV类的审批	—	参与AI,AII类工程变更的审查。对运营、工程质量、安全有重大不利影响的AI,AII类变更提出意见	及时组织技术委员会对AI,AII类中涉及技术标准、建设规模、安全与质量等方面的工程变更进行审查、论证		AI类变更涉及规划、消防、人防等重大修改的，规划、消防、人防等政府专业部门参与	组织相关政府部门进行AI类变更审查	AI类变更审查意见经市轨道交通建设指挥部或其办公室批准后实施
	向地铁公司和BT项目承办人发送工程变更设计文件	参与BI,BII类变更的审批	审核工程变更	对BT工程各类设计变更图纸进行审核，并对非BT工程的影响提出设计总体意见	参与重大变更的审查	组织对BI类工程变更的技术审查，涉及技术标准、建设规模、安全与质量等方面的工程变更报地铁公司技术委员会审查			及时组织技术委员会对工程变更及重大技术问题的专题论证	参与AI,AIII类工程变更的审查		地铁公路BT项目办人对设计变更存在争议目分类不成一致法达的，由5号办协调解决，必要时可组织专家解决	
	参加地铁公司或BT项目承办人组织的工程变更会			按设计合同约定对施工单位工点设计图变更及设计变更的管理	派审设计师至现场配合，并会同监理工程师审核工程变更								

续上表

项目	工点设计单位	BT承办方	监理单位	总体设计单位	设计咨询单位	5号线分公司	深圳地铁公司合约部	深圳地铁公司规划总体部	深圳地铁公司总工程师办公室	深圳地铁公司经营班子	政府相关专业部门	5号办	轨道办
经济审查	—	AI、AII、AIII类的造价申报	审核变更造价	—	—	审查工程变更造成的增减项目及其工程数量	审查工程变更项目的单价及合价 AI、AII、AIII类工程变更造价核和控制,归口处理有关深圳市政府投资审计工作的接口工作	—	—	—	AI类变更涉及概预算调整的,发与政府专业部门参与审计	组织AI类变更造价审查,会同审计部门进行设计变更的合同价款变化审查	设计变更涉及合同价款变化的,提出经审查同意的意见交通建设指挥部或其办公室批准后调整合同价款
其他	—	建立工程变更合账	建立工程变更合账	—	—	建立工程变更账	建立工程变更合账	—	—	—	—	—	—
其他	—	管理、协调设计单位变更工作,各类变更资料的申报和归口管理	发布工程变更令	—	—	对已通过技术经济审查的A类工程变更,向监理工程师、BT项目承办人签发《工程变更通知单》	—	—	—	—	—	—	—

7.2.4 工程变更管理的基本流程

根据工程变更管理"分类授权审批"的原则,不同类别的设计变更对应于不同的变更管理流程,见图7-2和图7-3。

A I 类变更由地铁公司内部各部门进行初步审查后报5号办组织政府相关部门进行审查,审查提出意见后报市轨道办批准后实施;A II 类变更由地铁公司总经理批准后组织实施;A III 类变更由地铁公司分管领导批准后组织实施;A IV 类变更由5号线建设分公司正职批准后实施。重要变更事项报5号办备案。A类变更金额在100万元以上的,需地铁公司财务总监签署意见。B I 类变更经由地铁公司组织技术审查后由BT项目承办人批准实施,报5号办备案;B II 类变更由BT项目承办人组织实施,报地铁公司备案。

工程变更涉及合同价款变化的,地铁公司、BT项目承办人按合同约定提出变更价款报告,由5号办会同审计部门进行审查,提出审查意见后经轨道办批准后调整合同价款,并报审计部门备案。

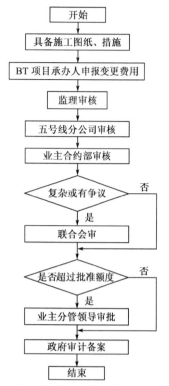

图7-3 深圳地铁5号线BT工程变更造价审批流程图

7.3 结论及优化建议

1. 加强全寿命周期设计管理

深圳地铁5号线承担着重要的历史责任和社会责任,深圳地铁5号线BT项目发起人深圳地铁公司秉持着建设、运营、资源和物业开发"三位一体"协调发展,因而深圳地铁5号线BT工程建设采取了全寿命周期设计管理原则,意义重大,取得了良好的效果。然而,全寿命周期设计管理的制度落实得不够完善,应从以下几个方面予以加强:

(1)加强相关管理人员的全寿命周期设计管理的思想教育。全寿命周期设计管理的落实首先要得到相关管理人员的思想认同,而公司中下层领导及相关管理人员往往由于其职责定位限制和认识不到位对全寿命周期管理不够重视。因此,需要在公司上层管理人员的推动下加强对相关人员的全寿命周期设计管理思想的教育,为全寿命周期设计管理理念的落实奠定坚实的基础。

(2)BT项目发起人公司内部运营部门参与设计管理工作。工程建设阶段充分考虑运营阶段的各种需求是全寿命周期设计管理的必然要求,运营部门应从初步设计阶段即全面参与设计管理工作,向设计单位提出运营阶段的各种功能参数要求,并对设计成果进行审核。施工过程中参与设计变更管理,可能对项目运营产生影响的变更应得到运营部门的批准后方能实施。运营部门的参与不仅仅是指运营部门具有建议权,更重要的是具有审批和否决权。

(3)加强对全寿命周期设计标准的研究。全寿命周期管理需要充分考虑项目建设成本和后期运营成本,片面追求建设成本或运营成本最低都不合理。BT项目发起人应加强对全寿命周期设计标准的研究,追求全寿命周期成本的最优化。

2. 工程变更的分类授权审批制度继续落实

工程变更的分类授权审批制度是深圳地铁5号线BT工程设计管理的一大特色,主要是指依据影响程度、技术经济性将工程变更进行分类,不同类别的变更采取不同的处理原则和方法。将涉及建设规模、工程范围、概算调整和累计金额较大的工程变更作为重大变更,由BT项目发起人给予一定的经济补偿;而涉及经济额度较小的工程变更则在BT项目承办人风险包干范围内由其自身承担,BT项目发起人只进行技术审查。同时,工程变更采取了多级管理部门的授权审批,不同类别工程变更的审批流程也有差别,这样既可以满足不同部门的管理需求,又可以发挥各部门的管理优势,集中资源处理重大变更。

工程变更的分类授权审批制度体现了BT工程风险合理分担原则,得到了BT项目发起人和BT项目承办人的一致认可,建议在后续工程中予以借鉴和推行。

3. 加强BT工程施工图设计共同管理原则的落实

在深圳地铁5号线BT工程中,土建工程施工图设计包含在BT工程范围内,但采取了BT项目发起人和BT项目承办人共同管理的原则。该原则应在以下两个方面加以落实和完善:

(1)BT项目承办人主要负责土建施工图设计的进度、投资和质量管理;BT项目发起人则通过设计总包单位负责BT工程与非BT工程(特别是系统工程)设计接口的协调。

(2)BT项目承办人享有对各工点设计单位的施工图设计合同价款的支付或确认权,这是BT项目承办人施工图设计管理得以落实的基本保障。

4. 加强对BT项目公司施工图设计管理人员的监管

在城市轨道交通BT工程深圳模式下,BT项目公司承担着施工图设计管理的职责。然而,在工程实践中,BT项目公司对施工图设计进度管理、质量管理不到位,存在图纸延误等问题,究其根本原因在于BT项目公司施工图设计管理人员的年轻化、经验欠缺。因此,建议BT项目发起人加强对BT项目公司设计管理人员的监管,主要有两点:一是要求BT项目公司成立专门的施工图设计管理部门,配备经验丰富的专业人才,制订规范的管理制度;二是BT项目发起人对相关管理人员的资质、能力进行审查,对不合格者,要求BT项目公司予以更换。

第8章 BT工程监理管理

城市轨道交通工程具有投资大、工期长、涉及专业多、专业性强等特点,并且工程施工一般都在地下空间展开,由于地质条件和地下市政管网的复杂性、地面构建筑物众多等因素影响,使得工程施工安全风险增大,城市轨道交通工程的上述特点决定了监理工作的开展将存在众多难题。深圳地铁5号线BT工程是目前国内最大的采用BT投融资模式建设的城市轨道交通项目,相对传统建设模式其参与方多、关系复杂,而目前国内建设监理市场还处于发展阶段,并且BT模式建设管理本身的不成熟、不规范,使得业主方的监理管理工作面临诸多难题。在这种情况下,如何加强深圳地铁5号线BT工程的监理管理工作,更好地为5号线工程的建设发挥作用就显得尤为重要。

8.1 BT工程监理管理模式的提出

8.1.1 我国城市轨道交通工程监理工作存在的主要问题

目前国内建设监理市场仍处于发展阶段,还不能完全满足城市轨道交通工程快速发展的需要,主要存在以下几个方面的问题:

(1)监理单位主体地位不突出,甚至被边缘化,无法正常行使权力。在我国城市轨道交通工程建设过程中,建设单位、施工单位和监理单位这三个参建主体,监理单位主体地位最不突出。原因在于监理单位合同金额小、不直接投资、不直接组织施工完成工程建设,加上我国重施工、轻管理的陈旧思想的影响,其主体地位就很难得到保证,甚至被边缘化。

(2)监理工作不规范,监管力量薄弱。合格监理人员的匮乏,监理企业对地铁工程建设管理经验的不足,并且由于地铁工程本身技术复杂,故监理人员很难在短时间内对地铁建设监理工作全面掌握,这也使得地铁工程的监理工作不规范。监理单位作为第三方履行管理监督的力量薄弱,因此很难独立行使监督职责。

(3)管理信息化程度低,工作绩效差。在地铁工程建设中,建设单位对监理的各种进度、质量、安全的定期报表要求较高,信息管理要求及时准确、内容完善。然而,目前我国监理企业计算机的应用水平偏低,没有统一的通信制式和通信平台,不能满足大量信息数据收集、加工、传输的需求,工作绩效差,因此制约了监理工作整体水平的提高。

8.1.2 深圳地铁5号线BT工程监理管理的特点及难点

(1)深圳地铁5号线的建设采用轨道交通BT工程深圳模式,建设监理单位由BT项目发起人招标。在5号线BT模式下,BT项目发起人承担项目法人职责,并承担监理单位的招标及管理工作;BT项目公司承担投融资和设计施工总承包工作,不参与对监理单位的管理。

(2)由于深圳地铁5号线建设监理面广,对监理单位业务素质要求也就更高。深圳地铁5号线BT工程各标段监理的范围不但包括BT范围内的工程,还包括非BT范围的工程;不但承担土建施工阶段的监理工作,还承担前期施工准备阶段、常规设备安装和车站装修阶段、BT工程验收移交阶段的监理工作。这一特点给监理单位提出了更高的要求,所以各监理单位应配置全面的、综合素质高的项目总监理工程师和业务能力强、专业化程度高的专业监理工程师。

(3)我国城市轨道交通工程监理工作存在着诸多问题,在这种大背景下,深圳地铁5号线BT工程监理管理工作,将面临监理组织机构设置难度大、监理人员特别是持有注册监理工程师证的人员严重不足、从业人员素质整体偏低、监理工作不规范等诸多困难。

8.1.3 监理管理单位的引入和定位

在我国目前的监理制度下,监理单位很难作为独立的第三方履行管理监督职责,并且考虑到深圳地铁5号线BT工程监理管理工作的特点和难点,BT项目发起人创新性的引入了监理管理单位,对施工准备阶段、施工阶段至工程保修期结束通过国家验收的全过程实施监理管理。监理管理单位的定位主要体现在以下两个方面:

(1)监理管理单位是BT项目发起人进行建设管理的监理管理机构,对5号线工程各标段的监理机构实施全过程的监督和管理。

(2)监理管理单位是BT项目发起人建设管理的延伸,为工程建设提供技术和管理支持,确保工程达到建设项目的安全、质量、工期、投资目标。

在深圳地铁5号线BT工程中,BT项目发起人招标选择监理单位承担各施工标段的监理工作,同时选择综合实力强、经验丰富的工程咨询公司承担监理管理工作。在实施过程中,BT项目发起人对各标段监理的管理主要通过监理管理单位实施,也可直接对各标段的监理进行管理。BT项目承办人通过其成立的项目公司,实施投融资和对各标段项目部的日常建设管理工作,对各标段的监理和监理管理单位无监督和管理权,但对监理考核工作有评价建议权。深圳地铁5号线BT工程监理管理模式如图8-1所示。

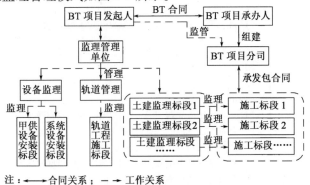

图8-1 深圳地铁5号线BT工程监理管理模式图

8.2 深圳地铁5号线BT工程监理管理的实践

8.2.1 业主、监理管理单位与各标段监理的职责分配

在深圳地铁5号线BT工程中,BT项目发起人(深圳地铁公司)作为项目法人,行使业主的建设管理职责,负责监理工作宏观层面的决策、组织、协调,负责对外接口(如政府部门等)的协调、沟通,向监理管理单位或者必要时直接向各标段监理单位发指令。业主、监理管理单位和各标段监理的职责划分以及工作界面的定义,是监理管理工作职责体系需要描述的重点,表8-1对各参与方的职责划分进行了描述。

监理工作各参与单位主要职责划分表 表8-1

序号	参与单位	主要工作职责
1	BT项目发起人(业主)	(1) 负责监理工作宏观层面的组织、协调,并对重大问题提供解决方法; (2) 负责公司内部及5号线分公司各职能部门的协调和沟通; (3) 负责与外部单位(如政府部门等)各种关系的协调与沟通; (4) 向监理管理单位或者直接向标段监理单位发指令; (5) 负责对监理管理单位制订的监理管理体系文件进行审定、批复; (6) 负责对监理管理单位、标段监理单位的工作进行督导、考核; (7) 主持相关会议; (8) 视情况需要,出席相关会议
2	监理管理单位	(1) 接受业主的指令; (2) 制订监理管理工作所需的各项详细的实施细则和办法; (3) 负责全线各标段监理单位的定期考核、检查与督促工作,并对标段监理单位的日常工作进行巡查、抽检; (4) 对全线监理单位的奖惩有建议权; (5) 负责统计汇总全线工程建设进度报表,按月、季度、年度提出进度管理的合理化建议; (6) 按月召集组织全线监理工作会议; (7) 参与全线安全、质量、文明施工管理工作的督导、检查和巡查工作,发现问题及时通知监理单位和施工单位进行整改; (8) 参与并配合业主开展工程信息管理工作; (9) 负责各监理单位的接口协调工作; (10) 负责形成监理管理报告,按月、季度、年度,就进度、质量、安全、文明施工、接口管理等内容向业主报告; (11) 按5号线分公司的要求设置组织架构,按业主的规定对不满足工作要求的人员进行更换
3	标段监理单位	(1) 按照建设工程监理规范和监理合同规定进行施工和保修阶段的监理; (2) 接受业主和监理管理单位的管理; (3) 负责工程质量控制、费用控制、文明施工和安全管理以及施工组织设计(施工方案)的审核; (4) 负责施工方案落实的检查,以及过程验收和隐蔽工程的竣工验收; (5) 负责关键工序、关键部位和关键工种的旁站监理; (6) 负责施工单位文档信息管理的检查; (7) 按照国家有关法律法规,履行监理单位应尽的义务; (8) 负责地铁建设的接口协调工作; (9) 主持相关的专题会议

8.2.2 监理管理工作实施体系

深圳地铁 5 号线 BT 工程监理管理工作的实施，由 BT 项目发起人统一指挥、决策，监理管理单位统一组织、实施，标段监理单位负责现场落实、监督。监理管理实施体系主要由监理管理目标、监理管理组织架构、监理管理职责、监理管理内容等四部分组成，详见图 8-2。监理管理单位通过制订并实施有效的管理策略，建立全线统一的各标段监理管理体系及管理程序和办法。

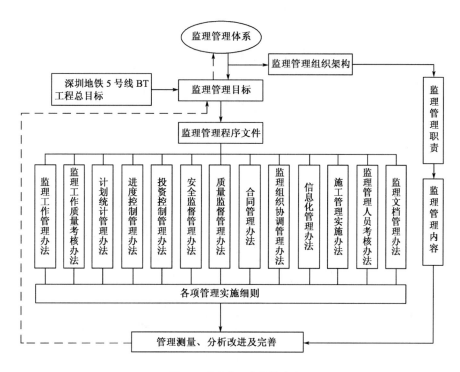

图 8-2 监理管理实施体系图

1. 监理管理的目标

监理管理单位是业主进行建设管理的监理管理机构，是业主建设管理的延伸，业主委托监理管理单位为工程建设提供技术和管理支持。监理管理单位结合轨道交通工程施工管理和监理管理的经验，制订并实施有效的管理策略、程序及措施，采用先进的管理技术，对本工程实施监理管理，确保工程达到建设项目的安全、质量、工期、投资目标。

2. 监理管理单位的组织架构

深圳市地铁公司和监理管理单位按照科学的工程项目管理思想和理念，结合深圳地铁 5 号线 BT 工程建设管理模式的实际情况，构建监理管理单位的组织架构，下设项目经理室、工程技术室、安质监督室、计划统计室、信息管理室、办公室、专家组，即"六室一组"，如图 8-3 所示。

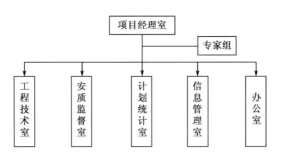

图 8-3 监理管理单位组织架构图

3. 监理管理职责分配

在深圳地铁 5 号线 BT 工程中,监理管理单位的"六室一组"都有明确的职责分工,项目经理室、工程技术室、安质监督室、计划统计室、信息管理室和专家组等,其管理职责划分见表 8-2。

监理管理单位职责划分　　　　　　　　表 8-2

序号	管理职责	职能部门					
		项目经理室	工程技术室	安质监督室	计划统计室	信息管理室	专家组
1	管理体系文件制订及完善	★	☆	☆	☆	☆	☆
2	监理工作管理		☆	★	☆	☆	
3	计划统计管理		☆		★	☆	
4	进度控制管理		★		☆		☆
5	投资控制管理		★		☆		☆
6	安全监督管理		☆	★	☆		☆
7	质量监督管理		☆	★	☆	☆	☆
8	合同管理		★				
9	监理文档管理		☆	☆	☆	★	
10	监理组织协调管理	☆	★			☆	
11	信息化管理	☆	☆	☆	☆	★	
12	施工管理实施细则的制订及完善		★	☆		☆	
13	重大施工技术方案及设计变更的审查监督	☆	★	☆		☆	★
14	监理人员考核	★	☆	☆	☆	☆	

注:★表示主要责任部门;☆表示协助部门。

8.3 监理管理工作成效

深圳地铁 5 号线 BT 工程是深圳市在建轨道交通项目 5 条线路中进展最快、完成投资比例最高的一条线路,在保证工程进度达到预期目标的同时,全线建设的质量、安全等项目管理目标均处于可控状态。BT 项目发起人采用的创新型监理管理模式,取得了以下四个方面的成果,对BT模式下的建设管理发挥了重要作用。

(1)地铁5号线BT工程监理管理模式,是项目发起人践行"小业主、大社会"管理思想的创新举措,精简了自身的项目管理机构,降低了管理风险,并充分发挥了专业咨询公司的管理和技术优势,业主可以把主要精力投入到综合管理和科学决策中,而由专业人员充分开展监理管理工作。

(2)地铁5号线BT工程监理管理模式,使BT项目发起人实现了监理管理工作的组织集成化。深圳地铁5号线全长约40km,有多个标段项目部同时进行平行施工,并有多个施工监理单位进行监管,由监理管理单位直接对业主负责,实现了全线施工监理单位的集成化管理。

(3)监理管理单位的引入,加强了监理单位的主体地位,有效地平衡了BT项目承办人与BT项目发起人之间的关系。监理管理单位统筹全线各标段监理工作,发挥自身综合实力强、经验丰富的管理和技术优势,规范和统一全线监理管理工作,提高监理单位的主体地位,有效地实施对BT项目承办人各标段项目部的质量、安全、信息管理、档案管理、组织协调等方面的监控,并起到了平衡BT项目承办人作为投融资和设计施工总承包单位强主体地位的作用,使得BT项目发起人的各项指令更能有效地得到贯彻执行。

(4)建立和完善了工程监理管理体系,统一了全线各标段的监理管理程序和办法,有力地促进了监理管理工作的科学化、规范化、标准化。在深圳地铁5号线BT工程中,监理管理单位在工程前期准备阶段即介入,制订了实施有效的管理策略及措施,建立了全线统一的各标段监理管理体系及管理程序和办法,主要包括:①完善安全监管体系,确保工程建设的安全目标可控;②建立全面质量监管体系,保证质量目标可控;③强化进度管理监控体系,建立投资控制制度和工期预警机制,确保工程进度受控。

此外,监理管理单位发挥管理和技术优势,对在个别标段发现的经验和教训及时在全线推广或预防改进,实现了管理和技术信息资源的共享;通过对各标段监理单位日常的巡查和抽查及定期的考核、检查与监督,有效地激励了各标段监理工作的积极性,并有利于提高监理单位综合管理的能力、水平和质量;通过负责或参与编制工程策划和定期的监理管理报告,向BT项目发起人提出存在的问题及相关建议,为工程建设提供管理和技术支持。

8.4 BT工程监理管理模式优化建议

在深圳地铁5号线BT工程中,创新性的引入了监理管理单位,采用的监理管理模式一方面在工程实施过程中发挥了重要作用,强化其管理职能;另一方面这种模式在实施过程中也需要进一步的优化和完善。以下结合工程实践,对其中存在的一些问题进行分析并提出优化建议。

(1)在轨道交通BT工程监理管理模式下,BT项目发起人招标选择的监理单位必须符合我国建筑法的规定,同时监理管理单位的引入作为项目发起人建设管理的延伸,在工程实践中发挥了积极的作用,这种模式应该进一步优化和完善。

如前所述,目前我国建设监理行业存在高素质人才匮乏、监理工作不规范、主体地位不突出等问题,然而监理管理单位的引进在一定程度上解决了这些问题,并在工程实践中发挥了积极的作用。轨道交通BT工程深圳模式下的监理管理模式,对我国轨道交通BT工程监理管理工作有着重要的参考价值,并具有良好的应用前景。

（2）BT项目发起人管理重心应适当上移,引入项目总控单位和监理管理单位分别提供宏观和实施层面的咨询服务。

在深圳地铁5号线BT工程监理管理模式下,BT项目发起人既可以通过监理管理单位对标段监理进行监督管理,还可以直接对其进行管理,但却存在监理管理单位与业主管理界面模糊的问题。在工程实施过程中,BT项目发起人存在工作重心下移的问题,对一般性的具体工作管理过多,而弱化了对各参建方界面之间的管理以及工程外部接口的协调,影响了决策水平的发挥,形成了管理界面模糊不清的局面。深圳地铁5号线BT工程的监理管理模式,是基于BT项目发起人管理资源的有限性,通过引入一家咨询公司承担标段监理的管理工作,并为工程建设提供技术和管理支持。根据这一需求分析并结合工程实践,给出改进建议：BT项目发起人工作重心应适当上移,引入项目总控单位,同时加强监理管理单位负责实施具体的管理策略、程序及措施；BT项目发起人着重实务的项目策划与控制,注重工程外部接口管理和各参建方的界面管理；项目总控单位为BT项目发起人提供项目总体策划与控制报告,注重项目的战略性、总体性、宏观性目标；监理管理单位负责各标段监理单位的一般性具体工作,不再承担和提供宏观层面的管理和技术支持的工作内容。

（3）综合考虑监理管理的职能和定位,进一步完善监理管理合同取费标准的问题。

在深圳地铁5号线BT工程中,BT项目发起人引入监理管理单位对5号线各标段监理机构实行全过程的监督与管理。除此以外,监理管理作为业主建设管理的延伸为工程建设提供技术和管理支持,在一定程度上承担了项目总控单位的职责。在实施过程中,监理管理单位很好地完成了对全线监理机构的监督与考核工作,但是,由于合同取费标准较低、地铁工程监理管理成本高、企业收益少等因素影响,使得投入足够数量的专业化强、经验丰富的高层次管理人才以完成工程整体策划和控制的目标未能很好地实现。关于合同取费标准问题,应综合考虑监理管理的职能和定位,若要其部分承担项目总控单位的职能,需相应提高取费标准。

第 9 章　BT 工程项目进度管理

9.1　项目进度管理研究和应用

9.1.1　项目进度管理研究和应用现状简述

项目进度管理的理论研究,是伴随项目管理理论的发展而产生的,其理论研究的重点在于进度计划的方法和进度计划的控制理论。此外,工程项目进度动态管理的基本原理是网络计划技术,常用的网络计划主要有双代号网络图和单代号网络图等,随着当今建筑工程的规模不断扩大,根据网络图进行动态管理需要的计算量已经相当庞大,因而在现代项目进度管理中计算机已成为必不可少的工具。

在 20 世纪 50 年代,我国就开始在建筑工程中采用横道图来安排生产和进度计划。20 世纪 60 年代初在钱学森教授的倡导下,在我国国防科学研究中开始采用 PERT 并获得成功。在 20 世纪六七十年代,华罗庚教授系统地介绍了网络计划技术,并在全国推行统筹法。1984 年国家经济贸易委员会推出 18 种现代管理方法,其中包括网络计划技术。1992 年我国颁布了《工程网络计划技术规程》(JGJ/T 1001—1991),使网络计划技术在计划与控制管理的实际应用中有了统一的技术标准。目前,我国的一些大型工程项目,如长江三峡工程、北京奥运工程等大都采用了以计算机为辅助手段的管理方法,运用 P3 等软件对工程项目的进度进行科学、有效地计划和控制。

近年来,随着预警理论开始应用于建筑工程领域,工期延误预警理论也开始形成并应用于实际工程,比如在对边坡工程、基坑工程及工程投资等方面都进行了一定的研究。

9.1.2　工期延误预警理论

项目进度管理的目的是实现项目的按期完工,因此必须重视工期延误问题及其原因,对工期延误的原因进行分析并构建实用的工期延误预警系统。工期延误预警系统的目的在于识别建设项目中所面临的工期延误风险并对风险进行分析,以便就如何管理工期延误风险的问题作出理智的决策,它是一种综合运用常识、分析、判断、直觉、经验等,以一种规范化的方法对工期延误的最关键因素进行管理。

工期延误预警的研究思路,是通过选择和建立一套能够反应研究目标的总体规律和局部特征之间联系的指标体系,并对指标体系进行科学地计算、分析及预测,再根据研究目标的基本规律设定单个指标或综合指标的预警界限,达到对研究目标走势作出正确预期、评价和监督调控的目的,其核心的研究思想是评判指标的确定、警情警兆指标的定量分析及评判标准的确定。

9.2　BT工程进度管理的特点

在BT工程中,项目发起人、项目主办人、BT项目公司是最为核心的三类主体。在BT工程项目进度管理中,项目发起人的进度计划控制责任大部分转移给了项目承办人及其组建的BT项目公司。BT项目公司承担工程进度计划的实施职责,项目发起人对工程进度进行决策、制订和动态监管。深圳地铁5号线BT工程进度管理的特点主要有以下五方面:

(1)深圳地铁5号线BT工程进度管理的强制性。5号线作为第26届大学生运动会的城市轨道交通配套项目,受到了社会媒体的广泛关注,项目工期的拖延将导致项目发起人面临政府和社会舆论的双重压力。在这种情况下,项目发起人对BT工程的进度监管就带有一定的强制性。

(2)BT工程进度管理具有明显的阶段性。BT工程的运作一般分为项目前期准备阶段、工程初步设计阶段、BT模式招标及合同签订阶段、BT工程建设阶段、BT工程验收移交阶段,由于每个阶段工程的运作主体和所完成的工作内容都存在很大差异,因此工程进度管理也具有明显的阶段性。

(3)深圳地铁5号线BT工程进度管理的预警控制。在5号线BT工程的进度管理过程中,工程能否按期完工成为项目发起人进度管理的核心内容之一。在这种情况下,项目发起人更加重视工期延误问题及其原因的分析,需要综合运用常识、分析、判断、直觉、经验等,以一种规范化的方法对工期延误的最关键因素进行管理。目前,进度监管的预警尚处于定性的运用阶段,需要通过制订相应的预警管理措施来达到进度监管的目的。

(4)国内BT工程建设管理的不健全、不规范,增加了深圳地铁5号线BT项目发起人进度管理的难度。

(5)在深圳地铁5号线BT模式下,BT项目发起人引入具有项目进度总控职能的监理管理单位,以加强BT工程进度管理,确保工程进度可控。

9.3　BT工程进度管理体系

9.3.1　BT工程进度目标体系

1. 确立地铁5号线BT工程进度目标

2007年12月21日深圳地铁5号线BT工程试验段开工,2008年5月31日全线开工建设,2010年2月28日全线贯通,预计2011年6月30日开通试运营,以满足深圳市第26届世界大学生运动会的交通配套需求。

根据深圳地铁5号线BT工程的总进度目标,综合考虑本工程BT项目招标、设计、土建施工、设备安装调试等工作的实际情况和工程特点,确定深圳地铁5号线工程各里程碑节点,如

图 9-1 所示。BT 项目公司和各标段项目部以此制订 BT 工程总体进度计划和分阶段进度计划,确保深圳地铁 5 号线 BT 工程的实施符合 BT 项目发起人的要求,从而实现工程战略目标。BT 项目发起人对工程战略目标进行细化和分解,制订各年度计划如下:

2007 年:完成试验段工程土建施工图设计,年底前开始全线施工图设计工作;开展工程前期工作(包括配合施工用水、施工用电、工程用地报批等);前海湾站、临海路站、宝华路站、同乐站、塘朗车辆段土建工程(围护结构和土方工程)开工建设。

2008 年:4 月底开工建设黄贝站的主体围护结构;全线土建工程在 5 月底前全面开工,3 月底前 85%的工点开工;完成区间盾构始发井的施工,所有盾构机全部进场,60%的盾构区间已开始掘进,完成盾构掘进工程量 20%;全线 90%的围护结构工程完成(未完成的主要为受交通疏解或拆迁影响的部分);明挖车站和区间土方开挖及支护完成 30%以上,主体结构完成 10%以上;矿山法隧道施工竖井或临时施工通道全部完成,完成矿山法隧道工程量的 30%;年底完成投融资建设范围内的全部设备的招标工作。

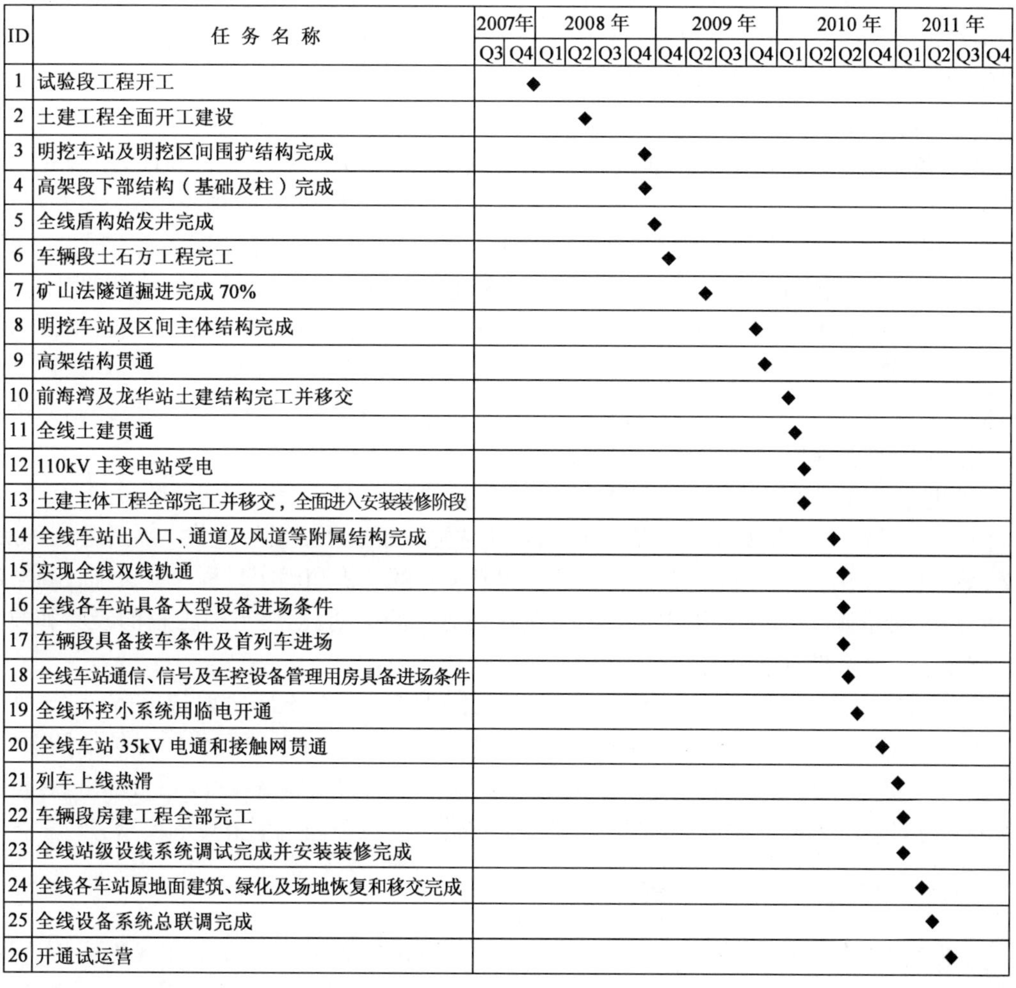

ID	任务名称	2007年 Q3	2007年 Q4	2008年 Q1	2008年 Q2	2008年 Q3	2008年 Q4	2009年 Q1	2009年 Q2	2009年 Q3	2009年 Q4	2010年 Q1	2010年 Q2	2010年 Q3	2010年 Q4	2011年 Q1	2011年 Q2	2011年 Q3	2011年 Q4
1	试验段工程开工	◆																	
2	土建工程全面开工建设				◆														
3	明挖车站及明挖区间围护结构完成							◆											
4	高架段下部结构(基础及柱)完成							◆											
5	全线盾构始发井完成							◆											
6	车辆段土石方工程完工								◆										
7	矿山法隧道掘进完成 70%										◆								
8	明挖车站及区间主体结构完成											◆							
9	高架结构贯通											◆							
10	前海湾及龙华站土建结构完工并移交												◆						
11	全线土建贯通													◆					
12	110kV 主变电站受电													◆					
13	土建主体工程全部完工并移交,全面进入安装装修阶段													◆					
14	全线车站出入口、通道及风道等附属结构完成														◆				
15	实现全线双线轨通														◆				
16	全线各车站具备大型设备进场条件														◆				
17	车辆段具备接车条件及首列车进场														◆				
18	全线车站通信、信号及车控设备管理用房具备进场条件														◆				
19	全线环控小系统用临电开通														◆				
20	全线车站 35kV 电通和接触网贯通															◆			
21	列车上线热滑															◆			
22	车辆段房建工程全部完工															◆			
23	全线站级设线系统调试完成并安装装修完成															◆			
24	全线各车站原地面建筑、绿化及场地恢复和移交完成																◆		
25	全线设备系统总联调完成																◆		
26	开通试运营																	◆	

图 9-1 深圳地铁 5 号线 BT 工程里程碑节点工期图

2009年:确保全线土建工程完成90%以上的工程量;试验段土建结构工程完工;首批机电设备进场,开始进行设备安装前期工作;车辆段房建工程年底前具备铺轨和机电安装工程进场施工条件;装修工程施工图设计工作完成。

2010年:2月前完成铺轨基地建设,2月开始铺轨,7月保证全线通轨;3月主变电站受电;4月前全线土建工程全部完工,具备系统设备进场安装条件,工程全面进入安装装修阶段,年底全线安装装修工程完成90%以上的工程量;7月车辆段具备接车条件;11月底实现全线车站电通和接触网贯通。

2011年:1月,列车上线热滑;2月底前,全线机电设备安装和装修工程完工并交验,机电设备系统站级调试工作同时完成;4月30日前,实现工程主体管理全线向运营的移交,运营人员全面进站驻站,开始运营演练;4月完成全线设备系统总联调;6月30日,正式开通试运营。

2. 构建项目进度目标应注意的问题

(1)深圳地铁5号线BT工程项目结构分解(PBS)的分析。项目结构分解对项目进度目标的建立非常重要,它是分解项目进度目标的基础工作。项目结构分解的质量、详细程度直接影响项目进度目标的分解。在分析过程中要关注是否还有优化的余地,是否按照工作进展进行了细化并适应当前进度目标的分解。

(2)工程接口的研究。在城市轨道交通工程建设过程中,各专业项目之间需要进行相互协调、密切配合,各专业之间的协调和匹配问题称为工程接口。随着项目规划、设计和计划工作的进展,项目在不同阶段的工程接口逐步清晰,各个接口界面之间的划分、描述、管理程序和办法也随之建立起来,为进度目标的实现打下良好的基础。否则,对于如此复杂的城市轨道交通工程项目,即使有很好的设计、咨询、施工队伍,如果不理清接口界面,整个管理将处于混乱和杂乱无章的局面。

(3)工程里程碑事件的分析。项目的里程碑事件通常与项目的阶段成果相联系,作为项目的控制点、检查点和决策点。对于项目的高层管理者项目发起人及政府相关部门来说,掌握项目的里程碑事件的安排对进度管理十分重要,原因在于进度目标的设定、进度计划的审查、进度控制的管理都是以项目的里程碑事件为对象。

(4)里程碑事件对深圳地铁5号线BT工程项目的影响重大,不仅为项目发起人及政府相关部门提供决策依据,直接影响工程进度,而且还常常赋予这些活动以重大的政治意义和历史意义,被社会公众所关注。因此在本工程的里程碑事件的分析和确定过程中应关注:工程技术系统的构成和完整性;工程阶段成果的工作内容和适宜的工期;已完类似工程的经验和教训;重大节日或重大事件对项目进度的要求等。

(5)关键工期节点的分析。关键工期节点是工程施工中在不同阶段应完成工作的时间点。通常由BT项目发起人确定一些节点工期为关键工期节点,BT项目公司必须依照关键工期节点的要求实现BT项目发起人对项目所定进度与质量的要求。各标段项目部可依进度控制需要制订进度计划并适时进行调整,保证其工程进展满足关键工期节点的要求。

9.3.2 BT工程进度过程管理

深圳地铁5号线BT工程进度目标体系构建后,进度管理的关键在于实现进度的过程控制,项目进度管理必须紧紧围绕影响进度变化的各个环节,事先预测、事中控制、事后总结。深圳地铁5号线BT工程进度过程管理的突出特点是:中国中铁股份有限公司作为BT项目承办人发挥其行政管理优势、资源配置优势、施工技术和管理优势,对各标段项目部实施奖励考核机制,有效地保障了工程进度。BT 项目发起人充分发挥 BT 项目承办人的突出优势,通过构建项目进度管理流程和设置各阶段进度控制点,强化进度控制动态管理,并充分发挥监理管理单位的进度总控和进度管理程序的规范作用,为进度目标的实现提供了有力保障。

1. 进度管理流程

(1) 深圳地铁 5 号线 BT 工程进度计划编审流程设计

深圳地铁 5 号线 BT 工程项目发起人为了提高进度管理流程的规范化、制度化和科学化,制订了进度计划编审流程,如图 9-2 所示。本工程各参与单位根据管理流程明确各方职责及

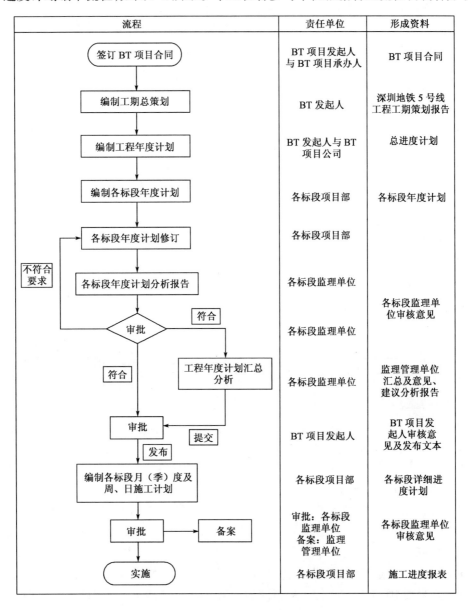

图 9-2 深圳地铁 5 号线 BT 工程进度计划编审流程图

相互配合的接口,为深圳地铁5号线BT工程项目进度目标的实现提供了科学有效的管理工具。

(2)深圳地铁5号线BT工程进度动态控制程序设计

深圳地铁5号线BT工程实现了进度控制动态管理,制订了进度动态控制流程,如图9-3所示。在进度动态控制过程中,明确各参与单位的职责,实现动态控制的制度化、规范化。

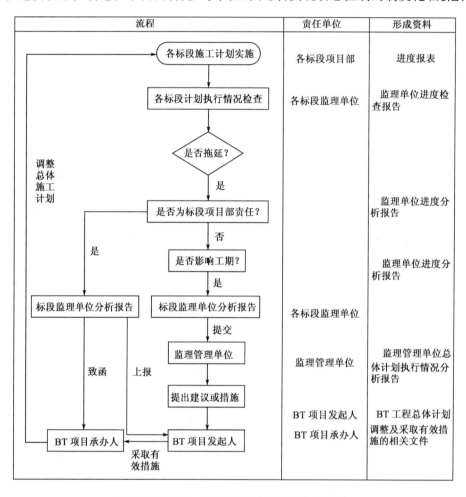

图9-3 深圳地铁5号线BT工程进度动态控制流程图

2. 工程进度控制点

城市轨道交通工程是一项庞大而复杂的系统工程,具有工程技术含量高、施工难度大、组织管理复杂等特点。因此,我国城市轨道交通工程的建设单位一般都是在工期紧、任务重、矛盾多、压力大的情况下进行项目进度管理,同时在实际工程中,项目进度管理往往又成为评判一个工程计划制订的好坏、技术水平高低的关键标尺,因此在深圳地铁5号线BT工程中无论是BT项目发起人,还是BT项目公司、监理单位都以此为依据对施工现场进行检查和评估。而深圳地铁5号线BT工程与一般工程不同的是采用强监控BT模式,因此设置工程进度控制点使BT项目发起人对工程进度进行跟踪、分析、调整与控制是非常必要的。

(1)前期准备阶段进度控制点

①BT项目发起人加强了重大技术方案攻关。深圳地铁5号线建设与城市功能的结合、对未来发展的考虑和预留、沿线不同区域的地质和环境条件及新技术标准的选用,使5号线BT工程必须对一些涉及设计与施工的重大技术方案进行研究攻关,为工程实施过程中这些问题的解决打下良好的基础,从而保证工程进度。

a.地铁5号线穿越地质条件复杂和建筑密集区域,地面道路交通混杂、拥挤,地下管线纵横,地质条件复杂。开展盾构穿越"上软下硬"地层、球状风化体、残积土、风化层等特殊地层的施工工艺并设置施工参数,以解决部分盾构区间施工面临的特殊地质安全风险问题及其对总工期的影响问题。

b.深圳地铁5号线下穿平南铁路和高架桥以及一些重要构筑物,如果施工控制不当可能会导致地表变形过大从而使建筑物发生开裂、倾斜甚至倒塌;此外,5号线穿过人口密集区,隧道的开挖影响可能致使临近重要管线发生变形甚至破坏。这些施工风险的存在,在不同程度上对工期的确定产生影响,为此在前期准备阶段就要开展对盾构下穿重要管线、民用建筑(浅基础)、高速公路、人工湖等复杂环境的关键技术研究攻关,解决复杂环境受盾构施工影响及需采取的针对性措施的问题。

c.深圳地铁5号线部分区间断面宽度达到22.7m,在前期准备阶段即开展对复杂条件下大跨度、高断面暗挖隧道施工技术研究,以解决部分隧道小间距施工以及穿越断层影响带的安全问题,保障施工过程中工程的顺利进展。

②BT工程项目总体策划。轨道交通建设工序繁多,工程规模巨大,系统复杂,国内新建一条轨道交通线路一般需要大约5年的时间。深圳地铁5号线长达40km,主要采用地下线路,计划建设工期仅有3.5年,并采用创新型BT模式建设,所有这些因素给总工期目标的实现带了巨大挑战。BT项目发起人从项目准备阶段就重视项目总体策划,开展环境调查、目标分析、组织策划、技术策划及经济策划,理清项目建设各个阶段的重要步骤,设定关键里程碑,严格控制工程进度。做到精心策划、密切衔接、环环相扣、有序推进,以实现预期目标。

③BT工程沿线征地拆迁。地铁5号线BT工程用地的征用、施工用地的租借和施工范围内建筑物的拆迁是一项政策性强、涉及面广、制约因素多、关系复杂的系统性工作,征地拆迁工作能否顺利完成,对整个工程的实施起着决定性的控制作用。BT项目公司主要领导实行分片包干,依靠各相关职能部门积极主动地配合BT项目发起人和政府相关职能部门,与各标段签订征地拆迁责任状。各标段项目经理亲自带队强力推进征地拆迁工作,因而仅用了10个月就基本完成了全线的征地拆迁任务,为各标段施工单位按时开工创造了有利条件。

④组织、审核BT工程初步设计进度计划的编订。在深圳地铁5号线BT工程招标前,由BT项目发起人招标产生的设计总包单位完成方案设计和初步设计工作,初步设计要满足BT合同招标的需求。BT项目发起人负责初步设计阶段的设计管理工作,根据5号线BT工程的项目总目标,分解初步设计阶段目标,并组织、审核初步设计进度控制计划(包含设计准备阶段、方案设计阶段和初步设计阶段的计划)。其中,对影响设计进度的设计招标工作、方案报批、初步设计审查等工作应及时办理。避免将设计单位的设计周期压得太紧,因为只有保证一定的设计周期,才能保证设计的质量。

(2)BT工程招标及合同签订阶段进度控制点

①BT工程范围的确定。轨道交通工程属于城市重大基础设施项目,政府或其授权单位需要对工程建设过程进行强监控,由于我国城市轨道交通建设领域引入BT模式进行投融资建设,因此一般根据工程的这一特点将其划分为BT工程范围及非BT工程范围。划入非BT工程的项目,一般与车辆运行或者是核心机电系统密切相关,这些项目的BT项目发起人要求更高,需要进行强监控,具体工程范围已在本报告第4章中详细阐述。根据轨道交通工程的功能和技术要求,地铁5号线将BT工程范围进行科学、规范地划分,有助于工程建设实施工作的顺利开展。

②BT项目投标人的选择。BT项目招标与一般的施工招标主要关注投标人的施工能力不一样,BT模式下对投标人的考核主要是看投标人是否具有良好的融资能力和建设管理组织能力。深圳地铁5号线BT工程为了选择具有相当实力的工程总承包企业作为BT承办人,因此限定投标人应具有良好的财务状况和较强的融资能力;同时,为了防止大型的企业财团介入BT项目,BT项目发起人限定投标人应具备铁路工程施工总承包特级资质或市政公用工程施工总承包特级资质,以实现融资和建设一体化运作。

③BT项目合同的谈判。由于BT项目本身的复杂性,它涉及土地提供、融资、建设规模、施工组织、回购(回报)方式、建设监管、验收和移交等一系列问题,BT项目发起人和BT项目承办人往往要花费大量的时间和精力,进行BT项目合同谈判。深圳地铁5号线BT项目合同谈判前后经历了10个月的时间,但在合同签订时仍有很多条款无法达成一致,增加了合同执行阶段的争议。在深圳市轨道交通三期工程BT项目实施中,一方面应邀请多个潜在的投标人参与竞标,目前国内的特大型建筑企业包括:中国中铁股份有限公司、中国铁建股份有限公司、中国交通建设股份有限公司、中国水利水电建设集团等都可以是潜在的投标人;另一方面规范BT项目招投标程序,对于解决BT项目合同谈判中的难题将大有帮助,当仅有个别单位参加投标时,也应按招标程序完成招标,并以招标文件和投标文件为基础进行谈判。

(3) BT工程投融资建设阶段进度控制点

①审核施工图设计计划。深圳地铁5号线BT工程详勘和施工图设计的设计管理工作,由BT项目发起人与BT项目承办人共同负责,BT项目承办人与由BT项目发起人招标确定的勘察设计总包单位之间具有合同关系,勘察设计总包单位应与各工点设计院签订设计分包合同。在施工图设计阶段,由BT项目公司组织各工点设计院编制施工图设计计划,提交BT项目发起人审定,并及时办理施工图设计审查、会审等工作,同时应注意给设计单位的设计周期不能压得太紧,以保证设计质量。

②监管施工图设计进度。深圳地铁5号线BT工程总体设计和初步设计工作,由设计总包单位铁道第三勘察设计院集团有限公司完成,施工图设计由各工点设计院完成。BT项目发起人主要委托BT项目公司对各工点设计院单位提供的各阶段进度计划进行监管,及时跟踪检查,发现偏差,督促各设计单位采取措施及时调整。

③设置关键里程碑工期。深圳地铁5号线BT工程设置了关键里程碑工期,并写入BT项目合同,促使BT项目公司和各标段项目部能够科学合理地制订施工组织计划,并采取动态控制措施扭转实施过程中出现的偏差,以保证项目各个建设阶段的进度指标符合深圳市地铁5号线BT项目建设管理办公室的总进度计划。实践证明,深圳地铁5号线BT工程关键里程碑的设置对项目进度起到了关键性的控制作用,有效地加快了工程进度。

④审查BT项目公司的工程总体施工进度计划。审查BT项目公司的工程总体施工进度计划是否满足深圳地铁5号线BT工程总进度计划的要求,经确认后作为施工进度控制的依据。在计划实施过程中,检查、监督各阶段施工进度,发现偏差及时作出调整,采取组织、技术、管理、经济等措施进行动态控制管理。深圳地铁5号线工程工期紧迫的特殊性,决定了BT项目公司必须按照深圳市地铁5号线BT项目建设管理办公室、深圳市地铁公司修正的进度计划进行调整,确保工期目标能够按期实现。

⑤检查各标段项目部周、月计划的实施。深圳地铁5号线BT工程各标段项目的周、月进度计划的实施,由各标段监理单位进行检查、督促,进度资料报送监理管理单位。在实施过程中,监理管理单位起到对项目进度总控的作用,汇总分析各标段监理提出的影响进度计划的因素,报告BT项目发起人作出调整,保证周、月计划的按时完成,从而保障全年计划及总进度计划的有效落实。

⑥监督设备材料按时进场。在BT项目公司与各标段施工合同中明确设备材料供货协议,如设备材料选购要求、供货计划要求、报监理验收程序等,列出承包人供应设备材料清单。BT项目发起人或者其委托单位检查供货进度,组织现场验收,监督现场使用。

9.3.3 BT工程进度控制措施

进度控制措施对深圳地铁5号线BT工程的工期控制战略目标的实现,以及地铁开通运营后所产生的社会效益影响极大。本节结合本工程BT项目发起人采用强监控BT模式进行项目进度监管、引入监理管理单位强化进度管理的特点,在工程不同的实施阶段采取技术、组织、管理、经济等措施,从不同的角度予以论证。

1. 基于管理信息化系统的全场紧逼措施

(1)基于管理信息化系统的形象进度管理

为有效地进行深圳地铁5号线BT工程进度管理,提升工程建设管理水平,BT项目发起人在工程建设中全面引入信息化、数字化管理,开发出5号线工程信息化系统。进度计划管理模块是该系统的一个功能模块,通过对计划编制、计划跟踪、工程计划优化、进度填报、计划检查与报表统计分析,时刻掌控项目形象进度,形成了一套完整的进度计划管理体系,确保了项目进度计划的完成。

(2)基于管理信息化系统的投资计划管理

投资计划管理模块是5号线工程信息化系统的另一功能模块,它提供了由深圳地铁5号线分公司、BT项目公司、监理管理等多家单位共同参与的计划管理协调作业平台,通过多方参与的计划编制过程,建立完善项目投资期间计划的编制、优化、更新等计划业务操作流程。通过投资上报、计划检查、对比分析,时刻掌控项目投资进度,确保项目投资计划的完成。

(3)BT项目发起人、监理管理单位、BT项目公司共同构建劳动竞赛和考核激励机制

为加强深圳地铁5号线BT工程项目进度管理,保证施工安全和工程质量,故建立有效的激励约束机制和绩效管理制度,充分调动各参建单位的积极性,BT项目发起人依照BT合同制订了《深圳地铁5号线BT工程土建工程劳动竞赛管理办法》。BT项目发起人和BT项目承办人共同出资,建立深圳地铁5号线BT项目建设奖励基金,作为实施奖罚的专项基金。根据管理办法规定,由BT项目发起人、监理管理单位、BT项目公司共同组建考核小组,每季度末

对全线的10个土建施工标段进行检查、评比,并依据考核结果进行奖罚,以形成全线劳动竞赛的局面。劳动竞赛和考核激励措施的实施,有效地约束和激励了各参建单位,加快了工程进展。

(4)BT项目发起人创新性的引入监理管理单位,建立进度管理的多层次反馈控制体系

深圳市轨道建设办公室和BT项目发起人通过各标段项目部、各标段监理单位、BT项目公司及监理管理单位上报的"周报"、"月报"及时掌握工程进度,同时保证进度报表信息畅通。在实施过程中,监理管理单位收集各标段项目部、各标段监理单位的进度报表信息,汇总分析形成每季度工期计划分析报告,报告主要就本季度工程进程情况、工期风险分析及建议对策、下季度进度计划工作要求等问题报告业主。深圳地铁5号线BT工程进度管理形成了深圳市轨道办和项目发起人监督检查、监理管理单位全线进度计划总控、各标段监理单位现场检查报告以及BT项目公司、各标段项目部进度计划保证措施实行,这样一个进度管理的多层次反馈控制体系。在工程进展过程中,BT项目发起人通过及时的信息反馈,作出是否进行相应调整的决策,实现动态进度控制,从而保证各个关键里程碑工期的按期完成。

(5)BT项目发起人建立工期延误预警管理制度

根据工期延误预警理论,深圳地铁5号线BT工程初步尝试建立了工期延误预警制度以加强工程进度控制,并取得了较好的效果。在实施过程中,由BT项目公司对于涉及"洞通"目标的关键里程碑工期,依据审批的工期计划对各标段项目部的施工进度进行动态管理,对于工期进度不能满足计划要求的项目部,评价出黄色、橙色、红色三个预警级别,给予相应警告、约谈、处罚并上报给BT项目承办人的处理措施。对工期预警升级的标段,在采取经济处罚措施的基础上,BT项目公司要求限期消除工期预警;对降低预警级别的标段实行特别考核奖励。凡是进入工期预警的标段,实行"短板"管控,BT项目发起人、BT项目公司等将采取组织、管理、经济、技术等措施加强管控。

应该指出,目前深圳地铁5号线BT工程所建立的工期预警制度还是初步尝试性的,其评判指标的确定、警情警兆指标的定量分析及评判标准的确定都比较简单,还有进一步研究和完善的必要性。

2. 工程进度保证措施

(1)组织措施

①深圳地铁5号线BT工程采用"深圳市政府策划、BT项目发起人(项目法人)负责、BT项目公司实施投融资建设"的组织模式。深圳市政府成立轨道办,并单独设立了5号线BT项目建设管理办公室,负责指导、统筹、协调、监督5号线的建设管理工作;深圳市地铁公司作为BT项目发起人,行使项目法人职能,主要负责依照BT合同约定付款,对工程进度、质量、安全等进行全方位监管,并负责非BT范围的全部工程以及项目前期工程;BT项目承办人成立的中铁南方投资发展有限公司作为BT项目公司负责投融资、进度、质量、安全等计划的实施,同时还成立各标段项目部组织工程施工。BT项目承办人与设计总包单位中铁三院签订设计总承包合同,设计总包单位与各工点设计院签订设计承包合同,施工图设计主要由各工点设计院完成。监理管理单位和监理单位由BT项目发起人招标决定,BT项目承办人对监理工作有评价建议权。从而形成对应于5号线BT工程结构层次分明的组织体系,在各个层面上协调项目的内外部关系,预防和消除进度管理障碍。

②BT项目发起人与BT项目公司定期组织"双铁联席会议",解决深圳地铁5号线BT工程建设中出现的重大事项、重大方案,大大提高了影响工程进度问题的解决力度,确保工程进度。

③设计咨询和设计总包单位进行设计审查。BT项目发起人招标确定由上海轨道交通设计研究院承担设计咨询工作,铁道第三勘察设计院为设计总承包单位。设计咨询和设计总包单位安排经验丰富的专家承担设计审查工作,有效减少设计差错。

④建立健全设计管理组织机构,充分发挥设计施工总承包管理模式的优势。深圳地铁5号线BT工程规模大、工期紧,BT项目公司与设计总包单位联合成立"深圳地铁5号线BT工程设计管理领导小组",建立"设计管理领导小组工作职能及会议制度",以加强设计管理及设计协调工作力度,真正做到设计施工一体化管理,有效推进工程设计与施工进度。

⑤BT项目公司发挥企业优势,有效开展施工管理工作。BT项目发起人作为特大型建筑企业应充分发挥企业优势,正确、合理地制订科学的施工组织设计,加强现场指导,根据已完工程情况提前策划、备料、准备技术资料,缩短各项目、各工序之间的转换时间,在保证质量和资源充足的情况下实现无间隔连续施工,减少组织间歇和技术间歇,最大限度上加快工程进度。此外,BT项目公司成立"中铁南方投资发展有限公司技术委员会",负责5号线BT工程的重点、难点技术问题以及重大工程实施方案的研究、制订并实施跟踪。

(2)管理措施

①科学、规范地实施设计施工一体化管理。深圳地铁5号线BT模式有效地实现了设计施工一体化管理,土建工程施工图设计阶段由BT项目公司承担设计管理工作。在工程实施中,BT项目公司建立健全设计管理组织机构及一系列制度和办法,有效地实现了设计施工一体化管理的规范化、科学化。此外,在施工图进度管理方面,总体上遵循先勘察、后设计、再施工的基本建设程序,部分工程根据实际工程进度的需要,设计工作采取了"稳定一段、详勘开展一段、施工图完成一段"的方式,实行边设计边施工,而不是将所有施工图纸设计完成后再开工建设,充分体现出设计施工总承包的优势,有力地促进了总工期目标的顺利实现。

②深圳地铁5号线BT工程在保证总体战略目标的前提下,根据计划的多变性建立了柔性管理机制,结合工程实际进度注重计划的动态发展,为保证总计划能够及时反映工程实际情况以对工程实施起到有效地指导作用,深圳市政府、市地铁公司、BT项目公司、各标段项目部四级计划管理体系和管理流程,具体由总体计划、分阶段计划、分项工程计划组成,通过分析评估分项工程计划和工程实际进度,建立多层次反馈控制体系,以保证各层次计划正确反映工程实际进度。

(3)经济措施

①创新资金筹措和管理方案。深圳地铁5号线工程总投资为200.58亿元,其中BT工程投资为105.7亿元,是目前国内最大的采用BT投融资模式建设的城市轨道交通项目。在深圳市政府每年城市轨道交通建设存在一定资金缺口的大环境下,为了完成本项目的投融资建设任务,深圳地铁5号线BT模式变"回购"为"回报",在BT工程建设过程中,给予BT项目承办人每年一次的进度款支付和适当的投融资回报,BT项目公司对各标段项目部进行月度支付。BT工程的提前回购降低了BT承办人的资金风险,并有利于对工程建设的进度监控。

②建立专项资金账户,确定专款专用。根据BT合同,BT项目公司建立专项资金账户,以

保证建设资金的合理利用,同时也为将来能够及时拨付工程款奠定基础。应该指出,虽然深圳地铁5号线BT合同中约定了资金监管措施,但是在建设过程中却未能有效实施;BT项目公司对各标段项目部进度款支付不及时或不足额,制约了工程正常进展,关于这一问题的优化建议已在6.3.4中详细论述。

(4)技术措施

①充分考虑设计方案的优化和调整,避免或减少地铁施工对城市环境的影响,保证工程顺利进行。深圳地铁5号线BT工程,一方面通过适当调整总体设计方案的线路布置,尽量避开构建筑物,减少征地拆迁工程量;另一方面充分考虑地铁车站施工工法对周围城市环境的影响,改明挖施工为盖挖施工,避免或减少施工占道时间和交通疏解次数,保证工程进展的同时减少对城市交通的干扰。

②重视技术交底工作。深圳地铁5号线BT工程技术交底工作分级进行,内容包括图纸交底、材料交底、规范、标准交底等多个方面,在每一单位工程或分部(分项)工程开始前均进行技术交底,以保证严格按照施工图、施工组织设计、施工操作规程、安全生产规程、工程施工及验收规范和其他技术规范进行施工,由于存在影响进度的矿山法施工、盾构施工以及深基坑开挖等关键技术问题,为保障进度计划并使各承包人对施工工法、工艺等技术标准充分掌握,进而作为实际操作的依据,应充分加强技术交底工作。

③注重施工技术标准化、规范化、程序化建设,以样板工程有序推进全线工程建设。在深圳地铁5号线BT工程实施过程中,BT项目发起人注重试验段及样板工程的开工建设,对试验段及样板工程的施工组织设计、施工工法和工艺等制订技术标准,形成样板并在全线推广,以此有序推进整个5号线工程的高质量建设。

④加大科技创新投入,运用科研成果促进BT工程目标体系的实现。深圳地铁5号线BT工程设立了1 000万的科研专项基金,研究确定了七项重点技术攻关课题、两项管理攻关课题。各参研单位发挥各自的技术特长,为工程施工提供了新工艺、新技术、新方法。比如,采用"玻璃纤维增强复合筋代替钢筋"的新技术,解决了盾构始发和接收时需人工破除钢筋的安全风险;采用"水平旋喷桩用于软弱地层超前预加固"的新工艺,为工程进度和安全提供了保障。这些科研成果的运用对于缩短工期、提高施工质量、降低风险起到了积极作用。

9.4 BT工程进度管理效果分析

深圳地铁5号线BT工程是深圳市在建轨道交通项目5条线路中进展最快、完成投资比例最高的一条线路,且关键里程碑工期和年度计划完成良好,同时也为地铁5号线工程总目标的实现提供了有力保障。深圳地铁5号线BT工程,前期工程工期10个月、土建工程工期26个月、轨道工程工期6个月,比国内轨道交通项目平均工期分别缩短7个月、5个月、11个月,在保证工程进度达到预期目标的同时,全线建设质量安全等项目管理目标均处于可控状态。深圳地铁5号线BT模式高效的进度管理,创造了地铁建设的"深圳速度"。

深圳地铁5号线BT工程的进度管理取得了良好的经济效益和社会效益,主要得益于以下几个方面的工作:

(1) BT 项目发起人通过深圳地铁 5 号线 BT 模式,大大缩短了招标和前期准备阶段的时间,为 5 号线工程总目标的实现提供了工期保障。

深圳地铁 5 号线 BT 工程,实现了 BT 工程投融资和设计施工总承包的一次性大标段招标,大大缩短了招标时间。按照传统的招标程序,深圳地铁 5 号线的招标过程大约需要 15 个月的时间,而实际通过 BT 项目发起人和承办人双方的协作,仅用了 6 个月就完成了 BT 工程的前期准备工作。BT 工程的施工建设由 BT 项目承办人下属集团公司组建各标段项目部来实施。BT 项目承办人根据各集团公司的企业特点、施工经验和技术优势,合理划分标段、分配任务,高效地完成二次招标工作,为 5 号线土建工程阶段目标的实现提供了基本保障。

(2) BT 项目发起人通过深圳地铁 5 号线 BT 模式,快速推进工程征地拆迁工作,为工程尽早开工争取了时间。

在深圳地铁 5 号线 BT 工程中,征地拆迁、管线改移等工作仍由 BT 项目发起人负责组织实施,BT 承办人配合开展。在实施过程中,BT 承办人发挥集团企业的管理优势,各标段项目部积极主动开展工作,仅用了 5 个月就实现了全线重点工程的开工,用了 10 个月就完成总体拆移工作量的 98%,为全线工程开工争取了时间。

(3) BT 项目发起人通过深圳地铁 5 号线 BT 模式,充分发挥 BT 项目承办人作为世界 500 强特大型企业集团的优势,在保证安全质量的同时,有效地缩短了工期。

BT 项目承办人中国中铁股份有限公司作为世界 500 强特大型企业集团,能有效发挥资源配置优势、施工技术优势、组织管理优势、协同作战优势,对全线建设管理任务进行统筹规划、统一部署、超前准备,推进 5 号线 BT 工程顺利开展。此外,中国中铁股份有限公司与各标段项目部除了存在合同关系外还有行政隶属关系,因此可以充分发挥行政管理的优势,对工期目标层层分解、逐级考核,增强了管理力度,加快了工程推进速度。

(4) BT 项目发起人在深圳地铁 5 号线 BT 工程进度管理过程中,制订完善的管理制度,强化管控措施,为工程建设的快速推进提供了制度保障体系。

BT 项目发起人除了利用常规的组织、管理、技术、经济等措施,对 BT 工程进行有效监管外,还建立起基于信息化管理系统的全场紧逼措施,为工程推进提供了制度保障体系。信息化系统的引进,建立起了项目管理信息系统、安全监测与风险管理系统、施工监控系统,实现了各类信息在线实时收集、综合分析,为进度跟踪、动态管理提供了数字化平台。此外,BT 项目发起人实施工期延误预警机制,对节点工期滞后实施预控,确保按期完成;BT 项目发起人、监理管理单位、BT 项目公司共同构建考核激励机制体系,设立专项基金,有效地约束和激励了各参建单位,加快了工程进展。

9.5 BT 工程进度管理优化建议

深圳地铁 5 号线 BT 工程建设的各项目标均处于可控状态,5 号线 BT 模式的进度管理成效显著,但是作为一种新的模式,还需要进一步的优化和完善。

(1) BT 项目公司的管理力量不足,统筹管理不到位、总协调作用发挥不充分,特别是设备安装调试阶段资源投入不足,管理力度薄弱,在一定程度上影响了工程进度。BT 项目发起人应加强对BT项目公司的管理。

深圳地铁5号线BT承办人的投融资和项目管理职责,通过其成立的BT项目公司来实现。在建设管理过程中,BT项目公司存在管理人员投入不足、统筹管理不到位的问题,对各标段项目部出现的管理和技术力量薄弱、人员配置不满足实际工作需要等现象管理力度不够。因此建议,BT项目发起人在BT工程招标文件中强化对BT项目公司及各标段项目部的机构设置和人员配置要求,其中设备安装和装修的管理、技术人员的投入应占到总人数的40%左右。BT项目发起人应对项目公司负责人和主要管理人员进行必要地考核,BT项目公司及各标段项目部要保证人员的稳定。

(2)优化和二次开发深圳地铁5号线工程项目管理信息系统,进一步提升深圳地铁5号线BT模式的信息化管理水平。

BT项目发起人引入信息化管理系统,提高了项目建设中信息收集、综合分析、动态控制、决策发布的效率。目前,信息化管理系统包括三个子系统:工程项目管理子系统、安全监测与风险管理子系统、施工监控子系统,其中工程项目管理子系统,主要辅助完成投资计划管理和形象进度计划管理工作。一方面,建议通过二次开发,实现对现有工程项目管理子系统的优化,并新增BT模式下投资控制信息和合同管理信息的集成管理模块;另一方面,现有的工程项目管理子系统由BT项目承办人负责建设及总体管理,BT项目发起人负责督导。信息化系统的开发是为了满足项目管理的功能需求,但是BT项目承办人同时身兼施工承包人的角色,追求施工利润是其重要的目标。因此,建议信息化系统的二次开发由BT项目发起人负责建设及总体管理,并明确专门的组织机构和工作职责、管理流程等。

(3)BT项目发起人实施工期延误预警机制,对关键节点工期形成分级预警的管控体系,对节点工期滞后实施预控,确保按期完成,同时进一步完善这一机制和管控体系。

深圳地铁5号线BT模式目前的工期延误预警机制还是初步尝试性的,其评判指标的确定、警情警兆指标的定量分析及评判标准的确定都比较简单,还有进一步研究和完善的必要性。建立切实可行的城市轨道交通工程的工期预警模型,完善工期延误预警管控体系,不但丰富了进度管理理论,更有助于实现工程进度控制目标。

第10章 基于精益建设理论的全面质量管理

在深圳地铁5号线BT工程的质量管理过程中，BT项目发起人着重解决以往城市轨道交通工程建设质量管理中普遍存在的重视事后检验、忽视事前预防，把质量管理看成是与工程质量控制密切相关的个别部门、少数人员、部分环节的工作，或者仅靠阶段性突击检查控制的倾向等弊端，同时存在的大量重复性和循环性工作，为了避免深圳地铁5号线BT工程中出现上述问题，需要进行精益建设管理。BT项目发起人注重精益设计、精益采购和精益施工，采用设计施工总承包模式和标准化设计变更程序等方法，实现精细设计，提供较优方案；对轨道交通工程的核心系统设备和装饰装修材料建立节点最短供应链，采取甲购或者乙购甲控等方式，严格控制供货成本、供货质量和供货时间；在BT工程施工过程中，BT项目发起人充分发挥土建施工单位的技术和管理优势，规范施工过程，并做好工序衔接和接口管理工作。此外，深圳地铁5号线BT工程规模大，属于系统性强的项目，需要各参与方全员参与才能保证建设目标的实现。因此，在基于精益建设理论的基础上，从规划、勘察设计、施工、辅助、使用的全过程质量管理，充分调动每一单位、部门和人员等全员参与的全面质量管理来保障最终质量。

10.1 BT工程全面质量管理的特点与难点

深圳地铁5号线BT工程的质量管理有其自身的独特性，分析其全面质量管理的特点和难点，便于开展更具有针对性以及更加合理、高效的质量管理工作。

(1)我国BT工程建设管理尚不健全、不规范。目前我国尚未出台相关法律法规对BT模式中存在的BT项目承办人身兼项目管理者和施工承包人两个角色、BT项目公司及施工单位的招标、监理单位作用不能有效发挥等问题尚未明确和规范，对BT模式的认识及其运作方式尚处于摸索阶段。在BT模式下此类问题的存在，致使5号线BT工程建设管理模式和管理程序不健全、不规范，造成全面质量管理没有准绳，不能有效发挥各参建方的优势是质量管理的难点之一。

(2)深圳地铁5号线BT工程质量涉及人多，协调管理难度大。BT项目承办人、BT项目公司、设计总包单位、工点设计院、监理管理单位、各标段监理、各标段项目部等参与单位和人员众多，虽然参与方较多，能够使各方承担的质量风险减小，但同时也增大了BT项目发起人对质量管理的协调管理难度。

(3)目前国内的城市轨道交通安全保障体系正在逐渐形成,在这一过程中还存在一些问题,如缺乏完整性、系统性和合理性等。因此,安全保障体系的现状,给深圳地铁5号线BT工程建立并完善本工程安全管理增加了难度。

(4)城市轨道交通工程不安全因素多。城市轨道交通工程具有建设规模大、技术复杂、技术风险大且要求高、建设周期长等特点。此外,深圳地铁5号线BT工程还有其自身的一些特点,如深圳市地质条件复杂,软土、硬岩等不良地质条件共存,且施工难度及工期压力大。综合这些特点,决定了深圳地铁5号线BT工程存在大量不安全因素,给安全保障提出了更高的要求。

10.2 BT工程全面质量管理体系

深圳地铁5号线BT工程从全寿命周期费用最优的角度出发,以建设期的适当多投入实现工程质量的高品质,保证地铁运营的功能要求。因此,BT项目发起人从各方面全方位加强工程的质量管理工作,建立完善的全过程质量管理体系。

(1)确立质量目标。根据深圳市政府提出的建设目标,深圳市地铁公司提出了本工程的质量目标是:深圳地铁5号线BT工程要贯彻"百年大计,质量第一"的质量方针,争创鲁班奖。安全工作方针是"安全第一、预防为主、综合治理"。

(2)建立质量保证体系。深圳地铁5号线BT工程设立专门的质量管理职能部门,成立了5号线分公司安质部,负责工程安全、质量、文明施工的监督检查工作以及信息化实施和工程事故理赔协调配合工作。此外,还制订了质量保证措施以确保质量目标的实现。

(3)制订质量管理制度。目前,我国BT工程建设管理尚不健全、不规范,为了提供深圳地铁5号线BT工程全面质量管理的准绳,BT项目发起人健全各种质量管理制度,编制和下发了80多项工程建设、质量管理办法,为深圳地铁5号线BT工程的顺利实施提供可靠的制度保证。

(4)构建全面质量管理和安全管理流程。

10.2.1 BT工程全面质量目标

深圳地铁5号线BT工程的全面质量管理是一项综合性、系统性的工作,质量管理的目标是围绕着BT工程的目标和范围进行的。BT项目发起人制订完善的制度保证体系,并充分发挥BT项目承办人、监理管理单位、设计总包单位等的管理作用,加强管理创新,取得了良好效果。

1. 质量目标的要求

为保证深圳地铁5号线BT工程"百年大计,质量第一"的质量方针,争创鲁班奖,质量目标要符合以下要求:

(1)质量目标可测量性

质量目标是管理体系中不可缺少的重要组成部分,同时需要强调"质量目标是可测量的,是能够被测量或察觉的,是可以计算或感受到的"。在深圳地铁5号线BT工程中,质量目标层层分解、逐级落实,注重目标的量化考核,制订主要专业、工种的量化考核表格,真正做到质量目标的可测量性。

(2) 表达形式的多样性

质量目标的表达形式可以是多样的,如作为质量目标文件发布或作为质量、安全手册形式发布,并结合组织过程的特点来制订。深圳地铁5号线BT工程发布了《深圳地铁5号线安全手册》,并定期发布质量安全考核报告,在形成文件时明确规定目标的含义。

2. 质量目标的设立

BT项目发起人负责建设的深圳地铁一期工程,曾获鲁班奖、詹天佑奖,中国铁道工程建设火车头优质工程奖,百货广场桩基托换工程科技进步奖等。深圳地铁5号线BT工程在原深圳地铁一期工程质量水平和质量验收标准的基础上,提出了部分指标高于以上水平和标准的质量要求,确定了BT工程总的质量目标。

10.2.2 BT工程全面质量管理组织

深圳地铁5号线BT工程项目参与方多,加之地铁工程施工本身面临的外围环境干扰大、施工不确定因素多,因此在这种复杂的、系统性强的工程中,质量管理组织的策划工作就越发显得至关重要。

1. 质量管理组织结构

深圳地铁5号线BT工程作为我国城市轨道交通建设领域最大的BT项目,其建设管理具有自身的一些特点,主要表现为:BT项目发起人对建设管理过程进行强监控;BT项目主办人承担设计施工总承包和投融资职责;工期短、工程规模大等;各种因素相互交错在一起,增加了工程建设管理的难度。根据5号线BT工程的实际情况,综合考虑地铁工程所面临的众多矛盾和问题,结合战略层、决策层和现场管理层的组织机构和管理模式,设计了有效、流畅且适合于5号线BT工程质量管理的组织结构,如图10-1所示。

2. 质量管理各方的职责、权利和义务

从图10-1可以清楚地看出质量管理中的各责任方,他们共同参与5号线BT工程的全过程质量管理,合理的职责分配有利于保证工程的质量目标。

(1) 政府相关职能部门

深圳市相关职能部门主要有:深圳市政府、深圳市轨道办及5号办、深圳市发展和改革委员会深圳、深圳市规划和国土资源委员会、深圳市交通运输委员会、深圳市住房和建设局、深圳市质检站、深圳市安监站等相关部门。政府相关职能部门主要负责对深圳地铁5号线BT工程建设进行统筹指导,对工程的勘察、设计、招投标以及施工全过程的质量、安全进行监督,协调相关问题,并提供必要的服务。

(2) BT项目发起人

深圳市地铁集团有限公司作为BT项目发起人,同时也是项目法人。深圳地铁5号线BT工程质量管理由BT项目发起人全面负责,政府相关职能部门进行相应的质量管理和质量监督。BT项目发起人主要负责的工作有:①依法对BT工程设计、施工、监理、第三方监测等进行招标,选择条件好的单位中标;②组织和管理地铁5号线BT工程建设的设计、施工、监理等工作,严格全面质量管理及建立工程的质量和安全保证体系;③根据国家、行业和地方有关规

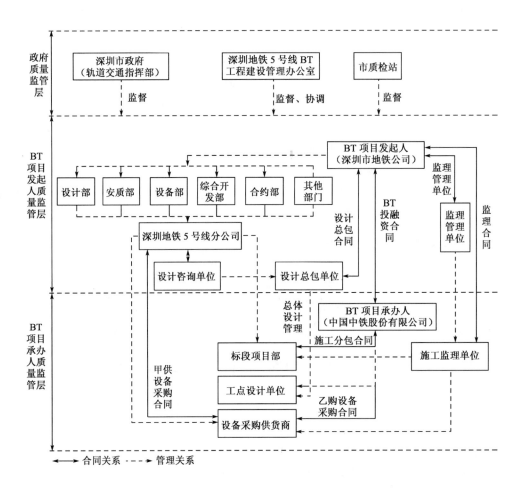

图 10-1 深圳地铁 5 号线 BT 工程质量管理组织架构图

定以及国家对深圳地铁建设的有关批复,制订深圳地铁 5 号线 BT 工程建设的企业技术标准,并报市建设部门和质量技术监督部门备案;④按合同要求检查和督促 BT 项目主办人的资源配置、质量安全、文明施工等方面工作的落实情况。

(3)BT 项目承办人及其所组建的项目公司

BT 项目承办人(中国中铁股份有限公司)作为 BT 项目的投融资主体和设计施工总承包单位,对全部建设工程质量负责。BT 项目主办人及其项目公司主要履行的职责有:①依据深圳地铁 5 号线 BT 工程建设的设计文件、建设标准、资源配置等要求,组织、管理、实施工程建设的各项工作,保证工程的质量和安全;②择优选择下属子公司组建各标段项目部,对各标段项目部的资质条件进行预审,加强对各标段项目部管理机构及质量、安全保证体系的检查;③严格执行国家、广东省、深圳市等有关法律、法规,强化质量、安全管理,建立健全质量、安全保证体系;④配合政府相关职能部门和 BT 项目发起人的质量、安全监督与检查工作。

(4)监理管理单位

在深圳地铁 5 号线 BT 工程中,引入了监理管理单位负责全线监理单位的管理,并为 BT 项目发起人提供必要的技术和管理支持。监理管理单位的主要质量管理职责有:①依据合同文件的相关要求,建立健全监理管理工作体系,确保工程达到建设项目的安全、质量目标;②参与全线安全质量管理工作的督导、检查和巡查工作,发现安全质量隐患或存在的问题,及时通知监理单位和施工单位进行整改;③参加并协助政府相关职能部门和业主或 BT 项目公司组织的安全质量和文明施工大检查工作,督导审核和备案各施工单位制订的安全应急预案和安全质量的文明施工管理措施;④参加紧急事故调查,协助业主处理紧急事故,并按业主要求完成相关报告。

(5)监理单位

监理单位应当依照法律、法规以及有关技术标准、设计文件和建设工程承包合同,代表 BT 项目发起人对施工质量实施监理,并承担监理责任,主要的职责有:①坚持"严格监督、质量第一"的原则,对施工单位在质量、安全、文明施工等方面代表 BT 项目发起人实施监督;②监理工程目标控制任务,工程质量达到合格,争创国家"鲁班"奖,安全生产无重大伤亡事故,文明施工方面创深圳市文明工地;③监理单位应选派具有相应资格的总监理工程师和专业监理工程师进驻施工现场,严格签字把关材料、设备的进场和施工工序的验收移交;④监理工程师应当按照工程监理规范的要求,采取旁站、巡视和平行检验等形式,对施工过程实施监理。

(6)勘察设计单位

勘察设计单位在质量管理方面的主要职责有:①在初步设计阶段,勘察设计单位由 BT 项目发起人管理,在施工图设计阶段接受 BT 项目发起人和 BT 项目承办人的共同管理;②勘察单位提供的地质、测量、水文等勘察结果必须真实、准确;③设计单位应当根据勘察结果文件进行工程设计,设计文件应当符合国家规定的设计深度要求,满足合理使用年限要求;在设计文件中选用的建筑材料、构配件和设备,应当注明规格、型号、性能等技术指标,其质量要求必须符合国家规定的标准;除有特殊要求的建筑材料、专用设备、工艺生产线等,设计单位不得指定生产厂、供应商;④设计单位应当就审查合格的施工图设计文件向施工单位作出详细说明;⑤设计单位应当参与建设工程质量施工分析,并对因设计造成的质量事故,提出技术处理方案;⑥勘察、设计单位必须按照城市轨道交通工程建设强制性标准进行勘察、设计,并对其勘察、设计的质量负责。

(7)各标段项目部

各标段项目部是质量责任的落实者,在质量管理方面的主要职责有:①各标段项目部必须按照工程设计图纸和施工技术标准施工,不得擅自修改工程设计,不得偷工减料;②各标段项目部必须按照工程设计要求、施工技术标准和合同约定,对建筑材料、建筑构配件、设备等进行检验,检验应当有书面记录和专人签字,未经检验或检验不合格者,不得使用;③各标段项目部应健全质量保证体系,落实质量责任制;④加强施工现场的质量管理,做好日常工程的施工记录,并接受建设单位各方和政府相关职能部门的监督检验;⑤建立健全教育培训制度,加强职工安全质量教育培训。

10.2.3 BT 工程全面质量管理制度

深圳地铁 5 号线 BT 工程投资大、工期紧、技术管理复杂,加之 BT 模式下的建设管理尚不够健全、规范,故要在工程实施过程中,BT 项目发起人实施对质量、安全、文明施工的强监控,制订完善、合理、科学、高效的工程质量管理制度,并强制要求质量责任主体必须遵守。工程质量主要取决于工程质量管理制度对参建各方的质量控制激励效应。

1. 勘察设计过程质量管理制度

在深圳地铁5号线BT工程中,勘察设计单位要履行和遵守常规项目质量管理制度的规定外,还要结合本工程的具体情况,遵守以下规定:

(1)基于精益建设理论,以精心设计为指导思想,精益求精为原则,强化城市轨道交通工程全寿命周期质量管理意识,利用价值工程、费用—效益理论等先进的手段和方法进行多方案优化和比选。

(2)深圳地铁5号线BT工程中的土建工程施工图设计阶段,由BT项目发起人与BT项目承办人共同管理,真正实现了设计施工一体化管理,解决了传统项目设计与施工相互脱节的弊病。在设计方案评审阶段,BT项目公司组织经验丰富的专家对设计方案、施工方案进行审查,从源头上消除质量安全风险;在施工过程中,设计单位选择经验丰富的设计人员配合现场施工,坚持设计服务于施工的理念,发现问题及时在现场进行处理,消除质量安全隐患。

(3)勘察设计单位结合深圳地铁5号线BT工程的实际情况,制订合理、可行、科学、严密的质量保证体系,并抓好工程质量保障体系的落实工作。

(4)BT项目发起人引入设计咨询单位以控制设计质量。深圳地铁5号线BT工程通过招标方式,引进上海市隧道工程轨道交通设计研究院作为设计咨询单位,承担设计监理职责,对设计质量进行监督和审查。

(5)深圳地铁5号线BT工程采用勘察设计总承包模式,有利于工程质量的控制。勘察设计总承包单位的引入统一了设计标准和质量要求,并且让经验丰富、设计实力强的总包单位对各工点设计单位进行管理,有助于设计质量的提高。

2. 施工过程质量管理制度

施工过程影响着深圳地铁5号线BT工程的工程质量,因此施工过程的质量控制是重中之重。5号线BT工程的特殊性决定了其施工过程质量管理制度具有以下特点:

(1)建立施工过程质量管理的质量保证体系。政府相关职能部门质量管理监督机构、BT项目发起人、监理管理单位、现场监理机构和BT项目公司、各标段项目部建立起适合于BT工程的质量保证体系,明确质量目标的保证措施,监督和检查施工过程质量控制。

(2)推行安全文明措施费清单制度。BT项目发起人推行安全文明施工措施费清单制度,确立了安全文明施工措施费计价的清单化、建立资金共管账户等系列措施,为切实加强地铁建设的安全文明施工管理和全面落实安全文明施工措施费专款专用作出制度保障,最终为保证工程建设质量与安全奠定坚实的基础。

(3)各标段项目部的全面质量管理。各标段项目部是工程质量的落实单位,除了重视外部的质量控制,各标段项目部内部的质量过程控制依赖于建立健全全面质量管理制度:①质量责任人负责制。质量责任落实到管理层次相关各人,比如项目经理为质量第一责任人,总工负责质量管理,技术员负责现场等。②质量管理责任的工程结构分解(WBS)制度。各标段项目部把地铁工程划分为具体的质量管理责任区,细分到子项和专项等各个作业层,实行责任与人一一对应的映射关系。③多层检查制度。主要是自检,各质量管理责任区互检以及专检。

3. 采购过程质量管理制度

深圳地铁5号线BT工程材料、设备的采购，分为甲购（BT项目发起人自行采购）和甲控乙购（BT项目承办人采购）两种方式，采购过程的质量管理制度主要针对甲控乙购的关键材料。对地铁工程的质量、外观和使用功能影响重大或使用数量较大、运营易损、全线品牌需统一或市场行为尚不规范的产品、建筑材料（含器材、附件、部件等材料）统称为关键材料。深圳地铁5号线BT工程材料、设备采购的质量管理具有以下特点：

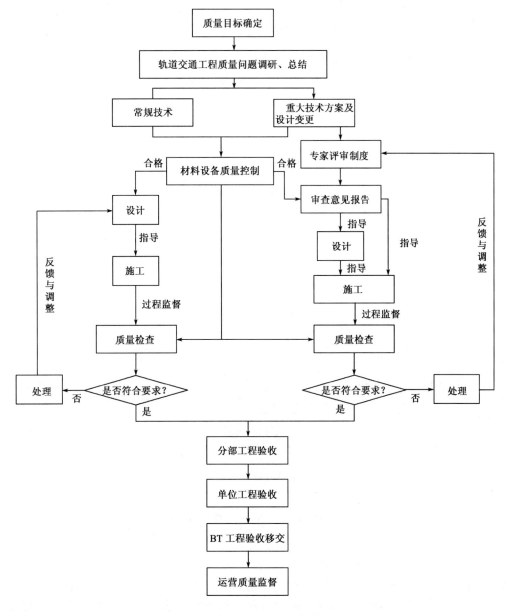

图10-2 深圳地铁5号线BT工程质量管理流程图

(1) 建立甲控乙购关键材料质量保证体系。深圳地铁 5 号线 BT 工程建立起以 BT 项目发起人、BT 项目主办人、设计单位、监理管理单位、现场监理机构层层把关的质量保证体系,制订材料管理、样品管理细则,明确各方责任及惩罚管理措施。

(2) 成立乙购关键材料审核小组。乙购关键材料审核小组由 5 号线分公司、监理管理单位、监理单位组成,设置 7 名成员,加强对深圳地铁 5 号线 BT 工程乙购关键材料的监控管理。

(3) 对特定材料建立合格供应商库。在深圳地铁 5 号线 BT 工程中,地铁公司组织招标领导小组,对市场上特定材料的生产厂商进行质量评估,指定几家单位作为乙购材料的选取对象,如不锈钢制品供应商库由 4 家信誉好、质量过硬的企业组成。

10.2.4 BT 工程全面质量管理流程

1. 深圳地铁 5 号线 BT 工程质量管理流程

深圳地铁 5 号线 BT 工程不同于一般的城市轨道交通建设项目,它需要规范和固化参建各方的质量管理职责和管理制度,形成一套行之有效的全面质量管理流程,以保证设计、施工、安装、材料及设备采购等过程的全面质量控制,确保优质工程的总体管理目标。BT 项目发起人针对工程的质量管理,提出了质量管理流程,如图 10-2 所示。

2. 深圳地铁 5 号线 BT 工程安全管理流程(图 10-3)

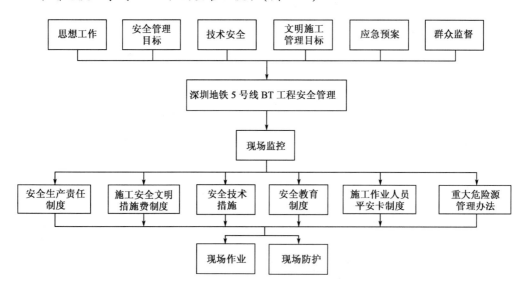

图 10-3 深圳地铁 5 号线 BT 工程安全管理流程图

10.3 BT 工程全面质量保证措施

城市轨道交通工程作为城市公共基础设施项目,其质量的社会效益显著。在深圳地铁 5 号线 BT 工程中,BT 项目发起人将质量管理作为管理工作的重中之重来抓,提升了质量管理的重要性,质量保证措施是实现质量目标的重要前提条件。结合质量控制的重点和难点,BT 项目发起人制订了合理、经济、切实可行的质量保证措施,与传统工程质量管理相比着重阐述以下特色内容。

10.3.1 实施全面质量管理

在本项目中，BT 项目发起人发挥政府职能部门、BT 项目承办人、监理管理单位联合监管的优势，建立并强化一个保证和提高工程质量的工作系统，把勘察、设计、工程材料和设备、工程检测和试验、工程施工和设备安装调试、工程验收和移交等影响工程质量各个环节的一切因素控制起来，使全面质量管理工作贯穿于 BT 工程参建各方及工程全过程。

10.3.2 引入监理管理单位规范全面质量管理程序

在深圳地铁 5 号线 BT 工程中，BT 项目发起人创新性地引入监理管理单位建立起了监理管理体系；在质量管理方面，监理管理单位制订了监理质量控制管理办法，以规范全线监理质量管理程序。在监理质量控制管理办法中，明确了项目施工准备阶段、施工图设计阶段、施工阶段、验收与移交等各个阶段监理单位的工作内容和相关要求；对混凝土工程、钢筋工程、防水工程等专项工程的质量控制进行了明确要求；对样板工序验收、隐蔽工程检查验收、性能检验的见证及验收等验收工作提出了规范程序和实施细则。

10.3.3 建立样板工程质量管理措施

在深圳地铁 5 号线常规设备安装和车站装修工程施工中，BT 项目发起人在对重点车站安装装修中较为关键或易于引起质量问题且数量较大的工程，实行样板工程管理制度，在全面开工前必须先实施样板工程，样板工程经验收合格后，再以样板工程为标准对全部工程进行施工。样板工程的检查确认由监理组织，深圳市质检站、BT 项目发起人、BT 项目公司、监理管理单位、设计院等参加，经检查确认标段监理书面通知施工单位后方可进行该子项工程的大面积施工作业。

样板验收不仅是工程实体验收的多方检查，同时也是对 BT 项目公司及各标段项目部质量管理体系及监理的工程质量监督工作运作情况的一次全面检查。

10.4 BT 工程安全保证措施

为了确保施工安全，BT 项目发起人实施强监控管理；BT 承办人实施工程设计施工总承包，肩负安全总责任；监理管理单位及各标段监理单位作为 BT 项目发起人强监控质量安全管理的延伸；深圳地铁 5 号线 BT 工程实现了参建各方的优势叠加、联合监管，并取得了良好效果。

10.4.1 构建基于信息系统的监测体系

在深圳地铁 5 号线 BT 工程中，BT 项目发起人和 BT 项目承办人通过招标或直接委托有资质、熟悉深圳市检测环境和要求的监测单位对深基坑、竖井、暗挖工程等施工区域及相邻区域实施第三方监测和施工监测。同时，BT 项目发起人创新性地引入施工安全监控信息系统，搭建网上安全管理平台。信息系统根据每日上传的监测数据进行专业分析，当监测数据达到预警值时,立即组织专家进行安全评估,并根据评估结果采取相应措施。第三方监测和施工监测与安全监控信息系统相结合,使监测数据准确可靠,数据分析专业,预警信息传递及时,创新了安全监测管理模式,有效地提高了施工安全预控反应灵敏度,科学监控保障施工安全。

10.4.2 加强对重大危险源的监控管理

在城市轨道交通工程建设中,强化对重大危险源的管理与监控,杜绝较大安全事故的发生,对于做好安全管理工作至关重要。在深圳地铁5号线BT工程中,BT项目发起人依据国家标准并参照深圳市有关规定,对重大危险源进行辨识和评估。在此基础上,BT项目公司及各标段项目部建立健全重大危险源安全管理制度,编制重大危险源专项施工方案和应急预案,并落实管理和监控责任。审批后的专项施工方案,报BT项目公司安质部核备。

BT项目发起人对重大危险源实施动态上报管理制度。重大危险源专项施工方案和应急预案编制后,为了加强对重大危险源的适时监控,各标段项目部统计和全面整理重大危险源的基本情况,积极做好各方面的准备工作,并按规定的期限进行信息反馈。各标段项目部将危险源辨识、识别、评价及控制的结果形成文件,报各自的BT项目承办人下属子公司批准后,再报BT项目公司安质部,并采取适当措施进行控制和预防。

10.4.3 构建多方参与的联合大检查体系

深圳地铁5号线BT工程的安全保证,依赖于BT项目发起人构建多方参与的联合大检查体系。在工程实施过程中,BT项目发起人构建了以5号线分公司、BT项目公司、监理管理单位为参与主体的检查机构,每月至少对5号线BT工程所有标段工点的安全情况进行一次联合大检查。BT项目发起人还要求,各标段项目部经理或分管副经理、BT项目公司驻地代表、监理单位总监或分管总代、BT项目发起人以及业主代表每周对其管辖内的全部工点的安全情况至少联合检查一次,并形成书面材料归档。检查发现的安全问题视情节轻重,可采取以下处置方式:口头要求整改、书面要求整改、局部或全部停工整改、专题或定期通报、安全警示谈话、列入安全生产不良行为记录等。BT项目发起人通过构建多方参与的联合大检查体系,有力、有效地保证了对深圳地铁5号线BT工程的安全管控。

10.4.4 加强科技创新管理

近年来城市轨道交通安全质量事故频发,要想实现安全生产的根本好转,就必须大力发展安全质量的创新管理,从本质上为促进管理水平的提高提供技术手段的支持。在深圳地铁5号线BT工程中,BT项目发起人设立专项科研经费,对重大质量和安全技术问题进行攻关,开展适合深圳城市轨道交通建设的技术研究和施工工法的编制工作,引入专家评审和提供专家应急保障。

在深圳地铁5号线BT工程中,BT项目发起人鼓励各参建单位在项目建设过程中采用新技术、新材料、新工艺、新产品的成果,并及时进行成果总结,开展科技创新成果研讨和推广活动。例如,布心站项目部对施工工艺进行技术创新,引入三维图解施工交底技术,将施工图采用SU软件绘制成详细的三维演示图,让传统的文字、二维图纸交底的形式变得生动、准确,从而有效避免了各专业的施工冲突和接口矛盾。布心站项目部施工工艺技术创新的做法,得到深圳市轨道办的一致好评,并通过试点建设的形式进行成果推广应用。

10.5 BT工程全面质量管理效果分析

在深圳地铁5号线BT模式下,BT项目发起人克服BT工程建设管理模式和管理程序不健全、不规范,地铁5号线建设规模大、工期紧、质量保证难度大,城市轨道交通工程不安全因素多等诸多困难,在保证工程进度按原计划快速推进的同时,很好地实现了全面质量管理的总目标,取得了良好的经济效益和社会效益。

(1)在深圳地铁5号线BT模式下,BT项目发起人加强管理创新和制度创新,实现了全面质量管理的科学化、制度化和规范化,为深圳地铁5号线BT工程顺利实施提供可靠的制度保障体系。

深圳地铁5号线BT模式实现了设计施工的一体化管理,BT项目公司及各标段项目部提前介入施工图设计管理,充分进行现场调研,发挥其质量安全的施工管理经验优势,贯彻设计为施工服务的理念,从源头最大限度地降低质量安全风险。此外,BT项目发起人加强管理创新和制度创新,编制完善工程安全与质量管理办法,为深圳地铁5号线BT工程顺利实施提供可靠的制度保障体系。BT项目发起人通过强监控的质量安全管理措施,实现BT工程的全面质量管理,充分发挥BT项目承办人的行政监管优势,加强各项工作的落实力度,取得了很好的效果。

(2)在深圳地铁5号线BT模式下,BT项目发起人发挥参建各方联合监管的优势,建立了全面质量管理的多层次反馈控制体系。

BT项目发起人通过发挥参建各方的管理和技术优势,建立了全面质量管理的多层次反馈控制体系,为深圳地铁5号线BT工程全面质量管理目标的实现提供了组织保障体系。在深圳地铁5号线BT工程安全质量管理方面,项目参建各方优势叠加、齐抓共管,充分发挥了参建各方的联合监管优势。在政府监管层面,5号办、市质监站、安监站等部门对全过程的质量、安全进行监督。在BT项目发起人监管层,5号线分公司与监理管理单位、BT项目公司进行月度联合大检查,对具有重大安全隐患的项目实施动态监控,对检查发现的问题视情节轻重采取相应处置方式;在BT项目公司监管层面,BT项目承办人对各标段项目部既强化合同管理,又充分发挥行政管理权力,为全面质量管理目标的实现提供了灵活有效的方式,如各标段项目部创造性地设置了安全总监,并将其纳入项目部领导班子,加大了安全工作的落实力度。

(3)在深圳地铁5号线BT模式下,BT项目发起人加强了数字化工地建设,与BT项目承办人共同构建基于信息化系统的施工监测体系。

BT项目发起人为加强深圳地铁5号线数字化工地建设,引入了信息化管理系统,它在安全质量管理方面拥有两个子系统:施工监控子系统、安全监测与风险管理子系统。BT项目公司负责信息化系统的建设及总体管理工作,BT项目发起人负责督导信息建设各参建方执行相关规定。通过数字化工地建设,5号线BT工程实现了安全监测数据、二维GIS、三维仿真等在线综合分析和快速反馈,以及对地铁沿线施工情况的远程实时监控和视频会商。信息化系的构建还只是实现施工监测的第一步,BT项目发起人与BT项目公司通过招标或委托方式,共同构建了基于信息化系统的监测体系。第三方监测单位和施工监测单位,将现场实时监测所得数据上传到安全监测与风险管理子系统,按照制订的三级安全风险预警机制,及时、准确、有效地通过系统发布信息。基于信息化系统监测体系的构建,实现了监测数据的准确可靠,使数据分析专业、信息发布及时,有效地提高了施工安全风险预控反应灵敏度,为5号线BT工程安全质量管理科学制订预控措施、迅速作出预控决策提供了保障。

(4)在深圳地铁5号线BT模式下,BT项目发起人加强了对工程重大危险源的动态监控,建立了重大安全事故的应急救援体系。

BT项目发起人加强对工程重大危险源的管理与监控,杜绝较大工程事故的发生。在深圳地铁5号线BT工程中,全线范围内的重大危险源由BT项目公司实施督导管理,各标段项目部负责对本标段范围内的重大危险源实施管理,包括应急处理和对外协调等工作,并实施对重大危险源的动态管理工作。此外,为建立健全突发事件应急处置制度,及时、高效、妥善地处置事故,最大限度地避免或减少人员伤亡和财产损失,尽快恢复工程建设秩序,BT项目发起人制订了重大安全施工的应急救援机制。BT项目发起人应急救援体系的构建,进一步完善了全面质量管理工作的制度保障体系。

10.6 BT工程全面质量管理优化建议

在深圳地铁5号线BT模式下,BT项目发起人的安全质量管理工作克服了诸多困难,取得了较好的经济效益和社会效益,但是作为一种新的模式,还需要进一步对其进行优化和完善。

(1)在深圳地铁5号线BT模式下,BT承办人及其组建的项目公司对各标段项目部的管理链条过长,全面质量管理效率偏低,BT项目承办人的内部管理关系需要进一步梳理。BT项目发起人有必要在招标文件中对BT项目承办人的内部管理关系作出相关要求。

在深圳地铁5号线BT模式下,BT项目承办人(中国中铁股份有限公司)组建了BT项目公司(中铁南方投资发展有限公司)对各标段项目部进行管理。各标段项目部与BT项目公司之间存在合同关系,同时也是BT项目承办人集团公司下属的具有独立法人的子公司,与BT项目公司是同行政级别的单位。在这种模式下,BT项目发起人的管理指令需要通过"BT项目发起人—BT项目公司—BT项目发起人下属集团公司—下属集团公司工程处—各标段项目部工区"进行下达,管理链条过于庸长,管理层次繁多,致使管理效率低下。因此,需要对BT项目承办人的内部管理关系进行进一步梳理,对管理模式进行必要地改进和优化。建议在BT项目招标文件中明确要求,BT项目公司与各标段项目部通过合同管理关系构建"利益整体",转变标段项目部的职能定位,将其纳入BT项目公司的内部机构,实现BT项目公司与标段项目部的目标和利益统一;BT项目发起人的付款,也将直接通过BT项目公司实现以施工进度款形式按时支付到各标段项目部,而不再通过BT项目承办人的下属子公司;故可将上述管理链条简化为"BT项目发起人—BT项目公司—各标段项目部",BT项目发起人强化通过对BT项目公司的管理,从而实现对整个BT工程的监管。

(2)在深圳地铁5号线BT模式下,BT项目发起人加强数字化工地建设,构建基于信息化系统的监测体系,为5号线BT工程科学制订预控措施、迅速作出预控决策提供了保障。

深圳地铁5号线信息化管理系统,在安全质量管理方面拥有安全监测与风险管理子系统、施工监控子系统。通过这两个子系统,主要实现了安全监测数据、二维GIS、三维仿真等在线综合分析和快速反馈,以及对地铁沿线施工情况的远程实时监控和视频会商。根据现场管理实践的需要,一方面对现有的两个子系统进行进一步地完善和优化;另一方面应增加新的子系统,以满足初步设计管理、施工图设计管理、监理管理以及文明施工、风险管理等各方面的需求。

第 11 章　BT 工程动态施工风险管理

项目风险管理是一个长期的过程,由于信息具有不对称性、偶然性、客观事实性的特点,故使项目管理存在许多不可预期的因素,一个成功的决策必定是基于特定环境、特定背景下的不完备信息作出的决定,因此风险是必然存在的。城市轨道交通工程风险管理,循环于风险界定和识别、风险评估、风险决策各个阶段,形成一个动态的、循环的并不断将风险控制由被动变为主动的管理过程。动态风险管理,是对城市轨道交通工程从项目的前期规划一直到投入运营的全过程、全方位的风险管理,并及时实施全面动态的控制措施。本章主要对深圳地铁 5 号线BT 工程的施工动态风险管理进行总结和研究。

11.1　BT 工程动态施工风险管理的特点和难点

深圳地铁 5 号线 BT 工程是目前我国轨道交通领域投资规模最大的 BT 项目,与国内同类工程相比,BT 项目发起人采用强监控的创新型 BT 模式建设管理,没有类似的、现成的经验可供借鉴。加上城市轨道交通工程自身项目系统的特殊性,以及项目管理面临复杂的环境系统。因此,深圳地铁 5 号线 BT 工程的施工风险管理,与一般地铁工程建设的风险相比,有其自身的特点和难点。

(1)深圳地铁 5 号线 BT 工程施工风险存在的严重性和紧迫性,决定了其风险管理的重要性。近年来,随着我国城市轨道交通的快速发展,工程事故频发,造成了经济损失、工期延误、人员伤亡及较大的环境和社会影响,引起了地方和中央政府的高度重视。深圳地铁 5 号线作为深圳市举办第 26 届大学生运动会的重要交通配套设施,工程建设过程备受社会媒体、舆论关注,其风险管理的重要性也更加突出。

(2)深圳地铁 5 号线 BT 工程风险管理的复杂性与高难度。深圳地铁 5 号线工程是目前国内最大的采用 BT 投融资模式建设的城市轨道交通项目;项目建设总工期比目前国内地铁项目平均综合工期减少 6 个月左右的时间,工期压力超常;此外,BT 模式项目建设各阶段风险管理责任主体尚未有明确地划分,风险评估方法也存在较大差异和可信度,风险管理体系整体上缺乏规范性。总的来说,上述诸多因素的存在决定了深圳地铁 5 号线 BT 工程风险管理的复杂性与高难度。

(3)深圳地铁 5 号线 BT 工程地质条件和周边地理环境复杂。工程所处地质的情况复杂多变,有填海区、建(构)筑物密集区、河流区、软弱地层作业区、硬岩作业区、软硬不均复合地层作业区等,地下水充沛,局部地下水具有腐蚀性。此外,深圳地铁 5 号线穿越深圳市 4 个行政区的主要城市干道,交通疏解难度大,建(构)筑物及管线多,多次下穿平南铁路、填海区、河流及公路立交桥等,故地面沉降控制要求严格。因此,在这样的地质条件和周边环境下,施工风险管理的复杂性将更加突出。

(4)深圳地铁 5 号线 BT 工程实行风险包干管理制度,详勘与施工图设计风险、施工风险等所有风险由 BT 项目承办人负责。风险包干及其他费用以批准后的初步设计概算工程费用的 4% 计。所以,BT 项目发起人由此不需要再考虑赶工、水文地质条件等风险因素所涉及的费用。

11.2 风险管理流程

根据深圳地铁 5 号线 BT 工程风险管理的难点和特点,结合风险管理理论,构造出深圳地铁 5 号线 BT 工程的风险管理流程,如图 11-1 所示。

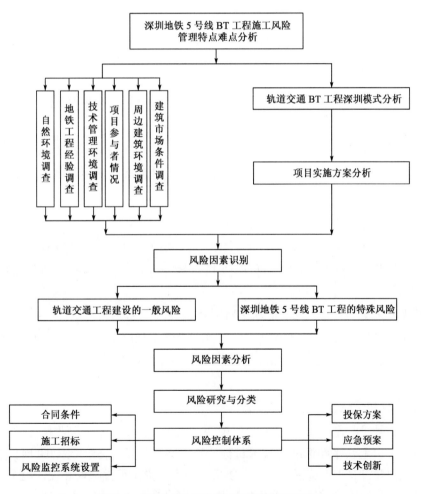

图 11-1 深圳地铁 5 号线 BT 工程风险管理流程图

11.3 风险识别

风险识别是指通过某种或几种方式,尽可能全面地识别出影响工程项目总目标实现的风险,并恰当地对其进行分类,它是工程项目风险管理的基础环节。风险识别的过程也是对风险进行初步归纳、分析和整理的过程,这一阶段主要侧重于对风险的定性分析。通过进行风险识别辨识出工程项目中可能发生的重要风险事件,并予以初步分析和评价。深圳地铁5号线BT工程采用以WBS-RBS技术为基础的专家调查法进行风险识别。

11.3.1 WBS-RBS风险识别方法简介

引用工作结构分解(WBS)的思想,将整个待风险评估的工程项目按照工程分部进行分解,分解到能够足以具体分析所产生风险的程度。利用同样的思想,针对委托方所关心的风险内容,将评估范围内的工程风险进行风险结构分解(RBS),然后将上述工程结构分解(WBS)和风险结构分解(RBS)进行对号入座,使RBS中的具体风险与WBS中的工程部位一一对应,识别出具体风险发生的工程部位和范围,并对可能发生的风险进行因果分析和描述,从而达到识别风险的目的。这种方法具有逻辑性强、思路清晰、风险识别针对性强等优势。

11.3.2 风险环境调查

结合深圳地铁5号线BT工程施工风险管理的特点和难点,风险环境调查主要包含以下几个方面的内容:

1. 自然环境调查

深圳地铁5号线所经地区地形地貌变化较大,不良地质和特殊地段多,降水和气温年季度变化较大、灾害性天气较多,所经区域为海湾水系及东江水系。

2. 周边建筑环境调查

工程多处穿越城市繁华地段,从而影响城市主干道的交通,交通疏解难度大。沿线(构)建筑复杂,涉及面广,需要进行征地拆迁、绿化改移的工程量大,与之相对应的组织协调难度大。

3. 城市轨道交通工程施工风险管理经验调查

目前,我国的城市轨道交通工程施工风险管理尚处于无序状态,主要表现为风险管理的内容和流程不完善、不规范。但是,北京、上海、广州等城市以往的风险案例可作为本工程风险管理的经验参考。

4. 技术、管理环境调查

深圳地铁5号线的建设单位,在原深圳地铁一期工程技术水平和验收标准的基础上,提出了部分指标高于以上水平和标准的技术目标。5号线采用BT模式建设,BT项目发起人作为项目法人对工程建设管理实施强监控,BT项目承办人负责工程投融资和设计施工总承包。由于没有成熟的管理经验可供借鉴,所以本工程面临着众多的管理和技术难题。

5. 项目参与者情况

在深圳地铁5号线BT工程招标过程中,选择具有较强的投融资能力,且同时具有丰富施工技术和管理经验的大型建筑企业集团作为BT项目承办人,以确保其具备比较强的风险抵御能力和控制能力。

6. 建筑市场条件调查

目前我国的建筑市场虽然已经取得了长足的发展,但是还不够健全、规范,主要表现为:建筑企业鱼龙混杂、片面追求施工利润最大化、合同单位履约意识不强以及管理制度不规范、不完善等。在这种情况下,BT项目发起人有必要对建设管理的全过程实施强监控,明确各方责任划分,加强风险管理。

11.3.3 风险因素分解

根据对本工程建设期间的风险环境调查,深圳地铁5号线BT工程的风险管理运用头脑风暴法建立了项目总体风险因素分解图(RSBS),从多角度、多方面列举风险来源,形成对项目系统风险全方位的透视。本工程风险因素分解图将对后文进行风险分析时起参考作用,详见图11-2。

以上通过对本工程施工风险的环境调查和建立风险因素分解图,归纳出潜在的风险源并对其进行分类,在此基础上邀请有同类工程经验的专家来区别潜伏风险与假想风险,最后整理并列出风险清单,以便对施工风险管理进行定性研究和分类。

11.3.4 车站施工风险研究与分类

1. 车站概况

深圳地铁5号线工程正线设27座车站,高架车站2座、地下站25座。其中在BT工程范围内的车站有25座(不含宝安中心站及布吉客运站土建工程),主体结构按使用年限为100年的要求进行耐久性设计,在设定的使用年限内,结构不容许出现造成停用的劣化状态或经济上不合算的维修。地下结构按地震设防烈度为7度进行抗震验算并采取相应措施。结构应满足耐火等级为一级的防火要求。结构防水满足最新颁布的《地下工程防水技术规范》(GB 50108—2008)的有关规定。车站及出入口通道防水等级为一级,车站风道防水等级为二级。

围护结构主要采用板式支护结构以及地下连续墙和钻孔灌注桩,部分车站的部分区域采用锚索等复合支护结构。

部分车站跨度较大,而竖向支撑(中柱)的过大变形(沉降或回弹),会在顶底板水平结构中产生较大的附加压力,为严格控制其垂直方向的变形,通常坑内中柱下采用大直径灌注桩方案进行施工。

在交通繁忙地段基坑开挖宜采用盖挖法或逆作法施工,主要采用机械开挖,人工配合挖土。

深圳地铁5号线安全监测与风险管理系统一期工程中所纳入的车站共7座,分别为:前海湾站、民治站、下水径站、长龙站、布心站、太安站、黄贝站。本章风险管理研究也以这7座车站为例,进行施工风险管理研究和归类,其成果具有一般性可推广至全线BT工程范围,并总结一般车站施工风险。

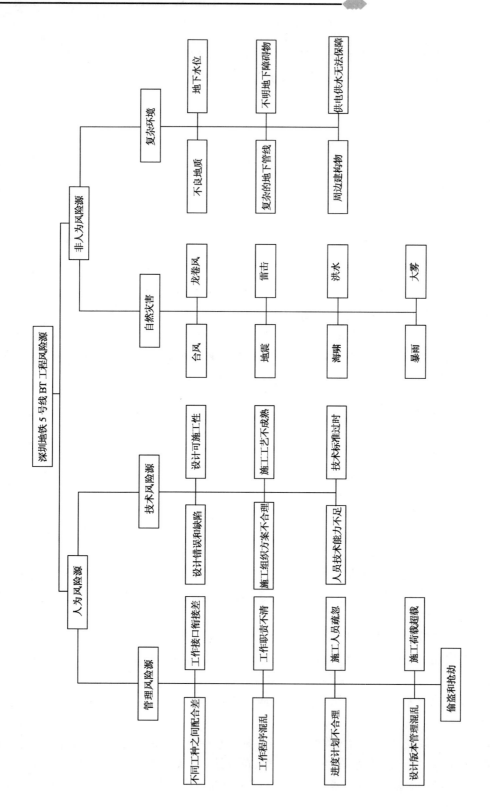

图 11-2 深圳地铁 5 号线 BT 工程风险源分解图

2. 一般车站施工风险研究与分类

(1) 车站围护结构施工风险

现场施工条件复杂,各种工序交叉作业,给施工带来很大困难,容易造成顾此失彼;而且施工人员素质参差不齐,容易造成不能按规范要求施工。车站围护结构的施工风险主要表现为两方面:①预制桩基强度不够、吊装造成桩基损坏、打入时位置偏差过大、下部桩头破裂;②钻孔桩孔底有沉渣、钢筋笼偏位、孔壁坍塌、混凝土强度不够、浇捣时间过长等。

(2) 车站基坑工程施工风险

在车站基坑工程施工过程中,一般风险主要为:深基坑施工方案的不合理、未按图纸或者规范要求施工、施工荷载超载、降(排、防)水不利、对监测和预警信息不重视等原因引起的风险。

(3) 自然灾害对车站工程的影响风险

自然灾害一般属于不可抗力因素,这类风险主要为:地震风险、暴雨台风等极端恶劣天气风险。

(4) 车站主体结构施工风险

车站主体结构的施工风险主要表现为:在施工过程中,结构梁、板、柱等构件发生过大的变形、位移、开裂或失稳等风险。车站主体结构在防水层的施工中,由于防水材料的特殊性,容易受到不良环境的影响致使材料失效,影响材料正常使用。此外,在防水卷材的铺设过程中,对施工人员的技术水平要求较高,稍有不慎都会导致留有缝隙,导致使用中出现渗水及漏水的不合格工程。

3. 车站重点施工风险研究与分类

对于地铁车站的一般施工风险,已有学者做过比较深入的研究,并总结了比较成熟的风险管理办法,因此本章主要对车站重点施工风险进行研究和分类。下面以前海湾站、民治站、下水径站、长龙站、布心站、太安站、黄贝站这7座车站为例,对车站重点施工风险进行研究和分类,见表11-1。

车站重点施工风险分类表   表11-1

车站名称	概 况	突出的施工风险分类
前海湾站	(1) 围护结构采用套管钻孔咬合桩+钢管内支撑形式; (2) 车站结构形式采用双层双柱三跨形式; (3) 地质条件,车站所处地层自上而下依次为:淤泥、黏土、砂层、砂质黏性土	➢围护结构大变形风险:在周边地质条件以及长期荷载作用下,基坑周围软黏土会有一定蠕变,造成围护结构变形增大; ➢基坑降水风险:渗漏、涌水涌沙等现象的风险,海积淤泥的降水风险; ➢车站纵向滑坡风险,开挖对已建车站的影响风险等
民治站	(1) 车站主体围护结构采用地下连续墙 (2) 车站结构形式为双层双跨单柱混凝土框架; (3) 地质条件,车站所处地层自上而下依次为:填土、粉质黏土、全风化层、强风化层	➢车站围护结构流水、漏沙风险:基坑上部地层以沙砾层为主,易发生涌水、涌沙事件,下部地层为残积层,可能出现连续墙变形超限、周边地层及建(构)筑物沉降等风险; ➢注意对平南铁路的保护,对平南铁路路基的加固效果是本站施工的重点

续上表

车站名称	概况	突出的施工风险分类
下水径站	(1)车站结构形式为地下两层岛式车站； (2)车站设于吉华路中,采用盖挖法施工	➤盖挖施工风险:施工场地狭小,出土支撑困难；在这种情况下会造成施工进度较慢、围护结构变形过大的风险
长龙站	(1)车站主体围护结构采用钻孔桩； (2)车站结构形式为地下二层双跨矩形框架结构； (3)车站采用半盖挖法施工	➤周边(构)建筑的保护:地下管线众多,工程周边有办公、商住楼以及布吉中学和旧工业区,其中工程施工最近处距离建筑物仅5m,故对建筑物的地基保护要求较高
布心站	(1)车站主体围护结构采用地下连续墙围护结构、人工挖孔咬合桩+预应力锚索、钻孔桩+预应力锚索三种形式； (2)车站结构形式为无柱单跨段、单柱双跨段、双柱三跨段,地下为两层； (3)车站紧邻建筑物,周边的房屋为7~10层的民用住宅	➤富水沙层的影响风险:地下墙成槽塌孔、墙缝旋喷加固质量低下； ➤基坑开挖对房屋的影响风险:结构物承载能力下降、甚至破坏；变形过大影响功能使用；不均匀沉降造成周边的建(构)筑物破损或不能正常使用； ➤高边坡对房屋变形的控制,车站涉及高边坡削坡并施加预应力锚索的情况
太安站	(1)地下连续墙作为主体围护结构； (2)周边的房屋均为浅基础的老式住宅楼	
黄贝站	(1)车站结构形式为两层三柱四跨矩形框架结构； (2)地下连续墙作为主体围护结构	➤深大基坑施工风险:深大基坑采用钢支撑刚度小,容易造成基坑变形过大,从而影响基坑周边的建筑物；另外立柱在开挖期间隆起对支撑产生的影响也应引起足够的重视

11.3.5 区间施工风险研究与分类

1. 区间概况

深圳地铁5号线BT工程区间范围为:主体结构工程、围护结构及土方工程、轨道工程及其他区间附属工程等。深圳地铁5号线安全监测与风险管理系统一期工程中所纳入的区间共4个,分别为洪浪站—兴东站区间、兴东站—留仙洞站区间、太安站—布心站区间、怡景站—黄贝站区间。其中洪浪站—兴东站区间采用盾构法施工；兴东站—留仙洞站区间、太安站—布心站区间采用矿山法施工；怡景站—黄贝站区间主要区段为盾构法施工,部分区间为矿山法施工。下面对这4个区间进行施工风险管理研究和归类,其成果具有一般性可推广至全线BT工程范围。

2. 一般区间施工风险研究与分类

(1)自然灾害风险

对本工程区间隧道施工影响比较大的自然灾害风险,主要有地震灾害风险、暴雨风险、台风灾害风险。

①隧道施工期间,地震可造成隧道饱和砂土、砂质粉土发生液化,使隧道周围土体变形及掘进面土体失稳,导致隧道表面及隧道内出现涌土、流沙。本工程沿线 CK2+600～CK3+700、CK10+800～CK12+100、CK37+800～CK39+200、CK41+300～CK42+200 段分布的松散的饱和砂类土及粉土为地震液化土。

②暴雨灾害对工作井有较大的影响,暴雨可能引发基坑坍塌重大安全事故,因此施工中应充分考虑基坑排水措施(如采用轻型井点降水),在基坑围护范围内,设置有足够的排水设备,使这种损失降到较小的程度。对隧道施工,应注意防止暴雨引起的地面水漫流而通过出发井和接收井进入隧道的可能性,由于竖井本身面积并不大,故雨水直接进井对施工影响不是很大。暴雨还可能对场内的施工临时建筑物、电器设施、水泥或嵌缝材料仓库以及各类施工设备产生一定的影响。

③台风对隧道施工影响比较小,但会对场内的施工临时建筑物、电器设施、水泥或嵌缝材料、仓库以及各类施工设备产生一定的影响,也可能造成一定的人员伤亡。

(2)盾构施工风险

盾构施工风险根据施工内容的不同,可以分为盾构工作井施工风险、盾构掘进施工风险、联络通道施工风险等。

①工作井施工风险。盾构进出工作井前后 50m 范围是隧道用盾构法施工最难的地段之一,若地基加固不当,容易引起洞口周围大面积土体的塌陷,使地表下沉,影响工期,导致经济损失严重;若支护结构不当,容易造成工作井坍塌。

洞口封门材料强度低,造成抗渗透能力差,不能起到挡土止水作用,不能保证井内工作空间。由于测量等误差造成盾构推进轴线偏离设计轴线。

盾构机出洞时,由于后靠及支撑无法承受盾构推进所需的后坐力,后靠系统出现失稳,导致支撑系统破坏。盾构机在进洞或对接时由于轴线偏差较大,又不具有足够的纠偏距离,使得盾构机偏离目标井或对接错位。

②盾构掘进施工风险。盾构掘进施工风险主要包括:盾构选型不合理风险、盾构掘进轴线偏离设计轴线风险、土舱压力设置不当风险、掘进速度设置不当风险。此外,还包括在运输组织、管片质量控制和安装就位、二次注浆等方面,以及盾构机本身在施工过程中的故障风险。

③联络通道施工风险。土体加固不当风险:土地加固不当可能造成土体坍塌、地面沉陷,上海地铁 4 号线在进行联络通道施工时由于冻土法施工不当造成了非常严重的事故;支护结构失稳风险:支护结构失稳导致土体坍塌,引起地表变形过大;联络通道衬砌开裂、渗漏。

(3)矿山法施工风险

区间隧道矿山法施工风险主要有:地质条件引起的施工风险和矿山法施工本身的技术风险。地质条件风险主要有:软弱围岩、断层地段、流沙地段、瓦斯、涌水等引起的施工风险。技术风险主要有:开挖施工、初期支护、二次衬砌施工等施工操作由于控制不当引起的风险。

(4)对周边环境影响风险

在地铁区间施工过程中,对周边建筑物和市政管线有造成破坏的风险。

①相邻建筑物:深圳地铁 5 号线将穿过平南铁路和高架桥以及一些重要构筑物,由于施工控制不当导致地表变形过大,从而使建筑物发生开裂、倾斜甚至倒塌。

②市政管线:深圳地铁5号线穿过人口密集区,隧道的开挖影响致使临近重要管线发生变形甚至破坏。

3. 区间重点施工风险研究与分类

下面对4个区间的施工风险进行详细地研究和分类,通过对各个区间的设计概况、地质条件、施工工法和周边环境等方面的综合分析,提出具体的施工风险,见表11-2。

区间重点施工风险分类表 表11-2

区间名称	概况	施工风险
洪浪—兴东站区间	(1)该区间采用盾构法施工; (2)该区间沿线下穿广深高速立交桥、海明宾馆、澎柏白金酒店公寓等地面建筑物,以及邻近通过地下构筑物	在盾构机穿过高架桥过程中,若处理不当将对高架桥的桥面通行及高架桥本身产生较大影响,包括:桩基周围土体扰动变形过大;桥梁桩基产生挠曲变形过大;桥面结构不平整,影响行车舒适度;桥梁桩基础产生挠曲变形过大;盾构推进引起桩基周围土体扰动;桥面不均匀沉降引起轨道差异沉降
兴东—留仙洞站区间	(1)该区间采用矿山法施工; (2)该区间沿线下穿污水处理站的沉淀池	矿山法施工过程中需保证污水处理站的沉淀池桩基的安全
布心—太安站区间	(1)该区间采用矿山法施工; (2)该区间两侧建筑物、管线分布密集,建筑物多为4~8层住宅楼或厂房	区间隧道主要位于W4全风化混合岩、W3强风化混合岩中,该地层具有遇水崩解、软化特点,透水性强,开挖后遇水易坍塌,若处理不当会出现大面积坍塌,侧壁经常出现小面积坍塌
怡景—黄贝站区间	(1)该区间采用矿山法和盾构法施工; (2)该区间下穿景贝花园5栋7层建筑	区间地下水丰富,且暗挖法断面多处地层透水性好,易造成流沙、坍塌事故;土体排水会产生较大的固结沉降,所以应当重点关注暗挖区间施工对周边环境的影响

11.4 工程风险评估

11.4.1 风险评估方法

在深圳地铁5号线BT工程中,车站基坑工程采用基于层次分析法(AHP)与专家打分法的综合集成风险评估法,区间隧道工程施工风险评估采用模糊评判方法。

11.4.2 风险等级

风险等级可以用图11-3来定性和定量的表示,图中 R 为风险事件或者各项分解工作的风险系数。本工程中车站施工风险系数 R,是采用基于层次分析法(AHP)与专家打分法的综合集成风险评估法计算出来的。

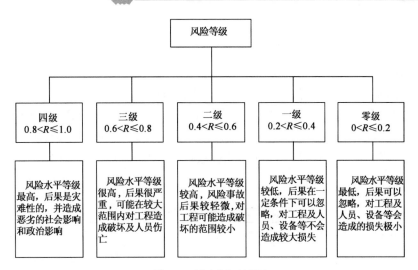

图 11-3 风险等级划分图

11.4.3 风险决策准则

(1) 四级:完全不可接受,应立即排除。
(2) 三级:不可接受,应立即采取有效的控制措施。
(3) 二级:不希望发生,为减少风险损失与风险控制成本,应采取适当的控制措施。
(4) 一级:允许在一定条件下发生,但必须对其进行监控并避免其风险升级。
(5) 零级:允许发生,但应尽量保持当前风险水平和状态。

11.4.4 车站施工风险评估

根据车站所在地的工程地质和水文地质条件,结合周围地面既有建筑物、管线和道路交通状况,以及车站主体结构的围护体系和施工方法,可把评估车站分为三类,采用综合集成风险评估法进行风险等级计算,评估结果见表 11-3。

车站重点施工风险评估表　　　　表 11-3

车站类别	车　　站	车　站　特　征	车站施工总风险系数(R)	对目标的影响	评价等级
第一类车站	长龙站、下水径站、前海湾站	结构形式为地下二层,围护形式为钻孔灌注桩,施工方法均为明挖顺筑	0.60	若风险水平等级很高,风险事故后果就会很严重,可能在较大范围内对工程造成破坏并有人员伤亡	三级
第二类车站	布心站、黄贝站、民治站	基坑保护等级基本为一级(不详,估计),结构形式为地下二层,围护形式均为地下连续墙,施工方法均为明挖顺筑	0.63		三级
第三类车站	太安站	基坑保护等级基本为一级(不详,估计),结构形式为地下三层,围护形式均为地下连续墙,施工方法均为明挖顺筑	0.67		三级

11.4.5 区间施工风险评估

根据区间所在地的工程地质和水文地质条件,结合周围地面既有建筑物、管线和道路交通状况以及区间的施工方法,可把评估区间分为两类进行风险分析。

(1)第一类区间:洪浪站—兴东站区间、怡景站—黄贝站区间。特征:盾构法隧道。

(2)第二类区间:兴东站—留仙洞站区间、布心站—太安站区间。特征:矿山法隧道。

区间施工风险采用模糊评判方法作风险等级评估,评估结果见表11-4和表11-5。

1. 第一类区间

第一类区间风险等级表   表11-4

风险等级	分项工程	风险等级	风险事件	风险等级
第一类区间施工风险 四级	盾构出洞	二级	拆除封门时出现涌土、流沙	二级
			洞口土体流失	三级
			盾构推进轴线偏离设计轴线	二级
			后靠系统出现失稳	二级
	盾构掘进	四级	遇见障碍物	三级
			盾构掘进面土体失稳	四级
			地面隆起变形	四级
			盾构内出现涌土、流沙、漏水	三级
			盾尾密封装置泄漏	三级
			盾构沉陷	四级
			掘进轴线偏离设计轴线	三级
	管片工程	三级	管片破损	二级
			管片就位不准	二级
			螺栓连接失效	三级
			管片接缝渗漏	三级
	隧道注浆	二级	注浆管堵塞	一级
			注浆压力低	二级
			注浆质量不合格	二级
			二次注浆不及时	二级
	机械设备	三级	盾构刀盘轴承失效	二级
			刀盘与刀具出现异常磨损	三级
			盾构内的气动元件不工作	二级
			数据采集系统失灵	三级
			管片拼装系统失效	二级

续上表

风险等级	分项工程	风险等级	风险事件	风险等级
第一类区间施工风险 四级	隧道进洞	四级	盾构姿态突变	二级
			洞口土体流失	三级
			盾构基座变形	二级
			偏离目标井或对接错位	三级
	联络通道	三级	管片开裂、渗漏	二级
			出现涌土、流沙或涌水	二级
			开挖面土体失稳	三级
			支护结构失稳	二级

2. 第二类区间

第二类区间风险等级表　　　　　　　　　　　　　　表11-5

风险等级	分项工程	风险等级	风险事件	风险等级
第二类区间施工风险 四级	洞口施工	二级	边坡坡度过大或过小	二级
			边坡塌方	三级
			坠石	二级
			洞内地面积水	二级
			洞口落石	二级
			滚石堵塞洞门	二级
	开挖	四级	准备工作不到位	三级
			钻孔不符合要求	三级
			装药失误	四级
			起爆失误	四级
			出渣不合理	三级
			辅助施工失误	四级
	初期支护	三级	锚杆质量不合格	三级
			锚杆布设不当	二级
			锚杆砂浆不符合要求	三级
			钻孔施工不当	三级
			喷射混凝土施工不当	三级
	二次衬砌	二级	模板变形	二级
			混凝土离析、开裂或剥落	二级
			振捣不充分	二级
			施工缝漏水	二级
			防水隔离层漏水	二级

11.5 风险控制体系

深圳地铁5号线BT工程,实行BT项目承办人"风险总价包干制度",风险包干费[1]以批准后的初步设计概算的BT工程费用按一定比例计取。BT项目发起人不再承担一切风险因素所涉及的费用,风险控制的主体责任由BT项目承办人承担,由BT项目发起人对风险管理进行全过程监管。

11.5.1 风险应急处理体系

深圳地铁5号线BT工程施工风险应急处理体系,关键是建立健全施工风险应急预案的编制机制和有效的实施方案。编制施工风险应急预案的依据是风险评估,根据施工风险的分类,对每一类风险拟订出一个预案,并考虑预案的优化和评估改进。深圳地铁5号线BT工程应急预案由三个层级组成,分别为BT项目发起人的应急预案、BT项目公司的应急预案和各标段项目部的应急预案,根据不同的预警级别启动相应层级的应急预案。

深圳地铁5号线BT工程,BT项目发起人采取有效的防范措施,尽量防止风险事件的发生,建立基于施工安全监控系统支持体系的准确预测、预警机制;对于无法防止或已经发生的事故,建立风险应急处理体系,有效控制事故发展,尽可能避免或减少人员伤亡和财产损失。BT项目发起人风险应急处理组织体系如图11-4所示;风险应急管理流程,详见图11-5。

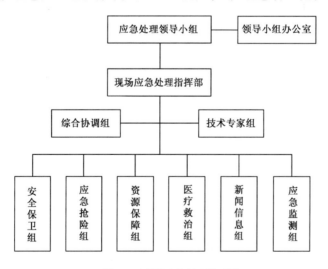

图11-4 风险应急处理体系图

1. 成立应急组织体系,统一指挥,分工协作

BT项目发起人成立突发事件应急处理领导小组,公司总经理任组长,副总经理任副组长,成员由5号线分公司、物业公司、安全质量部等部门的主要负责人担任。应急领导小组是突发事件应急处理体系最高决策的非常设机构,主要职责包括:①研究、决定、部署突发事件应对工

---

[1] BT项目承办人履行投融资及设计施工总承包义务所应承担的一切风险的对价。

作,建立和完善应急预警机制和应急预案,研究解决应急资源配置等重大问题;②监督应急处理体系的建设,审查其运行情况;③统一领导或协调一般突发事件的处理工作和较大、重大、特大突发事件的前期处理工作;④配合市政府有关部门进行突发事件的应急处理和调查分析。

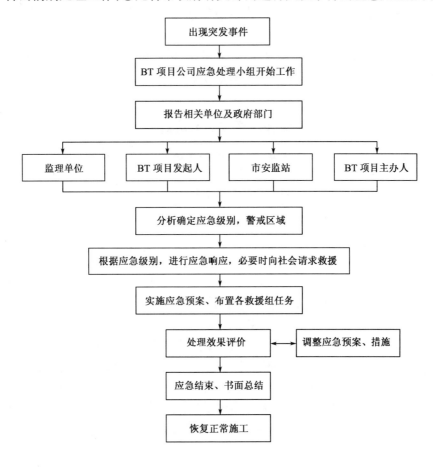

图 11-5　风险应急管理流程图

2. 监测与预警相结合,动态控制

BT 项目发起人将风险源进行调查、登记和评估,对容易引发Ⅳ级响应以上的风险源进行监控和管理,建立起以工程综合监控中心为基础、统一的突发事件信息系统,推广应用施工现场及周边环境视频和实时监测系统。对风险源进行动态监控,发现有可能发生的突发事件,应急领导小组或政府应急指挥机构决定并发布相应级别的事件预警,宣布有关区域进入预警期。

3. 分类、分级响应,保障有力

在深圳地铁 5 号线 BT 工程中,应急响应级别按照突发风险事件的严重性和紧急程度分为 5 个级别,不同级别应急响应的组织实施应遵循以下原则:

(1)较小Ⅴ级响应,由事件单位组织实施,必要时 BT 项目发起人派出技术专家组赴现场进行应急处置技术支持。

(2)一般Ⅳ级响应,由 BT 项目发起人组织实施。

(3)较大Ⅲ、重大Ⅱ级和特大Ⅰ级响应,由政府按照《深圳市地铁突发公共事件应急预案》、《深圳市建筑工程抢险应急预案》组织实施。

(4)扩大应急响应。当事态难以控制或呈蔓延、扩大、发展趋势时,现场应急处置指挥机构应立即向上一级应急指挥机构提出支援请求。

(5)当上级应急处置机构认为有必要时,也可负责指挥由下级应急指挥机构负责指挥的应急处置。BT 项目发起人也可根据市、区政府指令,负责指挥较大Ⅲ级突发事件的应急处置工作。

11.5.2 基于安全监测与风险管理系统的风险监控体系

风险监控是工程项目施工风险管理的一项重要工作。风险监控的主要任务是:①密切跟踪已经识别的风险,监视残余风险和识别新的风险;②分析项目目标的实现程度,以及风险因素的变化和风险应对措施产生的效果;③进一步寻找机会,细化风险应对措施,实现消除或减轻风险的目标。深圳地铁 5 号线 BT 工程风险监控,是通过建立基于安全监测与风险管理系统的风险监控体系来实现的。

安全监测与风险管理系统,是一套有科学的岩土分析理论支撑、有各类丰富数据支持的可维护易操作的系统。它结合深圳地铁 5 号线 BT 工程建设特点,通过施工安全监测数据、设计资料、地质资料、二维 GIS、三维施工仿真及数值分析、施工信息等,实现各类信息的在线综合分析、风险评估、预警预报、应急预案和快速反馈。

安全监测与风险管理信息系统的建设需要参建方各司其职:①BT 项目发起人负责督导检查 BT 项目公司信息系统的建设实施,负责督导其他参建单位执行有关规定和管理职责,负责组织设立风险监控管理中心;②BT 项目公司负责系统建设及总体管理,负责对信息系统的运行进行检查、督促,定期向 BT 项目发起人汇报建设实施情况及存在的问题;③信息系统的开发、培训、运行与维护等由系统提供商负责;④其他项目参与单位完成必要的配合、考评等工作。

BT 项目发起人基于安全监测与风险管理信息系统,构建了完整的风险监控体系;设立预报警机制,实现动态监控、预警决策支持,并根据预警级别转入应急预案处理体系。

1. 风险控制体系

深圳地铁 5 号线工程风险控制体系的构建,主要包括建立强有力的组织机构和完善的管理体系,建立专家会商系统和预警决策支持系统,实现动态监控、预警决策支持。

(1)风险控制组织机构

深圳地铁 5 号线 BT 工程风险监控,是需要多方参与组织、实施、维护、运行的体系,系统的实施效果既需要有品质好的软硬件及网络平台,更要有强有力的组织机构和完善的管理体系。深圳地铁 5 号线 BT 工程风险监控组织机构,是具有 BT 模式特色的三级管理体制架构,详见图 11-6。

(2)专家会商系统

BT 项目发起人在信息系统建设和实施管理过程中,成立安全管理与监控监测系统专家小组,负责系统建设的咨询指导和风险动态监控专家的会商诊断,对工程中的重大风险事件进行

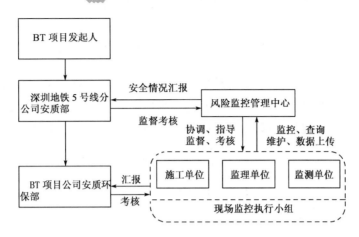

图 11-6 风险监控组织机构图

风险评估,参与处理工程中的突发安全事件等。专家小组分为三个层级,由政府职能部门、BT 项目发起人、BT 项目公司及各标段项目部相关人员组成,参与不同级别的预警预报评估、决策及处理。

(3) 预警决策支持

为了更好地对风险源进行动态监控,BT 项目发起人将风险监控划分为正常状态下的监控和险情状态下的监控,这两种监控状态的辨识通过信息系统的预警决策支持功能来实现。在实施过程中,现场监控执行小组将监测数据上传至信息系统,当量测项目变化值超过系统所设警戒值时,系统分析后会根据预先设置的三级监控报警机制自动报警,不同的报警级别分别启动各标段项目部、BT 项目公司和 BT 项目发起人三个层级的应急预案。

2. 风险监控流程

监控是整个风险管理体系的基础。监控体系担负着发现问题,并提出问题解决方案的任务,能否发现问题成为判别监控体系运转情况的主要依据。深圳地铁 5 号线 BT 工程风险监控以科学、有效的分析方法为基础、辅以对异常数据的容错与纠错能力,利用计算机的自动处理功能,能够灵活地生成各种报表,并能显示专业的分析图形。计算机技术与专业咨询人员的有效结合大大提高了监控系统的工作效率,详见图 11-7。

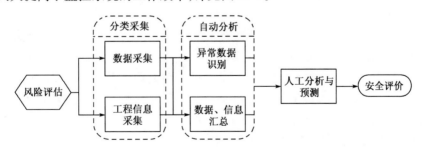

图 11-7 风险监控工作流程图

从图 11-7 中可以看出,风险监控体系在日常的运行过程中分为风险评估、分类采集、自动分析、人工分析与预测、安全评价,尽量将绝大多数的隐患消灭在萌芽状态。

11.6 BT 工程施工风险管理成效及优化建议

在深圳地铁 5 号线 BT 模式下,BT 项目发起人克服 5 号线 BT 工程施工风险管理的复杂性与高难度,地质条件和周边地理环境复杂,建设规模大、工期紧张、管理模式新等诸多困难,在实现工程进度、质量等建设管理目标的同时,未出现较大工程伤亡事故,有效保障了工程建设的顺利推进。

BT 项目发起人的施工风险管理工作克服了诸多困难,并取得了较好的经济效益和社会效益,但是作为一种新的模式,还需要进一步优化和完善。

(1)深圳地铁 5 号线 BT 工程实现了"风险总价包干制度",但在 BT 合同文件中未对风险包干费所包括的具体范围进行明确,在实施过程中容易产生双方理解上的偏差。

建议明确风险包干费的界定范围,由前期工程(征地拆迁、管线改移、交通疏解、绿化改造等)所造成的进场时间的滞后及施工条件的限制、水文地质条件和勘察的不确定性;因施工造成周边建构筑物受损加固和赔偿、市场价格波动、自然因素变化;因项目功能要求或国家及行业技术标准不明确引起的变更、施工材料设备运输方式及途径变化;为满足重大节日需要或市容市貌及接待要求等因素所增加的费用,都应包含在风险包干费范围内。

(2)由于 BT 项目承办人的内部风险包干费用分配不明确,风险责任不清晰,造成了部分风险事故处理不到位、不及时。

深圳地铁 5 号线 BT 工程区间隧道采用矿山法施工的里程较长,且由于沿线周边建筑物基础较差,施工引起周边房屋沉降开裂的问题严重,致使受损建构筑物的加固和赔偿不令人满意,沿线居民上访事件时有发生,给 BT 项目发起人及政府造成了一定的压力。建议 BT 项目发起人对 BT 项目公司与各标段项目部之间的施工总承包合同进行相关要求,在合同中明确风险包干费用的划分及各方职责,避免类似问题的发生;此外,BT 项目发起人可以考虑在 BT 合同的暂定金额中预留部分资金,用于处理风险包干费范围以外的其他风险或与 BT 项目承办人有争议的风险,暂定金额按略高于合同价中工程费用的 5% 单独计列。

(3)在深圳地铁 5 号线 BT 工程中,BT 项目发起人已建立起风险应急处理体系,但是目前仍参考传统的应急预案。建议结合深圳地铁 5 号线 BT 模式的实际情况,制订 BT 模式下的地铁工程风险事故应急预案。

建议 BT 项目发起人,根据《深圳市地铁有限公司公共事件应急预案》,结合深圳地铁 5 号线 BT 模式的特点,编制《深圳地铁 5 号线 BT 模式公共事件应急预案》作为一级风险应急预案,进一步完善和优化深圳地铁 5 号线 BT 模式风险应急处理体系。据此,BT 项目公司及各标段项目部分别制订切实可行的 BT 项目公司应急预案和各标段项目部应急预案,作为应急处理体系的二级和三级应急预案。各标段项目部应配备充足的应急救援物资,并将救援物质分配到各个工点,以提高应急救援能力和管理水平。

第12章 结论与展望

12.1 BT工程建设管理实践成效

12.1.1 缓解政府财政压力,推动政府职能转变

1. 缓解短期财政压力

深圳地铁5号线工程通过采用BT模式,实现了投融资主体的多元化,缓解了深圳市政府的短期财政压力。在地铁5号线BT工程实施过程中,中国中铁作为BT项目承办人承担了项目全部资金的投入,其中除自有资金外,还包括以各种融资方式和渠道取得的建设资金,实现了投融资主体的多元化,极大地减轻了深圳市政府短期财政压力。促使了深圳市政府在财力有限的情况下可以更好地集中资金对大运会体育场馆、滨海医院等一大批民生工程进行投资,同时为市政府实现大规模、高速度的固定资产投资和基础设施建设创造了有利条件。

2. 推动政府职能的转变和审批制度的改革

在深圳地铁5号线实行BT模式建设初期,市政府即组织各相关部门对BT模式开展了全面深入地调研,提出了地铁5号线BT模式的总体框架;市政府批准成立了地铁5号线建设管理办公室,统筹、协调、指导5号线BT工程建设,提出了《深圳市地铁5号线BT项目施工图设计及审查办法》等多项管理措施,既解决设计施工总承包模式下地铁5号线施工图质量监控、变更监控的问题,也为下一步重大项目建设管理体制改革积累了经验;深圳市发展和改革委员会、深圳市住房和建设局、深圳市规划和国土资源委员会、深圳市财政委员会、深圳市审计局等部门进一步优化了重大项目的审批流程,采取了并联审批、承诺报备等方式,简化审批程序,提高工作效率;建设主管部门牵头组织首届"地铁建设风险评估预控高级研修班、全市建设工程安全事故应急演练"等大型活动;质量、安全监管部门专门成立了轨道交通监督组,引入专业人才,提高了监督服务水平;造价管理机构加强了轨道交通工程的造价研究,制订了轨道交通工程的概算编制办法和计价标准。轨道交通BT工程深圳模式的实施,对推动政府职能的转变,创建服务性政府,深化深圳市重大建设项目审批制度的改革,提高深圳市重大投资项目的建设质量和效率,发挥了积极而深远的作用。

12.1.2 安全质量管理到位

1. 多方监管,加强监督,形成严密的安全质量监督体系

深圳地铁5号线各参建方在安全、质量管理方面达成了共识,在中铁南方公司的统一协调下,叠加了政府、业主、咨询单位等各方监管优势。

(1)政府安全质量监管职能部门严格执法,大大减少了地铁5号线各参建方安全、质量管理的不良行为。深圳市轨道办对全线工程的进度、安全、质量、文明施工进行检查,有效消除了安全隐患;深圳市住房和建设局开展了"百日大排查、争取百日无隐患"的活动;安监站、质检站将日常检查和专项检查相结合,全方位保证了在建工程的安全。

(2)业主与监理管理单位联合监管,对深圳地铁5号线重大安全风险项目实施动态监控,发现问题及时通知各参建方采取相应措施;每周及时跟踪重大安全风险管控情况,设专人跟踪管理重大安全风险实施过程监测预警信息。

(3)中铁南方公司认真履行安全质量管理职责,坚持"一月一检查、一月一重点、一季一评比"的定期检查制度和季度技术巡查。发挥了中国中铁股份有限公司集中管控的优势,配合公司总部专家监督组对深圳地铁5号线工程的安全、质量、工期等进行拉网式排查,有效保障了工程的安全质量。

2. 设计施工总承包从源头上保证工程的安全质量

在设计施工总承包的BT模式下,有利于设计与施工的紧密结合,从设计方案的源头确保了工程的施工安全和质量。首先,在中铁南方公司的统筹协调下,中国中铁各标段局属施工队伍配合设计单位在土建施工图设计阶段就介入工法、方案确定、施工图审查等工作程序,实现了设计方案与现场地质、周边环境,以及施工水平、施工条件相匹配,在设计方案的源头上控制了施工安全、质量风险;其次,在设计阶段,设计人员加强了现场服务,根据边界条件变化,及时参与现场问题解决,实现了施工图设计的优化,有效控制了安全、质量风险。

3. 材料质量得到很好控制

对于大型建设项目而言,选择优良的物资生产供应商是保证工程安全、质量的重要前提。在深圳地铁5号线BT工程中,中铁南方公司通过招标方式选择优良的供应商,然后由具有项目采购专业管理水平的中国中铁下属的物贸分公司进行物资供应与管理服务,负责重要物资如钢筋、水泥、管片的集中采购和供应,并就材料质量控制问题与深圳地铁公司、监理单位、设计单位进行沟通,形成了业主、监理、设计、施工四方共同监控的模式,使物资材料从采购源头到最终的使用等各个阶段都能得到有效地监控。

4. 创新安全检测管理模式

深圳地铁5号线BT工程创新性的引入了安全管理和监控监测信息系统,实行施工单位监测与第三方独立监测并举,管理方式更加科学,提高了安全质量预控水平。首先,将施工监测任务从各标段分离出来,设立两个施工监测标,分别委托给两个具有专业监测资质的科研单位,实行第三方独立监测,搭建共同的网上安全质量管理平台,安全管理与监控监测信息系统根据每日上传的监测数据进行专业分析,按照制订的三级安全风险预警机制,及时、准确、有效地通过系统发布风险信息,协调各参建单位处理工程安全质量风险。第三方监测结合安全管

理与监控检测信息系统,使监测数据准确可靠,数据分析专业,预警信息传递及时,有效地提高了施工安全质量风险预控反映灵敏度。

12.1.3 再次展现"深圳速度",确保工期目标

深圳地铁5号线的总工期只有42个月,其中土建工期仅为26个月,且此工期内包含工程前期的拆迁、管线改迁、交通疏解等施工准备工作。深圳地铁5号线通过对投融资体制和建设管理体制的创新和改革,提出了轨道交通BT工程深圳模式,大大缩减了工期,再次展现了"深圳速度"。仅用了10个月就基本完成了5号线全线的征拆等前期工程,实现了当年基本完成征拆工作及当年全面开工建设的目标。2010年2月28日实现了全线贯通,它是深圳市在建轨道交通项目中进展最快、完成投资比例最高的一条线路,与采取传统模式的轨道交通工程相比,使建设工期节省了约半年的时间,见表12-1。

深圳地铁5号线与同类常规模式地铁项目建设工期对比表 表12-1

工程名称	概况	前期工程(月)	土建工程(月)	轨道工程(月)
深圳地铁一期	总里程21.3km,车站20座	15	30	24
北京地铁5号线	总里程27.6km,车站23座	12	28	9
广州地铁5号线	总里程40.5km,车站28座	25	34	19
平均工期		17	31	17
深圳地铁5号线	总里程40.1km,车站27座	10	26	6

深圳地铁5号线项目工期目标的实现主要归结于以下三方面的成果。

1. 前期工作开展迅速

首先,深圳地铁5号线项目通过采取轨道交通BT工程深圳模式,实现了BT工程投融资单位和设计施工单位的一次性大标段招标,大大缩短了招标时间。由于中国中铁股份有限公司作为BT项目承办人的同时了承担了投融资和土建施工任务,凭借其雄厚的建筑施工实力和对自身建设资源的了解,仅用两个月就完成了各施工标段的内部招标,选择了与工程特点相适应的队伍,为后续工程的施工打下了坚实的基础。

其次,根据BT合同,中铁南方公司配合深圳地铁公司进行征地拆迁、管线改移和绿化迁改等工作。中铁南方公司主要领导实行分片包干制度,依靠各相关职能部门、积极主动地配合深圳地铁公司,与各标段签订了征地拆迁责任状,各标段项目经理亲自领导强力推进征地拆迁工作,因而仅用了10个月就基本完成了全线的征地拆迁任务,为各工点提前进场、按时开工创造了有利的条件。

2. 设计与施工紧密衔接

根据以往城市轨道交通工程的建设经验,设计出图进度是制约施工进度的瓶颈。为此,在轨道交通BT工程深圳模式下采用了设计施工总承包模式,在设计管理上牢固树立了"设计为施工服务、为现场服务"的理念,坚持施工配合设计,设计服务施工,使设计施工充分一体化。理清了设计管理程序,避免了设计与施工截然分开、前期与后期脱节、设计无法适应施工需要、设计反复修改、造价不断增加的现象。同时,施工图设计仍由初步设计单位负责,避免了设计意图的重新理解与熟悉环节,节约了设计工期。

3. 发挥了大型建筑企业的集团优势

中国中铁股份有限公司作为深圳地铁 5 号线 BT 项目承办人,在建设过程中充分利用大型建筑企业内部较为完善的考核约束机制、奖励激励机制、资源共享机制和行政调配机制等,极大地发挥了集团企业的技术优势、管理优势、品牌优势和协同作战优势。例如,在 2008 年国内盾构设备供应异常紧张的情况下,中国中铁股份有限公司总部对 5 号线施工生产所需的 9 台新购盾构设备进行了统一订货,对另外所需转场的 6 台盾构设备也进行了协调,保障了盾构设备的按期按量投入,为有限的建设工期赢得了时间。中铁南方公司作为 BT 项目承办人成立的项目公司,领导、指挥、协调、检查各标段的施工单位,实行了物资设备集中采购,实现了生产资源有效调配。中铁南方公司通过对全线水泥、钢材、管片、防水材料、电缆、装修材料等大宗物资实行集中采购,并通过集团议价方式实现资源共享,既保证了物资采购的整体质量,又在一定程度上降低了采购成本。

12.2 BT 工程建设管理经验总结及优化建议

12.2.1 BT 工程的范围确定

深圳地铁 5 号线 BT 工程的范围界定主要把握以下四点内容:

(1)将土建工程以及与其密切相关的工程纳入 BT 工程。与土建工程密切相关的工程主要包括:装修工程、常规设备和部分系统设备安装工程。

(2)核心机电工程和重要材料设备的采购作为非 BT 工程由 BT 项目发起人进行招标,直接把控。

(3)土建工程施工图设计纳入 BT 工程范围,但由双方共同管理。

(4)征地拆迁、交通疏解、管线迁改和绿化迁移等前期工程纳入非 BT 工程。

深圳地铁 5 号线 BT 工程与非 BT 工程的划分准则基本满足了 BT 工程深圳模式和 BT 项目发起人的建设管理要求,效果显著,但仍有进一步完善和优化的余地,优化建议主要有以下三点:

(1)将部分前期工程纳入 BT 工程范围。由于交通疏解、管线迁改和绿化迁移等前期工程实施难度较大,容易引起 BT 项目承办人与 BT 项目发起人之间的工期和费用索赔纠纷,给 BT 项目发起人带来很大的风险。故建议将前期工程中的管线迁改、交通疏解、绿化迁移工程纳入 BT 工程范围,由 BT 项目承办人负责协调和管理,业主仅负责外部接口的协调配合工作。征地拆迁工程社会影响大,需要政府部门的协调,因此由 BT 项目发起人负责较为合适,但应明确施工临时用地的征地拆迁工作则由 BT 项目承办人自己承担。

(2)将周边建筑物的保护、修复及社会维稳工作纳入 BT 工程范围。BT 项目承办人作为 BT 工程的施工方,采取相应技术措施减小地铁施工对周围建筑和社会环境的影响是其应有的责任,故建议将对工程周边建(构)筑物的保护,对受损建(构)筑物的修复、加固处理或赔偿,及由此引起的协调和社会维稳工作直接纳入 BT 工程范围,并在合同中明确约定该部分费用已经包含在风险包干费中。

(3)将加强对公共区装修与出入口上盖工程的管理。公共区装修与出入口工程直接面对乘客,它代表着地铁的形象,施工质量要求较高,故应选择信誉良好、经验丰富的施工队伍。而由于公共区装修、出入口上盖工程与其他专业的接口较多,直接由BT项目发起人来管理,将大大增加业主的接口协调工作量。因此建议仍然由BT项目承办人负责全面管理,而对于承包人的选择则由业主和BT项目承办人共同招标,以确保公共区装修和出入口上盖工程施工承包人的施工能力。

12.2.2 BT项目发起人的管理策略

BT项目发起人作为建设单位,在伙伴关系理念的指导下,坚持风险合理分担、充分合作、及时协调沟通的基本原则,对BT项目公司和各标段项目部进行全面而深入地管理,管理成效显著。但仍存在BT项目发起人工作重心下移,对一般性的具体工作管理过多,对BT项目公司管理不到位,以及BT项目承办人内部关系复杂和管理层次过多等问题,故建议:

(1)提升业主工作重心,注重决策能力的提高。在轨道交通BT工程深圳模式下,BT项目发起人应合理提升工作重心,由过去的业主管理项目转变为协调监管,由直接管理项目转变为宏观管理。将工程的一般性管理委托给监理单位或者咨询管理单位,注重提高自身对重大问题的决策能力、外部接口的协调能力和项目参与组织之间的界面管理能力,充分调动项目参与各方的能动性和积极性,从总体上把控项目的进展。

(2)以BT项目公司与各标段项目部的合并主体为管理对象。BT项目公司追求投资回报,各标段项目部则追求施工利润,两者之间属于不同的利益主体,这给BT项目发起人对BT项目承办人的管理带来了一定困难。因此,建议转变标段项目部的职能定位,将其纳入BT项目公司的内部机构,实现BT项目公司与标段项目部目标和利益的统一。即由BT项目承办人集团总公司和参与施工的各工程局共同出资成立BT项目公司,投资回报按比例分成。

(3)加强对BT项目公司的管理。BT项目发起人应加强对BT项目公司的管理,充分调动BT项目公司的能动性与积极性,履行其应承担的建设管理职责。主要包括加强BT项目公司的资金监管、组织架构和人员管理等。

12.2.3 BT工程设计和变更管理

深圳地铁5号线BT工程坚持了全寿命周期设计管理理念,实行了多层次、多主体的管理制度,对工程变更实行事前控制事后监督的动态管理,有利于加快工程进度,以及明确分类授权审批的三大基本原则,并取得了显著效果。特别是对于工程变更的分类授权审批制度,既简化了变更审批流程,又满足了不同部门的管理需求并发挥了各部门的管理优势,得到BT项目发起人和BT项目承办人的一致认可。然而,BT工程设计和变更管理在以下三个方面仍需要加强和完善:

(1)加强全寿命周期设计管理。主要包括加强相关管理人员的全寿命周期设计管理的思想教育,BT项目发起人公司内部运营部门参与设计管理工作,以及对全寿命周期设计标准的研究。

(2)加强BT工程施工图设计共同管理原则的落实。

(3)加强对BT项目公司施工图设计管理人员的监管。

12.2.4 BT 工程监理管理模式

深圳地铁 5 号线 BT 工程在监理管理的模式上进行进一步的探索和创新,引入了监理管理单位。BT 项目发起人采用的创新型监理管理模式,取得了以下几个方面的成果,对 BT 模式下的建设管理发挥了重要作用。

(1)深圳地铁 5 号线 BT 工程监理管理模式,是项目发起人践行"小业主、大社会"管理思想的创新举措。

(2)BT 项目发起人实现了监理管理工作的组织集成化管理。深圳地铁 5 号线由多个施工监理单位进行监管,监理管理单位直接对业主负责,实现了全线施工监理单位的集成化管理。

(3)监理管理单位的引入,有利于强化监理单位的主体地位,平衡 BT 项目承办人与 BT 项目发起人之间的关系。

(4)监理管理单位建立和完善了工程监理管理体系,统一了全线各标段监理管理程序和办法,有力地促进了监理管理工作的科学化、规范化、标准化。

在轨道交通 BT 工程深圳模式监理管理模式下,BT 项目发起人招标选择监理单位的程序应符合我国建筑法的规定,同时监理管理单位的引入作为项目发起人建设管理的延伸,在工程实践中发挥了积极的作用,具有良好的应用前景,应当强化其管理职能,但是这种模式在实施过程中也需要进一步完善。

(1)BT 项目发起人管理重心适当上移,引入项目总控单位和监理管理单位分别提供宏观和实施层面的咨询服务,BT 项目发起人着重实务的项目策划与控制,注重工程外部接口管理和各参建方的界面管理。

(2)综合考虑监理管理的职能和定位,进一步完善监理管理合同取费标准问题。

12.2.5 BT 工程进度管理

轨道交通 BT 工程深圳模式高效的进度管理,创造了地铁建设的"深圳速度"。深圳地铁 5 号线 BT 工程的进度管理取得了良好的经济效益和社会效益,这主要得益于以下几个方面的工作:

(1)BT 项目发起人通过轨道交通 BT 工程深圳模式,大大缩短了招标和前期准备阶段的时间,快速推进了工程征地拆迁工作,为 5 号线工程总目标的实现提供了工期保障。

(2)BT 项目发起人通过轨道交通 BT 工程深圳模式,充分发挥 BT 项目承办人作为大型企业集团的优势,在保证安全质量的同时,有效缩短了工期。

(3)BT 项目发起人在深圳地铁 5 号线 BT 工程进度管理过程中,制订完善的管理制度,强化管控措施,为工程建设的快速推进提供了制度保障体系。

深圳地铁 5 号线 BT 工程建设的各项目标均处于可控状态,轨道交通 BT 工程深圳模式进度管理成效显著,但是作为一种新的模式,还需要进一步优化和完善:

(1)BT 项目发起人应加强对 BT 项目公司的管理。BT 项目公司的管理力量不足,统筹管理不到位,总协调作用发挥不够,特别是设备安装调试阶段资源投入不足,管理力度薄弱,在一定程度上影响了工程进度。

(2)优化和二次开发深圳地铁 5 号线工程项目管理信息系统,进一步提升轨道交通 BT 工程深圳模式进度管理的信息化管理水平。

(3)BT 项目发起人实施工期延误预警机制,对关键节点工期形成分级预警的管控体系,对节点工期滞后实施预控确保按期完成,因此应对这一机制和管控体系进一步加以完善。

12.2.6 BT 工程全面质量管理

在轨道交通 BT 工程深圳模式下,BT 项目发起人克服 BT 工程建设管理的诸多困难,在保证工程进度按原计划快速推进的同时,很好地实现了全面质量管理目标,并取得了良好的经济效益和社会效益。

(1)在轨道交通 BT 工程深圳模式下,BT 项目发起人加强管理创新和制度创新,充分发挥源头治理和行政监管优势,实现安全质量管理工作的科学化、制度化和规范化。

(2)在轨道交通 BT 工程深圳模式下,BT 项目发起人发挥各参建方联合监管的优势,建立了全面质量管理的多层次反馈控制体系。

(3)在轨道交通 BT 工程深圳模式下,BT 项目发起人加强了数字化工地建设,与 BT 项目承办人共同构建基于信息化系统的施工监测体系。

(4)在轨道交通 BT 工程深圳模式下,BT 项目发起人加强了对工程重大危险源的动态监控,并建立了重大安全事故的应急救援机制。

BT 项目发起人的轨道交通 BT 工程深圳模式安全质量管理,作为一种新的模式,还需要进一步优化和完善:

(1)在轨道交通 BT 工程深圳模式下,BT 项目承办人及其组建的项目公司对各标段项目部的管理链条过长,全面质量管理效率偏低,BT 项目承办人的内部管理关系需要进一步梳理。

(2)应对安全质量信息化管理系统进行二次开发,根据现场管理实践的需要,一方面对现有的两个子系统进一步完善和优化;另一方面应增加新的子系统,以满足初步设计管理、施工图设计管理、监理管理以及文明施工、风险管理等全方面的需求。

12.2.7 BT 工程动态施工风险管理

在轨道交通 BT 工程深圳模式下,BT 项目发起人克服 5 号线 BT 工程施工风险管理的复杂性与高难度,5 号线工程地质条件和周边地理环境复杂,建设规模大、工期紧张、管理模式新等诸多困难,在实现工程进度、质量等建设管理目标的同时,未出现较大工程伤亡事故,有效保障了工程建设的顺利推进。

BT 项目发起人的施工风险管理工作克服了诸多困难,取得了较好的经济效益和社会效益,但是作为一种新的模式,还需要进一步优化和完善:

(1)深圳地铁 5 号线 BT 工程实现了"风险总价包干制度",但在 BT 合同文件中未对风险包干费所包括的具体范围进行明确,因此在实施过程中容易产生双方理解上的偏差。建议明确风险包干费的范围。

(2)由于 BT 项目承办人内部风险包干费用分配不明确,风险责任不清晰,造成部分风险事故处理不到位、不及时。故建议 BT 项目发起人对 BT 项目公司与各标段项目部之间的施工总承包合同进行相关要求,明确合同风险包干费用及职责划分,避免类似问题的发生。

(3)在深圳地铁 5 号线 BT 工程中,BT 项目发起人已建立起风险应急处理体系,但是目前仍参考传统的应急预案。建议结合轨道交通 BT 工程深圳模式的实际情况,编制《轨道交通 BT 工程深圳模式公共事件应急预案》作为一级风险应急预案,进一步完善和优化轨道交通 BT 工程深圳模式风险应急处理体系。

12.3 深圳地铁 5 号线 BT 模式的应用前景

12.3.1 对政府的影响

(1)缓解政府投融资压力

轨道交通 BT 工程深圳模式一方面作为一种项目融资方式,能够改善政府投资建设项目的投资结构,缓解当期政府资金压力、锁定建设成本和适当转移建设风险,提升大型城市公共设施的建设能力;另一方面,由于深圳模式将 BT 项目的回购时点大大提前,BT 项目发起人在建设期间即开始逐年给予承办人合同价款的支付,采用此种 BT 模式要求政府部门要具有一定的财政资金实力,因此可以很好的避免建设资金不足或无法到位却仍然强行采用 BT 模式的现象。

(2)促进政府投资建设项目行政职能的转变

深圳模式实现了"指挥部+项目法人制"的管理体制,深圳市政府通过成立轨道办并同时指定该项目今后的运营管理机构作为 BT 项目发起人,履行该项目的业主职能,可以实现投资项目的政府行政管理职能和项目具体投资业主实施职能的"管办分离",明确了投资项目各相关环节的责任主体。该模式也使得政府职能部门从专注于个别项目的微观管理中脱离出来,转变为政府职能的专业监管行为,有助于政府执政效率和水平的提高;同时也可避免政府为建设项目而重复设置各个层级的项目建设管理单位,缓解了人力资源配置压力,减少政府因层层组建项目管理机构而产生的专业化效率不足、机构臃肿等现象所导致的费用支出,大大提升管理效率。

(3)可有效遏制工程建设中的腐败现象

采用轨道交通 BT 工程深圳模式,一方面使政府由过去对工程项目的具体管理转变为统筹、协调和监督,大大精简了政府建设管理机构,有效切断了相关权力部门涉及自身的利益链条,预防了政府部门在具体监管过程中可能发生的腐败现象;另一方面对于项目的建设单位而言,实现投融资、设计和施工的 BT 总承包,则大大减少了传统建设模式下建设单位所面临的多层次、多领域和多数量的经济合同关系,客观上减少了建设单位内部相关环节和多个承包人接触的机会,腐败风险的暴露点也因此大大减少,产生腐败的概率也将大大降低。轨道交通 BT 工程深圳模式为从源头上、机制上预防腐败创造了有利条件。

12.3.2 对 BT 项目发起人的影响

相对于传统的 BT 模式和一般的项目采购模式,深圳地铁 5 号线 BT 模式能够为 BT 项目发起人突出解决工期、资金和管理这三大难题。

1. 工期

随着我国城市化进程的不断加快,城市交通系统已无法满足人口增长的需求,通过建设城市轨道交通工程来快速缓解城市交通压力已成为当下的迫切需要。目前,国内诸多城市都在进行城市轨道交通工程的建设,对项目工期都有较高的要求,在工期、质量和投资这三大目标中,工期目标显得尤为重要。深圳地铁5号线BT模式可以在以下四个方面为缩短项目工期提供支持:

(1)通过BT模式招标选择具有较强融资和施工能力的大型建筑业集团公司,为项目的顺利进展、加快进度提供了基本保障。BT项目投标对象一般为大型建筑业集团公司,具有较强的技术和管理能力,经验丰富,并能够发挥集团作战优势,采用BT模式招标为BT项目发起人选择到满意的BT项目承办人创造了有利条件。

(2)通过设计施工总承包的一次性招标,大大缩短了招标时间。通常对于组织施工招标投标这一环节,需要在做好项目各种前期准备工作之后,将项目分解为多个招投标单元和区段,由BT项目发起人分别对勘察、设计、施工、监理等多个企业,进行分单元、分区段招投标。而在本项目设计施工总承包的BT模式下,对全线土建工程、装修工程和常规设备工程进行统一招标,大大节约了招标时间。

(3)设计施工总承包模式的运用使得设计与施工环节得到了很好的衔接,极大地缩短了工期。设计施工总承包可以实现设计单位和施工单位的互动,一方面使设计服务于施工,改变传统施工的被动性,避免设计与施工脱节,有利于优化设计的实现,减少设计变更和签证环节;另一方面可以增强设计的可施工性,将设计方案与先进的施工技术、施工工艺和施工方法结合起来,使设计方案更合理,更具可操作性,减少不合理的设计,提高施工效率,缩短施工工期。另外,在设计施工总承包模式下,有利于承包人采用快速路径法边设计边施工,大大缩短工期。

(4)有利于物资的全线调配。BT项目承办人作为总承包单位,可以对全线推行资金、物资和大型设备的集中管理、统一招标采购和集中调配。特别是对于对全线隧道施工关键设备——盾构机,BT项目承办人可以根据全线各标段的施工组织设计安排,对盾构机的配置进行全面优化,通过统一招标采购和建造,确保全线盾构机按期出厂,按期下井施工,从而保障正常的建设进度。

2. 资金

在轨道交通BT工程深圳模式下,BT项目发起人在项目建设期间逐年给予BT项目承办人工程费用、融资费用、自有资金回报和风险费用,大大降低了BT项目承办人工程投融资及建设风险,提高了BT项目承办人的积极性。更为重要的是可以避免BT项目承办人带资施工,以及带资施工可能引起的拖欠工资、施工人员积极性差等不利于工程进展的现象,为工期目标和质量目标的实现提供了可靠的保障。

同时,轨道交通BT工程深圳模式采用了固定总价合同形式,并且合同总价中包含了风险包干费和暂定金额。不仅如此,该模式还采取了设计施工总承包,可以大大降低设计变更的发生概率。这些因素都为杜绝工程结算大幅度超概算的现象,实现项目投资的有效控制奠定了基础。

3. 管理

深圳地铁5号线BT模式实现了投融资、设计和施工的集成,BT项目承办人承担了BT工程范围内所有标段的土建施工图设计和施工任务,并承担了相应的责任和风险,减少了BT项目发起人的协调和管理工作。

BT项目发起人可以通过深圳地铁5号线BT模式的运用将其融资和建设管理风险转移给BT项目承办人,使得其面对的责任界面单一、清晰,避免管理界面模糊带来的纠纷和争议,并将BT项目发起人从繁杂的项目管理工作中解放出来。

最为重要的是,深圳地铁5号线BT模式解决了BT项目发起人全寿命周期管理的难题。在深圳地铁5号线BT模式下,业主可以实现对项目全过程的强控制,有利于全寿命周期管理目标的实现。城市轨道交通项目具有非常强的社会责任和历史责任,影响深远,将全寿命周期管理的理念运用于城市轨道交通项目得到了人们的普遍重视。BT项目发起人具有强控制权的深圳地铁5号线BT模式为全寿命周期管理提供了保障,而这也正是其他BT模式所难以实现的地方,因而深圳地铁5号线BT模式将具有广泛的运用前景。

12.3.3 对大型建筑业企业的影响

轨道交通BT工程深圳模式的提出,为大型建筑业企业的发展拓宽了思路,带来了新的机遇和挑战。总体而言,该模式对大型建筑业企业的影响主要有以下三个方面:

(1) 以投融资带动设计施工总承包,实现投资收益和利润收益的双收。

在轨道交通BT工程深圳模式下,BT项目合同价款中包含了工程费用、融资费用和投资回报,因而对于大型建筑企业而言,即可以获得设计施工总承包带来的工程利润,又可以获得BT项目投融资产生的投资收益,从而实现工程利润和投资收益的双收。轨道交通BT工程深圳模式给予了大型建筑企业投资和利润收益的保障,为企业开辟了一种新的投资渠道,使大型建筑企业通过参与基础设施建设为剩余资本找到投资途径,改变其投资渠道单一的局面;降低了企业投资的盲目性,减小了风险,保证其资本的增值。通过参与BT项目进一步推动了工商企业与金融企业通过信贷、股权、人事等方式走向结合,改善了企业法人治理结构。

更为重要的是,轨道交通BT工程深圳模式有利于大型建筑企业以投融资带动工程总承包,拓宽了企业的发展思路。大型建筑企业通过参与城市轨道交通BT项目,既有利于避免与中小建筑企业的恶性竞争,又可以最大限度地发挥企业自身资金、技术和管理的综合优势,拓展企业的业务范围,取得较好的投资收益。

(2) 促进大型建筑业企业管理能力的提升及产业链的发展。

轨道交通BT工程深圳模式可以促使建筑企业从传统的承包人转变为投资者,管理方式变为工程总承包,有效地实现投融资、管理、设计、施工资源整合、紧密衔接和集成化发展,提升建筑企业的整体素质和综合竞争力。实行设计施工总承包型的BT模式,BT项目承办人可以通过设计管理的实际工作,锻炼其设计管理协调能力,促使其充实各种资源配置和技术积累;通过管理创新、科技创新,提高工程项目建设管理水平,实现项目管理的高度专业化、集成化。

不仅如此,轨道交通BT工程深圳模式还有利于实现大型建筑企业的业务向产业链上下游延伸,扩大企业的市场份额,实现规模效益,使得企业的综合管理能力得到增强,有利于大型建筑企业提高企业的社会效益和品牌价值。大型建筑企业的做大做强可以提升我国建筑企业的综合竞争力,促进当地建筑市场的变革,提高当地建筑业的整体管理水平,并有利于开拓国际工程市场。

(3)降低了大型建筑企业的项目承接风险。

在传统BT模式下,BT项目承办人承担了建设单位职责及所有相关风险;而在轨道交通BT工程深圳模式下,BT项目承办人仅仅承担了设计总承包单位应承担的风险。不仅如此,为优先确保工期和质量目标,BT项目发起人更加注重项目建设风险的合理分配。例如,BT合同价款中包含了风险包干费和暂定金额项目,减小了BT项目承办人建设成本超支的风险;BT项目回购时点前移,建设期即开支就给予BT项目承办人合同价款支付,大大降低了BT项目承办人的投融资风险。因而,在轨道交通BT工程深圳模式下,大型建筑企业面对的项目承接风险较其他BT模式和项目采购模式要小。

12.4 轨道交通BT模式的方案设计与建议

轨道交通BT工程深圳模式是深圳市政府和深圳地铁公司对投融资管理体制和建设管理体制的一次重大创新,取得了显著的效果,得到了人们的广泛认可。轨道交通BT工程深圳模式的成功实践并非偶然,而在于深圳市政府和深圳地铁公司对深圳地铁5号线项目建设背景的充分分析,以及对轨道交通BT模式方案设计关键要素的深刻理解和把握。目前,我国城市轨道交通建设已进入高速发展时期,采用BT模式是一个重要的选择,政府部门或BT项目发起人在对BT模式的方案设计过程中应牢牢把握以下五个关键要素。

12.4.1 BT项目发起人的管理深度

在传统BT模式下,BT项目承办人以项目法人的身份负责对BT工程的全面建设和管理,但BT项目发起人在建设期的控制较弱。在北京建设管理型BT模式下,随着BT项目被划分为BT工程和非BT工程,BT项目承办人已不具有项目法人的地位,但BT项目承办人仍然在BT工程范围内承担着建设单位的职责,负责BT工程建设的全面管理,BT项目发起人在BT工程范围内的管理控制权较弱;而在轨道交通BT工程深圳模式下,BT项目发起人深度介入BT工程的建设管理工作,实行了全过程的深度控制。BT项目发起人管理深度的选择应结合以下三个因素考虑:

(1)BT项目发起人的管理经验和能力。BT工程的深度控制要求BT项目发起人具有丰富的管理经验、管理能力和管理资源,例如在轨道交通BT工程深圳模式下,BT项目发起人为了实现深度控制,采取成立地铁5号线建设分公司、现场派驻业主代表、地铁公司内部多部门直接介入等多种手段。对于一个刚刚开始城市轨道交通建设的城市来说,BT项目发起人通常很难具有这样的实力。

(2)BT项目承办人的选取模式及自身情况。BT项目发起人对管理深度的选择与BT项目承办人是否参与施工、BT项目承办人的施工能力及信誉、BT项目发起人对BT项目承办人的信任度及双方之间的合作关系等因素密切相关。

①BT项目承办人是否参与施工。在我国城市轨道交通领域,BT项目承办人通常都是资金实力雄厚、建筑施工能力强的大型建筑行业企业,BT项目承办人组建BT项目公司负责投

融资和建设管理,同时内部招标各子公司完成各标段施工总承包任务,这样就会出现 BT 项目公司与各标段施工承包人同体化的问题。当 BT 项目公司以公开招标或与 BT 项目发起人共同招标的形式选择标段施工承包人时,BT 项目发起人则可考虑适当放权。

②BT 项目承办人的施工能力及信誉。施工管理经验丰富、施工能力强、企业信誉好的 BT 项目承办人较易取信于 BT 项目发起人。

③BT 项目发起人对 BT 项目承办人信任度及双方之间的合作关系。如果 BT 项目发起人与 BT 项目承办人之间具有长期的合作关系,双方之间的信任度高,交流通畅,此时 BT 项目发起人的管理深度可适当减弱。

(3)BT 工程的投资规模和实施难度。当 BT 工程投资规模和实施难度较大时,BT 项目发起人面临巨大的投资和管理失控风险,故采取 BT 工程的深度控制较为适宜。

12.4.2　BT 工程回购方式与回购时点的选择

通常,BT 项目发起人对 BT 工程的回购是在 BT 工程竣工移交后,以回购 BT 项目公司股权或支付合同价款的方式进行,这其中牵涉两个问题:

(1)BT 工程的回购方式。股权回购的方式,默认了 BT 项目承办人具有项目法人或建设单位的地位,同时还牵涉 BT 工程的资产归属问题,BT 项目发起人面对的风险较大。当采用支付合同价款的方式时,需要明确 BT 项目承办人是否具有项目法人地位,以及回购过程中是否牵涉营业税的征收等问题。当 BT 项目发起人具有项目法人地位,BT 项目承办人仅在 BT 工程范围内负责投融资和施工任务时,建议采用支付合同价款的方式。

(2)BT 工程的回购时点。城市轨道交通工程的建设工期通常至少为 3～5 年,采取竣工移交后才开始 BT 工程回购的方式将大大缓解政府短期财政压力和地铁公司的投融资压力,但同时 BT 项目承办人的高额融资成本也将包含在合同价款中转嫁给政府或 BT 项目发起人。因而,对于政府短期财政压力较大的城市,建议采取竣工移交后回购的方式;而对于政府短期财政压力不大或地铁公司资金充足的城市,建议将 BT 工程的回购时点适当提前,这将带来两个好处,一是降低 BT 项目发起人的融资成本支付,例如深圳地铁 5 号线 BT 工程因回购时点的提前就节省了约 8 亿元;二是 BT 工程合同价款提前支付在降低 BT 项目承办人融资成本的同时也可以牢牢牵制 BT 项目承办人,有利于 BT 项目发起人对 BT 工程的全过程监管,降低投资失控风险。

12.4.3　BT 工程与非 BT 工程的划分

城市轨道交通工程通常投资规模巨大,如果对整个项目采用 BT 模式,由 BT 项目承办人完成整个项目的建设将使政府和 BT 项目发起人面临巨大的投资和管理失控风险。在城市轨道交通领域,改变传统针对一个完整项目采用 BT 模式的做法,而将 BT 模式的应用对象局限在部分工程将有利于降低 BT 项目发起人和 BT 项目承办人的风险。BT 工程与非 BT 工程的划分应重点考虑施工、采购和前期工程三个方面的问题。

(1)施工。建议将土建工程施工、与土建工程关系密切的相关工程的施工纳入 BT 工程范围。土建工程对工期的影响较大,该工程的施工工期往往是整个项目工期的瓶颈,而 BT 项目承办人通常对土建工程施工具有丰富的经验、能力强,故将其纳入 BT 工程范围能够发挥 BT

项目承办人的施工优势；与土建工程关系密切的相关工程包括装修工程、常规设备和部分系统设备安装工程，这些工程与土建工程存在大量的设计和施工接口，将其纳入 BT 工程范围由 BT 项目承办人统一管理有利于减轻 BT 项目发起人的接口管理和变更管理工作，同时便于 BT 项目承办人合理统筹安排工期，促进项目进展。

（2）设备和材料的采购。BT 项目发起人对材料和设备采购可以通过三种方式把握：甲供、甲控乙供、乙供。

①常规设备、系统设备和重要材料建议直接甲供，这部分材料设备对项目后期运营质量和安全影响巨大，因此不宜由 BT 项目承办人采购；

②土建工程、装修工程中对工程质量有重大影响的材料应采取甲控乙供的方式，即 BT 项目承办人负责采购，但 BT 项目发起人具有监督和否决权；

③其他次要的设备和材料宜由 BT 项目承办人直接采购。

（3）前期工程。前期工程由于工期紧、协调难度大、不确定因素多等特点，一直以来都是城市轨道交通工程建设的一大难点，这里的前期工程主要包括：征地拆迁、交通疏解、管线迁改和绿化迁移等。前期工程是否纳入 BT 工程范围主要应考虑以下两个因素：

①前期工程施工的复杂程度。城市轨道交通建设的区位选址对前期工程施工的复杂程度有重大影响。对于在老城区新建的城市轨道交通项目，征地拆迁、管线迁改等前期工程的影响面非常广，实施难度巨大，协调工作繁杂，在这种情况下若将前期工程纳入 BT 工程范围则将给 BT 项目承办人带来巨大的风险；同时老城区相关图纸不齐全也容易引起 BT 项目承办人的大量工程变更诉求，不利于 BT 工程的顺利进展。对于在新城区或人口不密集的郊区新建的城市轨道交通项目，前期工程施工的难度相对较小，相关图纸齐全，BT 项目承办人面临的风险相对小，此时将其纳入 BT 工程范围是一个较好的选择。

②BT 项目承办人对前期工程的管理和协调能力。前期工程施工牵涉面广，社会影响大，需要与多方利益主体进行协调，程序复杂，一些重大问题甚至需要政府部门的参与。对于一个初入某城市轨道交通建筑市场的 BT 项目承办人，与该城市的政府相关部门和社会机构缺少合作与沟通，在实施前期工程过程中面临程序操作不熟练、管理协调不通畅等诸多困难，此时若将前期工程纳入 BT 工程范围将不利于前期工程的顺利进展，并且影响项目的整体工期；相反，若 BT 项目承办人在该城市已经承接过前期某轨道交通项目的建设，对该城市的建筑市场较为熟悉，与政府相关部门协调通畅，程序操作熟练，则可考虑将前期工程纳入 BT 工程范围以减轻 BT 项目发起人的管理负担。

12.4.4　施工图设计管理的方式

由于城市轨道交通工程设计的不确定因素较多和我国政策法规的限制，BT 项目发起人通常需要完成总体（初步）设计后再进行 BT 工程招标。BT 项目发起人在进行 BT 模式的方案设计时，首先要考虑是否采取施工图设计施工总承包。采用设计施工总承包模式，有利于 BT 项目承办人采用快速路径法边设计边施工，大大缩短了工期，同时还有利于 BT 项目承办人的设计优化，减少设计变更、签证和相关纠纷。因而，对于工期异常紧张的城市轨道交通项目而言，建议采用施工图设计施工总承包的方式，这对缓解工期压力具有重大意义。城市轨道交通 BT 模式采用施工图设计施工总承包方式时，需要重点考虑以下三个问题。

(1)施工图设计施工总承包模式的运用对象。建议仅对土建工程采用施工图设计施工总承包,原因有三:

①土建工程施工速度是项目工期的瓶颈,采用设计施工总承包将有利于整体工期的提前;

②土建工程的设计标准相对明确,BT项目发起人对该部分设计往往没有个性化的要求,对设计内容的干扰少,设计变更少,实行设计施工总承包可行性较大;

③考虑到城市轨道交通工程的社会影响程度以及BT项目发起人的全寿命周期项目管理的意愿,对项目运营具有重要影响的装修工程、常规设备和系统设备工程等设计工作宜由BT项目发起人直接把控。

(2)施工图设计单位的委托方式。由于初步设计由BT项目发起人完成,若将施工图设计单位的委托权交给BT项目承办人,则将产生初步设计单位与施工图设计单位不统一的问题。故建议采用轨道交通BT工程深圳模式中的合同转移型设计施工总承包模式,或直接要求BT项目承办人与初步设计单位签订合同,由初步设计单位继续完成后期的施工图设计。BT项目发起人对施工图设计单位委托权的把握,能够实现初步设计与施工图设计的良好衔接,并有利于BT项目发起人对施工图设计单位的管理与协调。

(3)施工图设计的管理。由于BT工程施工图设计管理牵涉BT工程与非BT工程的设计接口协调问题和BT项目发起人的一些切身利益,因而BT项目发起人通常都希望对施工图设计单位具有一定的管理权。然而,BT项目发起人是否需要介入对施工图设计的管理不能一概而论。对于施工图设计管理力量薄弱的BT项目发起人而言,过度的介入施工图设计管理反而可能不利于施工图设计的顺利进行。而对类似深圳地铁公司内部设立了设计部,设计管理经验丰富、管理能力强的BT项目发起人而言,介入施工图设计管理是比较适宜的,但建议采用轨道交通BT工程深圳模式所采用的"以BT项目承办人管理为主、BT项目发起人管理为辅"的共同管理原则。即BT项目承办人主要是根据现场施工需求,进行设计优化,实现设计与施工的衔接,BT项目发起人则是把握设计标准,确保设计质量满足BT项目发起人的功能需求,并通过设计总包单位负责BT工程与非BT工程(特别是系统工程)设计接口的协调。

12.4.5 监理单位的委托与管理

BT模式在我国的实践过程中,产生了监理单位委托与管理权的争议。对于承认BT项目承办人具有项目法人地位的BT模式而言,一些学者认为应由BT项目承办人负责委托和管理监理单位。然而,由于我国建筑市场诚信缺失,存在建筑业企业施工不规范、盲目追求经济利益,监理企业规模小,监理人员素质不高,对城市轨道交通建设管理经验和能力不足等问题,将监理单位的委托和管理权交给BT项目承办人并不为大多数人所认同。因此,在我国城市轨道交通领域,不论是北京、南京还是深圳所采用的BT模式,BT项目发起人都牢牢把握着监理单位的委托权,不同的是在北京建设管理型BT模式下,BT项目发起人与BT项目承办人共同管理监理单位。

城市轨道交通项目监理单位具有专业多样化、数量多这两大特征,BT项目发起人对全线监理单位需要进行统一的协调、监督和管理,工作量巨大。为减轻BT项目发起人的监理管理工作量,可以采取以下三种措施:

(1)委托项目管理单位对建设项目进行全方位的管理,对全线监理单位的协调管理工作也包含在项目管理单位的管理范围之内。对于管理资源丰富、管理能力较强的 BT 项目发起人而言,往往没有委托项目管理单位的需求,故不适宜采取该措施。

(2)实行监理总包模式,即将全线所有的监理工作单独发包给一家监理总包单位,由监理总包单位再进行监理分包,该模式已在深圳地铁一期工程中得到了运用。但实行监理总包模式容易产生总包单位地位尴尬,难以代表业主进行监理管理工作等问题,在实际操作中效果不佳。

(3)引入监理管理单位,由其负责对全线各标段监理单位进行监督和管理,并为工程建设提供技术和管理支持,这正是轨道交通 BT 工程深圳模式建设管理的一个重要创新点,该措施在减轻 BT 项目发起人管理工作量的同时,却并没有削弱业主对监理单位的直接管理权,且取得了良好的管理效果,值得推荐。

下篇 实践篇

第13章 总 则

13.1 编制目的

城市轨道交通工程建设规模大、周期长、参建方众多,建设管理本身就是一项较为复杂的任务,加上BT模式,建设管理方就更需要理顺各参建单位职责、完善协作机制、规范工程管理、全面落实质量安全以及文明施工措施,整体提高工程建设管理水平,保证工程安全、质量、投资以及进度目标的顺利实现。

本篇针对目前我国BT模式下城市轨道交通工程建设过程中缺乏实用的管理标准和工作指南的现状,通过对深圳地铁5号线BT工程建设与管理实践进行梳理、归纳、总结和提升,形成一套完整的城市轨道交通BT工程深圳模式下的设计、进度计划、安全质量、风险控制、监理管理、物资采购、验收与移交工作等管理办法和操作程序,为BT模式下城市轨道交通工程或类似工程的建设管理提供参考和借鉴,进一步推动城市轨道交通工程建设管理的创新。

13.2 编制依据

(1)国家关于建设工程项目管理的有关法律、法规,主要有:
①《建设工程质量管理条例》(国务院[2000]279号令)。
②《关于培育发展工程总承包和工程项目管理企业的指导意见》(建市[2003]30号)。
③《建设工程项目管理试行办法》(建市[2004]200号)。
④《建设项目工程总承包管理规范》(GT/T 50358—2005)。
⑤《城市轨道交通工程安全质量管理暂行办法》(建质[2010]5号)等。
(2)广东省、深圳市关于建设管理的法规办法,主要有:
①《广东省建筑工程竣工验收技术资料统一用表(深圳版)》。
②《深圳市建设工程重大危险源管理办法》(深建规[2007]15号)。
③《关于加强轨道交通建设安全质量管理的紧急通知》(深建质安[2009]24号)。
④《深圳地铁矿山法隧道施工管理的若干规定》(深建字[2009]19号)。

(3)《深圳市地铁 5 号线 BT 项目合同》。
(4)深圳市地铁集团公司、中铁南方公司颁布的相关管理制度、办法及文件。

13.3　适　用　范　围

BT 模式下城市轨道交通工程或类似工程的建设管理。

第14章 工程概况

14.1 项目基本情况

深圳地铁5号线,西起前海湾,经宝安中心、新安旧城区、西丽、大学城、龙华拓展区、坂田、布吉,至黄贝岭,线路全长约40km,其中高架线3.4km,地下线35.8km,地面线0.8km,共设车站27座,以及塘朗车辆段和上水径停车场。

深圳地铁5号线采用BT建设管理模式,工程总投资200.58亿元,其中BT部分105.7亿元,是目前国内城市轨道交通采用BT模式建设一次性建成的单条线路最长的地铁工程。

14.2 项目目标

1. 投资目标

工程总投资200.58亿元,BT部分105.7亿元。

2. 工期目标

2007年12月开工,2011年6月开通试运营。

3. 质量目标

确保合格工程,争创国家优质工程鲁班奖。

4. 安全目标

零事故、零伤亡、零损失,争创一流安全业绩。

14.3 单位定义

1. 政府职能部门

政府职能部门指中华人民共和国政府及其下属部门,基于法定的行政授权,也指对本项目或其任何部分具有管辖权的广东省政府、深圳市政府、深圳市有关区政府以及具有相应行政管理职能的有关部门,特别的,还包含深圳市地铁5号线建设管理办公室。

2. BT 项目发起人/业主/建设方

深圳市地铁集团有限公司(简称:地铁公司)。

3. 建设分公司

深圳地铁 5 号线建设分公司。

4. BT 项目承办人

业主通过公开招标确定的 5 号线 BT 项目投融资及施工图设计和工程施工总承包项目的承办人:中国中铁股份有限公司(简称:中国中铁)。

5. BT 项目公司

中国中铁派驻深圳地铁 5 号线工程项目负责履行委托 BT 合同的组织机构——中铁南方投资发展有限公司(简称:中铁南方公司/南方公司)。

6. 设计咨询单位

上海市隧道工程轨道交通设计研究院。

7. 监理管理单位

业主通过公开招标确定的监理管理单位:铁科院(北京)工程咨询有限公司。

8. 勘察设计总承包单位

铁道第三勘察设计院集团有限公司。

9. 监理单位

深圳地铁 5 号线各土建、系统设备或变电站监理单位。

10. 标段项目部

中国中铁根据 5 号线 BT 项目标段划分派驻现场施工的项目机构。

第 15 章 项目管理模式

15.1 项目组织架构

15.1.1 项目组织架构图

深圳地铁 5 号线项目组织架构图见上篇图 5-1。

深圳地铁 5 号线项目整体组织架构分为四个层次：

(1)第一层为行政监督层,由政府相关职能部门组成。

(2)第二层为决策控制层,主要包括 BT 项目发起人。

(3)第三层为协调监管层,由建设分公司、BT 项目承办人、BT 项目公司、监理管理单位、设计咨询单位、勘察设计总承包单位等组成。

(4)第四层为施工管理层,由 BT 项目建设指挥部、监理单位、各施工标段等组成。

15.1.2 各方职责划分

深圳地铁 5 号线项目各方职责划分如表 15-1 所示。

深圳地铁 5 号线项目建设相关方职责　　　　表 15-1

序　号	单　　位	责　　任
1	政府相关职能部门	项目策划指导人,负责整个地铁 5 号线建设的统筹、协调、监督、指导;履行行政许可职能,调动和整合政府行政资源,推动项目建设
2	BT 项目发起人	BT 项目发起人是建成后的运营单位,负责组织地铁 5 号线工程总体设计、初步设计和 BT 项目外的施工图设计工作,编制地铁 5 号线工程工期总策划,组织对相关建设单位的招标,负责建设过程中各专业工程的统一指挥和调度工作,是 5 号线工程建设的组织者、策划者和领导者
3	建设分公司	代表 BT 项目发起人对 5 号线工程的安全、质量、投资、进度进行全方位管理,推动项目建设
4	BT 项目承办人	深圳地铁 5 号线 BT 工程的承办人,承担 BT 工程的投融资和设计施工总承包职责

续上表

序号	单位	责任
5	BT项目公司	负责融资,代表BT项目承办人对工程安全、质量、投资、进度等进行直接管理,并向设计、施工等参与单位依照合同支付工程款
6	设计咨询	项目的设计咨询及监理,负责向建设方提供设计咨询及设计监理服务,优化工程设计,全面提升工程设计质量
7	勘察设计总承包	在勘察设计领域对5号线工程进行全过程的组织管理,行使设计管理和相关报建、外部协调职能,负责5号线工程勘察、设计及相关内外部接口协调,以及报建工作的全部技术和管理工作
8	监理管理	对全线工程各标段监理机构实行全过程的监督和管理,是BT项目发起人管理的延伸,为工程建设提供技术和管理支持,确保工程达到安全、质量、工期、投资目标
9	监理	对各标段项目部的安全、质量、投资、进度进行控制,对合同、信息进行管理,以及对外关系进行协调
10	标段项目部	负责责任标段的建造、安装调试、竣工验收和文档管理等工作

15.2 BT项目发起人组织架构

15.2.1 BT项目发起人组织架构图

BT项目发起人(深圳地铁公司)采用矩阵式项目组织形式,见上篇图6-1所示,并且从内部各职能部门抽调相关人员,成立深圳地铁5号线建设分公司,代表BT项目发起人行使建设方的项目管理职能。

15.2.2 BT项目发起人各部门职责

深圳地铁5号线BT项目发起人各部分职责如表15-2所示。

BT项目发起人(深圳地铁公司)各部门管理职责　　表15-2

序号	单位	责任
1	企业管理部	负责公司计划管理、产权管理、经营考核、部门目标管理考核、信息化建设、制度建设以及信息统计等方面的管理工作。内设二级部门信息技术中心,负责公司信息化建设的统筹、规划和实施等工作
2	合约部	负责招投标与合同管理、工程概(预)算管理与投资控制,对公司的招投标、合同管理、工程概(预)算与投资控制进行指导、监督、检查
3	规划部	负责地铁及附属工程的前期规划和立项审批、报建工作,统筹地铁工程建设与附属资源开发的前期规划工作。负责开展城市轨道交通行业的政策研究等工作

续上表

序号	单位	责任
4	设计部	负责地铁建设工程的总体设计、初步设计、施工图设计的全部设计和审图管理工作,协调处理上盖物业、地下空间开发等资源开发部门与地铁工程的设计接口问题,制定设计接口管理规范
5	设备部	负责统筹制订地铁机电设备系统的技术标准、设备选型、设计联络、监造、验收、安装、调试、试验、总联调、监理管理以及国产化等工作。按公司招标程序承担机电设备招标的相应职责
6	5号线建设分公司	负责地铁建设工程土建施工过程中的业主管理工作,并协助设备部完成设备安装调试等工作,与设备部共同承担总体工程目标责任。按公司招标程序承担土建工程招标的相应职责
7	总工程师室	负责工程竣工验收、技术管理、科研管理、工程档案资料验收管理等工作,是公司技术委员会的日常办事机构
8	安全质量部	负责建立、完善公司的安全质量管理体系,监督、指导分、子公司安全质量管理工作,组织调查处理重大安全质量问题,是公司安全委员会的日常办事机构
9	拆迁办公室	负责地铁及附属工程建设所涉及的地面拆迁、绿化迁移、管线改迁以及交通疏解等工作。内设二级部门市政工程代建办公室,负责公司代建的市政工程项目的管理工作
10	运营分公司	负责建立健全高效、有序的地铁运营管理机制,负责运营安全、客运服务、票务政策、设备设施维护等工作

第16章 工程设计管理

16.1 工程设计管理组织层次

深圳地铁 5 号线设计管理分为 3 个层次：

(1) 第一层为政府监管层，包括 5 号办等政府相关职能部门，负责组织地铁 5 号线施工图审查，对地铁 5 号线建设过程中出现的设计变更进行监管。

(2) 第二层为建设方审核层，包括 BT 项目发起人、设计咨询单位、设计总包单位，组织施工图设计的审查及工程变更工作。

(3) 第三层为项目实施层，包括 BT 项目承办人、监理以及各标段设计单位，负责施工图的设计工作及工程变更的申报实施。

16.2 施工图设计及审查管理

16.2.1 施工图设计及审查责任划分

深圳地铁 5 号线施工图设计及审查各方职责见表 16-1。

施工图设计及审查各方职责　　　　表 16-1

序号	单位	责任
1	政府相关职能部门	对地铁 5 号线 BT 项目施工图设计文件进行监管
2	BT 项目发起人	组织 BT 项目施工图设计文件的审查工作
3	设计咨询	负责对 BT 项目施工图设计文件进行审查
4	总体设计单位	①负责 BT 项目内外设计技术接口以及有关施工图设计文件（含设计变更文件，下同）的技术协调；②对 BT 项目施工图设计文件进行总体审核
5	BT 项目承办人	①根据工程建设进度要求，提出施工图出图计划表，经地铁公司批准、5 号办备案后，组织实施；②按照出图计划表，组织完成 BT 项目施工图设计阶段的详勘（含补勘）和施工图设计工作
6	工点设计单位	进行施工图设计，并对设计文件的质量负责

16.2.2 施工图设计及审查程序

深圳地铁5号线施工图设计及审查流程见图16-1。

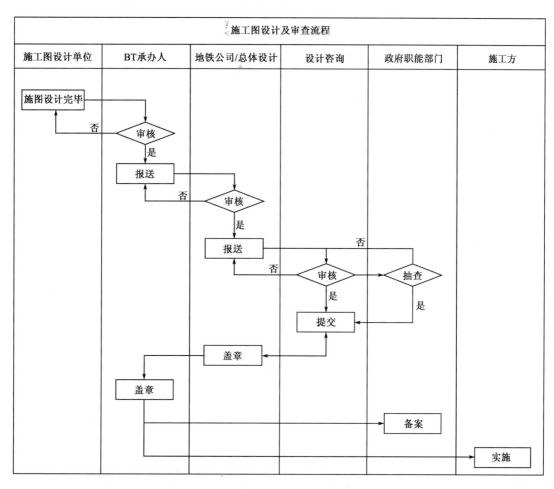

图 16-1 施工图设计及审查流程图

（1）施工图设计单位在完成施工图设计后，将设计文件报送BT项目承办人，BT项目承办人签署认可后报送BT项目发起人或其委托的总体设计单位，时限为3个工作日。

（2）BT项目发起人或其委托的总体设计单位对设计文件进行总体审核，时限为5个工作日。审核通过的，报送施工图审查机构；需要修改的，退回修改后重报。

（3）施工图审查机构应根据有关施工图审查的要求及规划、建设、消防、人防等政府专业部门提出的施工图设计及审查要点和要求，对施工图设计文件进行全面审查。政府专业部门应对施工图设计文件及施工图审查机构的审查情况进行抽查，发现问题的，责任单位应予以改正。

（4）施工图审查机构应在5个工作日内完成审查工作，审查通过后，经由BT项目承办人、BT项目发起人加盖"受控章"后交付施工单位，同时将审查结果报送规划、建设、消防、人防等政府专业部门备案;需要修改的,退回修改后重报。

(5)施工图审查过程中,如果 BT 项目发起人、总体设计单位以及施工图审查机构认为有必要,或者 BT 项目承办人对审核、审查有异议,可提请 5 号办组织政府有关部门和专家对施工图设计文件进行会审。

16.3 工程变更管理

16.3.1 工程变更责任划分

深圳地铁 5 号线工程变更责任划分见表 16-2。

表 16-2

序 号	单 位	责 任
1	政府相关职能部门	对设计变更进行监管
2	建设分公司	①组织 AⅡ、AⅢ、AⅣ 类的审批;②组织 AⅠ 类的初审,并负责对 BT 项目发起人审查后报 5 号办审批;③组织对 BⅠ 类工程变更的技术审查,涉及技术标准、建设规模、安全与质量等方面的工程变更报 BT 项目发起人技术委员会审查;④派出项目工程师至现场配合并会同监理工程师审核工程变更;⑤负责审核 A 类工程变更项目内的具体细目、工程数量;⑥负责及时将工程变更资料分发给 BT 项目发起人相关部门或单位;⑦配合其他部门办理其他工程变更相关事宜;⑧对已通过技术经济审查的 A 类工程变更,向监理工程师、BT 项目承办人签发《工程变更通知单》;⑨建立工程变更台账
3	合约部 (BT 项目发起人)	①负责 AⅠ、AⅡ、AⅢ 类工程变更的造价审核和控制,归口处理有关工程变更事务与市政府投资审计专业局的接口工作;②根据公司审批意见,在规定的时限内,负责工程变更的造价审核;③对重大变更及时通知深圳市政府投资审计专业局参加会审和现场查看;④建立工程变更台账
4	规划总体部 (BT 项目发起人)	①参加 AⅠ、AⅡ 类工程变更的审查审批会;②对运营、工程质量、安全有重大不利影响的 AⅠ、AⅡ 类变更提出意见
5	总工程师办公室/ 技术委员会办公室 (BT 项目发起人)	①及时组织技术委员会对 AⅠ、AⅡ 类工程变更和 BⅠ 类工程变更中涉及技术标准、建设规模、安全与质量等方面的工程变更进行审查、论证;②及时组织技术委员会对工程变更涉及重大技术问题的专题进行论证
6	设计咨询	①参加重大工程变更审查会;②对 BT 项目各类设计变更图纸进行审核并对非 BT 项目的影响提出设计咨询意见
7	总体设计单位	①负责 BT 项目内外设计技术接口以及有关施工图设计文件(含设计变更文件)的技术协调;②对 BT 项目各类设计变更图纸进行总体审核并对非 BT 项目的影响提出设计总体意见;③按设计合同约定对各工点设计单位进行施工图设计及变更设计的管理

续上表

序号	单位	责任
8	BT项目承办人	①负责组织BI、BII类变更的审批；②参与AI、AII、AIII、AIV类变更审查；③负责各类变更资料的申报和归口管理；④负责管理、协调设计单位的设计变更工作；⑤对已通过技术经济审查的A类工程变更，由建设分公司签发《工程变更通知单》给BT项目承办人和监理单位，BT项目承办人负责通知设计单位进行设计；⑥按《工程变更令》、工程变更设计文件、设计图纸的要求，负责工程变更的施工；⑦负责AI、AII、AIII类的造价申报；建立工程变更台账
9	监理	①接收工程变更申请；②审核工程变更；③参加BT项目发起人或BT项目承办人组织的工程变更会；④审核变更造价；⑤发布各类工程变更的《工程变更令》；⑥督促BT项目承办人按《工程变更令》实施工程变更内容；⑦建立工程变更台账；⑧为保证工程安全及连续施工，对于现场突发的急需的工程变更，难以按程序办理审批手续时，监理工程师在BT项目发起人授权的前提下，可书面指示BT项目承办人先实施工程变更，然后补办手续
10	工点设计单位	①参加BT项目发起人或BT项目承办人组织的工程变更会；②提供工程变更的有关依据及支持性材料；③及时处理工程变更，提出设计方意见；④负责工程变更设计，按规定的程序向BT项目发起人和BT项目承办人发送工程变更设计文件

16.3.2 工程变更基本原则

工程变更坚持实行事前控制、事后动态监督的动态监管原则。工程变更必须深入调查、充分论证，一次变更到位，避免"反复变更"。

16.3.3 工程变更分类

BT项目工程变更系对已批准的初步设计文件或经审批的施工图设计文件进行的修改和补充等，分类如表16-3所示。

表16-3

序号	变更分类		原因	内　　容	价款调整
1	A	AI	甲方引起	①重大技术标准、建设规模和工程范围变化的变更。②单项变更费用增减超过人民币1 000万元以上的变更（注：单项变更指单个车站、区间、车辆段、停车场工程中单独一次变更，或由同一原因引起的全线同一工程项目的重复性变更。）	是
2		AII		变更金额在200万元（含200万元）~1 000万元的变更	是
3		AIII		变更金额在30万元（含30万元）~200万元的变更	累计超过4 000万时超出的部分
4		AIV		变更金额在30万元以下的工程变更	否
5	B	BI	乙方引起	①对技术标准、建设规模和工程范围、主要工法等的变更。②涉及非BT项目工程造价、工期、质量改变的变更	否
6		BII		包括B类变更中BI类变更外的其他变更	否

16.3.4 工程变更程序

（1）AI 类：BT 项目承办人 → 建设分公司（组织规划、总体部、合约部、设计单位、监理单位、总工办等部门审查）→ BT 项目发起人分管领导 → 技术委员会办公室 → BT 项目发起人经营班子会 → BT 项目发起人总经理签署意见 → 5 号办组织审查批准后实施。

（2）AII 类：BT 项目承办人 → 建设分公司（组织规划、总体部、合约部、设计单位、监理单位、总工办等部门审查）→ BT 项目发起人分管领导 → 技术委员会办公室 → BT 项目发起人经营班子会 → BT 项目发起人总经理签署批准后实施（重要变更事项报 5 号办备案）。

（3）AIII 类：BT 项目承办人 → 建设分公司（组织合约部、设计单位、监理单位等部门审查）→ BT 项目发起人分管领导批准后实施。

（4）AIV 类：BT 项目承办人 → 建设分公司（组织设计单位、监理单位等部门洽商）→ 建设分公司正职批准后实施。

（5）BI 类：BT 项目承办人 → 建设分公司（组织设计单位、监理单位、总工办等部门洽商）→ BT 项目发起人分管领导审查同意（涉及技术标准、建设规模、安全与质量等方面的还需技术委员会办公室组织审查论证）→ BT 项目承办人批准后实施（5 号办备案）。

（6）BII 类：BT 项目承办人内部组织审查批准后实施 → BT 项目发起人备案。

16.3.5 工程变更申报及时限

1. 工程变更的提议单位和申报单位

合同工程相关的任何一方认为设计图纸或技术规范不适应工程实际情况时均可提出工程变更申请。

BT 项目发起人、设计及监理方提出的工程变更，由 BT 项目承办人组织施工或设计单位填写《工程变更申请单》交建设分公司，由建设分公司依工程变更类别，按照工程变更程序处理。

2. 工程变更的申报内容：

(1)变更的原因、合同依据。

(2)变更的内容及范围。

(3)变更引起的工程量及合同价款的增减。

(4)变更对工期、质量、安全、接口及非 BT 项目的影响。

(5)变更的依据、支持性材料。

(6)必要的附图及计算资料等。

3. 审批时限

BT 项目发起人审批工程变更的时限：收到《工程变更申请单》及其附件等齐全的工程变更资料后，AI 类 30 个工作日、AII 类 20 个工作日、AIII 类 15 个工作日、AIV 类 10 个工作日、BI 类 10 个工作日。

设计及监理单位审查工程变更的时限:收到《工程变更申请单》及其附件等齐全的工程变更资料后 AI 类 10 个工作日、AII 类 10 个工作日、AIII 类 5 个工作日、AIV 类 5 个工作日、BI 类 5 个工作日。

建设分公司签发工程变更通知单的时限:工程变更经批准后 2 个工作日。监理单位应根据现场施工需要及时发布工程变更指示。

需要设计单位出图的工程变更,设计单位的设计时限 AI 类 15 个工作日、AII 类 15 个工作日、AIII 类 10 个工作日、AIV 类 10 个工作日、BI 类 10 个工作日。

16.3.6　工程变更增减造价的审批与计量

(1)BT 项目发起人只负责对 AI、AII、AIII 类的工程变更增减造价进行审批与计量。AI 类变更造价还需 5 号办组织审查。

(2)简单的工程变更,可以在变更申请时准确提出变更工程量、变更单价来源或单价分析、工程变更预算表的,申报单位应当在申请工程变更的同时提出《工程变更造价审批表》,同时申报审批。不具备同时申报条件的,BT 项目承办人应当在工程变更出图后在规定的时限内提出《工程变更造价审批表》报监理单位审查。

(3)建设分公司受理造价增减申请后应当在收到齐全有效资料的 5 个工作日内完成审查,送合约部审查。建设分公司主要审查工程变更造价的增减项目及其工程数量;合约部主要审查工程变更项目的单价及合价。工程变更造价审查结论应说明工程变更的造价金额。

(4)工程造价编制、审查应当建立编制(主审)与复核(复审)制度。合约部项目工程师为造价的主审人,建设分公司业主代表为造价的复审人。

(5)合约部应当及时将工程变更造价资料送政府审计部门审查。超出预计变更造价增减额度的工程变更,其造价增减应当由合约部的公司分管领导审批后送政府审计部门审计。

(6)工程变更造价的编制、审查、审批时限:BT 项目承办人申报 15 个工作日、监理单位审查 15 个工作日、BT 项目发起人审查工程变更造价的时限控制在 25 个工作日内。5 号办对 AI 类变更的审查时限根据具体情况确定。

16.3.7　工程变更的实施

审批签署后的 A 类工程变更由建设分公司对 BT 项目承办人和监理单位签发《工程变更通知单》,需要设计出图的 BT 项目承办人及时督促设计单位出图,监理单位在收到图纸后签发变更指令后 BT 项目承办人开始实施。

16.3.8　工程变更文件及归档

完整的工程变更文件应当包括下列内容:
(1)工程变更建议书(若有)。
(2)工程变更洽商纪要(若有)。
(3)AI 类工程变更报审表(AI 类工程变更使用,见表 16-4)。
(4)工程变更申请单,见表 16-5、表 16-7。
(5)工程变更审批表,见表 16-6、表 16-8。

(6)工程变更通知单(BT项目发起人使用,见表16-9)。

(7)设计变更通知单(设计院使用,见表16-10)。

(8)工程变更图纸。

(9)工程变更令(监理单位使用,见表16-11)。

(10)工程变更增减造价申请审批表,见表16-12。

(11)工程变更造价审核表,见表16-13。

(12)工程变更增减造价指标计算表、单价分析表,见表16-14、表16-15。

(13)工程变更增减造价工程数量计算书,见表16-16。

(14)有关的初审、评审、审查、论证、审批等会议的会议纪要及其他支持性材料和依据,工程变更管理台账见表16-17。

(15)工程变更设计概算(若有)。

建设分公司、规划总体部、合约部、设计单位、监理单位、项目公司等应及时将工程变更文件整理归档。

16.3.9 相关表格

1. 工程变更申请及审批表格

AI类工程变更报审表　　　　　　　　　　　　　　　表16-4

编号:

致:(5号办) 根据《深圳市地铁5号线BT项目施工图设计及审查办法》的要求,我公司已对_____工程变更进行审查,请5号办组织审批。   附件:1.工程变更审批单。 　　　2.工程变更申请单。 　　　3.变更申报有关资料。   BT项目发起人(盖章): 　负责人(签字):　　　　　　　　　　　　　　　　　　　日期:___年___月___日

A 类工程变更申请单　　　　　　　　　　　　　　　　　　　　　表 16-5

工程名称：　　　　　　　　　　　　　　　　　　　　　　合同编号：

工程变更名称		变更编号	
原设计名称		图号	
变更类别	AI 类□、AII 类□、AIII 类□、AIV 类□		

变更原因： □1 报建　　□2 勘察　　□3 设计　　□4 技术标准或功能变化　　□5 不可预见因素　　□6 其他
工程变更责任主体：
原设计情况(可另加附页)：
现场实际(可另加附页)：
变更原因和合同依据：
变更方案(详见附图)：

估算造价增减:增__万元;减__万元(见估算表)。	工期影响:延迟__天;提前__天。
提议单位(章)：　　　编制人(签字)：　　　负责人(签字)： 　　　　　　　　　　　　　　　　　　　　　　　日期:___年__月__日	

A 类工程变更审批表

表 16-6

工程名称			合同编号		
变更名称		变更类别		变更编号	

提议单位描述(变更里程、部位、内容):
（单位盖章） 负责人签字： 日期：

工点设计单位意见：	设计总包单位意见：
（单位盖章） 负责人签字： 日期：	（单位盖章） 负责人签字： 日期：

BT 项目承办人意见：
（单位盖章） 负责人签字： 日期：

设计咨询单位意见：	监理单位意见：
（单位盖章） 负责人签字： 日期：	（单位盖章） 负责人签字： 日期：

建设分公司意见：
（部门盖章） 负责人签字： 日期：

BT 项目发起人规划总体部意见(适用于 AI、AII 类变更)：	BT 项目发起人合约部意见(包括估算、造价审核内容)：
（部门盖章） 负责人签字： 日期：	（部门盖章） 负责人签字： 日期：

BT 项目发起人财务总监审批意见(变更金融在 100 万元(含)以上的变更)：
日期：

BT 项目发起人分管领导审批意见：
日期：

BT 项目发起人总经理审批意见：
日期：

审批意见：AI 类工程变更由 BT 项目发起人总经理签署意见后报 5 号办审批；AII 类工程变更由 BT 项目发起人总经理批准后实施；AIII 类工程变更由 BT 项目发起人分管领导批准后实施；AIV 类工程变更由建设分公司正职批准后实施。

B 类工程变更申请单

表 16-7

工程名称： 合同编号：

工程变更名称		变更编号	
原设计名称		图号	
变更类别	BI 类□、BII 类□		

变更原因：
□1 勘察　　□2 设计　　□3 施工　　□4 不可预见因素　　□5 其他

工程变更责任主体：

原设计情况(可另加附页)：

现场实际(可另加附页)：

变更原因和合同依据：

变更方案(详见附图)：

估算造价增减:增__万元;减__万元(见估算表)。	工期影响:延迟__天;提前__天。

提议单位(章)：　　编制人(签字)：　　负责人(签字)：
日期:___年__月__日

B 类工程变更审批表 表 16-8

工程名称				合同编号		
变更名称		变更类别		变更编号		

提议单位描述(变更里程、部位、内容):
(单位盖章) 负责人签字:　　　日期:

工点设计单位意见: (单位盖章) 负责人签字:　　日期:	设计总包单位意见: (单位盖章) 负责人签字:　　日期:

BT 项目承办人意见:
(单位盖章) 负责人签字:　　　日期:

设计咨询单位意见: (单位盖章) 负责人签字:　　日期:	监理单位意见: (单位盖章) 负责人签字:　　日期:

建设分公司意见:
(部门盖章) 负责人签字:　　　日期:

BT 项目发起人分管领导审查:
日期:

BT 项目承办人批准意见:
日期:

审批意见:BI 类工程变更由 BT 项目发起人分管领导审查同意后由 BT 项目承办人批准后实施;BII 类工程变更由 BT 项目承办人组织实施,报 BT 项目发起人备案;BII 类工程变更审批表格由 BT 项目承办人参考使用。

工程变更通知单 表16-9

编号:

致:(监理单位)(BT项目承办人)
　　鉴于_____第_____号工程变更申请,根据对工程变更(编号:_____)的审批意见,现对_____进行变更,请立即组织落实。

附件:1. 工程变更审批单。
　　　2. 工程变更申请单。

建设分公司(盖章):
部门负责人(签字):

日期:___年___月___日

抄送:设计单位、BT项目发起人合约部。

设计变更通知单 表16-10

编号：

致：(BT 项目发起人和 BT 项目承办人)
（通知内容）

设计单位(盖章)：
负责人(签字)：

日期：___年___月___日

抄送：监理公司、BT 项目发起人合约部

工 程 变 更 令

表 16-11

| 工程名称： | 合同编号： | 编号： |

致:(承包商)

根据_____及第_____号变更申请,现决定对_____进行变更,请按变更后的图纸组织施工。

变更图号：
作废图号：
附件:变更图纸

总监理工程师(签字)：

日期：___年___月___日

工程变更增减造价申请审批表

表 16-12

合同名称：深圳地铁_____   合同编号：DT-   变更编号：

根据施工监理于___年__月__日下发的工程变更施工令(变更编号:__号)、本工程施工承包合同及BT项目发起人工程变更管理规定,现提交本合同的工程变更费用预算,请予审批。 附： 1. 工程变更令及附件 　　 2. 工程变更造价编制说明 　　 3. 工程变更增减造价审核表 　　 4. 单价分析表及指标计算表 　　 5. 工程量计算书 　　 6. 电子文件 　　 7. 其他资料 造价工程师：(签字) BT项目承办人：(盖章) 　年　　月　　日	
监理审核意见： 经审核,本变更造价□增加□减少_____元,核减比例为___%。 造价工程师：(签字) 监理单位：(盖章)	

建设分公司	经办工程师意见： 本变更工程内容、项目和数量已核。 经办人：(签字) 部门负责人意见： 部门负责人：(签字)	合约部	经办造价工程师意见： 经审核,本变更相对原合同工程造价□增加□减少_____元,核减比例为___%。 经办人：(签字) 部门负责人意见： 部门负责人：(签字)

BT项目承办人对审核结果确认意见：   承包商：(签字盖章)
BT项目发起人批准意见：

工程变更造价审核表

表 16-13

工程名称：
合同编号：　　　　　　　　　　　　　　　　　　BT项目承办人（盖章）：
变更编号：　　　　　　　　　　　　　　　　　　单位：元　　　　　　　　　　　　　　　　　第　页　共　页
变更类别：

编号	项目名称	计量单位	承包商申报			监理审核			地铁公司审批			备注
			数量	单价	合价	数量	单价	合价	数量	单价	合价	

BT项目承办人：　　　监理工程师：　　　建设分公司：　　　BT项目发起人合约部：

指 标 计 算 表　　　　　　　　　　　　表 16-14

指标名称		指标编号(清单中的编号)			
指标单位		指标			
详细说明					
单价分析编号	单价分析名称	单位	数量	单价(元)	合价(元)
合价					
指标					
监理审核价					
地铁公司审核价					

BT 项目承办人：　　　　　　　　监理工程师：　　　　　　　　BT 项目发起人合约部：

单 价 分 析 表　　　　　　　　　　　　　　　　表16-15

单价分析名称				单价分析编号	
工作细目				计算单位	
详细说明					
序号	费用名称	单位	数量	单价(元)	合价(元)
	综合单价	元			
	其中:人工费	元			
	材料费	元			
	机械费	元			
1	人工				
2	材料				
−1					
−2					
……					
3	机械				
−1					
−2					
……					
4	小计				
5	各项取费				
−1					
−2					
……					
6	利润				
7	合计(综合单价)				
	监理审核价				
	BT项目发起人审核价				

BT项目承办人：　　　　　　　　监理工程师：　　　　　　　　BT项目发起人合约部：

工程数量计算书

表16-16

合同名称：　　　　　合同编号：　　　　　变更编号：　　　　　第　页　共　页

项目编号		项目名称		单位		数量	
计算式	依据：						

项目编号		项目名称		单位		数量	
计算式	依据：						

项目编号		项目名称		单位		数量	
计算式	依据：						

项目编号		项目名称		单位		数量	
计算式	依据：						

项目编号		项目名称		单位		数量	
计算式	依据：						

项目编号		项目名称		单位		数量	
计算式	依据：						

项目编号		项目名称		单位		数量	
计算式	依据：						

BT项目承办人：　　　　　监理工程师：　　　　　建设分公司：

工程变更管理台账

表 16-17

工程名称： 合同编号： 第 页 共 页

序号	工程变更名称	工程变更编号	变更原因	增减造价(元)		审批情况	备注
				承包商申报额	地铁公司审批额		
一	AI类变更						
1							
2							
…							
	AI类变更小计						
	占有效合同额的比重						
二	AII类变更						
1							
2							
…							
	AII类变更小计						
	占有效合同额的比重						
三	AIII类变更						
1							
2							
…							
	AIII类变更小计						
	占有效合同额的比重						
四	AIV类变更						
1							
2							
…							
	AIV类变更小计						
	占有效合同额的比重						
五	AI、II、III、IV类变更总计						
	占有效合同额的比重						

BT项目承办人： 监理工程师： 建设分公司：

2. 工程变更、造价审批流程图见上篇图 7-2 和图 7-3。

第 17 章　计 划 管 理

17.1　进度计划管理层次

进度计划的管理分为四个层次：
(1)第一层为政府监督层,由政府相应职能部门对工程进度计划备案及监督。
(2)第二层为计划管理层,包括 BT 项目发起人、建设分公司、监理管理单位,负责一级计划的编制和二级计划的审批。
(3)第三层为计划控制层,包括 BT 项目承办人和监理单位,负责二级计划的编制及三级计划的审批。
(4)第四层为计划实施层,包括各标段项目部,负责三级计划的编制及实施。

17.2　计划管理责任划分

深圳地铁 5 号线项目计划管理责任划分见表 17-1。

表 17-1

序号	单位	责任
1	政府相关职能部门	①对 BT 项目发起人、BT 项目公司的进度计划方案和保证措施备案;②组织 BT 合同内外、地铁 5 号线及外界环境间工期冲突的协调工作
2	BT 项目发起人	①编制一级进度计划,审批二级进度计划;②督导监理机构进度控制工作质量
3	监理管理	①帮助业主审核二级进度计划;②日常检查及督导各项目监理机构进度控制方面工作;③汇总及分析监理机构提交的标段月(年)度工程进度控制专题报告;④汇总及分析监理机构提交的标段工程项目年度计划分析报告;⑤对 5 号线工程各类进度报表进行汇总上报
4	BT 项目公司	①根据一级计划分解编制二级计划,审批三级进度计划;②督促落实各标段项目部的进度计划措施
5	监理	①审批三级进度计划;②审批及监督标段项目部上报的单位工程进度计划、年(月、季)度施工计划及周(日)作业计划;③督促落实标段项目部的进度计划措施;④每月底组织召开标段工程进度计划专题会议;⑤编制标段月(年)度工程进度控制专题报告、项目年度计划分析报告提交业主及监理管理项目机构;⑥上报或审核进度报表等
6	标段项目部	负责三级计划的编制及实施

17.3 进度计划管理

为了统筹全线工程做好各项施工工序的衔接,确保按期完成 5 号线建设任务,BT 项目发起人设立了若干"主要里程碑工期"及"节点工期"。同时,为确保工程总目标的实现,还将根据工程进展的情况,确立新的"关键工期"项目。参建各方从大局出发,采取积极的措施,制订切实可行的施工计划(二级计划),有变化时应及时调整施工组织安排,保证完成确定的"关键里程碑工期"及"节点工期"。

17.3.1 进度计划编制与审批

深圳地铁 5 号线项目进度计划编制与审批流程详见图 17-1。

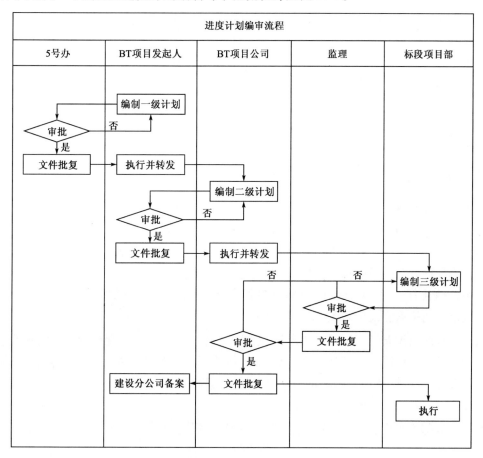

图 17-1 施工图编审流程图

进度计划管理主要分为一级计划(总体计划)、二级计划(控制性计划)、三级计划(项目实施计划)。

1. 一级计划(总体计划)

一级计划主要为项目的总体进度安排,包括每年度完成的进度目标、项目关键里程碑、年度重点工作计划。一级进度计划由BT项目发起人进行编制,5号办进行审批(5号办同时对BT项目发起人汇总的一、二级计划进行备案)。

2. 二级计划

二级计划为控制性工期计划,由BT项目公司在一级计划的基础上,进行标段及单位工程的分解,形成控制性的工期计划。BT项目发起人对其审批并备案。每年12月20日前,由BT项目公司向BT项目发起人递交下一年度的施工计划。在每季度开始的前一个月的25日前递交季度的施工计划,其内容包括需完成的关键里程碑工期目标、重要节点工期目标及其分解目标、材料或设备的进场时间等,获批后予以执行。季度及年度计划主要是为了确保实现5号线的关键里程碑和重要节点工期目标,用以明确土建、常规设备、系统设备之间接口关系,是各标段编制月度和周进度计划的依据。

3. 三级计划

三级计划为项目实施性计划,由各标段项目部对二级计划进行进一步分解,对单位工程进行分部分项工程的分解,形成年(月、季)度施工计划及周(日)作业计划,达到实施性计划的深度。三级计划由监理、BT项目公司审批,并上报建设分公司备案。各标段项目部每月25日之前向监理工程师报送下月进度计划,包含拟按期完成的工程量、劳动力安排、材料的需求计划等。每周一次向监理工程师报送下两周进度计划,并就过去一周完成的和正在进行的工序清单、未来两周计划进行和开工的工序清单以横道图的形式给出报告,即"三周动态计划"。报告获批后予以执行。

17.3.2 计划的执行与控制

1. 周(月)报制度

标段项目部每周(月)按统一格式按时填报进度周(月)报,如表17-2和表17-3所示,提交监理;监理应及时跟踪、检查工程项目的实施进展情况,对标段项目部提交的报表进行审核,然后提交监理管理;监理管理对全线进度报告进行汇总,并针对出现的问题,提出合理的建议或解决措施,每周(月)提交业主;业主对进度报表及建议进行审阅,并做出决策。

2. 进度计划专题会议

监理每月底组织召开标段工程进度计划专题会议或标段工程进度计划实施协调会,建设方驻地、监理管理、标段项目部相关各方参加,以解决标段工程施工过程中各工点相互协调及相关单位的配合问题,特别是解决不同标段之间的工程衔接问题等。

3. 季、年度工程进度分析专题报告

标段项目部每季度、年底前按时填报进度季度、年报表,对工程完成情况进行汇报,提交监理审核。

监理每季度最后一周,每年12月15日前审查完毕标段项目部上报的季、年度工程进度完成报告的真实性及符合性,编制标段季度、年度工程进度控制专题报告并提交监理管理。

监理管理对全线进度报告进行汇总,编制全线进度季、年度分析专题报告(包括:工程总体进展情况、工期情况分析、存在的问题与建议对策),并提交业主;业主对报告进行审阅,并做出决策。

表 17-2

工程进度周报（＿＿年＿＿月＿＿日～＿＿年＿＿月＿＿日）

填报单位： （公章）

序号	标段	工点名称		工程量			工程形象进度		累计形象进度描述	影响进度问题
			名称	单位	数量	本期完成	累计完成	累计完成率（%）		
一	土建	土建工程	主体结构							
		车站	附属工程：							
			出入口							
			风亭							
		区间	左线							
			右线							
			附属工程：							
			出入口							
			风亭							
二	常规设备安装及装修工程	车站(含区间)	动照工程							
			……							
			给排水与消防工程							
			……							
			通风与空调							
			……							
			装饰装修							
			……							

____年____月____日工程进度完成情况月报表

填报单位：　　　　　　　　（公章）　　　　　　　　　　　　　　　　　　　　　　　　　表号：

表 17-3

序号	标段	投资完成情况（万元）				工点名称	工程量			年度计划	工程形象进度			累计形象进度描述	影响进度问题
		开工累计	年度计划	年度累计	本月完成	完成(%)		名称	单位	数量		本月完成	截至本月累计完成	累计完成(%)		
一	全线土建															
						车站	主体结构									
							附属工程：									
							出入口									
							风亭									
						区间	左线									
							右线									
二	常规设备安装及装修工程							动照工程								
							……									
							给排水与消防工程									
							……									
							通风与空调									
							……									
							装饰装修									
							……									

17.3.3 进度计划检查

1. 不定期检查

监理管理单位根据标段项目工程进度情况,组织 BT 项目公司及相关单位定期或不定期进行标段工程施工进度控制工作质量专项检查,检查内容应包括标段项目部资源的投入、管理层组织指挥能力、进度控制措施的运行效果、各项(含旱季前、雨季前、台风前)准备工作等,同时形成专项检查记录。

2. 月度检查

每月由监理管理单位及 BT 项目公司联合组织进行月度施工进度大检查,重点检查"关键线路"工期是否出现工期拖延的情况,如理论工期已拖延时应分析其原因,同时提出加快进度的合理化建议并形成专题报告上报业主。

3. 季度、年度检查

季度、年度检查与劳动竞赛结合进行。

17.3.4 进度计划调整

(1)一、二级计划原则上不做调整。

(2)标段项目部对三级计划应每三个月对合同段进度计划进行一次修订,并向监理及 BT 项目公司提交调整计划。滞后的进度应在本年度内加以调整,确保年度工程进度计划目标的实现。

修订的计划经监理审批后,上报建设分公司备案。

(3)一般情况下,确定的进度计划不应随便进行调整,因不可预见因素需调整时,在不影响"主要里程碑工期目标"的前提下,报监理工程师及 BT 项目公司同意后方可调整。

17.3.5 进度计划协调

地铁工程包含的专业众多(包括土建工程、空调通风、给排水、动力照明、屏蔽门、电扶梯、装修、安防、人防、自动售检票、供电、接触网、通信、信号、综合监控、防灾报警、消防等),工序繁多,彼此之间存在大量接口,且相互影响,为了确保开通试运营的总工期目标,需成立统筹协调机构。

1. 协调机构及工作职责

深圳地铁 5 号线工程协调领导小组由 BT 项目发起人主管领导、建设分公司、设备部、设计部、监理管理、BT 项目公司相关领导组成。统筹协调解决涉及进度计划执行过程中的重大影响因素(如修正或新增重要节点工期目标、与市政管线的接口、消防验收、规划报建、工程标准、系统总联调等)和系统性问题。

领导小组下设综合协调组、土建工程组和安装装修组三个协调工作小组,工作小组人员由建设分公司、设备部、设计部、运营分公司、监理管理、系统设备监理、各工点监理、BT 项目公司、总体设计、工点设计及各标段项目部相关人员组成。

2. 协调管理办法

进度计划协调主要以各种会议为主。建设分公司和设备部、设计部依据具体情况而定,每月召开一次进度计划协调会,及时协调解决进度计划执行过程中的问题。各工点监理每周组织例会,协调解决各工地、标段的现场问题,对重大、紧急和严重影响工程进度的问题将根据情况需要,随时组织专题协调会给予协调解决。

3. 落实督办制度

每次进度计划协调会和现场检查,对进度计划执行过程中须协调和解决事项明确责任人及督办人,以及完成时间。并按标段(或工点)建立待办事项台账,实行销项管理。按制定的监督流程由上一级协调组织对下一级协调组织的工作完成情况进行督查,例会或专题会前,由标段项目总工汇报进展情况;非正常原因导致工作延误的,在会上对责任人点名批评或通报批评。

17.3.6　防止工期延误措施

防止工期延误措施注意以下几点：

(1)及时对标段项目部出现未按施工计划投入资源且实际投入无法满足进度要求、管理层组织指挥能力较差、进度控制措施运行效果不佳、各项准备工作不到位等现象采取有效措施,要求其整改或加强进度控制力度,同时形成记录。

(2)由监理管理单位针对"关键线路"工期滞后的原因及时组织 BT 项目公司等相关单位召开标段工程进度专题研讨会,会议应达到有效解决工期实质性问题的效果,同时采取有效措施督促标段项目部加大力度进行赶工。

(3)对于理论上工期已经滞后的工点,应采取有效措施要求标段项目部增加投入,选择更好的施工队伍,以确保标段工程进度。

(4)建立工期预警制度。按照重难点项目,结合工期总体策划要求,将全线分为红色、黄色、橙色三级警戒线。对进入预警状态的标段分别实行提示、约谈、罚款及发函集团公司约见主要负责人。对工期预警升级的标段,在采取经济处罚措施的基础上,要求限期消除工期预警;对降低工期风险状态的标段实行特别考核奖励。凡是进入工期预警的标段,实行"短板"管控,与有关标段研究并提出相关对策及施工组织措施。

17.4　劳动竞赛

17.4.1　目的

为加强项目管理,确保项目按时完工,保证安全、质量管理,建立有效的激励约束机制和绩效管理制度,充分调动各参建单位的积极性,提高地铁建设水平,制定劳动竞赛制度,由 BT 项目发起人及 BT 项目公司组成考核领导小组,对各标段(土建、设备安装与装修工程分别进行)进行季度及年度综合检查,并制定奖惩措施。

17.4.2 适用范围及时间

劳动竞赛的适用范围及时间注意以下几点：

(1)各土建标段,考核期限为土建工程施工周期。

(2)各设备安装及装修工程标段(含 BT 范围内系统设备安装工程标段),考核期限为设备安装及装修工程施工周期。

(3)季度考核时间在每季度最后一个月月底进行,年度综合考核在次年元月初进行。

17.4.3 考核机构和考核方式

1.考核机构

成立 BT 项目劳动竞赛考核领导小组,领导小组下设考核办公室。

考核领导小组设在"双铁联席会":

(1)组长:BT 项目发起人总经理。

(2)副组长:BT 项目公司总经理、BT 项目发起人主管 5 号线副总经理。

(3)成员:建设分公司、安质部、安装工程部、设计部、企管部领导,BT 项目公司领导。

(4)职责:负责对考核过程中出现的争议的处理,组织对考核办公室提出的综合评估报告进行审查并做出奖励、处罚决定。对全线单位综合评定,具有安全、质量一票否决权,可以依据各单位综合履约情况确定奖罚资格。

考核办公室设在 BT 项目公司工程管理部,其日常事务由 BT 项目公司工程管理部负责,考核办公室主任在土建施工阶段由 BT 项目公司主管生产领导担任,安装装修阶段由建设分公司领导担任。考核办公室下设安全质量考核组、施工进度考核组和综合组。

2.考核程序

考核程序:考核办公室提交考核计划→工作组对现场各项检查数据进行统计验证核实→考核办公室对现场进行综合检查、打分→考核办公室汇总打分情况,提交考核评比报告→考核领导小组对考核评比报告审查批复,做出奖励、处罚决定。

17.4.4 奖励基金

BT 项目发起人和 BT 项目承办人共同出资,建立 BT 项目建设奖励基金。奖励金从奖励基金中提取使用,罚金上交奖励基金。

17.4.5 季度劳动竞赛考核内容和标准

1.考核内容及权重

考核内容及权重可以用表 17-5 来体现。

2.考核标准

(1)施工进度考核具体内容及标准见表 17-4。

(2)施工质量、安全、文明施工及环境保护根据第 18 章安全质量文明施工考核的考核结果按本办法相应权重进行填报。

（土建/安装装修）施工进度评分表

表17-4

施工单位：　　　　　　　　　　　　　　　　　　　　　　　　标段名称：

序号	检查项目	考评内容	标准分值	扣减分值	评定分值	扣减分原因
1	施工计划管理	是否按时上报季度（月）建议施工计划				
		计划任务是否分解到具体项目，计划管理层次是否清晰；施工计划内容是否健全；是否将计划分解到下级工区和工点；分解的计划是否达到BT项目公司标准；是否根据生产计划编制材料进场供应计划				
		是否建立劳动竞赛考核制度，劳动竞赛制度是否系统；是否及时对劳动竞赛进行奖罚兑现；是否将本办法的考核通报内容分解和传达到工区				
		能依据外部环境变化，对生产计划进行科学的动态调整				
		对项目的重难点工程、工期风险大的项目要组织专家进行风险分析，并依据风险分析制定保证工期的措施				
		是否制订赶工预案，是否能根据现场工期滞后情况及时启动赶工预案，赶工预案是否满足工期				
2	主要产值完成情况	季度产值完成计划的100%，得满分；季度产值如果未按计划完成，适当扣分				
3	主要形象进度完成情况	1. 以季度下达的施工生产计划为考核依据，对考核期按考核期内持续作业左右和非持续作业分开考核，平均分配其考核权重； 2. 在考核期内计划为非持续作业的项目，按完成结果在考核权重的基础上凡提前完成（开工）的适当加分，滞后完成（开工）的适当扣分； 3. 在考核期内考核为持续作业的项目，在考核期内持续作业期内与计划相比×权重； 4. 在第2项的基础上考虑第3项的因素为各标段形象进度的最终得分				

检查人：　　　　　　　　　　　考核办主任：　　　　　　　　　　　标段项目部：

考核内容及权重表 表 17-5

序号	内容	备注	权重	
			土建	安装装修
1	综合履约情况	包含机构、人员、设备到位情况,对政府部门、业主、南方公司及监理等单位管理的执行力情况,"四新"的推广运用情况		
2	施工进度			
3	施工质量			
4	施工安全			
5	文明施工及环境保护			

(3)各单位综合得分计算方法见表 17-6。

季度劳动竞赛考核汇总表 表 17-6

标段项目部:

参建单位			排名	第_____名	
评分汇总表	表号	检查评分项目	分项权重系数(μ)	实得分情况(A)	折合标准分(B) [B=A×μ]	备注
	1	施工进度				
	1.1	产值				
	1.2	形象进度				
	1.3	进度管理				
	2	质量、安全、文明施工				
		最终得分				

统计:　　　　　　　　　　　　　　　　　　复核:
考核办主任:

3. 公布奖罚通知单

在季度考核结束一周内,考核办公室应完成考核评比情况通报,并提请考核领导小组评审决定,公布考核结果和下发奖罚通知单。

4. 受奖资格

发生下列情形之一的,将取消奖励资格,考核办公室按照前三名的考核结果计算奖金,取消资格标段的相应奖金仍留在奖励基金中。

(1)季度完成产值土建低于计划 80%,安装装修低于计划 90%。
(2)综合考核得分低于 80 分。
(3)出现一般及以上安全责任事故。
(4)出现重大质量事故。
(5)出现群体性治安事件。
(6)发生一起重大险情,对社会影响较恶劣,范围较大的事件。
(7)发生考核领导小组认为应该取消奖励资格的事件。

5. 季度奖励金额的计算方法

季度检查依据综合得分前三名的名次及产值情况计算奖金分配额,具体如下:

(1)名次系数

第一名1.0;第二名0.8;第三名0.6。

(2)产值系数

$$产值系数 = 前三名各自完成的产值 \div 全线各参建标段季度总产值$$

(3)综合系数

$$综合系数 = 前三名的各自的名次系数 \times 产值系数$$

(4)季度考核前三名奖励金额

$$前三名各自计算奖励金额 = \frac{奖金基准值 \times 前三名各参建标段综合系数}{前三名综合系数之和}(万元)$$

6. 经济处罚

对季度产值完成计划的80%以下的,按排名情况对后三名给予一定金额的经济处罚。季度考核中,对各项目经理部正职奖罚金额根据标段总奖罚额确定,对其他人员奖罚额度由各标段经理部自行研究确定。

17.4.6 年度先进单位考核内容和标准

(1)内容及权重见表17-7。

年度先进单位考核表　　　　　　　表17-7

序号	内容	备注	权重	
			土建	安装装修
1	年度产值	完成BT项目公司下达的年度计划(该计划应先报BT项目发起人审核)的为基准分(100分),每增加完成1个百分点,增加1分,每少完成1个百分点扣1分(中间值采用内插法计算)		
2	年度形象进度	按年度主要实物指标完成率加权计算平均分		
3	季度考核平均分	按各标段四个季度劳动竞赛考核平均分计算		

(2)年度各项指标考核由考核办公室负责统计,依各自权重计算各标段年终综合得分,经考核领导小组审批确定奖罚标段。年度施工标段综合得分计算见表17-8。

(3)每年终在全线各标段评选优秀项目经理、优秀项目总工各3名(土建、安装装修分别进行),具体考核标准如下:

对获得年度第一名的先进标段直接分配标段优秀项目经理、优秀项目总工名额各1名,其余名额由各标段申报(对年度考核在最后一名的标段取消该项评比资格),经考核办审查推荐,由考核领导小组确定。考核申报表见表17-9。

年度优秀标段和优秀项目经理、优秀项目总工的评选资格按17.5.5-4受奖资格第3~7项执行。

年度优秀参建标段综合得分汇总表　　　　表17-8

参建单位名称		排名	第　名	
检查评分项目		分项权重系数（μ）	单项平均得分（A）	折合标准分(B) [B = A × μ]	备注
考核办公室现场打分	年度产值得分				
	形象进度考核				
	季度考核平均得分				
最终得分					

统计：　　　　　　　　　　　　　　　　　　　　　复核：
考核办主任：

年度优秀项目经理（项目总工）申报表　　　　表17-9

姓名		职务	
性别		所在单位	
主要先进事迹： （注:可另附页）			
申报单位意见： 年　月　日（章）			

（4）年度产值完成计划95%以上的标段,年度考核奖励在前三名的优秀参建标段,根据情况颁发奖金。

（5）年度优秀项目经理、优秀项目总工,应奖励相应奖金。

17.4.7　里程碑工期考核

1. 土建工程

（1）里程碑工期的分类

对重点的盾构下井、盾构过站、盾构吊出及土建工程提供铺轨条件等直接影响全线洞通的为A类里程碑;对于其他过程中需要控制的主要施工节点如围护结构、主体结构完成时间、隧道掘进长度等为B类里程碑。

（2）里程碑工期的确定

A类里程碑工期由BT项目发起人企管部、建设分公司和BT项目公司研究确定并进行考核确认;B类里程碑工期由建设分公司和BT项目公司研究确定。

（3）里程碑工期的考核方式

A、B类里程碑工期在实施过程中考核,每季度综合兑现一次。

（4）里程碑工期的考核程序

各标段在里程碑工期完成后,应及时组织监理、驻地代表、业主代表、本办法考核办公室等进行现场签认，里程碑工期完成确认单见表17-10。

重要节点工期确认表　　　　　　　　　　　　　　　　　　　　　　　　表 17-10

施工标段：	施工单位：
节点工期名称：	
致：劳动竞赛考核办公室 　　本接点工期已于_____年_____月_____日完成，较考核办公室要求的_____年_____月_____日提前/滞后_____周。 　　特此报告，请核查。	标段项目部负责人签字： （公章） 申请日期：
	工点（系统）监理签认： 日期：
	驻地代表签认： 日期：
	考核办公室签认： 日期：

注：1. 凡不按时申报此表的，考核办公室按照相应办法对标段项目部进行上限的处罚；
　　2. 需要标段项目部组织相关人员到现场进行集中签认，以现场集中签认日期为准。

(5) 里程碑工期的奖罚资格

在每季度考核兑现期内，里程碑工期项目若发生前述受奖资格第 3～7 项情况时，取消里程碑工期考核受奖资格，处罚不变。

(6) 里程碑工期的奖罚

对于 A 类、B 类里程期工期，根据情况，制定相应的奖罚额度。

2. 安装装修工程

(1) 考核单位及内容

根据 BT 项目发起人主持编制《设备安装及装修工程实施策划》及 BT 项目公司相关工期策划中确定的重要节点工期对各标段进行考核。常规设备安装及装修工程考核单位为一个车站及小里程方向的一个区间；系统设备安装工程考核单位为一个专业系统。重要节点工期为：

车站(系统)设备工程开工、大型设备就位、站级子系统安装完成、装修工程完工、站级调试完成。

(2)考核方式

主要节点工期在实施过程中考核,每季度综合兑现一次。

(3)考核程序

各标段在重要节点工期完成后,应及时组织监理、考核办公室等进行现场签认,节点工期完成确认单见表17-10。

(4)奖罚资格

在每季度考核兑现期内,节点工期项目若发生前述受奖资格第3~7项情况时,则取消重要节点工期考核受奖资格,处罚不变。

(5)奖罚标准

根据每站(系统)重要节点工期提前或按时完成、延误情况,分别制定奖罚金额。

对每个标段项目部的奖罚数额应按照其标段所含车站(系统)的奖罚数额相加的结果进行奖罚。

第18章 安全质量管理

18.1 安全质量管理层次

深圳地铁5号线安全质量管理分为4个层次。

(1)第一层为政府监督层,包括市政府、建设局、轨道办、5号办在内的政府相关部门,依据各自职能分工及制订监督计划,对工程的全程进行监督。

(2)第二层为业主管理层,包括BT项目发起人和建设分公司以及协助建设方管理的监理管理单位和设计总包单位。BT项目发起人和建设分公司负责确定本项目的整体质量安全目标,并制订全线质量安全管理计划。

(3)第三层为项目控制层,包括BT项目公司、监理单位。BT项目公司和监理编制自身管理范围内的质量安全管理计划。

(4)第四层为项目保证层,包括各标段的项目部。各标段项目部必须建立行之有效的质量安全管理体系,要有明确的组织和成员。

18.2 安全质量管理责任划分

深圳地铁5号线项目安全质量管理责任划分详见表18-1。

深圳地铁5号线项目安全质量管理责任划分表　　　　表18-1

序号	单位	责任
1	政府相关职能部门	对深圳地铁5号线BT工程建设进行统筹指导,对工程的勘察、设计、招投标、施工全过程的质量、安全,进行监督、协调相关问题,并提供必要的服务
2	BT项目发起人	①组织、管理地铁5号线BT工程建设的设计、施工、监理等工作,严格全面质量管理,建立工程的质量和安全保证体系;②根据国家、行业和地方有关规定以及国家对深圳地铁建设的有关批复,制定地铁5号线BT工程建设的企业技术标准,并报市建设部门和质量技术监督部门备案;③按合同要求检查和督促BT项目承办人的资源配置、质量安全、文明施工等方面工作的落实
3	BT项目承办人、BT项目公司	①依据地铁5号线BT工程建设的设计文件、建设标准、资源配置等要求,组织、管理、实施工程建设的各项工作,保证工程的质量和安全;②择优选择分包单位,对分包单位的资质条件进行预审,加强对分包单位管理机构及质量保证体系的检查;③严格执行国家、省、市有关法律、法规,强化质量、安全管理,建立健全质量、安全保证体系;④配合政府相关职能部门和BT项目发起人进行质量、安全的监督、检查工作

续上表

序号	单位	责任
4	监理管理	①依据合同文件的相关要求,建立健全监理管理工作体系,确保工程达到建设项目安全和质量目标。②参与全线安全质量管理工作的督导、检查和巡查工作,发现安全质量隐患或存在的问题,及时通知监理单位和施工单位进行整改;③参加并协调政府相关职能部门和业主或BT项目公司组织的安全质量和文明施工大检查工作,督导审核和备案各施工单位制订的安全应急预案和安全质量的文明施工管理措施;④参加紧急事故调查,协助业主处理紧急事故,并按业主要求完成相关报告
5	监理	①对施工单位在质量、安全、文明施工等方面代表BT项目发起人实施监督;②选派具有相应资格的总监理工程师和监理工程师进驻施工现场,严格签字把关材料、设备的进场和施工工序及竣工验收;③按照工程监理规范的要求,采取旁站、巡视和平行检验等形式,对施工过程进行监理
6	标段项目部	①按照工程设计图纸和施工技术标准施工;②按照工程设计要求、施工技术标准及合同约定,对建筑材料、建筑构配件、设备等进行检验;③健全质量保证体系,落实质量责任制;④加强施工现场的质量管理,做好日常工程施工记录,接受建设单位各方和政府相关职能部门的监督检验;⑤建立健全教育培训制度,加强职工安全质量教育培训

18.3 施工方案编审制度

18.3.1 施工组织设计编审

根据BT工程的特点,BT项目公司先依据初步设计编制一套完整的指导性施工组织设计,各标段项目部再依据施工图分阶段按工程内容编制分项、分部、单位工程实施性施工组织设计,施工组织设计(施工方案)编审程序见表18-2。

1. 指导性施工组织设计的编审

BT项目公司工程部负责深圳地铁5号线BT项目指导性施工组织设计的编制,经BT项目公司评审、BT项目公司总工审批后,下发作为标段项目部编制各标段实施性施工组织设计的指导性文件。

2. 实施性施工组织设计(施工方案)编审

(1) 编制

各标段项目部总工应组织有关人员在认真熟悉施工设计图纸和调查研究的基础上编制实施性施工组织设计。

(2) 自审

各标段项目部编制的实施性施工组织设计必须经过本标段总工审定,并签订审核意见,见表18-3。标段施工组织设计必须报上级单位(局)法定技术负责人审批,见表18-4。

(3) 申报

各标段项目部应在领取设计资料后的20天内,向监理单位提交签字手续完备的施工组织设计并填报施工组织设计(施工方案)审批表。

(4) 审查

监理单位在规定的时间内组织力量对标段项目部提交的施工组织设计进行审查,见表18-5。

(5) 审批

施工组织设计应按"标段施工组织设计"、"分项、分部、单位工程施工组织设计"和"特殊工程施工组织设计(指18.3.2-1中的15项工程项目以及重点部位、关键工序的工程项目)"等类型分别履行不同的审批手续。对"标段施工组织设计"和"特殊工程施工组织设计(专项施工方案)"应经过标段项目部的上级单位(局)法定技术负责人审批签字并加盖单位公章和监理单位的审批并加盖职业资格章,必要时要进行组织专家论证,专家论证意见和修改后的施工组织设计应装订在一起。"分项、分部、单位工程施工组织设计"在通过监理单位审查后,由总监签发执行。

18.3.2 安全专项施工方案编审

1. 应当编制安全专项施工方案的工程项目

根据规定以及工程实际情况,需单独编制安全专项施工方案的工程项目(不限于)有:

(1) 基坑支护与降水工程,是指施工现场开挖深度超过5m(含5m),或者深度虽不足5m,但地质条件和周围环境极其复杂、地下水位在坑底以上的基坑、沟(槽)工程。

(2) 土方开挖工程,是指开挖深度超过5m(含5m)的基坑、槽的土方开挖。

(3) 施工竖井。

(4) 矿山法区间隧道。

(5) 盾构区间隧道。

(6) 人工挖孔桩工程。

(7) 高度大于6m(含6m),或者高度虽不足6m,但地质条件复杂的高大边坡工程。

(8) 预应力结构张拉施工。

(9) 桥梁工程施工(含架桥)。

(10) 高大模板工程,是指水平混凝土构件模板支撑系统高度大于或等于4.5m,或跨度超过18m,施工总荷载大于10kN/m^{2}或集中线荷载大于15kN/m的模板支撑系统。

(11) 爆破工程。

(12) 起重吊装设备的安装、拆除。

(13) 施工现场临时用电。

(14) 桩基托换工程。

(15) 其他专业性强、工艺复杂、危险性大、交叉作业等易发生重大事故的施工部位及作业活动。

2. 安全专项施工方案应另行编制

安全专项施工方案不能照搬同一项目的特殊工程施工组织设计,安全专项施工方案应当根据工程结构、施工方法、选用的各类机械设备、施工场地及周围环境等特点编制具有针对性的安全技术措施,方案应当有应急救援预案。

3. 安全专项施工方案编审程序

(1)各标段项目部组织编制、本标段项目总工审查。

(2)报上级单位(局)技术部门的专业技术人员及监理单位专业监理工程师审核。

(3)审核合格,由上级单位(局)法定技术负责人签字并加盖单位公章、监理单位总监理工程师签字并加盖职业资格章后,方可实施。

18.3.3 重点安全专项施工方案编审

重点安全专项施工方案编审应注意以下几个方面:

(1)应当组织专家组进行论证审查的工程项目,包括深基坑工程、施工竖井、矿山法区间隧道、盾构区间隧道、高大模板工程、爆破工程等。

(2)标段项目部应当组织不少于5人的专家组,对已编制的安全专项施工方案进行论证审查。

(3)对深基坑工程的方案审查,应在工程开工前,由建设单位组织由建设局认可的、有设计施工经验的同一批专家对深基坑工程的设计方案和施工方案进行评审。

(4)安全专项施工方案专家组必须提出书面论证审查报告,标段项目部应根据论证审查报告进行完善,经上级单位(局)法定技术负责人、总监理工程师签字后,方可实施。

18.3.4 相关表格

施工组织设计(施工方案)编审程序　　　　　表 18-2

序号	项目	编制	审查工作简要流程	审批	核备
1	全线指导性施工组织设计	BT项目公司工程部	BT项目公司审查→BT项目公司总工	BT项目公司	
2	各标段项目策划书	标段项目部	项目总工审查→上级单位(局)技术负责人审定	上级单位(局)	BT项目公司工程部
3	各标段实施性施工组织设计	标段项目部	项目总工审查→上级单位(局)技术负责人审查→监理单位审定	监理单位	BT项目公司工程部
4	分项、分部、单位工程施工组织设计	标段项目部工区	项目总工审查→监理单位审定	监理单位	BT项目公司工程部
5	特殊工程施工组织设计	标段项目部工区	项目总工审查→上级单位(局)技术负责人审查→监理单位审定(必要时BT项目公司组织审查,要求建设单位、5号办、轨道办等参与评审)	监理单位	BT项目公司工程部
6	安全专项施工方案	标段项目部工区	项目总工审查→上级单位(局)技术负责人审查→监理单位审定	监理单位	BT项目公司安质部、工程部
7	应当组织专家组论证的安全专项施工方案	标段项目部工区	项目总工审查→专家组→上级单位(局)技术负责人审查→监理单位审定	监理单位	BT项目公司安质部、工程部

施工组织设计(方案)报审表

表 18-3
GD2202002

工程名称：_____标段

致：　　　　　　　　(监理单位)
我方已根据施工合同的有关规定完成了_____工程施工组织设计(方案)的编制,并经我单位上级技术负责人批准,予以审查。 　　附:施工组织设计(方案)   　　　　　　　　　　　　　　　　　　　　　　　　标段项目部(章)_____ 　　　　　　　　　　　　　　　　　　　　　　　　　　项目经理_____ 　　　　　　　　　　　　　　　　　　　　　　　　　　　　日期_____
专业监理工程师审查意见：   　　　　　　　　　　　　　　　　　　　　　　　　　　专业监理工程师_____ 　　　　　　　　　　　　　　　　　　　　　　　　　　　　日期_____
总监理工程师审核意见：   　　　　　　　　　　　　　　　　　　　　　　　　　　项目监理机构_____ 　　　　　　　　　　　　　　　　　　　　　　　　　　总监理工程师_____ 　　　　　　　　　　　　　　　　　　　　　　　　　　　　日期_____

施工组织设计(方案)上级单位(局)审批表

表 18-4

申请单位	××××标段项目部
施工方案名称	

相关技术部门审查意见：
     　　　　　　　　　　　　　　　　　　　　　　　　　　　　部门(章) 　　　　　　　　　　　　　　　　　　　　　　　　　　　　日期
局级技术负责人审核意见：
     　　　　　　　　　　　　　　　　　　　　　　　　　　　施工企业(章) 　　　　　　　　　　　　　　　　　　　　　　　　　　　技术负责人 　　　　　　　　　　　　　　　　　　　　　　　　　　　　日期

安全专项施工方案专家组论证审查表　　　　　表 18-5

工程名称		标段		
安全专项施工方案名称				
审查时间				
审查地点				
主持人				
专家组审查意见：				
专家组成员				
姓名	工作单位		职称	签名

18.4　样板工程制度

18.4.1　目的

为确保工程质量，推动工程全面创优，全面推行样板工程制度，即每一实施样板工程制的分部分项工程在全面开工前必须先实施样板工程，待样板工程达标并经检查确认后，再以样板工程为标准实施全部工程。

实施样板工程制的分部分项工程为工程中较为关键或易于引起质量问题且数量较大的工程。样板工程的实施，不代表工程的验收，同时也不免除标段项目部按国家标准和规范对所属工程质量和安全应负的责任。

18.4.2　执行样板工序的专业

样板的数量按照各专业的特点和质量管理的需要确定，各专业样板验收数量应不低于以下要求（表 18-6）：

表 18-6

序号	检查项目内容	数 量	备 注
一、土建工程			
1	挖孔桩、钻孔灌注桩、钻孔咬合桩、冲孔灌注桩、旋控灌注桩、连续墙		第一次终孔
2	主体结构的底板、顶板		第一块
3	顶板防水		顶板的第一块外防水
4	矿山法施工隧道的内衬浇注砼(含初支基面)		第一次
二、环控系统			
1	风管制作、安装及保温	30m	断面积>1m²,矩形风管长边尺寸≥1 000mm
2	冷冻水管制作、安装及保温	18m	公称直径≥DN100
3	冷水机组安装	1台	
4	空调水泵安装	2台	冷却泵或冷冻泵
5	冷却塔安装	1台	
6	组合式空调箱安装	1套	
7	TVF风机安装	1台	注意安装方向与动力接线
8	U/O风机安装	1台	
9	射流风机安装	1台	
10	结构片片消声器安装	1台	
11	组合式风阀安装	1台	
三、给排水及消防系统			
1	气体消防安装	1套	
2	消防泵组安装	1套	
3	生活给水管制安	50m	≥DN50,施压状态下检查
4	潜污泵安装	1组	
5	消火栓箱安装	1套	
6	车站消火栓管制安	50m	≥DN100,施压状态下检查
7	压力排水管制安	50m	≥De110,施压状态下检查
8	密闭式提升装置安装	1套	
9	车辆段虹吸管道制安	200m	
10	区间消防水管安装	50m	连接、固定方式、承压抗振情况
四、低压配电及照明系统			
1	变电所安装	1个变电所或一端环控电控室	35/0.4kV动力变压器。0.4kV低压开关柜或MCC柜(设备基础、变压器与低压柜电气连接、柜体拼接、母排及二次线缆连接、母线槽和二次线槽安装)

续上表

序号	检查项目内容	数 量	备 注
2	配电箱安装	3面	照明配电箱、区间维修电源箱、双面电源切换箱各1面,含配电箱进出线
3	电缆桥架制安及电缆敷设	30m	
4	电缆穿管敷设	20m	可和配电箱一起检查,明敷、暗敷各10m
5	穿墙套管	5个	
6	接地网敷设	检查1个房间	接地母线敷设,接地跨接线安装
7	照明灯具安装	各种灯具各5盏	车站公共区范围
8	EPS安装	1套	含设备基础、主机柜、电池柜
五、装修工程			
1	各类天花施工	50m²	包括灯具、风口
2	各类地板施工	50m²	
3	各类墙面板材施工	20m²	
4	防静电地板施工	1间	系统设备房
5	屏蔽门绝缘带施工	1个车站的1侧站台	材质、工艺、绝缘电阻
6	墙面吸音板施工	20m²	
7	卫生洁具安装	1套	车站有一个卫生间
8	防护栏杆制安	1个电梯口	
9	导向标识安装	1站厅层	

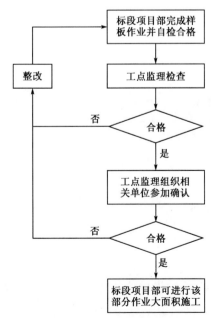

图 18-1 样板工程检查确认流程图

18.4.3 样板工序确认流程

样板工序确认流程详见图 18-1。

(1)标段项目部按检查确认项目所列内容完成相关部位样板作业,自检合格后向工点监理申请检查。

(2)工点监理检查合格后,由工点监理组织相关单位进行检查确认,工点监理应提前1~2天通知相关单位和人员参加(会议通知应注明检查项目);现场检查由工点监理主持,参加单位包括BT项目发起人安质部、建设分公司、BT项目发起人设备部、BT项目公司、标段项目部、工点监理、监理管理、质检站、设计院等。

(3)现场检查后,由监理主持检查确认会议并形成会议纪要,各方签认的确认表(见表18-7)和样板工程的现场照片作为会议纪要的附件,会议纪要一式三份,标段项目部、业主、工点监理各一份。如有需要整改的问题,在"深圳地铁5号线安装装修样板工程检查确认表"中注明。根据问题的严重程度,可在会议上决定由标段项目部整改后重新申报检查,或要求标段项目部整改并在后续大面积施工中避免出现同样的问题。

(4)检查确认通过后,标段监理单位发送书面文件通知标段项目部后可进行该子项工程的大面积施工作业。

样板工程检查确认表　　　　　　　　　表 18-7

检查日期			
标段/站点			
标段项目部			
检查项目	整改意见	检查结果	备注
		□通过 □不通过	
		□通过 □不通过	
		□通过 □不通过	
标段施工单位:　　　　　　　　　　　　　　　工点监理: BT 项目公司:　　　　　　　　　　　　　　　　监理管理: BT 项目发起人工程部/设备部: BT 项目发起人安质部: 建设分公司: 设计单位(单位名称): 质检站:			

1. 样板工程的检查确认不免除标段项目部对安装装修工程所负的质量及工期责任。
2. 本表一式三份,业主、工点监理和标段项目部各一份。

18.5 检 查 制 度

18.5.1 目的

建立健全工程施工安全质量的联防联控体系,强化和规范建设单位的现场检查工作,提高检查质量和效率,建立检查制度,对监理单位和施工单位进行突出重点,全面覆盖的质量安全检查,督促监理单位、施工单位积极主动地全面履行法定职责和合同约定。

18.5.2 检查方式

安全质量检查是建设方安全质量管理的重要手段,主要包括定期、突击、专项检查,季节性和节假日前后检查等形式。

(1)定期检查:按不同组织级别,分别按周、月进行安全质量检查。

(2)突击检查:同行业或兄弟单位发生重大伤亡、设备、交通、火灾事故,为了吸取教训,采取预防措施,根据事故性质、特点,组织突击检查。

(3)专项检查:针对施工中存在的突出问题,如:施工机具、临时用电等,组织单项检查,进行专项治理。

(4)季节性和节假日前后检查:针对气候特点,如冬季、夏季、雨季可能给施工带来的危害,提前做好冬季四防、夏季防暑降温和雨季防汛;防止重大节假日前后,职工纪律松懈,思想麻痹,要认真搞好安全质量教育,落实安全质量防范措施。

18.5.3 检查组织

成立由建设分公司、BT项目公司、监理管理单位组成的地铁5号线安全质量联合监督检查工作组,整合安全质量管理资源,统一负责深圳地铁5号线安全质量日常管理的计划、组织、协调等工作。

安全质量联合监督检查工作组日常工作设在监理管理单位,设组长一名,副组长三名(分别由建设分公司、BT项目公司、监理管理单位安全质量管理负责人担任),办公室主任一名。

工作组下设检查组,检查组分为两个级别,如表18-8所示。

表 18-8

层 级	成 员	内 容	频 率
第一级	各标段项目经理(或分管副经理)、BT项目公司驻地代表、总监(或分管总代)、业主代表	辖内全部工点联合检查	每周至少一次
第二级	建设分公司安质部、BT项目公司安质部、监理管理单位	所有标段工点联合检查	每月至少一次

18.5.4 检查内容

安全质量检查分内业检查和现场检查。检查时内业检查与现场检查相结合,具体内容详见表18-9。

表 18-9

序 号	项 目		内 容
1	质量	内业检查 综合资料检查	标段项目部质检机构、人员及工作情况;质量体系文件、质量保证计划情况;施工组织的编制质量;执行验收程序情况;档案资料管理情况等
		动态资料检查	现场主要管理人员的到位情况;施工组织执行情况;质量整改资料等
		现场检查	施工现场管理;进场材料状况;观感质量等

续上表

序号	项目		内容
2	安全	内业检查 - 综合资料检查	工程分包情况:有关的资格证件,施工组织设计,现有作业工序的施工方案和安全专项措施方案的编制、审核、审批情况;特种作业人员的持证情况;已进场工人安全培训教育情况;已开工序的安全技术交底资料,危险源清单,重大危险源清单,应急救援预案等
		内业检查 - 动态资料检查	现场主要管理人员的到位情况;班组班前的安全活动情况;新进场人员的人数与三级安全教育情况;平安卡的持有情况;日常的安全培训教育资料,安全检查与隐患整改资料,新开工序的施工和安全措施方案的编制审批情况等
		现场检查	现场检查应涵盖整个工点或施工标段所有的作业场所、办公生活场所、仓库、材料设备堆场等,包括操作层工人按方案施工、操作规程作业的执行情况以及安全防护用品与安全设施的完好情况及周边建(构)筑物的异常情况,应急物资、设备的准备情况等

18.5.5 检查结果运用

(1)检查发现问题视情节,可采取以下处置方式:口头要求整改、书面要求整改、局部或全部停工整改、专题或定期通报、安全警示谈话、列入安全生产不良行为记录。

(2)每季度对标段项目部的检查记录计入季度检查(劳动竞赛)评比总分。

18.5.6 检查用表

1. 整改通知单

工程建设相关事项整改通知单　　　　　　　　表 18-10

No：

工程名称			
标段项目部		监理单位	
形象进度			
经检查发现:			

续上表

处理意见:按下列意见第_____条执行: 1.停工整改,在未整改完毕及验收合格之前不得继续施工。 2.限在_____前整改完毕,并由_____督促检查,将整改情况书面报告我司。 未按要求整改将按合同进行处罚。		
检查人员		BT项目发起人 建设分公司 年 月 日
签收	标段项目部签收人: 职务:　　　年 月 日	监理单位签收人: 职务:　　　年 月 日

注:本通知书一式三份,建设分公司、标段项目部、监理单位各一份。

2. 回复通知单

整 改 回 复 单　　　　　　　　　表18-11

No:

工程名称			
标段项目部		监理单位	
标段项目部整改情况	标段项目部负责人签名: 年 月 日		
监理单位复查情况	监理负责人签名: 年 月 日		

注:标段项目部、监理单位项目负责人签名并加盖项目部公章。

18.6 安 全 教 育

18.6.1 目的

安全教育是提高员工素质、实现安全生产的重要基础。安全教育工作的主要任务是不断增强企业员工的安全意识,并使之掌握和运用安全管理的方法和技术,进一步使员工树立"预防为主,安全第一"的思想。

18.6.2 安全教育的内容

安全教育,主要包括安全生产思想教育、安全知识教育、安全技能教育和法制教育四个方面的内容,具体包含思想政治教育、安全方针政策教育、安全知识教育、典型安全工作经验教育和典型安全事故教育。

1. 安全生产思想教育

提高全体员工对安全生产重要意义的认识,增强关心人、保护人的责任感,树立牢固的群众观念;通过安全生产方针、政策教育,提高全体员工的政策水平,正确全面地理解国家的安全生产方针政策,严肃认真地执行安全生产法律法规和规章制度。

2. 安全知识教育

对企业全体员工进行安全知识教育和每年规定学时的安全培训。安全基本知识教育的主要内容有企业的生产经营概况、施工生产流程、主要施工方法、施工生产危险区域及其安全防护的基本知识和注意事项。

3. 安全技能教育

结合本工种专业特点,实现安全操作、安全防护所必须具备的基本技能知识要求。每个员工都应该熟悉本工种、本岗位专业安全技能知识。

4. 法制教育

采取各种有效形式,对员工进行安全生产法律法规、行政法规和规章制度方面的教育,提高全体员工学法、知法、懂法、守法的自觉性。

18.6.3 安全教育形式

1. 三级教育

三级教育即地铁公司、监理管理、BT项目公司、监理等单位对招聘的管理岗位的新员工,必须进行入企教育、所在的基层单位教育和岗位教育。

2. 培训

对各级人员实施安全教育培训,并确保每年安全教育不得少于 8 小时。实施培训的组织形式为:由单位领导直接授课或者聘请内部教员授课,工程技术人员的安全教育,宜有针对性地外聘政府专职安全监察人员集中授课。

3.其他方式

包括会议宣讲、学术报告会、经验交流等。

18.7 重大危险源管理

18.7.1 组织机构

1.组织机构

(1)督导协调领导小组

组长:BT项目公司总经理。

常务副组长:BT项目公司常务副总经理。

副组长:BT项目公司副总经理、总工。

组员:BT指挥部各部负责人、各标段项目经理。

(2)各标段重大危险源管理与实施小组

组长:各标段项目经理。

组员:项目总工、各工区长。

2.职责

(1)BT项目公司安质环保部对全线范围内的重大危险源实施督导管理,负责督促各标段项目经理部进行危险源的辨识、评价及控制和预防。

(2)深圳地铁5号线各标段项目部负责本标段范围内重大危险源实施管理,包括应急处理和对外协调等工作,负责本标段危险源的辨识、评价及控制和预防,并将结果(表18-18、表18-19须经各局集团公司批准)报BT项目公司安质环保部核备。

重大危险源动态管理以各标段项目部为主体进行,主要包括不同施工阶段已知、可预测的4A级以上危险源的超前预防准备、过程监控和控制、预防、危险源的信息管理等。

(3)各等级重大危险源的管理责任划分:

①5A级:责任部门是各标段局集团公司。

②4A级以下(含4A级):责任部门是各标段项目部。

18.7.2 准备工作

1.危险源辨识、风险评价及风险控制策划的时机

(1)管理体系建立之初进行初始状态评审时。

(2)相关法律、法规变更和其他要求发生变化时。

(3)施工工艺发生变化时。

(4)相关方抱怨或提出要求时。

(5)设备、设施发生较大变化时。

(6)其他情况需要时。

2. 危险源辨识、评价与确认

(1) 危险源辨识的要求

危险源辨识应全面、系统、多角度、不漏项,重点放在能量主体、危险物质及其控制和影响因素上。危险源辨识应考虑覆盖过去、现在、将来三种时态和正常、异常、紧急三种状态。

① 三种状态:

a. 正常(例如:每天的正常的施工过程)。

b. 异常(例如:设备检修)。

c. 紧急(例如:火灾、爆炸等始料未及的突发事件)。

② 三种时态:

a. 过去(例如:已发生过的伤害事故)。

b. 现在(例如:作业活动,设备、设施等现在的安全控制状态)。

c. 将来(例如:作业将发生变化,预料的设备、设施变更后,新工艺使用后的安全控制状态)。

③ 危险源辨识的方法:

a. 询问与交流。

b. 利用专家经验观察分析现场。

c. 查阅有关记录。

d. 获取外部信息。

e. 工作任务分析。

f. 安全检查表。

g. 作业条件的危险性评价法。

④ 危险源风险评价依据:

a. 相关法律、法规及行业标准的符合性。

b. 危害因素影响的程度和规模。

c. 危害因素发生的频次。

d. 相关方关注程度。

e. 所面临的风险大小,财产损失额度。

f. 降低风险的难度。

⑤ 评价流程:

分析调查危险、危害因素→评定危险、危害影响的程度和规模→依据危害因素风险级别确定中、高度风险危害因素。

⑥ 风险评价:

a. 专家直接判断法。利用专家经验,讨论评价确定危险源的风险级别。

b. 作业条件危险性评价法。对经验分析法无法判定的其他危险源,主要采用本方法进行风险评价,本方法是以与系统危险性有关的三个因素指标来评价系统人员伤亡危险的大小,其计算公式如下:

$$D = L \times E \times C$$

式中:D——风险性分值;

L——发生事故的可能性大小;

E——人体暴露于风险环境中的频繁程度;

C——一旦发生事故会产生的损失后果。

(a) L——发生事故的可能性大小

事故或风险事件的可能性大小,当用概率来表示时,绝对不可能的事件发生的概率为0,而必然发生的事件的概率为1,但在作系统安全考虑时,绝对不发生的是不可能的,所以人为地将"发生事故可能性极小"的分数定位0.1,而必然要发生的事件的分数定为10,介于这两种情况之间的情况指定了若干个中间值,如表18-12所示。

事故发生的可能性(L)　　　　　　　　　　　　　　　表18-12

分　数　值	事故发生的可能性	分　数　值	事故发生的可能性
10	完全可以预料	0.5	很不可能,可以设想
6	相当可能	0.2	极不可能
3	可能,但不经常	0.1	实际不可能
1	可能性小,完全意外		

(b) E——人体暴露于风险环境中的频繁程度

人员或设备出现在风险环境中的时间越多,则风险性越大。规定连续暴露在此风险环境的情况定为10,而非常罕见地出现在风险环境中定为0.5。同样,将介于两者之间的各种去规定若干个中间值,如下表18-13所示。

暴露于风险环境的频繁程度(E)　　　　　　　　　　　表18-13

分　数　值	频繁程度	分　数　值	频繁程度
10	连续暴露	2	每月一次暴露
6	每天工作时间内暴露	1	每年几次暴露
3	每周一次,或偶然暴露	0.5	非常罕见地暴露

(c) C——发生事故可能造成的后果

事故造成的人身伤害变化范围很大,对伤亡事故来说,可从极小的轻伤直到多人死亡的严重后果。由于范围很大,所以规定分数值为1~100,轻伤规定分数为1,把造成10人以上死亡的可能性分数值规定为100,其他情况的数值均在1~100之间,如表18-14所示。

发生事故产生的后果(C)　　　　　　　　　　　　　表18-14

分　数　值	发生事故产生的后果	分　数　值	发生事故产生的后果
100	10人以上死亡	7	重大,伤残
40	2~9人死亡	3	严重,重伤
15	非常严重,1人死亡	1	轻伤(引人注目,需要救护)

(d) D——风险性分值

根据公式计算作业的风险程度。但关键是如何确定各分值和总分的评价。根据经验,可参照表18-15的方法进行风险等级的划分,但应注意风险等级的划分是凭经验判断,难免带有局限性,不能认为是普遍适用的,应用时需要根据实际情况予以修正。

风险等级划分(D)　　　　　表 18-15

D 值	危 险 程 度	风 险 等 级
>320	极其危险,不能继续作业	5A
160~320	高度危险,需立即整改	4A
70~160	显著危险,需要整改	3A
20~70	一般危险,需要注意	2A
<20	稍有危险,可以接受	1A

c.确定重大危险源

根据作业条件危险评价的结果,D 值大于 160 以上的确定为重大危险源。对下列 10 种危险源存在的情况,可直接定为重大危险源,而不必进行定量计算:

(a)跨江河湖海的工程。

(b)邻近或穿越既有轨道线路(含铁路)的工程。

(c)邻近或穿越既有建(构)筑物、道路、重要市政管线的工程。

(d)邻近或穿越有重要保护性的建(构)筑物或水利设施等的工程。

(e)重大明挖或暗挖工程。

(f)需特殊设计或采用新工艺、新设备新材料的工程。

(g)不符合法律法规及其他标准要求的。

(h)相关方有合理抱怨及要求的。

(i)曾经发生过事故,至今未采取有效防范、控制措施的。

(j)直接观察到可能导致事故的风险,且无可靠有效控制措施的。

3.危险源更新

(1)当遇到下述情况时,应及时更新:

①经营范围发生变化。

②法律、法规、标准及其他相关要求发生变化。

③出现事故、事件、不符合事实的评价结果。

④设备、设施发生较大变化。

⑤施工工艺发生变化。

⑤相关方抱怨或合理要求。

⑥其他情况需要时。

(2)危险源更新后,各标段项目经理部及时组织进行重新辨识、评价和确认,并汇总传达到相关的单位和岗位。

18.7.3　重大危险源专项施工方案的编制和审批

各标段项目部应根据不同施工阶段对各自负责管理范围内的重大危险源进行识别,对已知、可预测的重大危险源,必须编制并实施详细的专项施工方案。专项施工方案内容涵盖实现目标所必需的职能、方法、时间表和资源,必须明确重大危险源所需材料、机具数量和规格,人员准备,水电的准备,信息联络等。

专项施工方案应在临近重大危险源项目施工前一个月,由各标段项目部组织编制,本标段项目总工审查,报上级单位(局)技术部门的专业技术人员及监理单位专业监理工程师审核,审核合格,由上级单位(局)法定技术负责人签字并加盖单位公章、监理单位总监理工程师签字并加盖职业资格章后,方可实施,并应当组织专家组进行论证的安全专项施工方案按相关规定执行。审批后的专项施工方案报 BT 项目公司安质环保部核备。

18.7.4 动态上报程序

1. 重大危险源管理报表上报流程图

流程详见图 18-2。

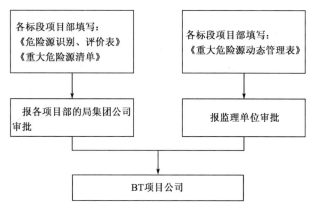

图 18-2 重大危险源管理报表上报流程图

2. 报表的上报要求

(1) 危险源清单的上报

为保证持续、有效地实施危险源辨识、识别、评价及风险控制。各标段项目部要将危险源辨识、识别、评价及控制的结果形成文件,填写《危险源识别、评价表》和《重大危险源清单》(见 18.7.10 相关表格部分),报各自局集团公司批准后,再报 BT 项目公司安质环保部,并采取适当措施进行控制和预防。

(2) 动态管理报表的上报

为了加强对重大危险源的适时监控,标段项目部应统计和全面整理重大危险源的基本情况,积极做好各方面的准备工作,并按规定的期限进行信息反馈。此项工作的载体为动态管理报表(表18-19)。此报表由各标段项目部负责填写,由总监理工程师审批。

5A 级重大危险源实施前 7 天,标段项目部应做好预案启动的准备工作,将动态管理报表上报驻地监理和 BT 项目公司驻地代表(各一份原件),同时上报 BT 项目公司安质环保部(两份原件)。

4A 级风险点实施前 5 天,施工单位应做好预案启动的准备工作,将动态管理报表上报驻地监理和 BT 项目公司驻地代表(各一份原件),同时上报 BT 项目公司安质环保部(两份原件)。

18.7.5 建立重大危险源动态管理的培训和交底机制

根据已识别的重大危险源和专项施工方案,标段项目部必须由总工程师负责组织本单位工班长以上管理人员进行风险管理程序和专项方案的教育培训和技术交底,工班长组织对施工人员的应知应会培训,要求培训有记录,书面交底明确。

针对重大危险源的技术交底,内容需包括:

(1)即将通过的重大危险源的级别。

(2)主要的施工技术参数。

(3)重大危险源的主要特点(包括使用状况、结构形式、重要性等)。

(4)施工工艺。

(5)安全操作规程和注意事项等。

18.7.6 控制要求

(1)确保持续对危险源辨识、识别、评价及控制的策划,将危险源辨识、识别、评价及控制过程作为一项主动性的活动,主动实施对危险源管理。

(2)识别危险源时,应考虑到的活动包括:施工生产中的常规的和非常规的活动;所有进入施工现场、工作场所的人员的活动;施工现场、工作场所的设备、材料、临时设施等。

(3)在确定风险控制方案时,应考虑到:对于不可容许风险(重大危险源),需采取相应的风险控制措施以降低风险,使其达到可容许程度;对于可容许风险,需保持相应的控制措施并进行监视,防止风险变大超出可容许范围;风险控制措施与本公司的运行经验和能力相适应;若找不到降低某不可接受风险的控制措施,则应停止对应的施工生产活动。

(4)进行危险源辨识、识别、评价,应与本公司的运行经验和所采取风险控制措施的能力相适应,应能为确定设施要求、明确培训需求及建立和运行控制系统提供相应的信息,并要对危险源辨识、识别、评价及控制的相关活动进行监视,以确保其及时有效实施。

(5)重大危险源,应通过对生产经营过程的运行控制;编制应急预案和加强人员技能、知识培训;制定控制目标、指标;编制管理方案进行控制。

(6)一般危险源,应通过运行控制、各项安全管理制度、安全操作规程等规章制度进行控制。

(7)风险控制原则:

①首先选择能够消除风险的方式,如材料替换、采用新工艺、新设备等。

②其次采用降低风险的措施,如设置防护、自动报警、联锁装置等。

③最后考虑人的精神和体能因素,保护每个工作人员,在其他控制方案均已考虑过后,作为最终手段,使用个人防护用品。

(8)针对重大危险源的内容,要提前15天作好相关产权单位和交通、市政部门的联系与协调,征得对方的支持和理解,充分搞好必需的准备和配合工作。

(9)建立过程监控和信息反馈:

①建立重大危险源实施过程监控预警机制。重大危险源的施工过程中,要针对工程特点及时调整方案措施,按照标准制定相应的预警值和警戒值,通过监控量测数据严格指导施工。达到警戒值时监控量测单位、施工单位必须按程序逐级上报,并立即准备应急预案的启动。

②严格执行控制方案。在重大危险源(如地下施工穿越桥桩、管线、建筑基础侧,掌子面渗水、局部坍塌严重等)实施过程中,严格执行既定的专项方案和措施,坚持每一工序控制,通

过保证工序质量来保证安全。

③确保应急预案切实可行。应急预案应在临近重大危险源项目施工前一个月,由各标段项目部组织编制并进行演练。应急预案应具有可实施性,人、机具、材料及社会相关抢险方联系畅通无阻,确保能及时到位,保证预案启动后的可操作性和有效性。

18.7.7 建立重大危险源动态管理档案

重大危险源动态管理档案主要包括以下内容:

(1)重大危险源预防控制方案和应急预案的编制情况,包括不同施工阶段重大危险源识别、专项方案、应急预案,执行程序,组织机构,物资设备情况,相关方联系方式等。

(2)重大危险源方案的审批记录。

(3)实施前的准备情况记录(查标段项目部资料)。

(4)重大危险源实施过程记录表。

(5)所有重大危险源规避结束后的经验教训总结,主要包括:重大危险源周围环境情况、主要施工方法(详细总结所采用的主要技术参数、主要材料)、规避所用时间、监控量测数据及有关数据统计等。

18.7.8 管理活动的节点行为管理

管理活动的节点行为管理详见表18-16。

各管理活动节点行为管理统计表　　　表18-16

序号	节　点	节　点　要　求	备　注
1	管理体系形成	各标段项目部将危险源辨识、识别、评价及控制的结果形成文件,填写《危险源识别、评价表》和《重大危险源清单》,报各自局集团公司批准后再报深圳地铁5号线BT项目公司安质环保部	
2	重大危险源项目施工前一个月	各标段项目经理部组织编制专项施工方案,并按程序审批后报5号线BT项目公司安质环保部核备	
3	重大危险源项目施工前15天	针对重大危险源的内容,要提前15天作好相关产权单位和交通、市政部门的联系和协调,征得对方的支持和理解,充分搞好必需的准备和配合工作	
4	5A级重大危险源实施前7天	各施工标段将动态管理报表上报驻地监理和南方公司驻地代表,同时上报BT项目公司安质环保部	
5	4A级风险点实施前5天	各施工标段将动态管理报表上报驻地监理和南方公司驻地代表,同时上报BT项目公司安质环保部	
6	危险源更新	当遇到18.7.2-3所述的情况时应及时更新,重新辨识、评价和确认,并汇总传达到相关单位和岗位	

18.7.9 处罚

BT项目公司安质环保部将对各标段项目部的重大危险源的管理工作进行监督检查,将检查结果纳入"季度安全质量文明施工评比",并视具体情况按"安全质量管理办法"进行全线通报或处罚。

18.7.10 相关表格

危险源识别、评价表　　　　　　　　　表 18-17

单位(部门)：

序号	项目	作业活动/危险源	危害	作业条件风险性评价法				危险级别	控制措施	法规要求
				L	E	C	D			

编制：　　　　　审核：　　　　　批准：　　　　　日期：

重大危险源清单 表18-18

单位(部门):

序号	项目	作业活动/危险源	危害	危险级别	控制措施	管理部门	法 规 要 求

编制: 审核: 批准: 日期:

地铁 5 号线_____标段重大危险源动态管理表　　　　　　　表 18-19

单位：

序号	重大危险源名称	等级	位置与施工部位	预计经过时间	专项施工方案审批情况	应急物资准备情况	人员培训情况	备注

填表人：　　　　审核人：　　　　批准人：　　　　日期：

18.8 工程质量事故处理

18.8.1 适用范围

适用于地铁建设工程质量事故的报告和处理。

18.8.2 工程质量事故的定义及分类

1. 定义

凡是工程质量不合格，必须进行返修、加固或报废处理，由此造成直接经济损失在5万元（含5万元）以上的称为工程质量事故。

2. 分类

按事故性质及严重程度，质量事故划分为两类：

(1) 一般质量事故：直接经济损失在5万~50万元（含50万元）。

(2) 重大质量事故：凡是有下列情况之一者为重大质量事故。

①工程倒塌或报废。

②超过规范规定或设计限值的基础严重不均匀沉降、建筑物倾斜、结构开裂、严重侵限或主体结构强度严重不足，且不可补救，影响结构物的寿命、使用功能或安全。

③严重影响建筑设备及其相应系统的使用功能、造成永久性质量缺陷。

④直接经济损失在50万元以上。

18.8.3 工程质量事故的报告

(1) 工程质量事故发生后，事故发生单位（标段项目部）必须第一时间报告驻地监理和业主代表，不得迟报、瞒报或谎报。

(2) 驻地监理和业主代表接到事故发生单位的事故报告后，在1小时内向建设分公司、BT项目发起人安质部负责人简要报告事故过程和发生事故的原因等情况。

(3) 建设分公司、安质部负责人在接到事故报告后，应及时了解事故情况，初步判定事故等级。对属于重大质量事故的，由建设分公司负责在2小时内分别向BT项目发起人分管副总经理、总经理报告。

(4) BT项目公司有责任对所发生的质量事故进行初步调查，并应在事故发生后24小时内向监理和BT项目发起人提交工程质量事故书面报告（见表18-20）。报告应包括以下内容：

①质量事故的情况：发生的时间、地点、部位、性质、现状及发展变化情况等。

②事故有关数据、照片、资料。

③事故原因分析、事故初步处理意见。

④事故造成的经济损失。

质量事故快报表

表 18-20

项目名称		监理单位	
建设单位		标段项目部	
发生时间		发生地点	
发生部位			
工程概况			
报告事故详述（篇幅不够可另页附后）			
已经采取的措施（篇幅不够可另页附后）			
处理建议			
其他应说明的情况			

标段项目部：　　　　　　　　　　　　　　　监理单位（公章）：
工程项目经理：　　　　　　　　　　　　　　项目总监（签名并加盖执业章）：
　　年　月　日　　　　　　　　　　　　　　　　年　月　日

事故报告流程如图 18-3 所示。

18.8.4 工程质量事故的调查处理

1. 事故调查小组的组成

一般质量事故的调查处理由建设分公司负责,事故调查小组由建设分公司、安质部、技术委员会以及相关部门派人组成;重大质量事故的调查由 BT 项目发起人质量委员会负责,事故调查小组由质量委员会、建设分公司、安质部、技术委员会以及相关部门派人组成。BT 项目发起人质量委员会认为必要时,可以调查由建设分公司负责调查的质量事故。

2. 事故调查小组的职责

(1)查明事故发生的经过、原因、人员伤亡情况及直接经济损失。

(2)认定事故的性质和事故责任。

(3)提出对事故责任者的处理建议。

(4)提出事故评审结论(修补处理、返工重做、限制使用、不作处理)。

(5)提交事故调查报告。

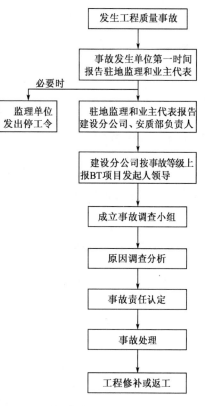

图 18-3 质量事故报告和调查处理流程图

3. 事故调查报告的提交及批复

对于一般质量事故,事故调查组应当自事故发生之日起 15 日内提交事故调查报告,特殊情况下,经负责调查的部门负责人批准,可延长 15 日;对于重大质量事故,调查组应当自事故发生之日起 30 日内提交事故调查报告,特殊情况下,经质量委员会主任批准,可延长 15 日。

一般质量事故的调查报告由质量委员会办公室批复,重大质量事故的调查报告由质量委员会批复。

18.8.5 罚则

(1)事故发生后,事故发生单位瞒报、谎报、迟报或漏报的,BT 项目发起人将视造成经济损失大小处以一定金额的罚款。

(2)因 BT 项目承办人过失发生工程质量事故,BT 项目承办人必须承担因工程质量事故造成的一切工程损失,BT 项目发起人保留因此向 BT 项目承办人索赔一切间接损失和其他损失的权利。除此之外,发生一般质量事故,BT 项目承办人每次向 BT 项目发起人支付一定额度违约金;发生重大工程质量事故,BT 项目承办人每次向 BT 项目发起人支付直接经济损失的一定比例的违约金。

(3)因监理单位过失发生质量事故,如监理单位对质量事故负有直接责任,监理单位对 BT 项目发起人的赔偿额为工程直接损失额;如监理单位对质量事故负有间接责任,监理单位对 BT 项目发起人进行约定金额的赔偿。

(4) 因勘察设计错误造成质量事故,如勘察设计单位对质量事故负有直接责任,勘察设计单位对BT项目发起人的赔偿额为工程直接损失额;如勘察设计单位对质量事故负有间接责任,则进行约定金额的赔偿。

18.9 安全质量文明施工考核

18.9.1 目的

安全质量文明施工考核的目的是保证安全生产、控制工程质量、提高文明施工管理水平,实现安全、质量、文明施工检查评比工作标准化、规范化,使深圳地铁5号线BT项目工程施工有序、可控。

18.9.2 组织机构

深圳5号线地铁项目组织机构图详见图18-4。

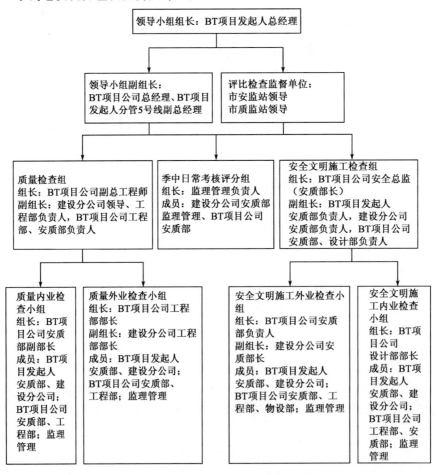

图18-4 安全质量文明施工评比组织机构图

（1）成立"安全质量文明施工评比领导小组"（以下简称"评比领导小组"），负责检查评比的统一指挥、协调、监督等工作，批准评比奖惩决定。评比领导小组设在"双铁联席会"。

领导小组组长：BT项目发起人总经理。

领导小组副组长：BT项目公司总经理、BT项目发起人主管5号线副总经理。

领导小组成员：BT项目发起人安质部、建设分公司、监理管理单位、BT项目公司等单位（部门）人员组成。

（2）评比领导小组下设工作办公室，工作办公室设在BT项目公司安质环保部，负责评比工作的具体事宜。

工作办公室主任由BT项目公司安质环保部部长和建设分公司安质部部长共同担任。

18.9.3 职责

1. 检查组职责

（1）认真贯彻落实国家、广东省、深圳市有关安全、质量、环保、文明施工方面的法律法规及各种规范、规程，并督促执行。

（2）检查落实各标段在施工过程中对合同文件中的安全、质量、环保、文明施工条款的执行情况，确保施工过程安全、质量、环保、文明施工等符合要求。

（3）检查施工组织设计，施工方案的合理性、可行性和安全、质量技术措施的可靠性，并督促落实。

（4）检查施工过程中是否严格执行施工组织设计、施工方案、施工程序、设计文件，对未严格执行的进行处理。

（5）及时发现施工过程中的较大及以上安全隐患、较大及以上质量问题，组织研究解决施工中出现的较大及以上安全、质量技术问题。

（6）落实解决市劳动、公安消防、安质、环保等部门和各上级主管部门在安全生产、施工质量、文明施工、消防、环保、社会治安检查中存在的问题。

（7）表彰在施工过程中安全生产、施工质量、环境保护、文明施工做得好的参建单位，处罚在施工过程中安全生产、施工质量、环境保护、文明施工做得差的参建单位。总结好的经验并进行推广。

（8）在检查过程中所有检查人员必须坚持科学、公正的道德规范，要尊重科学、尊重事实，以数据资料为依据，客观、公正地进行检查，要坚持原则，遵守纪律，秉公检查。

（9）检查组成员中中铁南方公司各部门成员应根据部门岗位职责和检查表中分配的检查内容履行检查职责。

（10）检查组成员中BT项目公司各部门依据本部门的岗位职责，对所检查项目负有指导、督促整改关闭及日常管理的职责。

2. 监督成员职责

（1）监督组成员应遵循"诚信、公正、科学"的准则。

(2) 监督检查组成员应认真贯彻落实国家、广东省、深圳市有关安全、质量、环保、文明施工方面的法律法规及各种规范、规程。

(3) 监督检查组人员在检查评分过程中应坚持科学、公正的道德规范，尊重科学、尊重事实，以数据资料为依据，客观、公正地进行检查，并坚持原则，遵守纪律，秉公检查。

18.9.4 参加评比条件

(1) 参加每季评比的单位为深圳地铁 5 号线 BT 项目的各标段。

(2) 在评比季度内发生一般及以上安全事故，或发生重大质量事故的标段取消参评资格。

(3) 在评比季度内发生一般以下安全事故（不含一般事故）、发生一般及以下质量事故（含一般质量事故）按评比检查表中扣分标准进行扣分。

18.9.5 检查评比办法

1. 评比原则

每季度评比总结奖罚一次，评比按质量、安全管理、文明施工等三项内容综合后进行。

2. 检查主要方式

检查方式按照"三个结合"进行，即内部与外部检查相结合、日常考核与季度检查相结合、前后优差与奖罚配套相结合。日常考核评分包括市质监站、安监站、市建设主管单位、BT 项目发起人、BT 项目建设指挥部的检查，内容涵盖各有关单位下发的事件（事故）认证书、整改通知书、专项检查通报等，检查项目涵盖各标段所有的工程范围。

3. 检查评比程序

(1) 每季末检查前检查评比领导小组工作办公室召开会议并确定：

①检查评比具体日期；

②每个标段检查工点数；

③检查评比参与人员分工、检查实施方案及检查中的其他要求；

④对检查评比成员进行评分交底等。

(2) 检查工点确定

季末检查主要对各标段内各工点进行随机抽查。抽查范围为每个标段所有工点。到施工现场后根据该季度确定的检查工点数，在现场采取抽签确定的办法，进行随机抽取。抽签确定后检查组直接到达受检工点实施检查。

(3) 检查分质量、安全文明施工两个检查组，由 BT 项目公司领导任组长，建设分公司、BT 项目发起人安质部、BT 项目公司安质部、工程部、设计部、物设部、监理管理单位等单位为检查组成员，同时邀请市质监站、市安监站等单位领导和相关专家参加监督。

4. 检查评分表

(1) 检查评分表结构形式分为两类，一类是季末现场检查评比表（表 18-21 ~ 表 18-33），表中列出的各检查项目为季末综合检查项目；另一类是季中日常考核评分表（表 18-34），主要是

BT 项目发起人、BT 项目公司、监理单位、市安全质量监督部门每月定期或不定期检查中存在的质量问题、安全隐患的扣分,评比季度内各标段发生安全、质量事故的扣分,以及安全、质量管理不到位、不落实或落实不彻底的扣分。

(2)分项检查评分表(表 18-21 ~ 表 18-33)中各小项得分应为按规定检查内容的标准分减去检查中扣减分后的所得实际分值;季中日常考核评分表(表 18-34)中各小项得分应为按规定检查内容的标准分减去检查中扣减分后的所得实际分值。分项检查表实得总分应为各表内检查小项实得分之和。

(3)在季末现场检查评分汇总表(表 18-35)中各分项折合标准分按下式计算:

$$汇总表各分项折合标准分 = 权重系数 \times 分项检查评比表实得总分$$

(4)季中日常考核评分表由季中日常考核评分组收集整理本季度各有关单位的安全质量相关资料,根据条款要求进行评分,由季中日常考核评分组组长及成员签字确认后提交领导小组审批。

(5)季得分统计汇总表(表 18-36)中,季中日常考核评分和季末检查评比各占一定比例,即:

$$季度综合总得分 = 季中日常考核评比得分 \times 季中日常考核评比所占比例 \\ + 季末检查评比得分 \times 季末检查评比所占比例$$

18.9.6 奖励与处罚

1. 奖励

按检查内容评出各标段实得总分。对评比中安全、质量、文明施工加权综合得分在 85 以上的前三名参建标段奖励相应金额;并要求对各参建单位安全质量文明施工主要责任人员给予奖励金额 20% ~ 30% 的奖励,其他安全质量文明施工管理人员给予 50% 的奖励,并将奖励人名单报 BT 项目公司安质环保部及建设分公司安质部备案。

2. 处罚

(1)在季度内发生安全一般及以上事故、发生重大质量事故(质量事故分类标准按《深圳市地铁集团有限公司工程质量事故报告调查处理规定》界定),除将安全、质量得分定为 0 分、取消评比资格,作为本季评比最后一名外,并按《深圳地铁 5 号线 BT 项目质量管理办法》、《深圳地铁 5 号线 BT 项目安全管理办法》以及深圳地铁公司《深圳地铁工程施工承包商安全生产文明施工考核与奖罚办法》、《深圳地铁工程质量检查评比与奖罚暂行办法》等进行处理。

(2)所有标段检查评比综合得分均在 85 分以上,对最后两名参建标段进行全线通报批评不再处罚。

(3)对检查评比综合得分在 70 ~ 85 分之间的最后两名参建标段进行相应金额的处罚。

(4)对检查评比综合得分低于 70 分的参建标段进行相应金额处罚。

(5)受处罚的参建标段按处罚金额的一定比例对安全质量主要责任人进行处罚,并以标段正式文件报建设分公司安质部及 BT 项目公司安质环保部备案。

18.9.7 相关表格

质量内业检查评分表

表 18-21

施工单位：

序号	检查项目	扣分标准	标准分值	扣减分值	评定分值	扣减分值原因	BT项目公司责任部门
1	现场质量管理制度	设计文件、图纸审查是否有制度；设计文件、图纸审查内容是否齐全					安质环保部
		图纸会审及技术交底制度是否齐全					安质环保部
		材料、半成品进场检验制度是否齐全					安质环保部
		工程开工申请审查制度是否齐全					安质环保部
		工程质量问题及事故处理制度是否齐全					安质环保部
		工程质量自检、隐检、验收制度是否齐全					安质环保部
		会议制度是否齐全					安质环保部
		工程资料及档案管理制度是否齐全					安质环保部
2	质量体系	质量管理组织机构图是否齐全					安质环保部
		现场质量负责人（项目经理、副经理、总工等）、各工种质量负责人、操作者责任、质检员、材料员责任制度是否齐全					安质环保部
		现场质量计划是否齐全、是否实施					安质环保部
		质量管理体系和质量保证体系是否健全，是否运转正常					安质环保部
3	施组、施工方案的编制及审批	施工组织设计是否及时经过BT项目指挥部公司、监理部审批					工程管理部

续上表

序号	检查项目	扣分标准	标准分值	扣减分值	评定分值	扣减分值原因	BT项目公司责任部门
4	施工技术文件管理	各类施工规范、标准、行政法规、图纸等是否齐全或有效					工程管理部
5	工程所用材料质量证明文件	产品合格证、技术说明书、质量检验证明等是否缺项					工程管理部
6	施工质量控制点明细表、措施	设置位置是否准确；预控对策是否有效；是否有针对性					工程管理部
7	分项工程技术交底文件	是否缺少主管技术人员编制，总工程师批准；内容是否全面，是否有针对性					工程管理部
8	施工测量、复测、监测情况	是否有测量方案；是否有监测方案；是否有监测成果表；是否有复测记录					工程管理部
9	隐蔽工程验收制度	隐蔽工程项目是否有验收制度；验收程序是否正确					工程管理部
10	检验批、分项、分部工程验收资料	各类质量资料收集是否齐全；资料是否规范、相符、同步					工程管理部
11		分项检查实得总分					

被检查单位：　　　　　　　　　　　　　　检查人：　　　　　　　　　　　该项检查组长：
日期：　　　　　　　　　　　　　　　　　日期：　　　　　　　　　　　日期：

质量外业检查评分表

表18-22

标段项目部：

序号	检查项目	扣分标准	标准分值	扣减分值	评定分值	扣减分值原因	BT项目公司责任部门
1	原材料	进场材料是否满足国家、行业标准；进场材料是否符合材料名录					物质设备部
2	加工制作	材料加工制作安装是否符合设计图纸和技术规范要求					工程管理部
3	配合比	是否有配合比；是否进行审批；现场计量器具是否标定；是否有计量器具；是否按规定留试件；商品混凝土进场是否做试验；标养条件是否满足要求					工程管理部
4	现场控制	钢筋绑扎间距、焊接、接驳器安装；模板外观、安装、支撑；混凝土外观、裂缝、渗漏、施工、变形缝；暗挖初支表面（平顺、漏筋）、渗漏；防水基面处理、防水材料施工、成品保护；盾构管片质量、安装后质量（平整度、垂直度、渗漏裂缝、渗漏等）；围护结构（侵限、垂直度、渗漏、外观等）					工程管理部
5	成品、半成品保护	是否对成品、半成品进行保护、养生（规定期限内）；成品、半成品是否有缺陷					工程管理部
6		分项检查实得总分					

注：每项最多扣减分数不大于该项应得分数。

故检查单位：　　　　　　　　　　　　检查人：　　　　　　　　　　　　该项检查组长：

日期：　　　　　　　　　　　　　　　日期：　　　　　　　　　　　　　日期：

安全管理检查评分表

标段项目部：

表 18-23

序号	检查项目		扣 分 标 准	标准分值	扣减分数	评定分值	扣减分值原因	BT项目公司责任部门
1	保证项目	安全生产责任制	是否建立安全责任制；各级各部门是否执行责任制；经济承包合同中是否有安全生产指标；是否制定各工种安全技术操作规程；是否按规定配备专（兼）职安全员；管理人员责任制考核是否合格					
2		目标管理	是否制定安全管理目标（伤亡控制指标和安全达标、文明施工目标）；是否进行安全责任目标分解；是否有责任目标考核规定；考核办法是否落实					
3		施工组织设计	施工组织设计中是否有安全措施；施工组织设计是否经审批；专业性较强的项目，是否单独编制专项安全施工组织设计；安全措施是否全面；安全措施是否有针对性；安全措施是否落实					
4		分部（分项）工程安全技术交底	是否有书面安全技术交底；交底针对性如何；交底是否全面；交底是否履行签字手续					
5		安全检查	是否有定期安全检查制度；安全检查是否有记录；检查出事故隐患，整改是否做到定人、定时间、定措施；对重大事故隐患整改通知书所列项目是否如期限完成					安质环保部

续上表

序号	检查项目		扣分标准	标准分值	扣减分数	评定分值	扣减分值原因	BT项目公司责任部门
6	一般项目	安全教育	是否有安全教育制度；新入厂工人是否进行三级安全教育；是否有具体安全教育内容；变换工种时是否进行安全教育；是否有人不懂本工种安全技术操作规程；施工管理人员是否按规定进行年度培训；专职安全员是否按规定进行年度培训考核或考核是否合格					
7		班前安全活动	是否建立班前安全活动制度；班前安全活动是否有记录					
8		特种作业持证上岗	是否经培训从事特种作业；是否持特种操作证上岗					
9		工伤事故处理	工伤事故是否按规定报告；工伤事故是否按事故分析调查规定处理；是否建立工伤事故档案					
10		安全标志	是否有现场安全标志布置总平面图；现场是否按安全标志总平面图设置安全标志					安质环保部
11			分项检查实得总分					

注：1. 每项最多扣减分数不大于该项应得分数。
2. 保证项目有一项不得分或保证项目小于得分不足40分，检查评分表计0分。

被检查单位： 检查人： 该项检查组长：
日期： 日期： 日期：

表 18-24

隧道施工安全检查评分表

标段项目部：

序号	检查项目		扣分标准	标准分值	扣减分数	评定分值	扣减分值原因	BT项目公司责任部门
1	保证项目	施工组织设计	是否有安全措施； 施工组织设计是否经审批、安全措施是否全面、安全措施是否有针对性					工程管理部
2		洞口工程	洞口工程是否有专项安全措施； 路堑及边、仰坡是否自上而下施工、爆堼警戒是否符合规范要求； 洞门翼墙和端墙施工脚手架、工作平台是否符合安全技术要求					工程管理部
3		隧道开挖	是否根据地质制定专项施工方案和安全措施； 不良地质地段是否进行超前地质预测预报； 突水突泥煤层瓦斯等重大危险源应急救援预案操作性是否强； 是否检查掌子面围岩情况，是否检查处理瞎炮进行钻眼作业； 钻眼与装药是否同时进行； 装药是否自上而下进行； 爆破作业时施工人员是否撤至安全距离； 爆破时，爆破工是否有电筒； 掌子面、检铺底等的照明是否使用36V及以下安全电压					工程管理部
4		初期支护	施工方案是否明确安全技术措施； 是否按照设计技术参数进行支护； 钢架是否全部采用螺栓连接； 钢架底部是否垫实； 是否按照技术规范进行施工量测及信息反馈； 支护变形损坏是否及时修复； 是否有喷混凝土裂缝脱落、钢筋、锚杆外露、漏喷； 支护表面是否达到设计					工程管理部

续上表

序号	检查项目		扣分标准	标准分值	扣减分数	评定分值	扣减分值原因	BT项目公司责任部门
5	保证项目	混凝土衬砌	施工方案是否明确安全技术措施； 模板台车工作平台、扶手、栏杆、人行梯是否符合安全技术要求； 照明是否使用36V及以下安全电压； 模板台车移动时设备、电线、管路是否撤除或是否加保护，是否有统一指挥； 模板台车堵头拆除是否有防护； 模板台车是否设安全警示标志					安质环保部
6		开挖、防水层铺设、修补作业架	作业架是否有施工方案； 作业架是否进行稳定性验算； 作业架搭设前是否有交底； 搭设完毕是否办理验收手续； 是否使用36V以下安全电压； 作业架不设工作平台及围栏防护； 作业架脚手板铺设不严、不牢； 是否设置登高扶梯					工程管理部
7	一般项目	通风	是否有通风方案； 通风管是否顺直； 通风管出风口距掌子面是否有小断面大于15m，大断面大于40m； 混合式通风进风口与吸风口是否距离小于20m					工程管理部
8		洞内运输	洞内道路两侧是否有排水沟； 洞内道路机是否到处积水、泥泞； 有轨运输机线铺设是否符合要求； 有轨车辆是否使用可靠防溜措施； 有轨车辆间是否使用刚性连接； 过梁支撑是否在松碴上； 洞内车辆照明、信号系统是否完善					安质环保部

续上表

序号	检查项目	扣分标准	标准分值	扣减分数	评定分值	扣减分值原因	BT项目公司责任部门
8	洞内运输	洞内车辆是否有限速规定；装碴是否有高出车帮；车辆启动前是否有检查、是否鸣笛；电瓶车是否搭人、人物混装情况；有机卸碴码头是否有大于1%上坡；斜井口是否设挡车器；竖井提升安全装置是否齐全					安质环保部
10		分项检查实得总分					

注：1. 每项最多扣减分数不大于该项应得分数。
2. 保证项目有一项不得分或保证项目小计得分不足40分的，检查评分表计零分。

被检查单位：　　　　　　　　　　　　　　检查人：　　　　　　　　　　　该项检查组长：
日期：　　　　　　　　　　　　　　　　　日期：　　　　　　　　　　　日期：

落地式外脚手架检查评分表

表18-25

标段项目部：

序号	检查项目		扣分标准	标准分值	扣减分数	评定分值	扣减分值原因	BT项目公司责任部门
1	保证项目	施工方案	脚手架是否有施工方案；脚手架高度超过规范规定是否有设计计算书或是否经审批；施工方案是否能指导施工					工程管理部
2		立杆基础	立杆基础是否平、实，是否符合方案设计要求；立杆基础是否有缺少底座、垫木情况；是否有地杆；木脚手架立杆是否埋地或是否有地杆；是否有排水措施					工程管理部

续上表

序号	检查项目		扣分标准	标准分值	扣减分数	评定分值	扣减分值原因	BT项目公司责任部门
3	保证项目	架体与建筑结构拉结	脚手架高度在7m以上,架体与建筑结构拉结情况					工程管理部
4		杆件间距与剪刀撑	大横杆、小横杆间距是否符合规定要求;是否按规定设置剪刀撑;剪刀撑是否沿脚手架高度连续设置或角度是否符合要求					工程管理部
5		脚手架与防护栏杆	脚手板是否满铺;脚手板材质是否符合要求;脚手架外侧是否设置密目式安全网的,或网间是否严密;施工层是否设1.2m高防护栏杆和挡脚板					安质环保部
6		交底与验收	脚手架搭设前是否有交底;脚手架搭设完毕是否办理验收手续;是否有量化的验收内容					工程管理部
7	一般项目	小横杆设置	立杆与大横杆交点处是否按规定设置小横杆;小横杆两端是否固定;单排架子小横杆是否涌入墙内小于24cm					工程管理部
8		杆件搭接	木立杆、大横杆搭接是否大于1.5m;钢管立杆是否有采用搭接情况					工程管理部
9		架体内封闭	施工层以下每隔10m是否有用平网或其他措施封闭情况;施工层脚手架内立杆与建筑物之间是否进行封闭					安质环保部
10		脚手架材质	木杆直径、材质是否合要求;钢管是否有弯曲、锈蚀等严重情况					工程管理部

续上表

序号	检查项目		扣 分 标 准	标准分值	扣减分数	评定分值	扣减分值原因	BT项目公司责任部门
11	一般项目	通道	架体是否设上下通道；通道设置是否符合要求					安质环保部
12		卸料平台	卸料平台是否经设计计算；卸料台搭设是否符合设计要求；是否有卸料平台支撑系统与脚手架连结的情况；卸料平台是否有限定荷载标牌					工程管理部
13			分项检查实得总分					

注：1. 每项最多扣减分数不大于该项应得分数。
2. 保证项目有一项不得分或保证项目小计得分不足40分的，检查评分表计0分。

被检查单位： 检查人： 该项检查组长：
日期： 日期： 日期：

基坑支护安全检查评分表

表18-26

标段项目部：

序号	检查项目		扣 分 标 准	标准分值	扣减分数	评定分值	扣减分值原因	BT项目公司责任部门
1	保证项目	施工方案	基础施工是否有支护方案；施工方案针对性差是否能指导施工；基坑深度超过5m是否有专项设计；支护设计及方案是否经上级审批					工程管理部
2		临边防护	深度超过2m的基坑施工是否有临边防护措施；临边及其他防护是否符合要求					安质环保部

续上表

序号	检查项目		扣分标准	标准分值	扣减分数	评定分值	扣减分值原因	BT项目公司责任部门
3	保证项目	坑壁支护	坑槽开挖设置安全边坡是否符合安全要求；特殊支护的作法是否符合设计方案；支护设施已产生局部变形是否采取措施调整					工程管理部
4		排水措施	基坑施工是否设置有效排水措施；深基础施工采用坑外降水，是否有防止临近建筑危险沉降措施					工程管理部
5		坑边荷载	积土、料具堆放距槽边距离是否小于设计规定；机械设备施工与槽边距离是否符合要求，是否有措施					工程管理部
6	一般项目	上下通道	人员上下是否有专用通道；设置的通道是否符合要求					安质环保部
7		土方开挖	施工机械进场是否经验收；挖土机作业时，是否有人员进入挖土机作业半径内的情况；挖土机作业位置是否牢固、安全；司机是否有证作业；是否按规定程序挖土					工程管理部
8		基坑支护变形监测	是否按规定进行基坑支护变形监测；是否按规定对毗邻建筑物和重要管线和道路进行沉降观测					
9		作业环境	基坑内作业人员是否有安全立足点；垂直作业上下是否有隔离防护措施；光线不足是否设置足够照明					安质环保部
10			分项检查实得总分					

注：1. 每一项最多扣减分数不大于该项应得分数。
2. 保证项目有一项不得分或保证项目小计得分不足40分的，检查评分表计0分。

被检查单位：　　　　　　　　　　　　　检查人：　　　　　　　　　　　该项检查组长：
日期：　　　　　　　　　　　　　　　　日期：　　　　　　　　　　　　日期：

模板工程安全检查评分表

表 18-27

标段项目部：

序号	检查项目		扣分标准	标准分值	扣减分数	评定分值	扣减分值原因	BT 项目公司责任部门
1	保证项目	施工方案	模板工程是否有施工方案或施工方案是否经审批；是否根据混凝土输送方法制定有针对性安全措施					工程管理部
2		支撑系统	现浇混凝土模板的支撑系统是否有设计计算；支撑系统是否符合设计要求					工程管理部
3		立柱稳定	支撑板的立柱材料是否符合要求；立柱底部是否规定使用支撑或垫板；是否按规定设置纵横向支撑；立柱间距是否符合规定					工程管理部
4		施工荷载	模板上施工荷载是否超过规定；模板上堆料是否均匀					工程管理部
5		模板存放	大模板存放是否有防倾倒措施；各种模板存放是否整齐、过高等是否符合安全要求					物质设备部
6		支拆模板	2m 以上高处作业是否有可靠立足点；拆除区域是否设置警戒线且是否有监护人；留有是否拆除的悬空模板					安质环保部
7	一般项目	模板验收	模板拆除前是否经拆模申请批准；模板工程是否有验收手续；验收单是否有量化验收内容；支拆模板是否进行安全技术交底					工程管理部
8		混凝土强度	模板拆除前是否有混凝土强度报告；混凝土强度是否达规定提前拆模					工程管理部
9		运输道路	在模板上运输混凝土是否有走道板；走道垫是否稳固、牢靠					安质环保部

续上表

序号	检查项目		扣分标准	标准分值	扣减分数	评定分值	扣减分值原因	BT项目公司责任部门
10	一般项目	作业环境	作业面孔洞及临边是否有防护措施;垂直作业上下是否有隔离防护措施					安质环保部
			分项检查实得总分					

注:1. 每项最多扣减分数不大于该项应得分数。
2. 保证项目有一项不得分或保证项目小计得分不足40分的,检查评分表计0分。

被检查单位: 　　　　　　　　　　检查人: 　　　　　　　　该项检查组长:
日期: 　　　　　　　　　　　　　日期: 　　　　　　　　　日期:

"三宝"、"四口"防护检查评分表

表18-28

标段项目部:

序号	检查项目	扣分标准	标准分值	扣减分数	评定分值	扣减分值原因	BT项目公司责任部门
1	安全帽	安全帽是否符合标准;是否按规定佩戴安全帽					安质环保部
2	安全网	在建工程外侧是否用密目安全网封闭;安全网规格、材质是否符合要求;安全网是否取得建筑安全监督管理部门准用证					安质环保部
3	安全带	是否系安全带;安全带挂系是否符合要求;安全带是否符合标准					安质环保部

续上表

序号	检查项目	扣分标准	标准分值	扣减分数	评定分值	扣减分值原因	BT项目公司责任部门
4	楼梯口、竖井口防护	是否有防护措施；防护措施是否符合要求或是否严密；防护设施是否成定型化、工具化；电梯井内是否按规定设置平网					安质环保部
5	预留洞口、坑井防护	是否有防护措施；防护设施是否形成定型化、工具化；防护措施是否符合要求					安质环保部
6	通道口防护	是否有防护棚；防护是否严密；防护棚是否牢固，材质是否符合要求					安质环保部
7	临边防护	临边是否有防护；临边防护是否严密，符合要求					安质环保部
8	其他	地下管线保护措施是否符合要求；施工现场危险部位是否设置警示标志；施工现场是否有违章作业情况					安质环保部
9		分项检查实得总分					

注：每项最多扣减分数不大于该项应得分数。

被检查单位：　　　　　　　　　　　检查人：　　　　　　　　该项检查组长：
日期：　　　　　　　　　　　　　　日期：　　　　　　　　　日期：

施工用电检查评分表

表 18-29

标段项目部：

序号	检查项目		扣分标准	标准分值	扣减分数	评定分值	扣减分值原因	BT项目公司责任部门
1	保证项目	外电防护	安全距离、防护措施是否符合要求；封闭是否严密					
2		接地与接零保护系统	工作接地与重复接地是否符合要求；是否采用TN-S系统；专用保护零线设置是否符合要求；是否有保护零线与工作零线混接情况					
3		配电箱开关箱	是否符合"三级配电两级保护"要求；开关箱（末级）是否有漏电保护；漏电保护装置参数是否匹配；电箱内是否有隔离开关；是否有违反"一机、一闸、一漏、一箱"的情况；安装位置是否恰当，是否便于操作；闸具是否损坏，闸具是否符合要求；配电箱内多路配电是否有标记；电箱下引出线是否有混乱情况；电箱是否有门、锁、防雨措施					
4		现场照明	照明专用回路是否有漏电保护；灯具金属外壳是否接零保护；室内线路及灯具安全高度低于2.4m是否使用安全电压供电；潮湿作业是否使用36V以下安全电压；使用36V安全电压照明线路是否有混乱情况；接头处是否有绝缘布包扎；手持照明灯是否使用36V及以下电源供电					物资设备部

续上表

序号	检查项目		扣分标准	标准分值	扣减分数	评定分值	扣减分值原因	BT项目公司责任部门
5	一般项目	配电线路	电线老化、破皮是否有包扎；线路过道是否有保护；电杆、横担是否符合要求；架空线路是否符合要求；是否使用五芯线（电缆）；电缆架设或埋设是否符合要求					
6		电器装置	闸具、熔断器参数与设备容量是否匹配，安装是否符合要求；是否有用其他金属丝代替熔丝情况					物质设备部
7		变配电装置	是否符合安全规定					
8		用电档案	是否有专项用电施工组织设计；是否有接地电阻值摇测记录；是否有电工巡视维修记录或填写是否真实；档案内容是否齐全，是否有专人管理					
9			分项检查实得总分					

注：1. 每项目最多扣减分数不大于该项应得分数。
2. 保证项目有一项不得分或保证项分计得分小于40分的，检查评分表计0分。

被检查单位：　　　　　　　　　　　　　　检查人：　　　　　　　　该项检查组长：
日期：　　　　　　　　　　　　　　　　　日期：　　　　　　　　　日期：

物料提升机（龙门架、井字架）检查评分表

表 18-30

标段项目部：

序号	检查项目		扣分标准	标准分值	扣减分数	评定分值	扣减分值原因	BT项目公司责任部门
1	保证项目	架体制作	是否有设计计算书或是否经上级审批；架体制作是否符合设计要求和规范要求；使用厂家生产的产品，是否有建筑安全监督管理部门准用证	9				
2		限位保险装置	吊篮是否有停靠装置、停靠装置是否形成定型化；是否有超高限位装置；是否有使用摩擦式卷扬机超高限位采用断电方式的情况；高架提升机是否有下极限位器、缓冲器或是否有超载限制器	9				
3		架体稳定	缆风绳	是否按架高20m以下时设一组，20～30m设一组设置；缆风绳是否使用钢丝绳；钢丝绳直径、角度是否符合要求；地锚是否符合要求	9				
			与建筑结构连接	连墙杆的位置是否符合规范要求；连墙杆连接是否牢固；是否有连墙杆与脚手架连接情况；连墙杆材质或连接做法是否符合要求					
4		钢丝绳	钢丝绳磨损是否超过报废标准；钢丝绳是否有锈蚀、缺油情况；绳卡是否符合规定；钢丝绳是否有过路保护；钢丝绳是否有拖地情况	8				物质设备部

续上表

序号	检查项目		扣分标准	标准分值	扣减分数	评定分值	扣减分值原因	BT项目公司责任部门
5	保证项目	楼层卸料平台防护	卸料平台两侧是否有防护栏杆或防护栏杆是否严密；平台脚手板搭设是否严密、牢固；平台是否有防护门或防护门是否起作用；防护门是否形成定型化、工具化；地面进料口是否有防护棚或是否符合要求	8				
6		吊篮	吊篮是否有安全门；安全门是否形成定型化、工具化；高架提升机是否使用吊笼；是否有违章乘坐吊篮上下情况；是否有吊篮提升使用单根钢丝绳情况	8				
7	一般项目	安装验收	是否有验收手续和责任人签字；验收单是否有量化验收内容					
8		架体	架体安装拆除是否有施工方案；架体基础是否符合要求；架体垂直偏差是否超过规定；架体与吊篮间隙是否超过规定；架体外侧是否有立网防护或安装是否符合要求或是否严密；摇臂把杆是否经设计或安装是否符合要求或是否有保险绳；井字架开口处是否加固					
9		传动系统	卷扬机地锚是否牢固；卷筒钢丝绳绳缆绕是否整齐；第一个导向滑轮距离是否有小于15倍卷筒宽度情况；是否有滑轮翼缘破损或架体柔性连接情况；卷筒上是否有防止钢丝绳滑脱保险装置；滑轮与钢丝绳是否匹配					物质设备部

239

续上表

序号	检查项目		扣分标准	标准分值	扣减分数	评定分值	扣减分值原因	BT项目公司责任部门
10	一般项目	联络信号	是否有联络信号；信号方式是否合理、是否准确					物资设备部
11		卷扬机操作棚	卷扬机是否有操作棚；操作棚是否符合要求					
12		避雷	防雷保护范围以外是否有避雷装置；避雷装置是否符合要求					
13			分项检查实得总分					

注：1. 每项最多扣减分数不大于该项应得分数。
2. 保证项目有一项不得分或保证项目小计得分不足40分的，检查评分表计0分。

被检查单位：　　　　　　　该项检查组长：
检查人：　　　　　　　　　日期：
日期：

起重吊装安全检查评分表

表18-31

标段项目部：

序号	检查项目			扣分标准	标准分值	扣减分数	评定分值	扣减分值原因	BT项目公司责任部门
1	保证项目	施工方案		起重吊装作业是否有方案；作业方案是否经上级审批或方案是否具有针对性					物资设备部
2		起重机械	起重机	吊钩是否有超高和力矩限制器；起重机是否取得准用证；起重机安装后是否经验收					
			起重扒杆	起重扒杆是否有设计计算书或是否经审批；扒杆组装是否符合设计要求；扒杆使用前是否经试吊					

续上表

序号	检查项目		扣分标准	标准分值	扣减分数	评定分值	扣减分值原因	BT项目公司责任部门
3	保证项目	钢丝绳与地锚	起重钢丝绳是否有磨损、断丝超标情况；滑轮是否符合规定；缆风绳安全系数是否小于3.5情况；地锚埋设是否符合设计要求					
4		吊点	是否符合设计规定位置；索具使用是否合理、绳径倍数是否足够					
5		司机、指挥	司机是否有证上岗；是否使用非本机型司机操作情况；指挥是否有证上岗；高处作业是否有信号传递					
6	一般项目	地耐力	起重机作业路面地耐力是否符合说明书要求；地面铺装措施是否达到要求					
7		起重作业	是否有被吊物体重量不明就吊装的情况；是否有超载作业情况；每次作业前是否经试吊检验					
8		高处作业	结构吊装作业人员是否系安全带或是否牢靠悬挂点；人员上下是否有设置防坠落措施；人员上下是否有专设爬梯、斜道					
9		作业平台	起重吊装人员作业临边防护是否符合规定；作业平台作业脚手板是否满铺					
10		构件堆放	是否有楼板堆放超过1.6m高度的情况；其他构件堆放高度是否符合规定；大型构件堆放是否有稳定措施					物质设备部

续上表

序号	检查项目		扣分标准	标准分值	扣减分数	评定分值	扣减分值原因	BT项目公司责任部门
11	一般项目	警戒	起重吊装作业是否有警戒标志;是否设专人警戒					物质设备部
12		操作工	起重工、电焊工是否有安全操作证上岗					
13			分项检查实得总分					

注:1. 每项最多扣减分数不大于该项应得分数。
2. 保证项目有一项不得分或保证项目小计得分不足 40 分的,检查评分表计 0 分。

被检查单位:　　　　　　　　　　　　检查人:　　　　　　　　　　　　该项检查组长:
日期:　　　　　　　　　　　　　　　日期:　　　　　　　　　　　　　　日期:

施工机具检查评分表

表 18-32

标段项目部:

序号	检查项目	扣分标准	标准分值	扣减分数	评定分值	扣减分值原因	BT项目公司责任部门
1	手持电动工具	I类手持电动工具是否有保护接零;使用I类手持电动工具是否按规定穿戴绝缘用品;是否有使用手持电动工具随意接长电源线或更换插头情况					物质设备部
2	钢筋机械	机械安装后是否有验收合格手续;是否做保护接零、是否有漏电保护器;钢筋冷拉作业区反对焊作业区是否有防护措施;传动部位是否有防护					
3	电焊机	电焊机安装后是否有验收合格手续;是否做保护接零,是否有漏电保护器;是否有二次空载降压保护器或是否有触电保护器;一次线长度是否符合规定;电源是否使用自动开关					

续上表

序号	检查项目	扣分标准	标准分值	扣减分数	评定分值	扣减分值原因	BT项目公司责任部门
3	电焊机	焊把线线接头数量是否过多或有绝缘老化情况；电焊机是否有防雨罩					
4	搅拌机	搅拌机安装后是否有验收合格手续；是否做保护接零，是否有漏电保护器；离合器、制动器、钢丝绳达是否到要求；操作手柄是否有保险装置；搅拌机是否有防雨棚、保险挂钩或作业台是否安全；料斗是否有保险挂钩或保护罩；传动部位是否有防护罩；作业平台是否平稳					
5	气瓶	各种气瓶是否有标准色标；气瓶间距小于5m,距明火小于10m是否有隔离措施；乙炔瓶使用或存放时是否有平放情况；气瓶存放是否符合要求；气瓶是否有防震圈和防护帽					
6	翻斗车	翻斗车是否取得准用证；翻斗车制动装置是否灵敏；司机驾车是否有证；是否有行车载人或违章行车					物质设备部
7	潜水泵	是否做保护接零，是否有漏电保护器；保护装置是否灵敏，使用是否合理					

243

续上表

序号	检查项目	扣分标准	标准分值	扣减分数	评定分值	扣减分值原因	BT项目公司责任部门
8	打桩机械	打桩机是否取得准用证和安装后是否有验收合格手续；打桩机是否有超高限位装置；打桩机走路行走路线地耐力是否符合说明书要求；打桩作业是否有方案；打桩操作是否有违反操作规程情况					物质设备部
9	分项检查实得总分						

注：每项最多扣减分数不大于该项应得分数。

被检查单位：　　　　检查人：　　　　该项检查组长：
日期：　　　　　　　日期：　　　　　日期：

文明施工检查评分表

表18-33

标段项目部：

序号	检查项目		扣分标准	标准分值	扣减分数	评定分值	扣减分值原因	BT项目公司责任部门
1	保证项目	现场围挡	在市区主要路段的工地周围是否设置高于2.5m的围挡；一般路段的工地周围是否设置高于1.8m的围挡；围挡材料是否坚固、稳定、整洁、美观；围挡是否沿工地四周连续设置					综合管理部
2		封闭管理	施工现场进出口是否有大门；是否有门卫和是否有门卫制度；进入施工现场是否佩戴工作卡；门头是否设置企业标志					综合管理部

续上表

序号	检查项目		扣分标准	标准分值	扣减分数	评定分值	扣减分值原因	BT项目公司责任部门
3	保证项目	施工场地	工地地面是否做硬化处理； 道路是否畅通； 是否有排水设施，排水是否通畅； 是否有防止泥浆、污水、废水外流或堵塞下水道和排水河道措施； 工地是否有积水现象； 工地是否设置吸烟处，是否有随意吸烟情况； 温暖季节是否有绿化布置					工程管理部
4		材料堆放	建筑材料、构件、料具是否按总平面布局堆放； 料堆是否挂有品名、品种、规格等标牌； 堆放是否整齐； 是否做到工完场地清； 建筑垃圾堆放是否整齐，是否分类存放； 易燃易爆物品是否存放					物资设备部
5		现场住宿	是否有在建工程兼作住宿情况； 施工作业区与办公、生活区是否能明显划分； 宿舍是否有保暖和防煤气中毒措施； 宿舍是否有消暑和防蚊虫叮咬措施； 是否有床铺，生活用品摆放是否整齐； 宿舍周围环境是否卫生，是否安全					综合管理部
6		现场防火	是否有消防措施、制度或是否合理； 灭火器材配置是否合理； 是否有消防水源（高层建筑）或是否能满足消防要求； 是否有动火审批手续和动火监护					安质环保部

续上表

序号	检查项目		扣分标准	标准分值	扣减分数	评定分值	扣减分值原因	BT项目公司责任部门
7	一般项目	治安综合治理	生活区是否给工人设置学习和娱乐场所；是否建立治安保卫制度的，责任是否分解到人的扣3~5分；治安防范措施不利，常发生失盗事件的扣3~5分；					综合管理部
8		施工场地标牌	大门口处挂的五牌一图的内容是否齐全，标牌是否规范，是否整齐；是否有安全标语；是否有宣传栏、读报栏、黑板报等					综合管理部
9		生活设施	厕所是否符合卫生要求；是否有厕所，是否有随地大小便情况；食堂是否符合卫生要求；是否有卫生责任制；是否能保证供应卫生饮水；是否有淋浴室或保证淋浴室是否符合要求；生活垃圾未及时清理，是否有装容器，是否有专人管理					综合管理部
10		保健急救	是否有保健医药箱；是否有急救措施和急救器材；是否有经培训的急救人员；是否开展卫生防病宣传教育					安质环保部
11		社区服务	是否有防粉尘、防噪声施工；夜间是否经许可施工；现场焚烧有毒、有害物质；是否建立施工不扰民措施					安质环保部
12			分项检查实得总分					

注：1. 每项最多扣减分数不大于该项应得分数。
2. 保证项目有一项不得分或保证项目小计得分不足40分的，检查评分表计0分。该项检查组长：

被检查单位：　　　　　　　　　　　　　　　检查人：　　　　　　　　　　　　　　　日期：
日期：　　　　　　　　　　　　　　　　　　日期：

季中日常考核评分表

标段项目部：

表 18-34

序号	扣分项目及标准		标准分值	扣减分数	评定分值	扣减分值原因
1	安全质量检查	BT项目发起人安质部、建设分公司安质部、业主代表下发的整改通知书；是否按要求整改回复或虽整改但是否回复，按次扣分				
2		施工监理下发的整改通知书；是否按要求整改回复或虽整改是否回复，按次扣分				
3		BT项目公司安质部、驻地代表下发的整改通知书；是否按要求整改、回复或虽整改但未回复的，按次扣分				
4	安全质量状况	一般以下生产安全事故（事件）；是否及时上报，按次扣分				
5		发现质量问题；是否及时上报；是否采取有效措施及时整改，按次扣分				
6		发现严重质量问题；是否及时上报；是否采取有效措施及时整改，按次扣分				
7		因施工造成道路、建（构）筑物、重要管线变形超限，是否及时采取控制措施的，措施不到位控制不力，按次扣分				
8		施工过程中出现问题、被媒体曝光，造成社会不良影响的，分市级、省级按次扣分				
9		施工存在安全隐患、质量问题，被责令停工整改的，按次扣分				
10		因不文明施工引起投诉，是否妥善处理的，按次扣分				
11		是否与劳务分包单位、交叉作业单位签订安全管理协议，按项扣分				
12		受到市级及以上奖励、表彰，按次加分；受到市级及以上批评，按次扣分				
	合计	分项检查得实总分				

注：1. 计分原则：每项最多扣减分数，不大于该项应得分数。
2. 在季内发生安全一般及以上事故或发生重大质量事故的，将安全、质量得分定为0分，作为本季评比最后一名，并按相关规定进行处理。

评分人：　　　　　　　　　　　　　　　　　　　　　　　　　　复核人：
日期：　　　　　　　　　　　　　　　　　　　　　　　　　　　日期：

季末现场检查评分汇总表　　　　　　　　　　　　　　　　　　　表 18-35

标段项目部：

施工标段名称			开工日期	
序号	检查评分项目	权重系数	分项检查实得总分	折合标准分
1	质量			
1.1	质量内业			
1.2	质量外业			
2	安全			
2.1	安全管理			
2.2	隧道施工			
2.3	落地式外脚手架			
2.4	基坑支护			
2.5	模板工程			
2.6	"三宝"、"四口"防护			
2.7	施工用电			
2.8	物料提升机（龙门架、井字架）			
2.9	起重吊装			
2.10	施工机具			
3	文明施工			
4	季汇总表实得总分			

该项检查组长：　　　　　　　　日期：

季得分统计汇总表（安全、质量）　　　　　　　　　　　　　　　表 18-36

标段项目部：

季度	标段 评分	季内汇总表实得总分	土建 第_____标 权重系数	加权得分
第___季度	日常考核			表18-34 总分×权重系数
	季末检查			表18-35 总分×权重系数
	季度综合总得分			
	顺位			

检查组长：　　　　　　　　日期：

第19章 风险管理

19.1 风险管理层次

风险管理分为四个层次。

第一层为政府监督层。政府相关职能部门对重大风险实施监督管理；并在紧急情况下进行应急指挥。

第二层为建设方管理层。BT项目发起人组织工程建设参与各方建立风险管理体系，组织、协调和布置工程建设各方开展风险管理工作。

第三层为风险管理控制层。BT项目公司、监理、第三方监测负责对各标段进行风险的具体管理、预警工作。

第四层为风险管理实施层。各标段项目部制定自身的风险管理计划，建立工程施工风险实施细则。

19.2 风险管理责任划分

各单位风险管理责任划分参见表19-1。

各单位风险管理责任表 表19-1

序 号	单 位	责 任
1	政府相关职能部门	对深圳地铁5号线BT项目工程建设过程中的重大风险进行监督管理，并在出现重大紧急情况下进行应急指挥
2	BT项目发起人	组织工程建设参与各方建立风险管理体系，组织、协调和布置工程建设各方开展风险管理工作；审查BT项目公司、监理的风险管理方案；监督施工中的风险事件监控、风险状态评定和风险事故处理
3	BT项目承办人、BT项目公司	施工风险管理协调与组织责任主体，负责领导工程施工现场风险管理，审查BT项目各标段单位的风险管理方案，监督施工中的风险事件监控、风险状态评定和风险事故处理
4	监理	监督施工单位现场风险管理实施情况，及时呈报工程建设过程中发生或发现的风险事故
5	第三方监测	负责现场施工风险数据监测，及时呈报监测数据及风险预警信息

19.3 信息化监控与管理系统

19.3.1 目的

深圳地铁5号线信息化监控与管理系统主要有三个方面内容:一是安全监测与风险管理系统;二是施工监控系统;三是工程项目管理信息系统,其目的是全方位、全过程地收集各类基础数据,为5号线工程安全、质量、工期做出科学决策提供依据,同时也是提高5号线工程建设管理水平、防范安全质量风险、保障信息数据畅通的重要举措。

19.3.2 信息化建设组织机构

为了更好地推进深圳地铁5号线信息化管理,BT项目发起人与BT项目公司共同成立了信息化领导小组、安全管理与监控监测系统专家小组和信息化实施小组。

1. 信息化领导小组

本小组负责对深圳地铁5号线工程信息化建设进行决策及总体指导。领导小组成员由BT项目发起人、BT项目公司的有关领导组成。

2. 安全管理与监控监测系统专家小组

本小组负责系统建设的咨询指导和专家会商诊断,对工程进行中的重大风险事件进行风险评估,参与处理工程中的突发安全事件等。按工程风险事件的重要程度的处理层级,设立三级专家小组:

(1)一级专家小组

一级专家小组参与一级预警预报的评估、决策及处理,成员由市建设局、安监站、质监站、BT项目发起人、BT项目公司、信息化系统实施单位和设计单位的有关人员组成。

(2)二级专家小组

二级专家小组参与二级预警预报的评估、决策及处理,成员由BT项目发起人、BT项目公司、监理单位、设计单位和第三方监测单位的有关人员组成。

(3)三级专家小组

三级专家小组负责三级预警预报的评估,并提出处理方案。小组按土建标段再划分成各标段专家小组,各标段业主代表担任小组长,监理总监、驻地代表、各标段项目经理担任副组长,各标段主管安全的监理工程师、标段项目总工及安质部部长担任组员,负责研究、解决现场实际安全问题。

3. 信息化实施小组

本小组在信息化领导小组的领导下,全面负责深圳地铁5号线信息化建设的方案制订、实施和协调管理等相关事项,确保系统正常运行。成员由BT项目发起人、BT项目公司、设计、监测、标段项目部的有关人员组成。

19.3.3 信息化建设各方职责

1. BT项目发起人职责

(1)负责督导检查BT项目公司信息化建设实施情况,同时定期(每季度)召开信息系统实施情况分析会。

(2) 负责督导信息化建设各参建方(标段项目部、监理、监测、设计)等认真执行信息化系统建设有关规定和管理职责。

(3) 负责组织设立信息化综合监控中心。

2. BT 项目公司职责

(1) 负责深圳地铁 5 号线工程信息化建设及总体管理。

(2) 负责与 BT 项目发起人及相关业务部门就信息化建设进行沟通、协调。

(3) 负责对深圳地铁 5 号线信息系统的运行情况等进行检查、督促。

(4) 定期组织召开信息化工作例会,向 BT 项目发起人汇报信息化实施情况及存在的问题,总结和分析地铁 5 号线信息化建设情况,并组织每季度的信息化建设检查和考核工作(检查与考核评分表见本章表 19-2～表 19-5)。

3. 标段项目部职责

(1) 保证信息化各系统运行所需且足够的网络带宽以及稳定的网络平台。

(2) 积极配合各信息系统的实施,做好各类数据的上传、备份及仪器设备的保管保护工作。

4. 监测单位职责

监测单位负责监测数据的上传工作,确保数据的及时、准确、真实和完整;执行和协助 BT 项目发起人及 BT 项目公司做好现场施工安全监测与管理等工作。

5. 监理管理单位职责

(1) 协助 BT 项目发起人对信息化建设各方进行管理。

(2) 参与对信息化建设各方进行考核评分。

6. 监理单位职责

监督、协调信息化建设各方认真落实和执行信息化建设的有关规定和管理措施。

7. 系统提供商职责

(1) 负责各自合同范围内系统的开发、实施推进、培训、系统运行与维护。

(2) 各系统提供商需按照各自合同规定的内容、时间及 BT 项目公司的要求完成各项工作。

19.3.4　安全监测与风险管理系统实施管理

安全监测与风险管理系统是一套适合深圳地区地质情况,具有科学系统的岩土分析理论支撑,各类丰富的数据支持,以及可维护易操作等特点的系统。它结合深圳地铁 5 号线建设特点,建立了一套完整的安全分析、上报、监管、应急、防范等措施的安全体系;通过施工安全监测数据、设计资料、地质资料、二维 GIS、三维施工仿真及数值分析、施工信息等,实现各类信息在线综合分析、风险评估、预警预报、应急预案和快速反馈。

1. 安全监测与风险管理系统管理组织架构(图 19-1)

(1) 信息化实施小组

信息化实施小组是安全监控管理中心的直接管理机构,负责对安全监测与风险管理系统的运行情况进行检查、督促和落实。

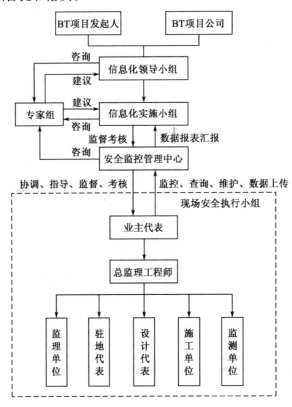

图 19-1　安全监测与风险管理系统管理组织架构

(2) 安全监控管理中心

安全监控管理中心由系统提供商、BT 项目公司相关人员组成，系统提供商为安全监控管理中心管理和实施第一责任人，其职责和工作内容为：

①根据深圳地铁 5 号线建设模式及沿线地质情况完善安全监测与风险管理系统平台的数据处理、数值分析、风险管理、权限设置等各功能模块开发。

②每周定期进行现场安全风险巡查，编制安全监控管理中心周报、月报，并报 BT 项目发起人和 BT 项目公司相关领导。

③督促各现场安全执行小组及时准确地上传数据，每日根据上传数据和现场工况对基坑及隧道工程的风险状况进行总体分析和评价，如发生超报警值等异常情况，应及时指导现场安全执行小组制定应对措施，对风险较大和重大风险工程进行重点跟踪监控，并会同信息化专家小组对各类数据进行调研和分析，协同有关单位和部门做好相应排除基坑与隧道工程风险和隐患的措施。

④维护和保障安全监控管理体系及系统分析平台正常运行，做好各类数据收集、整理、分析、归档和存储等工作。

⑤组织对现场安全执行小组及系统使用的相关人员进行培训和指导。

⑥定期组织有关人员对各监测监控点的仪器设备、监测日记、监测人员到位情况、监测数据上传的真实性、及时性、完整性进行检查考核，并记录在案，形成书面文字记录备查。

⑦每日 18：00 前须将安全风险评估结果及相关信息报传至系统及相关人员,险情发生后,按紧急信息报送流程进行信息报送。

(3)BT 项目公司

BT 项目公司负责安全监测与风险管理体系的建立和运行,具体工作包括：

①组织各现场安全执行小组编制各工点的安全监控实施细则。

②组织现场安全执行小组对各工点进行风险识别、排查,预、报警值设置,险情应急预案的制定等。

(4)现场安全执行小组

现场安全执行小组由监理、监测、施工、设计等单位有关人员及业主代表、BT 项目公司驻地代表组成,业主代表为本小组牵头人,监理单位总监理工程师为现场安全执行小组管理和实施第一责任人。

①业主代表

负责现场安全执行小组的组织和协调工作。督促安全监控执行小组管理体系及各工点安全监控实施细则的制定与落实。

②监理单位

a. 建立安全监测与风险管理系统现场管理体系、各项管理制度和监控措施,并将各工点安全执行小组联系单(表 19-6)上报安全监控管理中心备案,确保安全监测与风险管理系统及时建立、调试、开通和有效运行。

b. 负责组织相关单位制订和审批各工点安全监控实施细则,上报安全监控管理中心备案,并按批准后的安全监控实施细则组织实施。

c. 监理单位须对监测单位制订的监测方案的合理性、可操作性进行审核。实施过程中,监理单位应督促施工单位和监测单位做好三个环节的工作,确保各测点的有效性和真实性。

第一环节,测点布设前,标段项目部应摸清监测重点部位的详细情况,建立台账,并向监测单位做详细交底。

第二环节,测点布设过程中,监理单位应旁站,留有旁站记录,要求各测点布置严格按照《地铁基坑、隧道工程施工规程》条文说明中有关要求布设,重要管线尽量布设直接点,并验收各阶段测点。

第三环节,监测过程中,监理单位督促标段项目部加强各测点的保护工作,监督各监测单位测点数据的完整性和准确性。

d. 监理单位应督促标段项目部做好各工况的翔实记录,即落实支撑和挖土分包单位当班人员如实记录当天基坑开挖与支撑情况(表 19-7),要求降水单位如实记录当天降承压水情况(表 19-8),各方签字确认,建立台账。监理单位应及时向监测单位提供基坑开挖与降水、隧道掘进等工况记录,按表 19-9、表 19-10 的要求认真填写各测点断面对应位置处的施工工况。

e. 监理单位须辅助安全监控管理中心每周组织现场安全执行小组召开数据分析例会(也可作为工程监理例会的专题之一),并在每月的监理月报中真实反映当月安全监测与风险管理系统的运行情况、数据分析和存在的问题等,具体数据分析要求如下：

基坑本身情况：测斜总体情况(测值范围),测斜最大值及其变化趋势,最大变化速率及其变化趋势,地表沉降,水位观测孔(总体情况),坑底隆起,支撑轴力等。

周围环境情况:管线(特别是刚性压力管)累计变形、日变化量、相邻两点间差异沉降最大值,建筑物累计变形、日变化量、差异沉降最大值等。

降承压水情况:降压井的实际降深是否与设计降深相符,坑底隆起的监测数据是否正常。

隧道相关情况:隧道轴线、直径变化监测、临近建筑物和地下管线的变形监测、隧道沉降监测、地表沉降等。

③设计单位

a. 在工程项目开工前,设计单位需根据深基坑工程(含出入口、风井工程)、隧道工程(含旁通道、竖井工程)或其他高风险工程本身要求,并针对周围构筑物、管线等工况特点及环境条件,制定各工况条件下监测项目分层控制指标及各监测项目的报警值,并予以明确。根据工程进展情况(如深基坑工程第一段基坑开挖完成后),及时进行修正和再确认。

b. 在工程项目实施过程中,特别是工程实施的高风险阶段,设计单位必需落实专人通过安全监测与风险管理系统对施工现场实施实时监控,对超报警值等现象及时指导,配合施工现场进行原因分析并制定应对措施,以确保地铁5号线工程建设项目的施工安全。

c. 对监测单位提交的监测方案进行审核确认。

④标段项目部

a. 施工现场应建立安全监测与风险管理系统运行台账,台账内容应包括:安全监控管理体系、监测小组人员名单、交底记录、例会纪要、过程控制资料等。

b. 严格按评审通过后的施工组织设计或专项施工方案组织施工,并做好各工况的翔实记录。

c. 标段项目部应积极配合监测单位做好现场测点的布设施工,并有义务对辖区所布测点进行保护。

d. 按照要求及时对超标报警现象进行原因分析和处置,把处置、分析结果及时上报监理单位。同时,标段项目部须严格执行安全监测与风险管理系统下达的各项指令。

e. 当监测频率需要调整时,应由标段项目部向监理单位提出书面报审表(表19-11),监理单位的总监理工程师按照有关规定签发意见。如果签发同意调整意见的,监理单位应在调整之日前书面上报深圳地铁5号线安全监控管理中心。

f. 在重点监控对象出现报警后,标段项目部应启用速报制度,编写速报经监理单位审核后上报至深圳地铁5号线安全监控管理中心。

具体速报模式如下(不限于):

- 出现报警的关键监控对象。
- 详细工况描述。
- 监控对象的最大累计变形、变化趋势及变化速率的数据分析。
- 原因分析与采取的工程措施。
- 总体安全评价及建议。
- 附基坑平面布置图。

⑤监测单位

a. 监测单位需建立安全监控现场管理体系,建立各项管理制度和措施,落实责任人,并在实施中严格加以管理。

b. 施工监测单位各工点监测方案报 BT 项目公司审核,设计单位、监理单位审批;第三方监测单位监测方案报设计单位、监理单位审核,建设分公司审批;自动化监测方案报 BT 项目公司审核,监理单位审批,建设分公司进行确认。

监测单位需按照审批通过后的监测方案认真组织实施,所有监测方案报安全监控管理中心备案。

c. 监测单位需配合安全监控管理中心做好现场信息的收集工作,各工点监测方案、测点布置图、监测报表必需按安全监控管理中心要求提交,以满足系统定制、数据录入、系统运行的要求。

d. 监测单位要建立安全监测与风险管理系统运行台账,做好各工况的翔实记录,具体各工况记录要求如下:

总体说明:基坑长、宽、深,围护形式,支撑形式和支撑道数。

以设计平面图中轴线为工况描述的统一参照术语。

工况记录描述应与设计术语一致。

降承压水情况(降压井号及相应位置的开挖深度、设计降深、实际降深、当天降水井数量及各口井降水量)。

隧道的进度情况(如:盾构的推进环数等),注浆是否正常。

e. 监测单位须确保安全监测与风险管理系统的有效运行和畅通,并确保在监测工作完成后的半个工作日内(当日 17:00 前)将真实、可靠的工况内容和监测数据上传至系统。

⑥BT 项目公司驻地代表

在日常施工过程中,BT 项目公司驻地代表负责检查每天监测数据的真实、准确性,督促上传的及时性和视频系统的畅通;每天登录系统管理平台查看风险评估报告,通过实时动态风险评估来指导工程施工;出现异常情况时,及时处置并上报相关领导。

2. 安全监控原则

(1)安全监控的时间范围。原则上基坑工程应从围护结构施工开始至主体和附属结构全部完成时结束;盾构隧道工程应从盾构出洞施工开始至盾构进洞一个月后中止;暗挖隧道工程及区间联络通道应从施工开始至结构完成 3 个月后结束。

(2)基坑和隧道工程的安全监控应根据设计要求、地质条件、环境保护要求和施工条件等确定为不同的监控等级,监控等级参照基坑工程等级划分由高到低为一、二、三级,险情发生时应及时提高监控等级。

(3)按基坑等级、环境保护要求等确定监测项目内容、监测仪器及精度、测点布置、监测频率及报警值等。基坑监测主要内容包括:地下管线位移、建筑物沉降、基坑周边地表沉降、支撑轴力、土压力、基坑外地下水位、坑底隆起、深层土体沉降、基坑内地下水位等;隧道监测的主要内容包括:隧道轴线监测、隧道的直径变化监测、临近建筑物和地下管线的变形监测、隧道沉降监测、地表沉降监测以及地下水变化监测等。

3. 安全监控流程

(1)安全监控管理系统各管理层次应根据正常状态下的监控流程(图 19-2),对监控数据进行认真分析,结合现场实际情况,及时发现工程隐患并采取措施以控制工程风险。

(2)监控系统发出报警通知后,应根据预警级别转入工程抢险机制,执行险情状态下监控流程(图 19-3),启动应急预案。

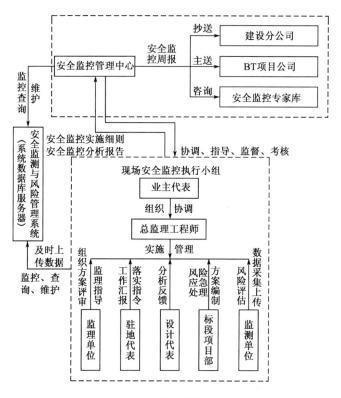

图 19-2 正常状态下监控流程

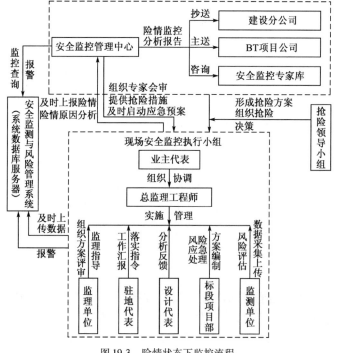

图 19-3 险情状态下监控流程

4.预报警机制

安全监测与风险管理系统结合基坑和隧道工程风险特点,制定了三级预报警机制。具体如下:

(1)现场监测数据传入系统后,量测项目变化超过系统所设警戒值(警戒值的设定依据设计值并参考工程现场实际情况制定),系统分析后自动报警(三级报警),地铁5号线安全监控管理中心工作人员根据监测数据变化趋势、环境或结构物变形程度、现场施工实际状况等进行风险分析与判断是否二级报警,若系二级报警:

①警情报建设分公司工程部、安质部,BT项目公司工程部、安质部,施工单位,监测单位,监理单位。

②BT项目公司、标段项目部启动现场应急预案。

(2)由BT项目公司组织BT项目发起人安质部、建设分公司工程部、安质部,BT项目公司工程部、安质部,监理单位、监测单位对上报的警情进行进一步了解、分析、会商,咨询二级专家小组后,由南方公司确定选择以下一种处置方式:

①结束报警。

②采取措施进行处理,警情在处理中。

③将警情升级为一级报警,警情报BT项目发起人领导及BT项目公司领导,同时启动BT项目发起人及BT项目公司应急预案。

BT项目发起人及BT项目公司针对一级警情组织一级专家小组会审,形成相应方案(包括抢险方案),并组织一切力量进行抢险。

(3)发生警情的施工单位需将警情处理过程及结果等经标段总监理工程师确认后的详细材料报安全监控管理中心。

19.3.5 工程项目管理信息系统实施管理

深圳地铁5号线运用先进的项目管理理念,利用先进的软件与网络技术,对工程建设全过程、全方位的数据进行收集与整理、存储与查询、分析与决策,做到信息数据真实、畅通、快速、共享。

1.标段项目部

(1)各标段项目部成立以总工为组长,工程部、安质部、合同部、物机部相关人员参与并共同组成的组织机构,落实各类数据上传责任人,确保数据能真实、及时上传至系统平台。

(2)各标段项目部信息工程师需保障网络畅通和信息系统正常运行,并督促工程全过程数据上传的落实,做好各类数据的存储与备份工作。

(3)各标段项目部信息工程师要做好数据上传人员的系统操作与指导培训的工作。

(4)各工区须配备兼职信息工程师和稳定畅通的网络,做好工程资料及音像资料的上传与流转工作。

2.监理单位

(1)负责督促施工单位各类数据及时上传和工程项目管理信息系统的运行。

(2)负责对施工单位上传数据的准确、完整、真实性的审核与审批。

(3)保障各标段监理部信息系统与网络的正常运行,做好各标段监理部的数据及音像资料上传工作。

3. BT 项目公司

(1)负责监督、管理、组织工程项目管理信息系统各功能模块运行。
(2)负责工程全过程数据的存储、备份。
(3)负责组织信息系统的运维保障、应用培训和检查督导。

4. 系统提供商

(1)负责组织工程项目管理信息系统各功能模块的需求确认、开发测试、实施运行。
(2)负责系统相关使用人员的培训指导与技术支持。

19.3.6 施工监控系统实施管理

深圳地铁 5 号线搭建了一套基于 IP 网络的分布式远程视频指挥调度控制平台系统,实时监控地铁沿线建设进度和施工情况,同时以纯软件方式建立各参与方的视频会议系统,以满足各部门的日常沟通,提高了工作效率,实现了"统一指挥、集中控制"。

1. 标段项目部

(1)各标段项目部要积极配合系统提供商做好线缆铺设、摄像设备架设、电源提供、仪器设备及线路保护等工作。各安装工点要落实专人负责和联络。
(2)各标段项目部信息工程师必须做好施工监控系统的安装和使用。
(3)各标段安全管理人员要充分利用施工监控系统,对不文明施工及违章作业现象要及时纠正。

2. BT 项目公司

(1)负责施工监控系统运行管理、事件处理等工作。
(2)检查和落实施工监控系统的使用,充分发挥系统的监管作用。

3. 系统提供商

(1)负责施工监控系统的安装使用、运行维护、软件升级、日志记录、系统培训等工作。
(2)负责施工监控系统硬件设备的维护、迁移、故障处理,并对所有问题有完整记录。

19.3.7 信息化建设检查与考核管理

1. 检查与考核

(1)为确保深圳地铁 5 号线工程信息化建设顺利实施,保障信息化各系统正常、高效运转,提高大型工程项目管理水平,树立城市轨道交通数字化亮点工程,BT 项目发起人与 BT 项目公司将联合对信息化工程各参建方的相关工作进行检查和单独考核,建立有效的考核与激励机制。
(2)信息化检查按季度进行,分各信息系统数据自动统计和各单位信息工作现场检查。管理平台每天会对用户登录情况进行统计,按月形成综合报表,并予以公开。信息工作现场检查主要内容有:信息管理组织机构、管理体系、管理制度、人员到位情况、信息工作执行与支持力度、数据上传与备份、与各系统提供商配合情况、网络畅通及系统平台正常运行情况等。

2. 考核组织机构

（1）为加强信息化建设检查与考核的管理，成立了信息化考核领导小组，领导小组成员由BT项目发起人和BT项目公司有关领导组成。

（2）考核领导小组下设考核工作办公室，办公室成员根据工作需要确定。

（3）考核前从BT项目发起人、BT项目公司及监理管理单位抽调相关管理人员组成考核小组，对信息化工程各参建方进行考核评分。

3. 考核对象与时间

（1）考核对象

参加地铁5号线建设的标段项目部（含土建施工单位及设备安装、装修施工单位）；监理单位（含土建监理及设备监理）；监测单位（含施工监测及第三方监测单位）；信息化系统提供商。

（2）考核期

深圳地铁5号线BT项目施工全过程（含土建阶段及设备安装、装修阶段）。季度考核时间为每季度最后一个月月底进行，年度综合考核在次年元月初进行。

4. 奖励与处罚

BT项目发起人与BT项目公司共同设立深圳地铁5号线信息化建设专项奖励基金，由信息化领导小组根据季度、年度考核情况对信息化工作先进单位及先进个人实行奖励，对信息化工作实施不力的单位实行处罚，罚款将上缴至信息化建设专项奖励基金。

（1）监理单位应将现场监理周报、月报等及时上传至安全监测与风险管理系统，有不及时更新的情况，每月出现两次的，对监理单位警告1次；出现3次的，予以严重警告1次；超过5次的，每超过一次予以经济处罚。

（2）监测单位每月的监测数据和施工工况两次上传不及时或数据有缺失累计，对该监测单位警告1次；3次上传不及时，严重警告1次；超过5次数据上传不及时，每超过一次予以经济处罚。

（3）监测单位上报的监测数据有造假或瞒报现象的，出现1次，给予严重警告，超过1次的，每超过一次予以经济处罚。

（4）现场监控监测设备由于标段项目部人为原因造成损坏的，除按损坏的设备价值赔偿外，同时给予经济处罚。

（5）工程项目管理信息系统正常运行后，标段项目部每月内进度周报两次上传不及时，对该项目部警告1次；3次上传不及时，严重警告1次；工程资料未达到系统要求80%的数据量的给予经济处罚。

（6）每季度根据信息化工作考核结果对标段项目部（前3名）、监理单位（前两名）和监测单位（第1名）分别给予奖励。

（7）每季度根据各信息子系统的实施推进与运行情况，对系统提供商的工作进行考评，依据考评结果分别对系统提供商给予一定数额的奖励或处罚。

（8）在每季度根据深圳地铁5号线信息化建设实施与推进情况，对各参与单位的信息化建设先进个人给予奖励。

19.3.8 相关表格

信息化建设＿＿＿年度季度检查与考核评分表（监测）　　　　表 19-2

监测单位：　　　　　　　　　　　　　　　　　　　　　　　　日期：　年　月　日

序号	检查项目	考核内容及扣分标准	标准分值	扣减分值	评定分值	扣分原因
1	组织机构及人员设备	安全监测管理系统是否健全				
		监测方案适应性是否满足				
		人员设备与工程施工适应性是否满足				
2	数据上传	监测数据及时性情况				
		监测数据准确性情况				
		监测数据完整性情况				
		施工工况上传与实际工况是否相符				
3	信息化推进与配合	测点布置图更新及监测频率报审表是否及时				
		系统平台登录次数及各类信息报送是否满足				
		信息化建设执行力度与配合程度情况				
	总分					

信息化建设＿＿＿年度季度检查与考核评分表（监理）　　　　表 19-3

监理单位：　　　　　　　　　　　　　　　　　　　　　　　　日期：　年　月　日

序号	检查项目	考核内容及扣分标准	标准分值	扣减分值	评定分值	扣分原因
1	组织机构及人员设备	安全监测监控与风险监管系统是否健全				
		信息化设备与网络应用环境是否满足				
2	数据上传	监测方案审核及监测点旁站记录上传情况是否满足要求				
		现场安全风险巡查周报是否齐全				
		各类数据信息签字审核及上传是否完整				
		每周上传的图片及影像资料是否满足要求				
3	信息化推进与配合	信息系统平台登录次数及各类信息报送是否满足要求				
		信息化建设监督执行与配合程度情况				
	总分					

信息化建设____年度季度检查与考核评分表（施工） 表19-4

标段项目部： 日期： 年 月 日

序号	检查项目	考核内容及扣分标准	标准分值	扣减分值	评定分值	扣分原因
1	组织机构及人员设备	信息化组织建设是否健全				
		专职信息工程师是否满足要求				
		设备及网络环境是否满足要求				
2	数据上传	进度计划：进度周报、月、年计划是否齐全				
		安全质量：数据填报是否满足要求				
		工程资料：工程资料是否做到基本与工程进度同步				
		音像资料：上传图片及视频是否满足要求				
3	信息化推进与配合	施工监控、安全监测、项目管理各信息系统应用登录情况是否满足要求				
		信息系统设备、电源监测点保护是否到位				
		信息化建设执行情况、配合程度差情况				
		现场对监测监控设备拆装、调试及日常维护支持情况				
总分						

信息化建设____年度季度检查与考核评分表（系统商） 表19-5

系统提供商： 日期： 年 月 日

序号	检查项目	考核内容及扣分标准	标准分值	扣减分值	评定分值	扣分原因
1	组织机构及人员设备	人员是否固定并能满足系统工作内容要求				
		每月工作计划完成情况				
		各信息系统实施推进效果情况				
2	数据上传	系统功能是否根据需求及时改进				
		对存在问题是否及时与相关人员沟通				
		系统运行维护与操作培训是否满足要求				
		各类相关工作记录情况是否齐全				
3	信息化推进与配合	是否按合同要求履约				
		系统使用评价情况				
		系统故障处理是否及时				
总分						

_____工点现场安全监控执行小组联系单　　　　　　　　　　表19-6

单位工程名称：						
标段项目部		地址			联系电话	
设计单位		地址			联系电话	
监测单位		地址			联系电话	
单位	职务	姓名	固定电话	移动电话	职责	
业主代表					组织、协调	
驻地代表					协调、督促	
设计代表					制订各监测项目各工况条件下报警值;分析数据	
标段项目部	项目经理				第一责任人	
	专职负责人				及时上传相关信息	
监理单位	总监				第一管理和实施责任人	
	专职负责人				及时上传相关信息,数据分析	
监测单位(施)	项目经理				确保数据准确	
	专职负责人				确保数据和工况及时上传	
监测单位(建)	项目经理				完善方案、复核数据	
	专职负责人				确保数据和工况及时上传	
降水单位	项目经理				按要求及时提供降水情况	

表 19-7

深圳地铁 5 号线基坑挖土与支撑施工记录表

工程名称：　　第　页

基坑挖土施工					支撑检查与安装			预应力施加				挖土单位负责人	支撑单位负责人	总包单位负责人	值班监理工程师	备注
开挖段编号	每层开挖厚度（m）	开挖小段宽度（m）	起始时间（日/时）	终止时间（日/时）	土方量（m³）	支撑编号	设牛腿时间（日/时）	垫座及牛腿焊接质量	传力垫块质量	施加时间（日/时）	预应力值（kN）	占设计值百分比（%）	是否有支撑暴露时间（h:min）				

降承压水情况记录表

表 19-8

单位工程名称：　　　　　　　　　　　　　　　　　　　　　　　　　　　　日期：　年　月　日

降压井编号	该井处基坑开挖深度	设 计 降 深	实 际 降 深	出 水 量	备 注

降水单位负责人：　　　　（签字）　　　　现场专业监理工程师核对：　　　　　　　（签字）

工况跟踪记录表

表 19-9

测点断面编号	两侧测斜点、地表沉降、轴力、水位、降压井及相关周边环境测点编号						
施工工法			测点所在轴线				
开挖土层	第一层	第二层	第三层	第四层	第五层	第六层	第七层	……
该层土开挖宽度							
该层土开挖深度							
该层土开挖开始时间							
该层土开挖完成时间							
支撑编号							
支撑中心高程							
支撑完成时间							
无支撑暴露时间							
垫层浇筑完成时间	并注明：垫层强度、厚度、验槽情况						
底板浇筑完成时间							
顶板浇筑完成时间							
补充项（若有）							

单位工程名称：
现场专业监理工程师：　　　　　　　（签字）

单圆盾构推进施工参数列表（适于区间隧道工程） 表19-10

一、盾构机参数：

对应管片环号：

序号 项目	1	2	3	4	5	6
设定土压力 kPa						
实际土压力 kPa						
推进速度 cm/s						
实际出土量 m³						
刀盘转速 rpm						
千斤顶伸出行程	上	下	左	左下角	左上角	右	右上角	右下角
千斤顶顶力 kN	上	下	左	左下角	左上角	右	右上角	右下角
盾构机总推力 kN						
螺旋输送机转速 rpm						
刀盘总扭矩 kN·m						
超挖刀行程 mm	上	下	左	右		

二、盾构机姿态参数：

对应管片环号：

切口里程	盾尾里程	切口偏差		盾尾偏差		盾构机转角（逆时针为正）
		平面	高程	平面	高程	

三、管片姿态参数：

对应管片环号：

偏差	高程偏差	实际建筑间隙				椭圆度
		上	下	左	右	

四、注浆参数：

同步注浆   对应管片环号：

注浆管编号	注浆压力	注浆流量	开始时间	结束时间	实际注浆量	理论注浆量
上						
下						
左						
右						

二次注浆参数表：

注浆压力	注浆流量	开始时间	结束时间	实际注浆量

监测频率报审表

表 19-11

单位工程名称：_____ 编号

_____监理公司：
　　现报上_____。请予审查和批准。

标段项目部：
项目技术负责人：
报审日期：

监理工程师审查意见：
　　1. 同意　　　　　　　2. 不同意　　　　　　3. 按以下主要内容修改补充
_____
_____ 于　月　日前报来。

专业监理工程师：　　　　　　　　　　　总监理工程师：
日　　期：　　　　　　　　　　　　　　日　　期：

本表由标段项目部填写一式三份，建设、监理、标段项目部各留一份。

19.4 第三方监测

19.4.1 目的

地铁施工第三方监测,可对承包商的施工监测数据进行监督、对比和检验,并利用现代数理统计理论对监测数据进行处理、分析和预测,使业主及时掌握独立、客观、公正的监测数据和施工信息,从而有效地保证地铁建设安全生产,免重大事故发生。

19.4.2 第三方监测预警标准

1. 黄色预警标准

第三方监测实测的绝对值和速率值双控指标均达到极限值的70%～80%时;或双控指标之一达到极限值的80%～100%,而另一个指标未达到该值时。

2. 橙色预警标准

第三方监测实测的绝对值和速率值双控指标均达到极限值的80%～100%时;或双控指标之一达到极限值而另一个指标未达到时;或者双控指标均达到极限值而整体工程尚处于稳定状况时。

3. 红色预警标准

第三方监测实测的绝对值和速率值双控指标均达到极限值;与此同时,还出现下列情况之一;实测的速率急剧增长;隧道或基坑支护混凝土表面已出现裂缝,同时裂缝处已开始出现渗水。

19.4.3 预报警发布流程与范围

黄色预警发生当日由监测单位以手机短信形式分别通知标段项目部、监理单位、工总代表、监理管理主管、业主代表,并将预警信息按要求上传安全系统,次日向监理单位提交书面预警报告。

橙色预警由监测单位当日以手机短信形式分别通知标段项目部、监理单位、工总代表、业主代表、BT项目公司安质部、工程部、监理管理主管、建设分公司安质部,次日向监理单位提交书面预警报告;

红色预警由监测单位第一时间以手机短信方式分别通知标段项目部、监理单位、工总代表、业主代表、BT项目公司安质部、工程部、BT项目公司主管领导、监理管理主管、监理管理部主管领导、建设分公司领导及分公司相关部门领导。当日内向监理单位提交预警报告书面文件或原件扫描件。

19.4.4 预警、报警处理方式

1. 第三方监测黄色预警(即安全系统三级报警)

(1)标段监理负责处理。

（2）BT项目公司督促标段项目部根据现场情况制订相应处理方案，报工点监理审查批准后组织实施。

（3）监理管理单位负责督促落实。

2．第三方监测橙色预警

（1）标段监理负责处理。

（2）BT项目公司负责组织召开专题会议，分析原因、制订相应处理方案，报工点监理审查批准后组织实施。

（3）监理管理单位负责跟踪督促落实。

3．第三方监测红色预警

（1）标段监理负责处理。

（2）标段项目部采取措施，必要时暂停施工。由BT项目公司负责立即组织专家进行安全评估，并根据评估结果制定相应处理方案及应急措施，报工点监理审查批准后立即组织实施。

（3）监理管理单位负责跟踪督促落实，并及时将处理情况报BT项目发起人，BT项目发起人安排专人跟进。

19.5　风险应急处置机制

19.5.1　目的

地铁公司建立健全统一指挥、分级管理、职责明确、反应灵敏、协调有序、运转高效的地铁突发公共事件应急处置机制，提高应急处置能力，及时、有序、高效、妥善地处置事件，最大限度地避免或减少人员伤亡和财产损失，尽快恢复生产经营、工程建设秩序，维护社会稳定。

19.5.2　遵循原则

1．以人为本、救人第一

处置工作应坚持"先人后物"的原则，优先疏散受威胁人群，尽最大努力抢救伤员，防止二次事故造成抢险人员伤亡。

2．预防为主、快速反应

采取有效的防范措施，尽力防止事故发生；建立综合信息支持体系，准确预测预警，对无法防止或已经发生的事故，在第一时间内做出有效反应。

3．先期处置、分级响应

依据事故危害程度、影响范围和控制事态能力，突发事件划分为特大事件、重大事件、较大事件、一般突发事件和较小突发事件。但无论是哪一级事件，都应该遵循基层先行、逐级抬升的方式处理。

4．统一指挥、分工协作

所有参与救援的部门、单位和个人，必须服从应急指挥机构的统一指挥，在各自的应急职责范围内,密切配合、协调行动。

19.5.3 事件分类和分级

1. 事件分类

(1)事故灾难,主要包括运营事故、工程事故、特种设备事故、火灾和危险化学品事故。
(2)自然灾害,主要包括强台风、强降雨、滑坡、强雷电、地震引发的事故。
(3)公共卫生事件,主要包括传染病疫情、食品安全与职业危害等事故。
(4)社会安全事件,主要包括故意破坏、恐怖袭击、有毒物品泄漏、放射性物质扩散和群体性突发事件。

2. 事件分级

依据事件的危害程度、影响范围和可控性,地铁突发事件分为特别重大突发事件(Ⅰ级)、重大突发事件(Ⅱ级)、较大突发事件(Ⅲ级)、一般突发事件(Ⅳ级)和较小突发事件(Ⅴ级)。
注:以下分级条件所称的"以上"包括本数,所称的"以下"不包括本数。

(1)特别重大突发事件(Ⅰ级)
建设工程特别重大突发事件,应满足下列条件之一:
①造成10人以上死亡(含失踪)。
②危及10人以上生命安全。
③50人以上中毒(重伤)。
④直接经济损失5 000万元以上。

(2)重大突发事件(Ⅱ级)
建设工程重大突发事件,应满足下列条件之一:
①造成6~9人死亡(含失踪)。
②危及6~9人生命安全。
③造成30~49人中毒(重伤)。
④直接经济损失1 000万元以上5 000万元以下。

(3)较大突发事件(Ⅲ级)
较大突发事件是指事件突然发生,事态较为复杂,公司本身难以处理和控制,事件后果在全市区域内对公共安全、政治稳定和社会经济秩序造成一定危害或威胁的事件。
建设工程较大突发事件,应满足下列条件之一:
①导致3~5人死亡(含失踪)。
②危及3~5人生命安全。
③10~29人中毒(重伤)。
④直接经济损失300万以上1 000万元以下。
⑤市、区政府认为有必要响应的。例如,燃气管线受损泄漏(火灾或爆炸)或者基坑或隧道大面积坍塌,周边居民和市民受到威胁,需要撤离或者主干道交通严重中断。

(4)一般突发事件
一般突发事件指事件突然发生,事态比较简单,事件后果仅在一定范围内对公共安全、政治稳定和社会经济秩序造成危害或威胁,事件由公司本身可以处理和控制,无需政府部门和其他单位或仅需要调动个别政府部门或单位力量和资源能够处置的事件。

建设工程一般突发事件,应满足下列条件之一:

①造成 1~2 人死亡(含失踪),且事态比较严重。

②危及 1~2 人生命,且救援难度较大。

③涉及两个以上施工单位。

④燃气管线受损泄漏(火灾或爆炸),或者基坑、隧道出现较大面积坍塌,周边居民和市民可能受到威胁、需要做好撤离准备,或者主干道交通受到较大影响,需要市交警部门协助进行交通管制。

⑤其他应急救援难度较大,对工程建设造成影响。

(5)较小突发事件

较小突发事件指事态简单,生产经营或工程建设局部受影响,社会影响较小,公司部门或者施工单位能够自行处置的事件。

建设工程较小突发事件应满足的条件,由施工单位会同监理单位确定,报地铁公司应急领导小组办公室备案。

19.5.4 事件预警

按照突发事件的严重性和紧急程度,分为一般(Ⅳ级)、较重(Ⅲ级)、严重(Ⅱ级)、特别严重(Ⅰ级)四级预警,并依次采用蓝色、黄色、橙色和红色表示。

1. 蓝色预警(Ⅳ级)

预计将要发生一般以上突发事件,事件即将临近,事态可能会扩大。Ⅳ级预警由地铁公司在公司内部发布。

2. 黄色预警(Ⅲ级)、橙色预警(Ⅱ级)和红色预警(Ⅰ级)

预计将要发生较大、重大、特大突发事件,事件已经临近,事态有扩大的趋势。黄色预警(Ⅲ级)、橙色预警(Ⅱ级)和红色预警(Ⅰ级)由政府发布。

19.5.5 机构和职责

1. 应急组织机构与职责

(1)地铁公司突发事件应急处置领导小组(以下简称应急领导小组)由公司总经理任组长,副总经理任副组长,成员由运营分公司、建设分公司、物业公司、办公室、党群办、运管办、安全质量部等部门的主要负责人担任。

应急领导小组是公司突发事件应急处置体系最高决策的非常设机构,主要职责是:①研究、决定、部署公司突发事件应对工作,建立和完善应急预警机制和应急预案,研究解决人、财、物等重大问题。②监督公司应急处置体系的建设,审查其运行情况。③统一领导或协调一般突发事件的处置工作和较大、重大、特大突发事件的前期处置工作。④配合市政府有关部门进行突发事件的应急处置和调查处理。

(2)应急领导小组下设应急办公室,设在安全质量部。主任由安全质量部部长担任,副主任由公司办公室、运管办、运营分公司、物业公司的负责人担任。应急办公室作为应急领导小组的日常办事机构,主要职责是:①定期组织公司预案演练,开展应急宣传教育工作,并根据情况的变化及时对预案进行修订。②开展地铁突发事件应急处置的日常管理工作,检查、指导部门应急工作。③协调有关部门参与应急处置。④负责与相邻单位建立应急处置机制。

应急办公室下设综合协调、安全保卫、应急监测、应急抢险、资源保障、技术专家、医疗救助和新闻信息等8个工作组,应急组织体系图详见上篇图11-4。

①综合协调组:由安全质量部负责(待工程综合监控中心建立后,则由工程综合监控中心、运营分公司OCC负责),负责接警和通知、警报和紧急公告;了解、收集和上传下达有关信息,联络有关部门和单位,协调各工作组和各方面的应急处置工作。

②安全保卫组:由事件单位负责建设工程突发事件处置安全保卫。安全保卫组先行组织保安及有关人员,对事故现场及周边地区和道路进行警戒、控制,组织人员有序疏散;对现场应急抢险人员的安全进行监护。

③应急监测组:由建设分公司牵头,设计、施工单位参加,组建工程应急监测组。应急监测组负责处置现场及毗邻区域的建(构)筑物、管线、支撑(加固)结构和地面的稳定性,以及有毒有害物质的监测,及时向应急指挥部汇报监测结果。

④应急抢险组:由事件单位负责,建设分公司参与,组织建设突发事件的现场应急抢险救援;当事件单位请求外部支援时,由现场应急处置指挥部协助,就近调用地铁其他施工单位抢险队伍,或请求市建筑工程抢险应急领导小组派出市工程抢险专业队伍。

⑤资源保障组:由各建设分公司牵头,负责组建所管辖工程的应急抢险物资信息数据库,明确装备的类型、数量、性能和存放位置,提供救援抢险所需的交通工具,将抢险机械、设备、材料等及时调到现场。应急领导小组办公室负责全地铁建设的应急抢险物资综合信息数据库。

⑥技术专家组:由公司总工程师室牵头,建设分公司等参与,负责组建由勘察、设计、施工、运营技术专家组成的抢险专家库。主要职责是:就应急准备工作中的重大问题进行研究,提供建议;组织专家组成员开展活动,编制应急技术和信息资料;组织专家制定应急救援技术方案,开展工程结构安全性评估,根据监测结果等评估事态发展,为抢险救援等工作提供技术支持。

⑦医疗救助组:建设应急医疗救助组由事件单位牵头,公司办公室参与。医疗救助组负责与市医疗救护中心联系,做好受伤、中毒人员的紧急输送和救护工作,以及伤亡人员的善后工作。

⑧新闻信息组:由党群办牵头,安全质量部、建设分公司、事件单位参与,组织事故应急处置和抢险救援的新闻报道工作。

当施工现场及其毗邻区域存在管线时,由拆迁办负责成立管线安全保护组,负责管线保护工作。

各组组长负责组建各自的工作组。

(3)一般及以上事件发生后,由应急领导小组办公室牵头成立现场应急处置指挥部,作为公司突发事件应急处置的最高执行机构,组织、指挥生产经营突发事件的应急处置工作,协调、组织公司部门和其他单位支援事件单位进行建设工程突发事件应急处置。

一般情况下,工程突发事件应急指挥部。由事件单位负责组织指挥,公司协调配合,总指挥由事故单位负责人担任,副总指挥由公司分管建设副总经理或总工程师、建设分公司

(枢纽项目部)经理担任;特殊情况下,经事故单位书面请求或按照市、区政府指令,由公司组织指挥,总指挥由公司分管建设副总经理或总工程师担任,副总指挥由建设分公司(枢纽项目部)经理、事件单位负责人担任。指挥部成员由应急处置工作组组长和事件监理单位负责人组成。

特殊情况下,应急领导小组组长直接指定应急指挥部及应急处置工作组的负责人、成员。

应急救援过程的各机构之间的关系,如图19-4所示。

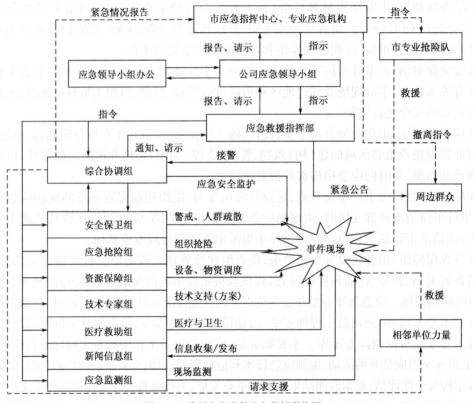

图19-4 公司突发事件应急指挥联络图

(4)各部门、施工单位应规定各级组织机构和重要场所临时应急处置负责人,在上一级应急处置负责人到达现场前指挥前期应急处置;在上一级应急处置负责人到达现场后,进行指挥权移交,由上一级应急处置负责人担任现场指挥。

2. 应急抢险队伍

(1)施工单位应建立应急抢险队伍,配备应急救援人员。

(2)凡在地铁公司管理或代建的建设工程中从事施工承包、工程材料供应、第三方监测等企业,均有义务承担地铁公司建设工程抢险救援的义务,服从地铁公司的统一调度。

19.5.6 监测与预警

1. 监测

(1)公司各部门和各施工、监理单位,对容易引发自然灾害、事故灾难和公共卫生事件的危险源、危险区域进行调查、登记和风险评估,对易发生突发事件的部位、环节进行监控,定期检查,采取安全防范措施,及时消除事故隐患。公司对容易引发公司处置级以上突发事件的危险源、危险区域进行监控和管理。

(2)以建设工程综合监控中心为基础,建立统一的突发事件信息系统,汇集、储存、分析、传输有关突发事件的图像和数字信息,并与市专业应急机构或事件主管部门、市应急指挥中心实现互联互通,加强与毗邻的重要单位的信息交流和情报合作。

(3)获悉突发事件征兆信息的个人,应当立即向施工单位负责人报告,综合协调组、单位负责人接到报告后按信息通报的基本流程上报。

(4)建立健全突发事件监测制度。推广应用施工现场和周边环境视频和实时监测系统。

(5)应急领导小组办公室和施工单位要加强气象情报收集工作,及时获取市有关部门发布的强台风、强降雨、地震、恐怖袭击等预警信息。

2. 预警

(1)应急领导小组办公室应当及时汇总、分析突发事件隐患和预警信息,必要时请技术专家组负责人对发生突发事件的可能性及其可能造成的影响进行评估;对于可能发生突发事件的,请示公司应急领导小组或政府应急指挥机构决定并发布相应级别的事件预警、宣布有关区域进入预警期。

(2)发布Ⅳ级警报,宣布进入预警期后,公司应急领导小组办公室应根据即将发生的突发事件的特点和可能造成的危害,采取下列措施:

①启动应急预案。

②责令公司有关部门或单位、监测机构和负有特定职责的人员及时收集、报告有关信息,加强对突发事件发生、发展情况的监测、预报和预警工作。

③责令技术专家组随时对突发事件信息进行分析评估,预测发生突发事件可能性的大小、影响范围和强度以及可能发生的突发事件的级别。

④责成新闻信息组赶赴较小以上生产经营突发事件或一般以上建设工程突发事件的可能发生现场。

⑤及时向政府应急指挥机构通报突发事件预测信息和分析评估结果。

(3)在政府发布Ⅲ级、Ⅱ级、Ⅰ级警报,宣布进入预警期后,公司除采取本预案第19.5.6-2-2)条规定的措施外,还应针对即将发生的突发事件的特点和可能造成的危害,采取下列一项或者多项措施:

①责令事件单位应急救援队伍、负有特定职责的人员进入待命状态。

②调集应急救援所需物资、设备、工具,并确保其处于良好状态、随时可以投入正常使用。

③加强对重点重要部位的安全保卫,维护社会治安秩序。

④按照政府指示和有关程序,及时向可能受到伤害的毗邻单位和居民发布可能受到突发事件危害的警告,宣传避免、减轻危害的常识,公布咨询电话。

⑤关闭或者限制使用易受突发事件危害的场所,控制或者限制容易导致危害扩大的公共场所的活动。

⑥法律、法规、规章规定的其他必要的防范性、保护性措施。

19.5.7 应急响应

1. 分级响应

(1)地铁突发事件发生后,施工单位作为第一响应部门或单位,应立即启动本部门或本单位的应急预案,立即开展先期应急处置工作;在判定属于一般及以上突发事件时,同时按信息通报基本流程向上报告。

(2)较小(V)级响应,由事件单位组织实施,必要时公司派出技术专家组赴现场进行应急处置技术支持。

(3)一般(Ⅳ)级响应,由地铁公司组织实施。

(4)较大(Ⅲ)、重大(Ⅱ)和特大(Ⅰ)级响应,由政府按照《深圳市地铁突发公共事件应急预案》、《深圳市建筑工程抢险应急预案》组织实施。

(5)扩大应急响应。当事态难以控制或呈蔓延、扩大、发展趋势时,现场应急处置指挥机构应立即向上一级应急指挥机构提出支援请求。

(6)上一级应急处置机构认为必要时,也可负责指挥由下级应急指挥机构负责指挥的应急处置。地铁公司也可根据市、区政府指令,负责指挥较大(Ⅲ)级突发事件的应急处置工作。

2. 信息通报基本流程

发现事故征兆或事故发生后,报警、接警和处警等信息通报的基本流程如图 19-5 所示:

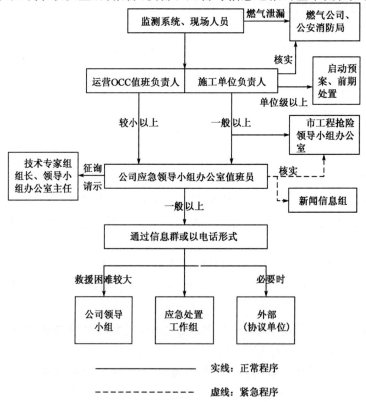

图 19-5 信息流通(报警、接警和通知)基本流程

3. 基本响应程序

突发事件发生后,应急处置工作程序如下所示。

(1)报警

事件发生后,事件单位作为第一响应的责任单位,立即启动应急预案,迅速赶赴现场开展救援,并按报告时限、报告内容,按照信息通报基本流程进行上报。对于需要封锁道路、调度交通的,事件单位应在第一时间内与交警部门取得联系。

①报告时限。事件报告应遵循"迅速、准确、直报"的原则。对发生重大、特大突发事件的,应当立即做出初次报告;对于发生一般、较大突发公共事件的,应当在接报后10min内做出初次报告。

②报告内容。事件单位概况,事件类别和发生的时间、地点,简要经过,人员伤亡情况,原因初步分析和已采取的措施,事件可能的发展态势评估。

(2)接警

公司应急领导小组办公室值班员接到事件报告时,应做好事件的详细情况和联系方式等记录。

(3)响应级别确定

应急领导小组办公室值班员接警后要对警情做出判断,依据响应级别的分级标准确定相应的响应级别。必要时,征询技术专家组组长意见,并请示应急领导小组办公室主任。

4. 应急处置

(1)对于较小(Ⅴ级)突发事件,①事件单位负责人立即启动部门或单位应急处置预案实施处置,并在10min内报告公司应急领导小组办公室。②必要时,应急领导小组办公室责令有关工作组处于预备状态,派出技术专家组、新闻信息组赶赴现场支援应急处置工作。③密切关注事件处置工作的进展并及时报告最新情况。

(2)对于一般(Ⅳ级)及以上突发事件,或者超出施工单位的应急处置能力时,应急领导小组办公室应在接到事故报告后10min内通知公司应急领导小组和各应急处置工作组。必要时通知市有关机构。

公司应急领导小组、各工作组接报后及时到达事故现场,成立应急救援指挥部,组织或配合市(区)主管部门、应急指挥机构开展抢险救援工作,必要时调用专业抢险队伍进行抢险;当已经或可能对周边居民或群众造成威胁时,及时通报市应急指挥机构和当地街道办事处,视情况进行社区疏散。

(3)抢险队伍在接到救援命令后应无条件立即出动,30min内到达事故现场,迅速、有效地实施处置,全力控制事件发展态势,同时协助保护现场,维护现场秩序。

(4)公司应急领导小组应将应急处置工作进展情况,及时向市专业应急指挥机构或市应急指挥中心报告,协调解决处置工作中可能出现的问题。

(5)扩大应急

对于较大(Ⅲ级)、重大(Ⅱ级)、特大(Ⅰ级)事件,或事件等级由一般(Ⅳ级)上升为Ⅲ级、Ⅱ级、Ⅰ级后,或者需要市级应急处置力量支援时,现场应急处置指挥部向市专业应急指挥机构或市应急指挥中心提出请求,由市专业应急指挥机构、市应急指挥中心组织实施应急处置。

(6) 应急终止

现场处置工作完毕后,应急终止遵循"谁启动、谁终止"原则。较小(Ⅴ级)的,由事件部门或单位决定应急处置工作结束;一般(Ⅳ级)的,由公司应急领导小组决定应急处置工作结束;较大(Ⅲ级)、重大(Ⅱ级)、特大(Ⅰ级),由政府突发事件应急领导小组决定应急工作结束。

19.5.8 信息发布

(1) 突发事件处置的新闻报道和新闻发布,由新闻信息组统稿、应急领导小组负责人或公司新闻发言人同意,按照市突发公共事件新闻报道应急预案规范的渠道和口径统一报道和发布。

关于突发事件事态发展和应急处置工作的信息发布,应当统一、准确、及时。

(2) 信息发布的内容主要包括:应急处置的基本情况、应急处置的动态及成效、下一步安排、需要说明的问题。

19.5.9 后期处理

1. 现场撤离

应急状态终止后,应急指挥部应做好应急队伍人员、装备的现场撤离工作。

2. 监测监控

应急状态终止后,应急监测组应继续做好现场监测监控工作,技术专家组负责开展结构安全性评估,对隐患治理工作给予技术支持、指导。

3. 隐患治理

事件单位应根据应急处置的情况,做好相应安全和卫生问题的治理和监控工作,防止二次事故发生,尽快恢复生产经营(尤其是运营)和建设工程秩序。

4. 事件调查

根据有关法律、法规和规章规定的职责,公司应急领导小组办公室组织开展或配合事件调查工作,分析事件原因,提出、落实对事件责任部门及责任人的处理意见等,综合协调组负责应急处置征用的财产和经费的补偿、保险理赔等善后工作。

对于一般(Ⅳ级)地铁运营突发事件,公司应急领导小组负责事件调查。

5. 书面总结

事件单位应及时向公司应急领导小组做出书面报告。书面报告的基本内容包括:事件发生及工程抢险经过,应急预案实施效果及评估情况,应吸取的经验教训等。

19.5.10 保障措施

1. 抢险队伍保障

(1) 在地铁公司管理或代建的工程中承担施工的企业,是地铁工程抢险的主要救助力量,接到抢险救援的命令后,其应立即无条件执行应急救援任务。

(2) 运营分公司负责组建运营突发事件抢险专业队伍和车站、车厂抢险组。

(3)物业公司负责组建物业突发事件应急抢险队伍和罗湖交通层、地铁大厦、车辆段抢险组。

(4)施工单位负责组建本单位工程抢险队伍,承担本单位的突发事件应急处置的工程抢险任务。

(5)各建设分公司负责组建相应的工程抢险专业队伍,必要时由应急抢险组调用,支援工程应急专业抢险任务。专业队伍的选择应考虑整个地铁工程的区域分布。

(6)施工单位工程抢险队伍和各线工程抢险专业队伍应定期或不定期开展应急管理和救援人员培训,提高应急反应处置能力。

2. 专家保障

技术专家组负责组建由设计、施工、运营等方面技术专家组成的抢险技术专家库,挑选有关专家制订应急救援技术方案,参与应急抢险。有关专家在接到应急救援的通知后,应无条件执行救援任务。

3. 经费保障

(1)地铁公司设立了突发事件应急处置专项资金。在年度预算中安排预备费300万元以上用于运营突发事件的预案演练、宣传培训、设备装备配置管理、信息化和其他日常管理,以及建设、运营突发事件应急处置工作。

(2)地铁公司建立突发事件应急处置专项资金快速拨付机制。地铁公司财务部负责保障突发事件应急处置所急需的费用,按有关规定及供给渠道及时拨付。

(3)建设工程突发事件应急处置经费的支出,原则上由被救助工程的施工单位或相关责任单位承担;其他临时性工程抢险任务经费的支出,按照"谁使用、谁负担"原则,由被保护、被救助单位承担。

4. 设备保障

(1)地铁公司应急领导小组办公室应根据地铁工程抢险的特点,定期收集有关地铁工程的设备、设施、装备、物资的类型、数量、性能、分布情况等信息,建立抢险物资信息数据库;对于地铁工程不具备的设备、设施、装备、物资,建立租赁信息数据库,确保应急抢险设备调用及时、可靠。

地铁公司抢险物资并入市有关主管部门和市应急指挥中心的抢险物资资源库,实现资源共享。

(2)各施工单位负责配备本单位抢险设备,并建立其信息数据库。一般应当配备:土方施工机械、起重机械、电气焊设备、发电设备、通信设备、抽水(泥浆)设备、通风设备、钢材、木材、水泥和防护用品、劳保用品,以及其他必要的抢险设备、设施、装备和物资;对于本单位不具备的设备、设施、装备、物资,应建立租赁信息数据库。

(3)地铁公司应急指挥部可根据抢险的实际需要,按照"先征用、后补偿"的原则,征调有关施工单位、材料供应单位的设备、设施、装备、物资用于应急救援,被征用单位应无条件执行征用命令。

19.5.11 宣传、培训和演练

1. 宣传教育

公司和施工、监理单位应通过各种宣传手段和宣传媒介,组织开展地铁突发事件预防、避

险、避灾、自救、互救等应急常识的宣传教育,提高工作人员、施工人员和乘客的安全与危机意识。

2. 应急培训

(1)公司和施工、监理单位应做好专业应急培训工作,提高管理机构、工程抢险专业队伍、协作单位和个人的自救、互救能力。

(2)公司积极组织公司应急管理和救援人员参加市组织的应急培训。

3. 应急演练

公司和施工、监理单位应定期和不定期开展地铁突发事件应急演练,演练包括部门、单位演练和多单位协同演练,以及与市有关部门的合成演练或协同演练,以提高防范能力和应急反应能力。

19.5.12 奖惩措施

(1)对在处置突发事件中有突出贡献的部门和个人,给予奖励和表彰;对在处置突发事件中有瞒报、漏报、迟报信息及其他失职、渎职行为的部门和个人,追究其行政责任;构成犯罪的,提请司法机关依法追究其刑事责任。

(2)对在地铁突发事件应急处置中有重大贡献的施工单位,给予表彰和奖励,并建议市建设行政主管部门在该单位申请市政府投资工程预选承包商资格时予以加分奖励。对拒绝参加工程抢险救灾的地铁施工、材料供应企业,给予通报批评;同时,对施工企业,建议市建设行政主管部门取消其入选预选承包商名录的资格,对于材料生产、供应企业,禁止其在我司管理或代建的地铁工程中供应材料。

19.5.13 应急物资和设备调度操作程序

1. 目的与适用范围

制订本程序的目的是在应急救援过程中,及时供应应急物资和设备设施,保障应急救援工作运转高效,减少事故损失。

本程序适用于建设工程事故灾难、自然灾害等突发事件应对时的物质、设备设施的准备、应急供应和恢复等活动。

2. 组织机构及职责

(1)资源保障组

资源保障组负责建立所管辖工程的应急抢险物资信息数据库,明确装备的类型、数量、性能和存放位置,指令有关单位提供救援抢险所需的交通工具,将抢险机械、设备、材料等及时调到现场,供应急抢险组使用。

(2)工程抢险组

工程抢险组及时向综合协调组、资源保障组提供抢险物资和设备设施的使用和需求信息。

(3)技术专家组

技术专家组负责根据现场监测数据和信息对事故发生态势及影响作出评估,对物资和设备设施的需求作出预测,为资源保障组进行应急设备和物资调度提供技术支持。

3. 具体任务

(1) 应急准备

①建设分公司等工程管理部门牵头,组织施工单位建立工程突发事件应对资源保障组,发生事件的施工单位物资部部长担任组长,建设分公司等工程管理部门指定专人担任副组长、设备调度员和物资调度员。

②安全质量部负责,建设分公司配合,与外部应急设备与物资供应商签订援助协议,明确双方的应急联络人及应急电话。

③建设分公司等工程管理部门负责、安全质量部配合,监督、检查施工单位配备必要的应急救援器材、设备。

④建设分公司等工程管理部门负责建立并及时更新所管工程的内部(含施工单位)应急设备、物资清单和可由外部提供的援助应急设备、物资清单。安全质量部负责建立并及时更新全部工程的内部应急设备、物资清单和可由外部(即社会)提供的援助应急设备、物资清单。

⑤资源保障组的设备调度员和物资调度员根据工程可能出现的突发事件确定应对所需的材料物资和设备设施等。

a. (基坑、边坡和隧道)坍塌事故,一般需要注浆与加固类、挖掘与装载类重型设备,以及水泥、混凝土、砂石和钢板等材料。

b. 起重机等机械倒塌事故,一般需要流动式起重机械,切割类设备,便携式发动机等设备。

c. 燃气管线损坏事故,一般需要便携式智能可燃气体探测仪、个体防护设备(全面罩正压空气呼吸器等)、防爆型通风机、堵漏设备等。

d. (受限空间作业)中毒事故,一般需要便携式智能有毒气体探测仪、个体防护设备(全面罩正压空气呼吸器等)、通风机和风管等设备。

⑥资源保障组的设备调度员和物资调度员应掌握最新的工程的内部(含施工单位)应急设备、物资清单和可由外部提供的援助应急设备、物资清单,并与内、外部的应急物资和设备的供应商保持联络。

(2) 应急响应

①接到应急指挥部办公室的命令后,资源保障组成员应立即赶赴现场。

②资源保障组根据事故类型和险情,征求专家组意见,明确需要调用的应急救援设备和物资。

③资源保障组组长首先调用本单位的应急物资和设备,并通过地铁公司建设分公司的副组长,指令设备调度员和物资调度员与其他施工单位和外部供应商取得联系,请求支援。

④设备调度员和物资调度员负责与地铁其他施工单位联系,请求设备、物资支援;当地铁其他施工单位的设备、物资不足,或者距离事件现场过远时,立即与最近的外部供应商联系,请求支援。

⑤资源保障组副组长与工程抢险组联系,安排应急抢险设备设施和材料物资的进场和接应;资源保障组安排专人记录材料物资使用情况,工程抢险组指挥设备操作人员参与应急抢险工作。

(3) 恢复阶段

①资源保障组负责,工程抢险组配合,征求技术专家组意见,明确现场恢复所需的各种设备、物资。

②资源保障组负责,工程抢险组配合,清点和清理所用应急设备设施和物资。
③资源保障组协调施工单位对征用的设备、物资和人员的补偿。
④建设分公司、安全质量部督促施工单位重新配置应急设备和物资。
工程应急物资和设备调度操作流程如图19-6所示。

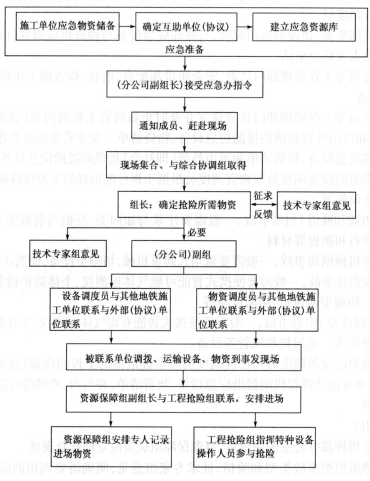

图19-6 工程应急物资和设备调度操作流程图

第 20 章 监 理 管 理

20.1 监理管理单位及职责范围

为了便于对全线监理单位进行统一管理,深圳地铁 5 号线工程引入了监理管理单位。监理管理单位是 BT 项目发起人对全线监理进行管理的机构,是 BT 项目发起人建设管理的延伸,为工程建设提供技术和管理支持。

监理管理的任务范围包括深圳地铁 5 号线全线工程施工准备阶段、施工阶段及保修阶段的监理管理,同时对 5 号线工程各标段监理机构实行全过程的监督和管理。

20.2 监理管理体系

监理管理单位负责制订监理管理工作所需的各项详细的实施细则或办法,制定对全线各监理单位的考核、检查和监督管理办法,形成监理管理体系,包括:

(1)《监理管理手册》。
(2)《监理工作管理办法》。
(3)《监理工作质量考核办法》。
(4)《监理安全控制管理办法》。
(5)《监理质量控制管理办法》。
(6)《监理进度控制管理办法》。
(7)《监理投资控制管理办法》。
(8)《监理合同管理办法》。
(9)《监理工程信息管理办法》。
(10)《监理组织协调管理办法》。

20.3 监理例会

20.3.1 目的

在项目施工过程中,监理管理单位定期主持,会同业主、监理等单位召开计划统计和进度监理例会、质量和安全监理例会。

监理例会的目的是在固定时间内对工程中发生的各种情况进行沟通,并达成共识,及时发现和解决监理工作中存在的各种问题和隐患,促进监理工作的正常进行,保证工程项目管理目标的顺利实现。

20.3.2 计划统计和进度例会

1. 一般规定

频率:每月一次。

主持:监理管理单位项目经理。

参加单位/部门:业主相关部门、监理管理单位计划统计部、各标段监理单位总监或代表和计划统计人员。

报送资料:投资、进度计划监理情况月报/下月投资、进度计划图及措施。

2. 主要内容

(1)检查分析全线工程施工进度和投资计划完成情况,提出工程施工进度要求,提出加快进度合理化建议。

(2)协助业主布置、落实和协调工程施工进度。

(3)督促监理单位落实施工单位由于人力、技术力量投入不足,施工方案欠佳、出现施工质量问题;所采用的工程材料、产品质量差需要整改;工程材料供应不及时;资金调用失控;出现资金短缺等影响进度情况的整改措施。

20.3.3 质量和安全监理例会

1. 一般规定

频率:每月一次。

主持:监理管理单位项目经理。

参加单位/部门:业主相关部门、监理管理单位工程管理部、各标段监理单位总监和安全主任。

报送资料:质量和安全监理情况月报/下月质量安全监理计划和措施。

2. 质量例会的主要内容

(1)重要工序质量分析会应根据施工需要不定期召开,特殊情况下,当出现质量事故(或质量有较大的恶化趋势)时,监理单位应召开质量研讨会,分析原因,提出处理办法(或应采取的纠正措施)。

(2)工程质量例会由项目经理(或项目技术负责人)主持召开,各监理单位项目总监参加。

(3)质量例会主要应包括以下几个方面的内容:本周监理情况;原材料质量情况;送检、抽检结果;过程产品质量情况;存在的主要质量问题及改正要求;下一阶段的监理工作安排等。

3. 安全例会的主要内容

(1)检查分析施工危险源的安全状况和重大危险源监控措施的落实情况,分析安全生产存在的问题的原因。

（2）针对安全生产及其管理存在问题，提出下一阶段安全生产及其管理的改进措施，包括管理措施、技术措施、经济措施、预控措施等。

（3）坚持分析和研究文明施工的现状，提出下一阶段文明施工的改进措施。

（4）通过会议，总结表扬安全生产、安全管理的好经验，讲评、批评违规施工作业和放松安全管理的存在问题，落实下一步安全管理工作的责任分工。

20.4 监理检查

20.4.1 检查内容

为了督促监理单位的工作，监理管理单位定期或不定期对深圳地铁 5 号线全线各监理单位日常工作进行巡查、抽查。重点对监理人员的在岗情况、监理的旁站、监理的文档资料、监理对承包商报审资料的审核、监理对工程材料进场的检验把关等工作进行检查，发现问题及时要求整改。

20.4.2 检查用表

监理检查用表见表 20-1~表 20-3。

工程施工安全质量整改通知书　　　　　　　　　　　　　　　表 20-1

安质改[　]第　号

工程名称				标　段		
监理单位				标段项目部		
人员到位情况	项目总监（总监代表）	□在岗	□不在岗	驻地专业监理工程师	在岗____人	不在岗____人
	项目经理	□在岗	□不在岗	技术负责人	□在岗	□不在岗
检查时间			至			
整改内容						

续上表

处理意见按下列第_____条执行：				
一、现责令监理单位对以上整改内容中的第_____条问题进行整改，_____前将经总监确认签字后的《工程施工安全质量整改回复单》报签发部门备案，签发部门将派员予以核查。				
二、现责令监理单位督促标段项目部对以上整改内容中的第_____条问题进行整改，_____前将经监理单位确认签字后的《工程施工安全质量整改回复单》报签发部门备案，签发部门将派员予以核查。				
三、建议监理给施工单位对_____工程进行停工整改，未整改完毕及未经相关责任主体验收合格，不得继续施工。相关责任主体未按上述要求整改、督促将按合同进行处罚。				
检查人员			签发部门（章）	
签发人			年 月 日	
签收人签字/时间	监理单位签收人			
	标段项目部签收人			
备注	本通知书一式三份，签发部门(原件)、监理单位、标段项目部各一份(复印件)			

深圳地铁5号线工程_____标监理工作整改回复单　　　　表20-2

（编号：　　）

致：建设分公司　监理管理部

　　我项目监理机构于××××年××月××日收到建设分公司编号为：_____工程事项整改通知书后，已按要求完成了_____整改工作。

　　请予复查。

　　附件：

监理机构(盖章)：_____

总监理工程师(签名、盖执业章)：_____

日期：_____

续上表

复查意见：	
	复查工程师：_____
	负责人：_____
	日期：_____

深圳地铁 5 号线工程监理工作日常检查扣分通知单　　表 20-3

编号：

监理标段/监理单位	

_____（监理机构）：

　　根据_____检查整改通知书（编号：_____）第__条监理工作存在问题，依据建设分公司颁布的《监理工作质量考核办法（试行版）》监理工作日常检查内容及扣分标准对照表（_____）条，本次检查扣分：安全控制扣_____分；质量控制扣_____分；

　　特此通知。

签发		日期		（检查单位）
填表		日期		

20.5 监理管理报告

20.5.1 监理管理工作报告

监理管理单位负责形成监理管理工作报告。按月、季、年度向业主提交全线监理管理及技术支持工作报告,并针对存在的问题提出相关的建议。工作报告主要包括以下内容:
(1)实施细则或办法制定情况。
(2)对各监理单位的管理情况。
(3)工地例会召开情况。
(4)安全质量文明施工检查监督情况。
(5)第三方监测单位管理情况。
(6)计划统计和合同管理工作情况。
(7)信息化管理工作情况。
(8)设备安装和装修工程管理工作情况。
(9)技术与管理支持等工作情况。
(10)其他相关事项。

20.5.2 季度考核报告

监理管理单位每季度提交对监理单位工作的考核、检查和监督报告,指出存在的问题,评定监理单位的综合管理能力、水平和质量。考核报告主要包括以下内容:
(1)考评结果及名次。
(2)检查情况:包括各监理标段的安全控制、质量控制、进度控制、投资控制、合同管理、信息管理、工程协调、业主对监理满意度评价、特别事项等各方面情况。
(3)各监理标段工作质量考核评分结果。
(4)各监理标段人员情况表。

20.6 监 理 考 核

20.6.1 目的

为了督促和激励深圳地铁5号线工程监理单位更好地履行监理合同,提高监理工作质量,确保地铁5号线工程安全、质量及工期总目标的顺利实现,鼓励先进,鞭策落后,针对深圳地铁5号线工程BT项目的各施工监理单位制订监理工作质量考核办法。

20.6.2 考核组织机构

考核组由监理管理机构牵头组织,考核组组长由建设分公司分管领导担任,副组长由建设分公司安全质量部部门负责人、监理管理机构项目经理担任,组员由BT项目发起人企管部、合约部、安全质量部、建设分公司、监理管理机构的人员共同组成。同时邀请BT项目承办机构的一位人员参与监理工作的考核,对监理工作的改进与提高提出监督建议意见。

20.6.3 考核内容

考核内容按照监理工作分为安全控制及文明施工管理、质量控制、进度控制、投资控制、合同管理、信息管理、工程协调等项目以及监理人员到位在岗情况、监理人员任职资格等方面的考核,按日常检查、季末检查以及特别事项检查考核评分。

20.6.4 评分体系

评分体系按照监理工作内容从安全控制及文明施工管理、质量控制、进度控制、投资控制、合同管理、信息管理、工程协调及人员到位在岗等方面,进行日常检查、季末检查及特别事项检查评分,按1~4评分体系,得出最终综合评分(百分制)。

1. 监理工作考核日常检查评分

监理工作考核日常检查评分体系表见表20-4。

监理工作考核日常检查评分体系表　　表20-4

序号	项目	应得分	日常扣分	日常得分	日常权重	日常加权分	说明
1	安全控制						《监理安全控制日常检查内容及扣分标准对照表》
2	质量控制						《监理质量控制日常检查内容及扣分标准对照表》

2. 监理工作质量考核季末检查评分

监理工作质量考核季末检查评分体系表见表20-5。

监理工作考核季末检查评分体系表　　表20-5

序号	项目	标准分	季末扣分	季末得分	季末权重	季末加权分	说明
1	安全控制						《监理安全控制工作检查表》
2	质量控制						《监理质量控制工作检查表》
3	进度控制						《监理进度控制工作检查表》
4	投资控制						《监理投资控制工作检查表》
5	合同管理						《监理合同管理工作检查表》
6	信息管理						《监理信息管理工作检查表》
7	工程协调						《监理工程协调工作检查表》
8	业主对监理工作满意度评价						《业主对监理工作满意度评分表》

3. 特别事项检查评分

监理工作考核特别事项检查表见表20-6。

地铁工程_____年第_____季度监理工作特别事项检查表　　　表20-6

监理单位(标段)：_____　标段项目部：_____　检查日期：_____

序号	检查项目	加分标准	扣分标准	得分	加减分原因
	一、单项特别事项检查				
(一)	监理安全控制				
1	所监理工程发生一般(不含)以下安全事故(事件)，以及所监理工程发生重大火灾、设备事故、基坑坍塌、冒顶或因地下施工造成地表沉陷等以及施工引起道路交通中断、通讯中断、管线漏水、漏气等责任事故或险情事件,监理负有责任的		/		
2	发生一般(含)及以上安全事故,监理负有责任的		/		
	合计				(-)减分,(+)加分
(二)	监理质量控制				
1	监理监管不力,存在严重质量缺陷		/		
2	监理监管不力,发生一般质量事故(事件)		/		
3	监理监管不力,发生重大质量事故(事件)		/		
	合计				(-)减分,(+)加分
(三)	监理进度控制				
	承包商的合同工期里程碑不能完成、或未完成年度投资计划的				(-)减分,(+)加分
	二、综合特别事项检查				
1	所监理标段在市建筑安全生产大检查中达优秀项目(年度考核项)				
2	所监理标段获市级以上文明工地称号(年度考核项)				
3	所监理标段市级以上双优工地或安全标准化工地称号(年度考核项)				
4	受到业主或市级以上政府表彰表扬(不同事件)				
5	优化设计、优化施工方案并对提高工程质量、加快工程进度,节约投资有明显实际效果(以5号线分公司及地铁公司相关部门按程序审定的结果为准)				
6	监理工作存在有严重失职、严重问题或违纪的现象				
7	所监理工程或监理工作被投诉且经查实,或所监理工程造成不良社会影响,被媒体曝光或政府部门处罚,监理负有责任的				
8	被监理管理、业主或政府主管部门通报批评(不同事件)				
9	对考核指出存在的问题未按要求彻底整改的				
	[综合特别事项检查评分]合计				(-)减分,(+)加分

组长：　　　　　　　副组长：　　　　　　　考核人员：

4. 监理工作考核最终综合评分

监理工作考核最终综合评分汇总表见表20-7。

深圳地铁5号线工程_____年第_____季度监理工作考核最终综合评分汇总表 表20-7

监理单位(标段):_____ 施工标段:_____ 检查日期:_____

序号	项目	日常检查					季末检查					单项特别事项扣分	单项评分	综合权重	综合加权分
		标准分	扣分	得分	权重	加权分	标准分	扣分	得分	权重	加权分				
				A1	B1	C1=A1×B1			A2	B2	C2=A2×B2	C3	F=C1+C2−C3	Q	P=F×Q
1	安全控制														
2	质量控制														
3	进度控制														
4	投资控制														
5	合同管理														
6	信息管理														
7	工程协调														
8	业主对监理工作满意度评分														
9	合计														
10	综合特别事项检查评分[(+)加分;(−)减分]														
11	最终综合评分(11=9+10)														

综合评价意见:

20.6.5 获奖条件

在季度监理工作质量考核评比中获得第一、二名且满足下列条件:

(1)综合得分在80分以上。
(2)监理安全和质量控制75分(含)以上,其他监理工作单项得分均70分(含)以上。
(3)所监理标段无质量责任事故或严重质量问题。
(4)所监理标段无人员重伤、死亡安全责任事故。
(5)无BT项目发起人或政府部门通报批评或处罚。
(6)无BT项目发起人认定的因监理不力造成所监理标段发生严重影响BT项目发起人及地铁工程社会形象、声誉或在社会上造成不良后果的事件(劳资纠纷、破坏社会公共秩序、不实上访、弄虚作假、媒体曝光等)。

20.6.6 奖励与罚金

(1)奖励:对季度考核第一、二名的监理单位给予一定奖金。

(2)罚金:对季度考核综合得分排名最后一名的监理机构、季度考核综合得分在70分以下的监理机构分别进行一定金额的罚款;季度考评综合得分排名最后一名的监理机构且综合得分在70分以下的加罚一定金额罚款。

20.6.7 奖惩方式

(1)奖罚依据对监理机构考核结果每季度一次。

(2)对获奖单位在全线范围内通报表彰,颁发奖牌;对被处罚单位在全线范围内通报批评。

(3)奖金从奖励基金中列支,罚金直接从监理酬金中扣除。

20.6.8 相关表格

(1)监理工作考核评分表见表20-8。

地铁工程_____年第_____季度监理安全控制日常检查评分表　　　表20-8

监理单位(标段):_____　标段项目部:_____　检查日期:_____

项目	编号	扣分内容	扣分标准	实际扣分
人员配置	101	未按要求配置专业安全监理工程师		
	102	安全监理工程师资质不符合要求		
基础工作文件	A201	未编写风险评估报告		
	A202	监理规划中无安全监理专篇		
	A203	监理细则无明确安全控制点,关键部位无安全控制措施,没有明确旁站点		
	A204	内部管理制度不全		
	A205	监理月报(安全月报)、监测成果(监测周报和月报)未按期送建设单位		
	A206	监理日记未记录安全监理内容		
	A207	对承包商上报的施工安全问题处理不及时		
过程监理	A301	未按要求审查专业施工队伍资质		
	A302	未审查(包括书面审查和现场核对,下同)起重机械安装、拆卸、顶升单位资质和作业人员资格		
	A303	未按要求审查施工单位负责人、项目负责人、专职安全生产管理人员等"三类"人员资格		
	A304	未按照要求审查施工单位安全生产保证体系、施工组织设计中的安全技术措施、危险性较大的分部分项工程安全专项施工方案、地下管线保护措施方案、突发事件应急救援预案		
	A305	未督促施工单位与管线业主单位签订地下管线保护协议		

续上表

项目	编号	扣分内容	扣分标准	实际扣分
过程监理	A306	施工单位在签订燃气管线等安全保护协议前在安全保护区范围施工,监理未制止		
	A307	未督促施工单位与分包单位、存在交叉作业单位签订安全协议		
	A308	未检查施工单位进场工人三级安全教育和各类特种作业人员持证上岗情况		
	A309	未对施工现场进场施工机械和安全设施进行验收		
	A310	未按规定组织有关单位对关键节点进行施工前条件验收		
	A311	未组织高支模、脚手架、竖井提升架等重大危险源的施工验收		
	A312	未进行汽车吊现场作业前的定位检查		
	A313	未按要求进行监理旁站		
	A314	未按要求参加和组织各类安全检查		
	A315	安全检查存在明显缺项或检查流于形式		
	A316	施工现场临边、"四口"的护栏、安全网、挡脚板等缺失		
	A317	施工现场存在可从高处坠落产生物体打击事故的物料、石块、工具		
	A318	电工、电焊工作业时未正确穿戴专用绝缘手套、鞋		
	A319	电焊机未配备二次降压保护器		
	A320	用电机械设备未使用漏电保护器		
	A321	基坑或隧道开挖支撑严重滞后		
	A322	施工单位在建设单位、政府部门的施工安全检查中不合格		
	A323	发现安全问题未及时下发监理工程师通知或整改通知书		
	A324	针对发现问题承包商未整改或未及时整改,监理未进一步处理		
	A325	未做到每天审查监测数据并指出监测数据存在的问题		
	A326	施工中出现异常地质情况、监测预警情况未及时采取措施		
	A327	未对施工单位安全文明施工措施费用使用情况进行审查		
	A328	发生安全死亡事故后瞒报、谎报、延报或破坏事故现场		
	A329	其他违反有关安全生产、安全文明施工强制性条文的行为		
	A330	其他未依照法律、法规和工程建设强制性标准实施安全监理的行为		
安全问题	A401	所监理工程或监理工作被投诉且经查实,或所监理工程造成不良社会影响,被媒体曝光或政府部门处罚		
	A402	施工出现一般安全事故		
	A403	施工出现重大险情		
其他事项	A501	对下发的检查整改通知书未按要求回复		
	A502	现场监理人员不配合检查		
	A503	对检查整改通知书所述问题未提出异议却拒绝签收的		

（2）监理质量控制日常检查内容及扣分标准对照表见表20-9。

地铁工程监理质量控制日常检查内容及扣分标准对照表　　　　　表20-9

检查项目	编号	检 查 内 容
监理机构资质要求	Z101	总监是否具有注册监理工程师证
	Z102	是否按要求配置总监代表
	Z103	是否按要求配置专业监理工程师、造价工程师、监理员等。（注：安全监理工程师在安全控制检查表中检查）
	Z104	总监代表任职资格是否符合合同要求；专业监理工程师及造价工程师资质是否符合合同要求；监理员是否持证上岗
	Z105	监理机构： （1）监理机构是否完整。 （2）岗位分工是否明确。 （3）岗位职责是否清晰。 （4）是否配备信息化管理人员
	Z106	（1）总监、总代、专监是否在现场，是否按监理工作管理办法办理请休(销)假。 （2）监理人员离职或辞退是否及时书面报告业主和监理管理机构
监理工作基础文件	Z201	监理规划： （1）是否编制监理规划。 （2）是否具有专业针对性，内容是否完整。 （3）批准手续是否完整
	Z202	监理细则： （1）是否有监理细则或及时编写。 （2）内容是否完整、专业针对性如何。 （3）是否明确重点工序质量控制点。 （4）旁站监理方案是否符合管理办法要求。 （5）批准手续是否完整
	Z203	（1）是否具有相应的质量管理制度、质量管理制度建立是否完善、是否有各岗位质量管理职责、岗位职责是否清晰。 （2）质量监理责任、目标与考核制度是否落实到位
	Z204	（1）现场是否备齐相关技术规范。 （2）监理是否按合同要求配备检测等仪器设备；检测设备是否符合合同要求。 （3）是否有监理抽检实测记录。 （4）是否有关键工序、特殊工序控制记录。 （5）是否有关键工序、特殊工序控制措施下达贯彻记录。 （6）关键工序、特殊工序控制记录及下达贯彻记录内容是否全面、真实，是否有针对性。 （7）监理日记是否记录质量管理内容。 （8）监理日记记录质量内容与实际施工是否符合。 （9）旁站监理记录是否及时、详细、真实。 （10）材料检验是否有记录或记录是否严重失实。 （11）是否建立原材料、半成品、构配件以及设备管理台账；台账是否完整或是否及时更新。 （12）对承包商的报审报验资料签认是否及时

续上表

检查项目	编号	检查内容
过程监理	Z301	(1)是否复查施工图设计、及时组织图纸会审。 (2)是否认真复查施工图仍存在错漏
	Z302	是否按规定审查： (1)承包商质量保证体系文件或质量保证计划。 (2)总包或专业施工企业资质。 (3)承包商现场人员配置
	Z303	已审查的文件是否仍存在： (1)总包或专业施工企业资质不符合相关规定要求。 (2)质量保证计划内容不完整、不全面。 (3)承包商现场人员配置不符合相关规定要求。 (4)无足够的有资格的专职人员。 (5)无专职质检员。 (6)专职人员无资格证
	Z304	(1)是否审查承包商施工组织或专项施工方案。 (2)已审查的施工组织、各类方案等是否内容欠缺、不符合质量等相关管理规定、存在重大缺陷是否发现。 (3)承包商上报施工组织方案或专项施技后是否及时组织审查
	Z305	(1)开工报告是否审批。 (2)开工报告审批是否严谨
	Z306	(1)变更设计是否按规定进行审查。 (2)变更设计审查是否严谨。 (3)变更设计是否按规定程序办理或手续是否完善
	Z307	(1)是否复核施工测量。 (2)测量复核是否存在问题
	Z308	(1)进场材料是否未报验送检已用于施工。 (2)材料、试件是否严格执行见证送检。 (3)不合格材料、设备是否及时督促承包商退场。 (4)对于进场材料、试件及安装设备,监理是否及时签认或签署意见是否明确。 (5)承包商对成品、半成品构配件及安装设备现场保护不善,监理监管是否到位
	Z309	(1)现场发现应旁站监理是否旁站或是否有旁站记录。 (2)旁站监理人员配备是否足够或资质、经验等是否符合相关要求
	Z310	(1)隐蔽工程是否签署隐蔽验收记录,承包商自行下道工序施工,监理是否采取有效措施制止。 (2)报验的项目存在问题时是否采取有效措施要求承包商整改且同意进入下道工序施工。 (3)是否制止无施工组织方案或专项施工技术方案施工,或是否按施工图施工而无变更设计。 (4)是否发现承包商未按施工组织或施工方案或施工图施工。 (5)监理签署隐蔽验收文件后是否仍存在明显质量问题。 (6)是否及时组织单机、单系统、子系统或系统的检查、验收、签认
	Z311	(1)隐蔽验收是否及时或检验批隐蔽验收记录签字是否及时。 (2)签字盖章是否齐全或资料是否缺失。 (3)分项工程是否及时验收签字。 (4)分部工程是否及时验收签字

续上表

检查项目	编号	检查内容
过程监理	Z312	对关键工序、特殊工序的控制： (1)是否制订控制计划。 (2)是否控制。 (3)控制是否到位
过程监理	Z313	(1)发现质量问题,监理工程师通知单下发是否及时,通知单内容是否有具体要求整改期限等。 (2)承包商未整改或未及时整改,监理是否做进一步处理。 (3)对明显的质量问题,是否及时发整改通知或暂时停工令。 (4)处理质量问题是否有方案。 (5)质量处理方案是否按规定审批。 (6)处理质量问题是否有记录及检查意见。 (7)发现的质量安全隐患及违法行为不能有效制止的,是否及时上报业主和建设主管部门。 (8)对工程质量事故隐瞒是否有不报、谎报、拖延上报的情况。 (9)质量问题调查处理与实际是否符合。 (10)是否有检查整改回复单
过程监理	Z314	是否有其他违反有关工程施工质量强制性条文的
过程监理	Z315	是否有其他未依照法律、法规和工程建设强制性标准实施工程质量监理的
其他事项	Z401	(1)对下发的检查整改通知书是否按要求回复。 (2)现场监理人员是否配合检查。 (3)对检查整改通知书所述问题未提出异议却拒绝签收的

（3）深圳地铁5号线监理工作检查表见表20-10～表20-16。

地铁工程_____年第_____季度监理安全控制工作检查表　　表20-10

监理单位(标段)：_____　　标段项目部：_____　　检查日期：_____

序号	检查项目	检查内容及评分标准	标准分	扣分	得分	扣分原因
1	安全监理工程师到位情况	是否配备安全监理工程师;配备人数是否满足相关规定要求				
1	安全监理工程师到位情况	安全监理工程师资质是否符合合同和相关法规要求				
1	安全监理工程师到位情况	安全监理工程师是否在现场;是否按监理工作管理办法办理请休(销)假批准;离职或辞退是否及时书面报告业主和监理管理机构				
2	安全监理制度及落实	是否建立安全监理制度				
2	安全监理制度及落实	安全监理制度是否有相应的安全管理制度及各岗位安全管理职责;内容是否完善;落实是否到位				
3	资质审查	总包或专业承包工程是否申领施工许可证				
3	资质审查	承包商是否有安全生产许可证				
3	资质审查	是否按要求审查承包商负责人、项目负责人、专职安全生产管理人员等"三类"人员资质,是否持安全生产考核合格证				
3	资质审查	特种工是否持操作证上岗				
3	资质审查	是否按要求审查监测单位配备专职监测人员、监测仪器设备;审查是否严格				

续上表

序号	检查项目	检查内容及评分标准	标准分	扣分	得分	扣分原因
4	施工组织及专项安全施工方案等审查	是否按规定审查承包商安全生产保证体系				
		是否按规定审查施工组织安全技术措施、安全专项施工方案、地下管线保护措施方案、突发事件应急救援预案				
		是否按规定审查对监测方案、监测预警方案、监测报告				
		已审查的各类方案和文件内容是否欠缺;是否有不符合安全相关管理规定、存在重大缺陷是否发现;审批手续签名、盖章是否齐全				
5	安全检查	是否按要求组织各类安全检查				
		是否对重大危险源进行监控;监控是否到位				
		是否对安全隐患的整改情况跟踪落实;情况严重的是否要求承包商暂时停止施工				
		是否对现场施工机械、设备和各种防护设施的验收情况进行审查监督检查				
		是否对井架等提升系统组织验收				
		高支模、脚手架、机械设备是否验收或评定;现场实际与方案是否符合				
		现场是否有使用国家明令淘汰或禁止使用的工艺、产品				
		监测预警是否按相关规定及时督促相关单位组织专家会议会审				
		是否督促承包商与供气单位签订地下燃气管线保护协议				
		是否督促承包商与分包单位、存在交叉作业单位签订安全协议				
		是否按规定对承包商的三级教育进行监督检查;监督检查是否到位				
		是否督促承包商保护监测点或损坏是否及时修复				
6	安全旁站监理	是否按规定实施旁站监理特别是重要施工环节和事故易发工序				
		旁站过程中对存在明显的违反安全操作规程的行为是否制止				
		安全旁站监理是否有记录或记录是否齐全				
7	安全问题处理	对存在安全问题是否发现或是否及时下发整改通知书				
		安全问题承包商未整改或未及时整改,监理是否采取有效措施进一步处理				
8	安全费用	是否对安全文明施工措施费用的拨付及使用进行监控				
9	监理报告	承包商对安全事故隐患拒不整改或者不停止施工,是否及时向业主和有关主管部门报告				
		施工中发生安全事故(事件)、出现异常情况包括监测预警、异常地质等是否及时上报				

续上表

序号	检查项目	检查内容及评分标准	标准分	扣分	得分	扣分原因
9	监理报告	发生死亡事故后是否有隐瞒不报、谎报、拖延上报或破坏事故现场				
		是否按规定上报安全监理周报、月报、快报等				
		安全监理月报、快报内容是否翔实、与现场实际是否一致				
		安全专业监理工程师是否有安全监理日记;其他监理人员监理日记是否记录安全管理内容;记录是否详细及时				
	[本项季末检查评分]合计					

小组组长:　　　　　　考核人员:　　　　　　接受人(总监):

地铁工程_____年第____季度监理质量控制工作检查表　　　表20-11

监理单位(标段):_____　　标段项目部:_____　　检查日期:_____

序号	检查项目	检查内容及评分标准	标准分	扣分	得分	扣分原因
1	监理人员到位、出勤情况及岗位分工与职责	项目监理机构是否完整;人员配备是否齐全合理;是否满足现场监理工作需要;现场监理人员是否到位;任职资格是否满足合同要求;是否分工明确、职责清晰（注:安全监理工程师配备在安全控制检查表中,在此不再重复检查）				
		总监是否有注册监理工程师证				
		总监代表任职资格是否符合合同要求				
		专业监理工程师(含造价工程师)任职资格是否符合合同要求				
		监理员是否持上岗证				
		专监持注册证率是否达到60%(不含安全专监、造价工程师)				
		年龄结构是否合理				
		是否编制监理人员考勤制度				
		考勤制度是否健全				
		出勤率如何				
		总监、总代、专监(包括造价工程师)是否在现场;是否按监理工作管理办法办理请休(销)假批准				
		监理人员离职或辞退是否及时书面报告业主和监理管理机构				
2	项目监理质量保证体系的建立和运行	质量监理制度建立是否完善;是否有相应的质量管理制度及各岗位质量管理职责				
		质量监理责任、目标与考核制度是否落实到位				

续上表

序号	检查项目	检查内容及评分标准	标准分	扣分	得分	扣分原因
3	施工图复查会审	是否复查施工图设计、及时组织图纸会审				
		是否认真复查施工图				
4	质保体系、资质、施工组织及专项施工方案审查	是否按规定对承包商质量保证体系文件或质量保证计划进行审查;已审查的文件内容是否完整、全面				
		是否按规定对承包商质检机构批准设立的文件或专业施工企业资质、现场人员配置进行审查;已审查的总包和专业承包施工企业资质、现场人员配置等是否符合相关规定要求;是否有足够的有资格的专职人员;是否有专职质检员;质检员是否有资格证				
		是否按规定对承包商施工组织或专项施工方案进行审查;已经审查的施工组织、各类方案等内容是否有欠缺、不符合质量等相关管理规定情况,或存在重大缺陷;承包商上报施工组织或专项施工技术方案后是否及时组织审查				
5	审批开工报告	开工报告是否审批				
		开工报告审批是否严谨				
6	变更设计审查	是否按规定对变更设计审查				
		变更设计审查是否到位				
		变更设计是否按规定程序办理或手续是否完善				
7	施工测量复核	是否按规定对施工测量复核				
		施工测量复核是否存在问题				
8	原材料半成品构配件及安装设备检查	进场材料是否存在未报验送检就用于施工				
		材料、试件是否严格执行见证送检				
		不合格材料、设备是否及时督促承包商退场				
		对于进场材料、试件及安装设备,监理是否及时签认或签署意见是否明确				
		承包商对成品、半成品构配件及安装设备现场保护不善,监理监管是否到位				
9	旁站监理	是否建立并实施旁站监理制度				
		现场是否存在应旁站而没旁站的情况或是否有旁站记录				
		旁站监理记录是否及时、是否详细、是否真实				
10	施工方法/施工工艺控制/隐蔽工程/分部分项工程验收	隐蔽工程是否签署隐蔽验收记录,承包商自行下道工序施工,监理是否采取有效措施制止				
		报验的项目存在问题时是否采取有效措施要求承包商整改				
		是否制止无施工组织或施工方案施工,或是否有未按施工图施工而无设计变更				

续上表

序号	检查项目	检查内容及评分标准	标准分	扣分	得分	扣分原因
10	施工方法/施工工艺控制/隐蔽工程/分部分项工程验收	是否发现承包商未按施工组织或施工方案或施工图施工的情况				
		是否有监理签署隐蔽验收文件后仍存在明显质量问题的情况				
		是否及时组织单机、单系统、子系统的检查、验收、签认				
		隐蔽验收是否及时或检验批隐蔽验收记录签字是否及时或签字盖章是否齐全或资料是否缺失				
		分项工程是否及时验收签字				
		分部工程是否及时验收签字				
11	关键工序/特殊工序的控制	是否制订控制计划				
		是否控制				
		控制是否到位				
12	质量问题处理	发现质量问题,监理工程师通知单下发是否及时;通知单内容是否有具体要求;是否有整改期限				
		承包商是否整改或是否及时整改;监理是否做进一步处理				
		对明显的质量问题,是否及时发整改通知或停工令				
		处理质量问题是否有方案;质量处理方案是否按规定审批;处理质量问题是否有记录及检查意见				
		发现的质量安全隐患是否能有效制止;是否及时上报业主和建设主管部门				
		质量问题调查处理与实际是否符合				
		是否有检查整改回复单				
13	现场档案管理及检测工作	现场是否备齐技术规范				
		监理是否备有检测设备;检测设备是否符合合同要求				
		是否有监理抽检实测记录				
		关键工序、特殊工序控制是否有控制记录或是否有下达贯彻记录;内容是否全面、真实、有针对性				
		监理日记是否记录质量管理内容;记录内容与实际施工是否符合				
		是否建立原材料、半成品、构配件以及设备管理台账;台账是否完整				
	[本项季末检查评分]合计					

小组组长： 考核人员： 接受人(总监)：

地铁工程_____年第_____季度监理进度控制工作检查表　　表20-12

监理单位(标段)：_____　标段项目部：_____　检查日期：_____

序号	检 查 项 目	标准分	扣分	得分	扣 分 原 因
1	审批承包商的施工计划				
2	督促承包商下达施工作业计划				
3	审批分项、分部工程开工符合工期策划				
4	施工计划执行情况的日检查和控制				
5	对承包商投入的检查和控制				
6	对承包商组织指挥能力的检查和控制				
7	对各项准备作业的检查和控制				
8	主持和召开驻地监理例会、实施施工计划的动态管理				
9	参加现场计划会和月末检查会				
	[季末检查得分]合计				

评分方法：季末检查结合日常监理工作表现，每个事项按"好"、"较好"、"合格"、"较差"、"差"五组评定。
(1)凡达到本规定要求，全面较好的评为**好**，给予该项标准分值的100%。
(2)凡达到本规定要求，基本完好的评为**较好**，给予该项标准分值的90%。
(3)凡符合本规定要求，达到**合格**要求的，有一定的缺陷但没有造成不良后果的评为合格，给予该项标准分值的70%。
(4)凡基本符合本规定要求，有较大缺陷，虽经处理仍留下不良后果的，评为**较差**，给予该项标准分值的50%。
(5)不符合本规定要求，有严重缺陷或失职，且造成明显的不良后果的，评为**差**，给予该项标准分值的0%。

小组组长：　　　　　　考核人员：　　　　　　　　　接受人(总监)：

地铁工程_____年第_____季度监理投资控制工作检查表　　　表20-13

监理单位(标段)：_____　标段项目部：_____　检查日期：_____

序号	检查项目	标准分	扣分	得分	扣分原因
1	正确执行验工计价的各项管理规定				
2	严格执行不符合规定的不予验工计价的规定				
3	认真做好事前控制投资的各项工作：				
①	对施工计划和施工方案认真进行技术经济分析				
②	对施工计划和施工组织予以审查控制				
③	督促承包商按有关规定进行采购				
④	开工前的设计变更，避免返工				
4	核实签认验工计价表：				
①	正确复核工程量：计量方法正确，计算无误				
②	使用单价正确				
③	各种凭证、资料、签证齐全				
5	核实合同外变更：				
①	记录及时、准确、完整				
②	新增单价的编制符合有关规定				
③	项目与数量正确				
6	验工台账清晰、及时、准确、完整				
7	认真负责地审批工程更新、变更				
8	认真负责地审批工程结算				
	[季末检查得分]合计				

评分方法：季末检查结合日常监理工作表现，每个事项按"好"、"较好"、"合格"、"较差"、"差"五组评定。
(1) 凡达到本规定要求，全面较好的评为**好**，给予该项标准分值的100%。
(2) 凡达到本规定要求，基本完好的评为**较好**，给予该项标准分值的90%。
(3) 凡符合本规定要求，达到**合格**要求的，有一定的缺陷但没有造成不良后果的评为合格，给予该项标准分值的70%。
(4) 凡基本符合本规定要求，有较大缺陷，虽经处理仍留下不良后果的，评为**较差**，给予该项标准分值的50%。
(5) 不符合本规定要求，有严重缺陷或失职，且造成明显的不良后果的，评为**差**，给予该项标准分值的0%。

小组组长：　　　　　　考核人员：　　　　　　　　　　　　接受人(总监)：

地铁工程_____年第_____季度监理合同管理工作检查表　　　表20-14

监理单位(标段):_____　　标段项目部:_____　　检查日期:_____

序号	检查项目	标准分	扣分	得分	扣分原因
1	主动协助或代表履行合同约定的义务				
2	督促承包商执行合同				
3	督促承包商办理各种报建手续				
4	督促和检查总包单位对分包方的监督与控制				
5	认真对设备、材料采购合同的管理				
6	认真执行监理工作规章制度				
7	遵守职业道德,不徇私舞弊				
8	认真负责地协调合同的变更、解除和纠纷				
9	认真实施索赔管理				
10	每月书面报告合同执行情况				
11	对合同接口问题的协调和管理				
	[季末检查得分]合计				

评分方法:季末检查结合日常监理工作表现,每个事项按"好"、"较好"、"合格"、"较差"、"差"五组评定。
(1)凡达到本规定要求,全面较好的评为**好**,给予该项标准分值的100%。
(2)凡达到本规定要求,基本完好的评为**较好**,给予该项标准分值的90%。
(3)凡符合本规定要求,达到**合格**要求的,有一定的缺陷但没有造成不良后果的评为合格,给予该项标准分值的70%。
(4)凡基本符合本规定要求,有较大缺陷,虽经处理仍留下不良后果的,评为**较差**,给予该项标准分值的50%。
(5)不符合本规定要求,有严重缺陷或失职,且造成明显的不良后果的,评为**差**,给予该项标准分值的0%。

小组组长:　　　　　考核人员:　　　　　　　　　　接受人(总监):

地铁工程_____年第_____季度监理信息管理工作检查表　　　表20-15

监理单位(标段):_____　　　标段项目部:_____　　　检查日期:_____

序号	检查项目	标准分	扣分	得分	扣分原因
1	监理信息管理分工明确、责任落实				
2	监理信息全面涉及监理工作的方方面面				
3	监理信息收集及时、填报正确				
4	监理信息按规定反馈				
5	监理办公室墙面图表形象地反映了工程的进度控制				
6	监理日记				
7	关键工序、特殊工序控制记录				
8	合同外变更记录				
9	材料检验记录				
10	监理例会会议纪要				
11	监理周报、月报				
12	信息化建设工作:按相关要求落实监督协调各方落实信息化建设,执行信息化建设的有关规定和管理措施,配合监控中心做好施工现场的安全及风险管理,按信息化建设相关要求,报送各类信息,上传各类资料、报表、记录等				
	[季末检查得分]合计				

评分方法:季末检查结合日常监理工作表现,每个事项按"好"、"较好"、"合格"、"较差"、"差"五组评定。
(1)凡达到本规定要求,全面较好的评为**好**,给予该项标准分值的100%。
(2)凡达到本规定要求,基本完好的评为**较好**,给予该项标准分值的90%。
(3)凡符合本规定要求,达到**合格**要求的,有一定的缺陷但没有造成不良后果的评为合格,给予该项标准分值的70%。
(4)凡基本符合本规定要求,有较大缺陷,虽经处理仍留下不良后果的,评为**较差**,给予该项标准分值的50%。
(5)不符合本规定要求,有严重缺陷或失职,且造成明显的不良后果的,评为差,给予该项标准分值的0%。
【说明:信息管理中有关安全、质量控制方面的内容分别在安全控制和质量控制检查中,在此不再重复检查扣分】

小组组长:　　　　考核人员:　　　　接受人(总监):

地铁工程＿＿＿＿年第＿＿＿＿季度监理工程协调工作检查表　　表20-16

监理单位(标段)：＿＿＿＿＿＿　标段项目部：＿＿＿＿＿＿　检查日期：＿＿＿＿＿＿

序号	检查项目	标准分	扣分	得分	扣分原因
1	驻地监理部内团结协作、工作效率高				
2	工程协调能坚持原则				
3	工程协调能主动、不厌其烦				
4	工程协调注意工作方法、灵活多样				
5	重视提高会议质量、解决实际问题				
6	会议纪要文字流畅、简明扼要、真实确切				
7	编制接口管理文件和协调实施细则；对接口问题及时协调、协调得力效果明显				
	[季末检查得分]合计				

评分方法：季末检查结合日常监理工作表现，每个事项按"好"、"较好"、"合格"、"较差"、"差"五组评定。
(1)凡达到本规定要求，全面较好的评为**好**，给予该项标准分值的100％。
(2)凡达到本规定要求，基本完好的评为**较好**，给予该项标准分值的90％。
(3)凡符合本规定要求，达到**合格**要求的，有一定的缺陷但没有造成不良后果的评为合格，给予该项标准分值的70％。
(4)凡基本符合本规定要求，有较大缺陷，虽经处理仍留下不良后果的，评为**较差**，给予该项标准分值的50％。
(5)不符合本规定要求，有严重缺陷或失职，且造成明显的不良后果的，评为**差**，给予该项标准分值的0％。

小组组长：　　　　　考核人员：　　　　　接受人(总监)：

（4）深圳地铁 5 号线业主对监理工作满意度评分表见表 20-17。

地铁工程_____年季_____度业主对监理工作满意度评分表　　　表 20-17

监理单位(标段)：_____　标段项目部：_____　日期：_____

评价内容	标准分	非常满意 （100%）	满意 （90%）	一般 （70%）	不满意 （50%）	非常 不满意 （0%）	得分
守法及职业道德							
监理服务态度及工作协调情况							
监理工作质量及业务水平情况							
监理劳动纪律及现场工作表现							
对现场工程实物质量的评价							
合计							

业主/业主各部门/业主代表评价：

业主(盖章,无需签名/业主代表签名)：

评分标准	非常满意(好)为标准分值的100%；满意(较好)为标准分值的90%；一般(合格)为标准分值的70%；不满意(较差)为标准分值的50%；非常不满意(差)为标准分值的0%

(5)深圳地铁 5 号线监理工作整改回复报审表见表 20-18。

地铁工程监理××××标_____年第_____季度监理工作整改回复报审表　表 20-18

编号：

监理标段/单位名称	

致：建设分公司、工程监理管理部

　　我项目监理机构对_____年第_____季度监理工作质量检查考核中指出监理工作存在的问题已按要求整改完毕,特此报告,请予复查。
　　附：××××年第××季度监理工作质量整改情况报告书

监理机构(盖章)：_____

总监理工程师(签名、盖执业章)：_____

日期：_____

监理管理审核意见：

监理管理工程师：_____

部门负责人：_____

项目经理：_____

日期：_____

业主审批意见：

业主(盖章)

业主代表：_____

部门负责人：_____

分管副经理：_____

经理：_____

日期：_____

注：本表一式四份。

附：

<h1 style="text-align:center">地铁工程监理××××标
××××年第×季度监理工作整改情况报告书</h1>

致：建设分公司

  工程监理管理部

  我监理机构（全称：　　　）对××××年第×季度监理工作质量检查考核中指出监理工作存在的问题按要求已整改完毕，现将监理工作整改情况汇报如下：

  1. 安全控制方面

  ……

  2. 质量控制方面

  ……

  3. 进度控制方面

  ……

  4. 投资控制方面

  ……

  5. 合同管理方面

  ……

  6. 信息管理方面

  ……

  7. 工程协调方面

  ……

  8. 其他

  ……

监理机构（盖章）：
总监理工程师（签名、盖执业章）：
日期：

第 21 章 物 资 采 购

21.1 物资采购管理层次

物资采购管理分为三个层次：

第一层为物资监管层，包括 BT 项目发起人、建设分公司、监理管理单位，负责编制甲控材料清单、技术标准等，以及通过对监理单位、BT 项目公司的管理实现对整个工程材料的监督管理。

第二层为控制层，包括监理单位、BT 项目公司，对物资采购进行直接管理控制。

第三层为保证层，包括材料供应商以及各标段项目部，对各自责任内的物资材料实现质量保证及保护。

21.2 物资采购责任划分

物资采购责任划分见表 21-1。

物资采购责任划分表   表 21-1

序号	单位	职责
1	BT 项目发起人	负责关键材料管理、协调工作，监管关键材料质量技术标准、采购流程、进场计划等，确保实现工期总目标
2	设计单位	总体设计单位负责编制设备、材料的技术要求，安装工艺等文件资料
3	监理管理	负责执行地铁公司下达的文件及相关要求，对各监理单位材料管理措施、程序、效果进行监督管理，确保进场材料质量技术要求及工程进度计划
4	监理	负责按建设法规及合同对材料的计量、支付、质量管理，并不定期检查材料是否满足设计等技术要求
5	甲购材料供应商	负责材料制造前准备、设计、设计联络、制造、包装、运输、载卸、保险、安装、调试、培训、检验及质保服务等
6	BT 项目公司	负责乙购关键材料供货商的市场调查、招标文件的编制、送审、招标、评审、合同签订及采购，对材料的质量及技术性能负完全责任

307

21.3 材料控制模式及分类

21.3.1 材料控制模式

地铁工程的材料采用两种控制模式：
甲供材料：材料直接由BT项目发起人通过招标等方式采购供应。
乙购材料：材料由BT项目承办人自行采购。

21.3.2 材料分类

地铁工程材料分为Ⅰ、Ⅱ、Ⅲ三类：
Ⅰ类：BT项目发起人特别进行监控的材料。
属甲购甲控材料品种：所有甲供材料。
属乙购甲控材料品种：钢材、防水材料（包括辅材）、商品混凝土、盾构管片、混凝土外加剂（包括防水剂、膨胀剂、速凝剂、减水剂、早强剂、缓凝剂、引气剂）、灯具等。
Ⅱ类：BT项目发起人重要进行监控的材料。
属乙购甲控材料品种：装饰材料（包括天花吊顶、墙地面石材）、小型设备、防水防（排）烟阀门、球墨铸铁管、工程不锈钢型（管）材等。
Ⅲ类：BT项目发起人一般进行质量监控的材料。
属乙购甲控材料品种：除Ⅰ、Ⅱ类BT项目发起人进行质量监控的材料以外的地铁工程材料、构配件及设备和需要进行质量监控的材料（含器材、附件、部件等产品）。

21.4 甲购材料管理办法

21.4.1 甲供材料范围确定办法

建设分公司根据工程设计进展，组织规划总体部、工程设计等单位部门对市场调研，提出甲供材料的建议范围及其技术规格书、技术要求等，负责技术接口条款的编制，并组织相关部门进行审查；合约法律部负责编制招标文件或合同文件中商务条款、支付条款、处罚条款的编制，并组织相关部门进行审查。以上审查结果报BT项目发起人分管领导审批。

21.4.2 招标

招标可采取公开招标、邀请招标、竞争性谈判、邀请报价、单一来源采购等方式确定材料供应商；招标前，建设分公司组织对投标厂家进行各方面考察。

21.4.3 甲供材料供应商管理

（1）甲供材料供应商的主要工作包括材料的制造前准备、设计、设计联络、制造、包装、运输、装卸、保险、安装、调试、培训、检验及质保服务等。

(2)甲供材料付款分为到货付款、初步验收付款和最终验收付款三个阶段。

到货付款需提供出厂检验报告、制造厂签署的产品质量证明书、到货入库单或承包商收货证明、装箱单、发货单等;初步验收付款需提供监理和建设分公司签署的初步验收证书等;最终验收付款需提供建设分公司签署的最终验收报告。甲供材料供应商的支付采取独立计量支付和结算支付。

(3)甲供材料的检验与验收按合同规定的内容和程序进行检验、试验和验收。BT项目发起人和监理可根据需要随时派人到供应商工厂检查生产技术情况或派专人驻场监造,供应商配合,并提供各种便利条件。甲供材料供应商对材料、安装及服务质量承担全部责任。

(4)甲供材料的检验与验收可划分为样品申报验收、出厂验收、到货验收、初步验收、最终验收等阶段。

(5)BT项目发起人与甲供材料供应商签订供货合同且合同生效后,BT项目发起人安质部应将合同副本和即将供应材料的相关质量支持性文件归档备案;BT项目发起人和监理单位可根据需要派人到产品、设备和主要建筑材料的生产厂地进行实地考察,供应商予以配合,并提供各种便利条件,考察结果报BT项目发起人分管领导及相关部门备案;对出现重大质量和伴随服务问题的供应商,BT项目发起人严格按照合同相应条款进行处理,并视具体情况按程序组织取消其供应商资格。

21.4.4 标段项目部管理

(1)标段项目部负责甲供材料的安装、调试、试验检验、竣工验收以及工程保修工作。

(2)标段项目部需除在施工组织设计中给出甲供材料的供应计划外,必须按规定程序提前向监理和建设分公司提供详细的甲供材料、器材及设备的需求详细计划,并抄送甲供材料供应商和监理。

(3)采购合同规定在施工现场交货的甲供材料运到交货现场后,由标段项目部负责卸货及开箱前、后的仓储和保管。

标段项目部对甲供材料的到货开箱检验规定如表21-2所示。

标段项目部到货开箱检验规定 表21-2

序号	内 容
1	监理组织,在到货现场或仓库进行,建设分公司、BT项目公司、标段项目部、供应商代表参加,并做好开箱检验记录
2	标段项目部应对设备名称、规格型号数量、外观、零配件数量以及随机文件进行严格检查、登记,如发现不符、遗缺或损伤,应当场提出
3	随机文件必须包括产品清单、产品合格证、各主要部件及设备检测报告、原产地证明文件等
4	如无异议,各方代表在开箱检验记录上签字;此后设备及其配件由标段项目部接管,材料管理的全部责任由标段项目部承担;备件及随机文件由建设分公司接管,并根据需要提交部分随机文件给标段项目部
5	对施工所需使用的供应商提供的专用工具,BT项目发起人在条件许可的情况下,可租用给标段项目部,但BT项目发起人将酌情收取租金或押金

21.4.5 罚则

(1)经监理组织各相关单位认定供应商提供的材料不符合国家标准或BT项目发起人在

规范中规定的标准的,视为供应商违约。BT项目发起人、监理将责令供应商改正,并向建设行政主管部门报告。同时供应商需向BT项目发起人支付该批材料总价约定比例的违约金,并赔偿BT项目发起人损失。

(2)经监理组织各相关单位认定供应商提供假冒材料的,BT项目发起人将向市建设行政主管部门报告;同时视造成损失的大小按合同总额约定比例赔偿BT项目发起人损失;供应商将不得再参与地铁工程的投标;构成犯罪的,依法追究其刑事责任。对于使用假冒材料的工程部位必须废除重置,重置费用由责任方承担。

(3)监理单位未履行监理职责,造成材料监管出现问题并导致损失的,BT项目发起人将视造成损失的不合格材料金额进行罚款,并向建设行政主管部门报告。

(4)经BT项目发起人组织市行政主管部门认定监理单位将假冒伪劣不合格产品、建筑材料按照合格签字,或隐瞒不报行为的,责令改正,并向市建设行政主管部门报告;同时BT项目发起人对监理单位进行罚款(最高不超过监理酬金总金额);承担因监督不力而造成的工期延误和直接经济损失连带赔偿责任。

21.5　乙购甲控材料管理办法

21.5.1　成立乙购关键材料审核小组

(1)成立由建设分公司、安质部、合约部、监理管理单位和相关标段监理单位相关人员组成的乙购关键材料审核小组,根据5号线工程进展情况定期或不定期召开审核会议,对乙购关键材料进行审核,出具审核意见,监察审计部对会议全程进行监审。

(2)建设分公司于审核会议当日自各部门审核人员备选名单中随机抽取审核小组人员,组成乙购关键材料审核小组,监察审计部现场监督见证。

(3)乙购关键材料审核小组由若干名成员组成,其中建设分公司、安质部、合约部、监理管理单位和相关监理单位(总监或总监代表)各抽取一定数量的人员进入审核小组。

(4)特殊专业材料(乙购关键材料审核小组专业未能涵盖的、需要BT项目发起人内部相关专业人员协助审核的关键材料)的乙购关键材料审核小组人员,由建设分公司自公司范围内抽取,监察审计部现场监督见证。

21.5.2　Ⅰ类材料监控流程

(1)为确保材料质量,招标文件中应附有详细的技术要求,材料主要技术参数、供应商实力(生产能力、工程业绩等)应作为评标的重要评审内容。乙方在发标前15天向BT项目发起人申报招标文件,BT项目发起人组织各部门进行评审,于发标前5天以书面形式反馈审查意见,并将招标文件进行备案。

(2)乙方按照审核意见对招标文件进行完善、修改,合格后进行招标。

(3)乙方将招标结果上报BT项目发起人,审核小组对招标结果以会议的方式进行审核,并形成明确审核意见。

(4)审核小组对Ⅰ类材料通过样品送检或实地抽检的方式进行复核。

(5)审核小组将"审核结论"报双铁联席会审议或以双铁联合发文的形式公布实施。

(6)招标结果经 BT 项目发起人审批同意后,乙方与材料供应商签订供货合同且合同生效后,应在 5 个工作日内提供四份合同副本及供应材料的质量支持性文件,同时将两件材料样品报 BT 项目发起人备案。

(7)Ⅰ类材料管理流程图(图 21-1)。

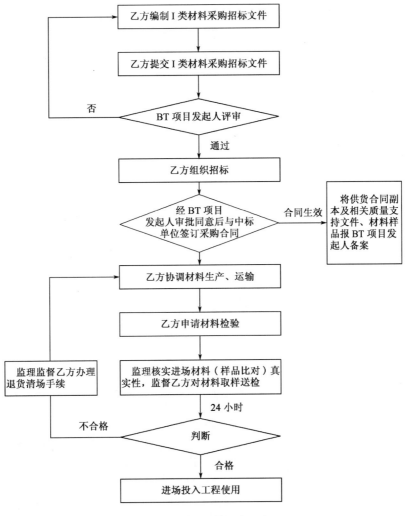

图 21-1 Ⅰ类材料管理流程图

21.5.3 Ⅱ类材料监控流程

(1)Ⅱ类材料由乙方根据 BT 合同、设计文件要求,进行充分的市场调查,按照合法、严谨的招标或评审程序,每种材料择优选取不少于一定数量的供应商并将其资料提交 BT 项目发起人进行审批。

(2)乙方提交Ⅱ类材料供货商报审资料,并填写"深圳地铁 5 号线乙购材料供货商报审表"(表 21-3)。

乙购材料供货商报审表

表21-3

工程名称： 编号：_____

致：_____

　　经市场调查与资质评审，我方认为拟选择的_____具有提供深圳地铁五号线工程BT合同中的_____材料的供应能力，供应的产品技术参数符合要求，可以保证工程的顺利完成；我公司将承担本项目工程质量的全部责任。

　　请予以审查和批准。

　　附件：(审查材料)

BT物资部经办人(签字)：

BT项目负责人(签字)：

BT承办单位(盖章)：

日期： 年 月 日

本表由乙方填写并附资料，一式2份，BT项目发起人、乙方各1份。

随报审表的证明资料包括：
①供货商的营业执照正、副本。
②供货商的税务登记证明。
③供货商有关生产或经营的许可证书（如有需要）。
④从事特殊专业产品的生产或经营许可证书（如有需要）。
⑤供货商的质量、环境、职业健康认证证书。
⑥《全国工业产品生产许可证》（如果材料在发证范围）。
⑦产品近一年的形式检验报告或质量检验证书（如有）。
⑧产品的同类工程使用业绩及证明资料（消防材料必备）。
⑨消防部门认证书及消防部门检测证明资料（消防材料必备）。
⑩产品的型号、规格及主要技术性能参数。
⑪样品及其材质报告或主要零配件材质证明资料。
⑫深圳地铁一期已经认可的优秀供货商证明（如果有）。

（3）监理单位应及时组织 BT 项目发起人、设计院等对乙方拟选择的供应商进行审查，对重要产品、部件的生产场地进行实地考察（考察费用由乙方负责），审查结果报 BT 项目发起人相关部门及领导。

（4）BT 项目发起人在收到乙购 II 类材料供货商报审资料后 5 个工作日内组织相关部门，结合监理单位审查意见，对 II 类材料供货商资质、品牌、供货能力等进行审定，并以书面方式通知乙方审批结果；对重要产品、部件的生产场地要进行实地考察的，考察工作应在收到乙方 II 类材料供货商报审资料后 5 个工作日内完成，考察结束后 5 个工作日内以书面方式通知乙方审批结果。

（5）BT 项目发起人审批同意后，乙方应与经审批认可的供应商签订供货合同。合同中需明确具体品种、数量、执行标准、规格型号、尺寸、价格、供应方式、支付条件、供货地点、技术、工期及质量保证措施等。在施工过程中未经地铁公司同意，严禁乙方擅自更换经审批认可的材料供应商。

（6）乙方应确保运营维修管理材料的互换性。

（7）乙方与材料供应商签订供货合同且合同生效后，应在 5 个工作日内提供四份合同副本及供应材料的质量支持性文件，同时将两件材料样品报地铁公司备案。

（8）II 类材料管理流程（图 21-2）：

21.5.4　III 类材料

乙方按照 BT 合同及 BT 项目发起人相关规定对 III 类材料进行管理。

21.5.5　材料样品管理

（1）乙购关键材料首批进场前，监理单位组织 BT 项目发起人、乙方、监理管理共同见证下，乙方取样，与监理单位送样至国家法定质量安全检测中心检测，并以其出具的有效的检验报告为最终结论，由监理管理取样，并送至各施工单位及监理封样。若不合格，乙方组织监理单位重新送检或立即退场，由此造成的工程损失由乙方无条件承担。

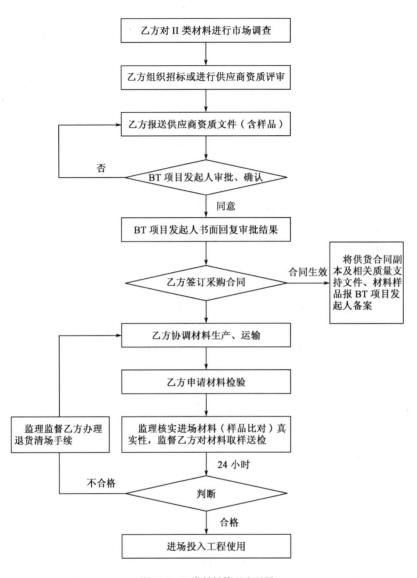

图 21-2 Ⅱ类材料管理流程图

(2) 如乙购关键材料首批进场不宜检测或暂时不具备检测条件,监理单位组织地铁公司、乙方、监理管理共同核对样品,并取样数组,由监理管理封样并送至各施工单位及监理单位保存。

(3) 取样原则:具备厂家标识、产品标识、3C认证标识的部分,且符合取样规则。

(4) 取样时,样品规格数量按监理规范执行,尚未规定的按一段至少0.5m、一片至少10cm×10cm、一块至少10cm×10cm×10cm,或按实际需要截取。

(5) 上述样品取样、送检、检验检测等所有费用由乙方承担。

21.5.6 材料入场管理

(1) 乙购关键材料的出厂试验与检验均应按照相关设计、合同要求执行,设计和合同未作规定的,按国家和相关部门颁发的规范和规定实施。

(2)乙购关键材料进场时,各施工标段向驻地监理上报相关资料,监理进行现场初步审核;BT项目公司汇总经驻地监理初步审核过的相关资料报BT项目发起人。

(3)审核小组结合生产厂实地抽检意见(如需要),通过审核会议的形式对乙购关键材料相关资料进行审核,并在10个工作日内以书面形式将明确的审核意见反馈BT项目公司和各相关监理标段。

(4)审核小组对重要及数量较大的材料通过样品送检或实地抽检的方式进行复核。

(5)乙方必须严格执行供货合同,如期向材料供应商付款。乙方应按照监理单位与地铁公司的要求建立其施工范围内的材料台账并定期提交监理、建设分公司、设备部、安质部检查。

(6)乙购关键材料申报表见表21-4。

承包商申报表(通用) 表21-4

工程名称	
标段项目部	
监理单位	

致(监理工程师):
事由:
申报内容:
标段项目部(章):_____ 项目负责人:_____ 日期:_____

专业监理工程师意见: 专业监理工程师:_____ 日期:_____	总监理工程师意见: 总监理工程师:_____ 日期:_____
建设单位意见: 负责人(签字):_____ 日期:_____	其他相关单位(如需要)意见: 负责人(签字):_____ 日期:_____

21.5.7 罚则

（1）如乙方未严格按照本管理办法进行乙购关键材料的采购和后续管理，BT项目发起人有权不予验工计价和工程款支付。

（2）如认定乙方在工程施工中使用的乙购关键材料不符合国家标准或BT项目发起人在技术规范中规定的标准，视为乙方违约，BT项目发起人、监理单位将责令乙方改正，并向建设行政主管部门报告，同时乙方需向BT项目发起人支付该批材料总价约定比例的违约金，并赔偿BT项目发起人损失。

（3）如认定乙方在工程施工中使用假冒材料，BT项目发起人将向市建设行政主管部门报告，对于使用假冒材料的工程部位必须废除重置，重置费用由乙方承担。

（4）如监理单位未履行监理职责，造成材料监管出现问题并导致损失的，BT项目发起人将视造成损失的不合格材料金额进行罚款，并向建设行政主管部门报告。

（5）乙方因违反国家安全质量法规及本合同有关条款约定，出现火灾、坍塌等重大责任事故造成材料破坏，则乙方应承担全部损失，同时支付惩罚性违约金。

（6）乙方必须接受深圳市政府部门和BT项目发起人组织的工程质量检查，检查中发现的不合格材料必须在规定的整改时间内完成，如在规定整改期内未完成整改或整改质量不合格，乙方按超期整改天数每天支付约定违约金，对于成品工程发现质量不合格的，视具体情况，乙方按次支付违约金。

（7）若乙方无正当理由拖欠应付供货商材料款，引发影响社会稳定的信访事件，视造成不良影响的程度乙方向BT项目发起人支付违约金。

（8）BT项目发起人对乙方材料管理的审核、备案和审批，不免除乙方的任何义务和责任。

第22章 BT工程验收与移交

工程的竣工验收是一个延续的"过程"。在施工过程中,应依据各专业相关标准和合同技术规格书,随工程的进展对本合同工程的单位工程(子单位工程)、分部工程、分项工程及检验批分别进行质量检查验收工作。

根据深圳地铁5号线BT项目模式特色以及《深圳地铁5号线BT项目及相关工程A合同》,在竣工正式验收前,由BT承办人组织进行工程预验收(完工检验)。根据深圳市施工监理规程的规定,竣工验收的正式验收工作程序分为工程竣工初验和工程竣工验收两个阶段进行,前一阶段完成后,方可进行后一阶段。每个阶段均含检查、整改及复查工作,直至满足设计和施工承包合同的约定。

22.1 土建工程竣工验收程序

22.1.1 适用范围

适用于深圳地铁土建工程BT项目的地铁车站、区间隧道(明挖、暗挖、盾构)、联络线,地面站、车辆段、出入线及房屋建筑等建设合同工程的竣工验收。

22.1.2 引用文件

(1)深圳市施工监理规程(2001年1月1日施行)。
(2)深圳市建设工程竣工验收及备案管理办法(深建施[2000]25号)。
(3)地下铁道工程施工及验收规范(GB 50299—1999)。
(4)地铁设计规范(GB 50157—2003)。
(5)混凝土结构工程施工及验收规范(GB 50204—2002)。
(6)地下工程防水技术规范(GBJ 50108—2001)。
(7)深圳地区建筑深基坑支护技术规范(SJG 05—96)。
(8)建筑工程施工质量验收统一标准(GBJ 50300—2001)。
(9)深圳市建设工程质量监督办法(2000年5月1日起试行)。
(10)深圳地铁工程竣工文件编制及档案移交实施细则(试行)。

(11)深圳地铁一期工程建安工程质量检验评定标准(B版)。
(12)广东省建筑工程验收技术资料统一用表(深圳版)。
(13)深圳市建设工程质量监督告知书(建筑工程,2005年版)。
(14)深圳地铁5号线BT项目及相关工程A合同。

22.1.3 工程竣工验收程序

1. 工程竣工预验收程序(图22-1)

(1)标段项目部、监理随工程的进展对各分部工程、分项工程及检验批分别进行质量检查验收工作,完成施工设计图纸和施工合同约定的全部内容(除非建设单位另有规定),工程竣工资料的编制基本完成,并经自验合格,向BT项目承办人提交单位(子单位)工程竣工预验收报审表(表22-1)。

(2)BT项目承办人应在收到"工程竣工预验收报审表"之日起10天内对竣工预验收申请审查完毕(如报告不符合要求,则时间另计),结合监理工程师的监督、检查及观察记录,客观、独立地对工程质量做出评定,给予批复。

①详细核查标段项目部提交的质量保证资料,包括单位(子单位)工程、分部工程、分项工程和检验批的质量验收记录材料;隐蔽工程检查验收记录;关键工序检查记录等。

②对分项、分部工程质量进行汇总。

③结合观感质量(由BT项目承办人、设计、监理)对单位(子单位)工程质量做出评定。

(3)由BT项目承办人主持单位(子单位)工程竣工预验收,组织设计、施工、监理等有关单位参加验收。

①验收会上首先由标段项目部汇报工程施工情况及各阶段质量验收情况,由监理工程师汇报工程监理情况和工程质量评估报告,设计单位汇报设计文件质量检查报告。竣工预验收过程中要分别对工程实体、合约商务、文档资料三方面进行检查。

②实体检查内容包括:

a. 检查已完成的合同工程项目是否满足国家相关规范、法规及设计文件要求。

b. 测量重要部位尺寸,结构净空尺寸、坡度、平整度、直顺度、高程和平面位置误差,柱、墙垂直度,轴线、预埋件、预留孔、槽等是否符合设计要求。

c. 混凝土裂缝检查资料。

d. 结构渗漏资料及处理方案。

e. 对实体外观进行评定(由BT项目承办人、设计、监理等有关单位共同评定,有的检查工作可事先进行)。

③合约商务检查是指主要检查合同项目内容是否已全部完成、工程变更处理情况、计量支付完成情况等。

④文档资料检查是指检查工程竣工文件质量和数量是否符合《深圳市地铁有限公司轨道交通工程竣工档案编制移交实施细则》(深地铁[2008]762号)及市档案局有关规定的要求。

(4)BT项目承办人依据各方意见,形成书面整改意见及预验会议纪要,根据整修项目工作量大小,确定标段项目部整改期限。

(5)标段项目部整改完毕,请BT项目承办人复验(必要时请相关部门共同复验)。确认预验合格,根据预验合格批复意见,标段项目部向监理单位申请竣工初验。

2. 工程竣工初步验收程序(图22-2)

(1)标段项目部、监理随工程的进展对各分部工程、分项工程及检验批分别进行质量检查验收工作,完成施工设计图纸和施工合同约定的全部内容(除非建设单位另有规定),工程竣工资料的编制基本完成,并经自验合格,报请BT项目承办人签章后,向监理单位提交单位(子单位)工程竣工初步验收申请表(表22-2)和单位(子单位)工程竣工报告(GD 3014)。

(2)监理工程师应在收到"工程竣工初步验收申请表"和"单位(子单位)工程质量竣工验收记录"之日起10天内对竣工初步验收申请审查完毕(如报告不符合要求,则时间另计),结合监督、检查及观察记录,客观、独立地对工程质量做出评定。

①详细核查标段项目部提交的质量保证资料,包括单位(子单位)工程、分部工程、分项工程和检验批的质量验收记录材料;隐蔽工程检查验收记录;关键工序检查记录等。

②对分项、分部工程质量进行汇总。

③结合观感质量评分(初验时由BT项目发起人、BT项目承办人、设计、监理、标段项目部进行评分),对单位(子单位)工程质量做出评定。

④整理监理归档文件并提出工程质量评估报告。

(3)由总监理工程师主持单位(子单位)工程竣工初步验收,组织BT项目发起人、BT项目承办人、设计、设备监理、标段项目部等有关单位参加验收,同时通知政府质量监督等相关部门参加。

①验收会上首先由标段项目部汇报工程施工情况及各阶段质量验收情况,由监理工程师汇报工程监理情况和工程质量评估报告,设计单位汇报设计文件质量检查报告。竣工初步验收过程中要分别对工程实体、合约商务、文档资料三方面进行检查,市质监单位对验收情况发表意见。

②实体检查内容包括:

a.检查已完成的合同工程项目是否满足国家相关规范、法规及设计文件要求。

b.测量重要部位尺寸,结构净空尺寸、坡度、平整度、直顺度、高程和平面位置误差,柱、墙垂直度、轴线、预埋件、预留孔、槽等是否符合设计要求,抽检实体质量。

c.检查楼板厚度实测资料,每层根据面积大小抽查2~5点。

d.检查结构混凝土强度回弹资料,每层根据面积大小选择5~15个竖向构件。

e.有悬挑板的构件应提供负筋检测资料,位置为根部最大弯矩处,每层选择3~5块板。

f.混凝土裂缝检查资料。

g.结构渗漏资料及处理方案。

h.对实体外观进行评分(由BT项目发起人、BT项目承办人、设计、监理、标段项目部等有关单位共同评分,有的检查工作可事先进行)。

③合约商务检查是指主要检查合同项目内容是否已全部完成、工程变更处理情况、计量支付完成情况等。

④文档资料检查是指检查工程竣工文件质量和数量是否符合《深圳市地铁有限公司轨道交通工程竣工档案编制移交实施细则》（深地铁〔2008〕762号）及市档案局有关规定的要求。

（4）监理工程师要认真记录各方意见，形成书面整改意见及初验会议纪要，根据整修项目工作量大小，确定标段项目部进行整改期限。

（5）标段项目部整改完毕，请监理、设计、BT项目承办人、BT项目发起人单位复验（必要时请相关部门共同复验）。监理确认初验合格，由总监理工程师签发初验合格证书（表22-3），BT项目发起人、BT项目承办人、监理、设计、标段项目部签认单位（子单位）工程质量竣工验收记录（GD 3014）。

3. 工程竣工验收程序（图22-3）

（1）土建合同工程初步验收合格且竣工文件已经齐备，标段项目部准备"工程竣工验收申请表"（表22-4）及相关资料向BT项目发起人申请单位工程竣工验收。

（2）建设分公司收到竣工验收申请资料并审查合格后，根据工程涉及的专项内容，按规定提请有关管理部门对工程进行专项验收。监理工程师和标段项目部应协助BT项目发起人进行该项工作。专项验收部门一般有：规划、消防、环保、质量技术监督、档案、民防等。

（3）在"工程竣工验收申请表"（包括相关附件）、专项验收合格证明文件或准许使用文件备齐后，由BT项目发起人验收管理机构（验收工作委员会办公室）组织BT项目承办人、设计、监理、标段项目部等有关单位的负责人和专业技术人员对工程进行竣工验收，同时，监理单位应督促标段项目部提前三个工作日把全套竣工文件资料送质监部门审查。BT项目发起人在竣工验收前三个工作日通知深圳市质监总站到场监督竣工验收。

（4）竣工验收会议程序如下：

①BT项目发起人组织BT项目承办人、设计、标段项目部、监理等单位和其他有关专家组成验收组，根据验收内容及工程特点，下设若干个专业组。

②工程竣工验收会上，先由标段项目部汇报工程施工情况、自检结果、各阶段质量评定验收情况，并提交一式三份工程施工总结报告（报告22-1）；监理单位汇报工程监理情况、初步验收情况，并提交一式三份工程质量评估报告（GD 3004）；勘察单位、设计单位分别汇报工程勘察、设计工作情况并提交一式三份勘察文件质量检查报告（GD 3005）、设计质量检查报告（GD 3006）；建设分公司业主代表汇报工程管理情况，并提交一式三份业主代表工作报告（报告22-2）。

③分三个专业组进行竣工验收检查，即：合同商务组、工程质量组和文档资料组。各组的检查内容如下：

a. 合同商务组主要检查合同项目内容是否已全部完成、变更处理情况、计量支付完成情况等，并对存在的问题提出处理意见；还应对场地、临时设施的处理或移交等问题做出处理意见，明确缺陷责任期内BT项目承办人及标段项目部的合同义务。

b. 工程质量组主要检查工程合同内项目是否全部完成、工程观感质量、工程的安全性和功能性、现场存在的工程问题,工程质量组可根据需要提前检查待验工程。

c.文档资料组按《深圳市地铁有限公司轨道交通工程竣工档案编制移交实施细则》(深地铁[2008]762号)、《深圳市地铁有限公司建设工程声像档案整理移交实施细则》(深地铁[2008]598号)检查档案资料的系统性、完备性和正确性。

④验收组在充分听取三个验收专业检查组的验收意见的基础上,形成该工程的竣工验收意见。如验收中发现重大问题,需向BT项目发起人验收工作委员会报告。

⑤市质监单位对验收情况发表意见。

(5)验收检查组在竣工验收过程中应详细记录验收人员对工程验收的评述和存在的问题,形成整改意见或会议纪要,书面指令并督促标段项目部限期改正。

(6)标段项目部整改完毕后,应形成工程竣工验收整改意见处理报告(GD 3SZ002)并提请相关单位进行复查。BT项目发起人应对整改结果进行检查验收,重要问题需通知各方再次进行现场验收。市质监单位对监督过程中发现问题的整改情况进行复查时,有关单位应予以协助。

(7)验收合格后,BT项目发起人、BT项目承办人、监理、设计、标段项目部等单位共同签署竣工验收报告(报告22-3);BT项目发起人和BT项目承办人签订工程保修书;监理及时签发《工程移交证书》(报告22-5,深施监统B12)。标段项目部办理竣工档案移交。

(8)BT项目发起人向政府建设主管部门申请备案。

22.1.4 竣工日的确认

(1)工程的竣工日是指通过工程竣工验收、实体工程整改完毕、经BT项目发起人确认合格的日期。监理工程师应在工程移交证书中明确指明工程的竣工日,并根据工程开工日及竣工日确定标段项目部的实际工期。

(2)监理工程师应明确告知标段项目部,如果对竣工日有异议,应在约定的时间内(一般为28天)书面提出。

(3)若标段项目部对竣工日提出的异议,被监理工程师和BT项目发起人接受,监理工程师应重新确认竣工日。

(4)若标段项目部对竣工日提出的异议不能被监理工程师和建设单位同意,监理工程师可与标段项目部协商一个双方均可接受的竣工日,经BT项目发起人批准后书面通知标段项目部。若不能达成新的约定,应视发生合同争议,按照合同争议的规定进行处理。

22.1.5 备案

备案工作按《深圳市建设工程竣工验收及备案管理办法》(深建施[2000]25号)进行。

22.1.6 附则

本程序中的GD类表指深圳市建设局与深圳市档案局联合编制的《广东省建筑工程竣工验收技术资料统一用表(深圳版)》。

22.1.7 相关文件

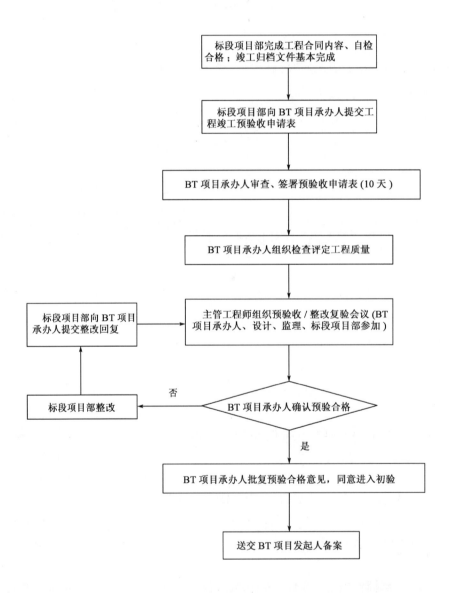

图 22-1 地铁 BT 项目土建工程竣工预验收流程图

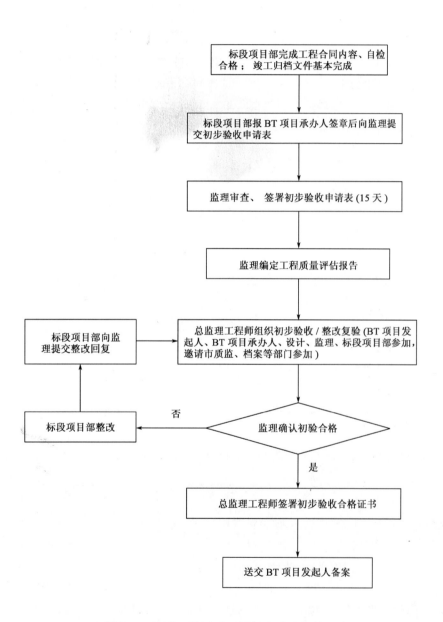

图 22-2 地铁 BT 项目土建工程竣工初步验收流程图

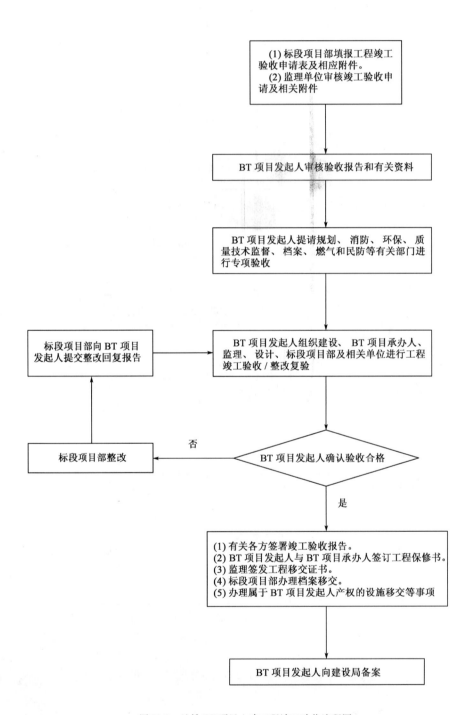

图 22-3 地铁 BT 项目土建工程竣工验收流程图

表 22-1

编号：_____

单位(子单位)工程竣工预验收申请表

工程名称：   合同号：

致：_____(BT 项目承办人) 　　按照合同文件要求，我方已完成_____工程，并经自检(初验)证实完成的工作符合合同文件的要求，请 BT 项目承办人于____年____月____日前予以预验收。   　　　　　　　　　　　　　　　　　　　　　　　　标段项目部：_____(公章) 　　　　　　　　　　　　　　　　　　　　　　　　　　项目经理：_____ 　　　　　　　　　　　　　　　　　　　　　　　　　　　日期：____年____月____日
附件：   相关文件及编号：
BT 项目承办人驻地代表意见：   　　　　　　　　　　　　　　　　　　　　　　　　　　驻地代表：_____ 　　　　　　　　　　　　　　　　　　　　　　　　　　　日期：____年____月____日
BT 项目承办人意见：   　　　　　　　　　　　　　　　　　　　　　BT 项目承办人：_____(公章) 　　　　　　　　　　　　　　　　　　　　　　　　负责人：_____ 　　　　　　　　　　　　　　　　　　　　　　　　日期：____年____月____日

注：本表一式七份，建设单位、BT 项目承办人、监理工程师各一份，标段项目部四份。

表 22-2

编号：_____

单位(子单位)工程竣工初步验收申请表

工程名称：　　　　　　　　　　　　　　　　　合同号：

致：_____(监理机构)

　　按照合同文件要求，我方已完成_____工程，并经自检，预验证实完成的工作符合合同文件的要求，请监理方于___年___月___日前予以验收。

标段项目部：_____

项目经理：_____

日期：___年___月___日

BT项目承办人：_____

负责人：_____

日期：___年___月___日

附件：

相关文件及编号：

监理单位意见：

监理工程师：_____　　　　　　　　总监理工程师：_____

日期：___年___月___日　　　　　　　　　日期：___年___月___日

注：本表一式七份，建设单位、BT项目承办人、监理工程师各一份，标段项目部四份。

表 22-3

深圳地铁工程初验合格证书

工程名称		合 同 号	
建设里程		监理单位	

致_____(标段项目部)

　　兹证明_____号验收申报表所报_____

_____（工程项目名称）

　　工程已按合同和监理工程师的指示（该报表中注明的工程缺陷和未完工程除外）完成，初步验收合格，同意进入竣工正式验收阶段。

备注：_____

_____

_____

_____

监理工程师：_____　　　　　　总监理工程师：_____

日期：____年____月____日____　　　　　　　日期：____年____月____日

注：本表一式六份，标段项目部三份（作竣工文件），监理部、BT项目承办人、建设单位各一份。

表 22-4

编号：_____

工程竣工验收申请表

工程名称：　　　　　　　　　　　　　　　　　　　　　合同号：

致：_____（建设单位）

　　按照设计和合同约定的各项内容，我方已完成_____工程，工程质量符合有关法律、法规和工程建设强制性标准，并经初验合格，特请建设方予以办理工程竣工验收手续。

标段项目部：_____（公章）

项目经理：_____

日期：____年____月____日

BT项目承办人：_____（公章）

负责人：_____

日期：____年____月____日

附件1：单位（子单位）工程初验合格证书

附件2：质量评估报告

附件3：设计文件质量检查报告

附件4：业主代表工作报告

附件5：工程初步验收会议纪要

附件6：工程验收整改意见处理报告（初验）

附件7：单位（子单位）工程质量竣工验收记录

相关文件及编号：

竣工条件具备情况	项目内容	标段项目部自检情况
	完成工程设计和合同约定的情况	
	技术档案和施工管理资料	
	主要建筑材料、建筑构配件和设备的进场试验报告（含监督抽检）资料	
	施工安全评价书	
	工程款支付情况	
	工程质量保修书	
	监督站责令整改问题的执行情况	

续上表

监理单位意见：	
总监理工程师：_____ 日期：____年____月____日	
建设单位业主代表意见：	
建设单位工程管理部门负责人：	日期：____年____月____日
建设单位设计管理部门意见：	
建设单位设计管理部门负责人：	日期：____年____月____日
建设单位合同商务部门意见：	
建设单位合同商务部门负责人：	日期：____年____月____日
建设单位验收委员会办公室（总工程师室）意见：	
总工程师室负责人：	日期：____年____月____日
建设单位验收委员会意见：	
建设单位验收委员会办公室主任：	日期：____年____月____日

注：本表一式五份，建设单位、BT项目承办人、监理单位各一份、标段项目部两份。

报告 22-1

深圳地铁工程建安工程竣工验收

施 工 总 结 报 告

工程名称：_____

施工单位：_____（公章）_____

填报日期：_____

填 报 说 明

1. 施工总结报告由施工单位负责打印填写,提交给建设单位。
2. 要求内容真实,语言简练,字迹清楚。
3. 凡需签名处,需先打印姓名后再亲笔签名。
4. 本报告一式四份,施工单位、建设单位、质监站、备案机关各一份。

工程项目名称				开工日期	
施工单位全称				资质等级	
				资质编号	
项目部主要人员名单	姓名	职务	专业	职称	执业资格证号

1. 工程概况
工程位置、工程布置、主要技术经济指标、主要建设内容、工程特点。
2. 施工总体部署
工程施工资源投入与分配、项目机构设置及工作情况。
3. 进度计划
施工总进度以及分阶段施工进度安排，各分部工程的进度安排，分析工程提前或推迟完成的原因。
4. 完成的主要工程量（结算工程量）
设计与实际完成的主要工程量和主要材料消耗量，及上述二者的对比、增减原因分析。
5. 主要施工方法
施工中采用的主要施工方法及应用于本工程的新技术、新设备、新方法、新工艺和科研情况等。
6. 施工质量管理
施工质量保证体系及工程施工质量控制标准，分部分项工程质量数据统计，重大质量事故及处理。
7. 文明施工和安全生产
文明施工和安全生产的主要措施、效果及问题分析。
8. 价款结算与财务管理
合同价与实际结算价的对比分析，包括合同变更、索赔情况分析，盈亏的主要原因等。
9. 工程移交及遗留问题处理
已完工程移交情况，到验收时为止尚存的遗留问题和处理意见。
10. 工程自检自评情况及评定等级
分部分项工程质量评定结果统计、档案资料的数量和质量、观感质量评定结果，整个工程综合评定结果。
11. 对后续工程和项目运营的建议
12. 工程施工大事记
主要记载从收到中标通知书到竣工验收过程中的重要事件、重要会议、重要的合同变化等。

项目负责人(打印)：_____ (签名)：_____
单位技术负责人(打印)：_____ (签名)：_____
施工单位(公章)：_____
签发日期：二〇〇　　年　　月　　日

下篇 · 第 22 章 BT 工程验收与移交

报告 22-2

深圳地铁工程

业主代表工作报告

工程类别：_____

工程名称：_____

工程标段：_____

编制人：_____

审核人：_____

深圳市地铁有限公司

年　月　日

一、工 程 概 况

工程名称			
工程位置			
工程造价			
工程规模			
开工日期			
初验日期			
竣工交验日期			
业主代表	建设分公司：	工作期限	
	规划总体部：	工作期限	
	合约法律部：	工作期限	
监理	监理工程师：	工作期限	
	总监：	工作期限	

二、工 程 质 量

历次质量检查结果及奖罚情况	
质量事故及处理结果	
重大技术问题及处理结果	

三、安全文明施工

历次安全文明施工检查结果及奖罚情况	
安全事故及处理结果	

四、工 程 进 度

工程进度总体概述	
重要里程碑 完成时间	

五、工 程 投 资

工程投资总体概述	
工程变更及处理结果	

六、其他主要事项

土建实施工程量统计表

工程名称: 　　　　　　　　　　　　　　　　　　　　　　　　工程代号:

代号	分 类		单 位	设计工程量	实施工程量
1	混凝土	土建	万 m³		
		安装	万 m³		
		装修	万 m³		
		合计	万 m³		
2	钢材钢筋	土建	万 t		
		安装	万 t		
		装修	万 t		
		合计	万 t		
3	土石方	开挖	万 m³		
		回填	万 m³		
4	正线、辅助线轨道长		km		
5	车场线轨道	不含道岔	km		
		含道岔	km		
6	车站房屋建筑面积		万 m²		
7	车辆段房屋建筑面积		万 m²		
8	其他房屋建筑面积		万 m²		
9	征(收)用地		万 m²		
10	施工借地面积(含道路绿化等地)		万 m²		
11	拆迁居民户数		户		
12	拆迁房屋面积		万 m²		

说明:此表为业主代表综合报告的组成部分,由业主代表填写,所填数据要真实、清楚、有效。没有者,以"划斜杠"表示。

填写人(签名): 　　　填写时间:　　　　　　　　　　　　　　　　　　　　　　年　月　日

报告 22-3

深 圳 市
地铁工程竣工验收报告

（地铁土建工程专用）

工 程 名 称：_____

标 段 号：_____

合 同 号：_____

深圳市建设局监制

填 报 说 明

1. 竣工验收报告由建设单位负责填写(施工单位协助)。

2. 竣工验收报告一式七份,一律用钢笔书写,字迹要清晰工整。建设单位、施工单位、城建档案管理部门、建设行政主管部门或其他有关专业工程主管部门各存一份。

3. 报告内容必须真实可靠,如发现虚假情况,不予备案。

4. 报告需经建设、BT项目承办人、设计、标段项目部、工程监理单位法定代表人或其委托代理人签字,并加盖单位公章后方为有效。

竣工项目审查 表1

工程名称		工程地址	
建设单位			
BT项目承办人			
勘察单位		结构形式	
设计单位		工程规模	
监理单位		开工日期	年 月 日
标段项目部		竣工日期	年 月 日
施工许可证号		总造价	
审查项目及内容		审查情况	

审查项目及内容	审查情况
一、完成设计项目情况 1. 地铁车站 　（1）主体结构 　（2）出入口、风道结构 　（3）防水工程 2. 区间矿山法隧道 　（1）断面开挖 　（2）初期支护 　（3）二次衬砌 　（4）防水工程 3. 区间明挖隧道 　（1）主体结构 　（2）防水工程 4. 盾构隧道 　（1）盾构推进 　（2）管片安装 　（3）防水工程 5. 轨道工程 6. 车辆段土石方工程 7. 人防工程 8. 其他工程	

续上表

二、完成合同约定情况 　1. 总包合同约定 　2. 分包合同约定 　3. 专业承包合同约定	
三、技术档案和施工管理资料 　1. 建设前期、施工图设计审查等技术档案 　2. 监理技术档案和管理资料 　3. 施工技术档案和管理资料	
四、进场试验报告 　1. 主要建筑材料 　2. 构配件 　3. 设备	
五、质量合格文件 　1. 勘察单位 　2. 设计单位 　3. 施工单位 　4. 监理单位	
六、工程质量保修书 　1. 总分包单位 　2. 专业承包	

审查结果

建设单位工程负责人：

日期：　年　月　日

竣工验收组织实施情况 表2

一、验收机构

1. 验收组

组长	
副组长	
组员	

2. 专业组

专业组	组　长	组　员
合同商务组		
工程实体组		
文档资料组		

注：建设、BT项目承办人、监理、设计、标段项目部的专业人员均必须参加相应的验收专业组。

二、验收组织程序

(1)建设单位主持验收会议。

(2)建设、BT项目承办人、勘察、设计、施工、监理单位介绍工程合同履约情况和在工程建设各个环节执行法律、法规和工程建设强制性标准情况。

(3)审阅建设、勘察、设计、施工、BT项目承办人、监理的工程档案资料。

(4)验收组核查质保资料、并实地查验工程质量。

(5)各验收专业组总结发言,建设单位做好记录。

工程质量评定

表3

各专业工程名称	评定等级	质量保证资料	观感质量评定
车站工程			
区间隧道工程			
轨道工程		共核查　　　　项 其中符合要求　　项 经鉴定符合要求　项	应得　　　　　　分 实得　　　　　　分 得分率　　　　　%
车辆段土石方工程			

单位工程评定等级
建设单位负责人：　　年　月　日

存在问题

执行标准	地铁车站工程	
	区间隧道工程	
	轨道工程	
	车辆段土石方工程	

续上表

竣工验收结论：				
建设单位 （签章） 单位负责人： 年　月　日	监理单位 （签章） 单位负责人： 年　月　日	设计单位 （签章） 单位负责人： 年　月　日	BT项目承办人 （签章） 单位负责人： 年　月　日	标段项目部 （签章） 单位负责人： 年　月　日

表 22-5

深施监统 B12

编号：_____

工程移交证书

工程名称：　　　　　　　　　　　　　　　　　　　　　合同号：

致：_____(标段项目部)

　　你方施工的_____工程，下列内容已按照合同文件的要求施工完毕并经建设单位验收合格，从总监理工程师签字之日起移交建设单位管理。特此证明。

移交内容：_____

　　　　　_____

　　　　　_____

　　　　　_____

附件：相关移交清单

相关文件及编号：

总监理工程师：_____　　　　监理单位(公章)：_____

日期：____年____月____日　　　　　　　　日期：____年____月____日

注：1. 本表根据《深圳市施工监理规程》第 26.1 及 26.2 条制定。
　　2. 本表一式五份，建设单位、BT 项目承办人、监理单位、标段项目部、档案局各一份。

22.2 设备安装、装修工程竣工验收程序

22.2.1 适用范围

本程序适用于深圳地铁工程的地铁车站及物业开发层、区间隧道、联络线、出入段等建设工程BT项目的常规设备安装、气体灭火工程和装修工程项目的竣工验收。

22.2.2 引用文件

(1)建设工程监理规范(GB 50319—2000)。
(2)深圳市施工监理规程(2001年1月1日施行)。
(3)深圳市建设工程竣工验收及备案管理办法【深建施[2003]25号】。
(4)地下铁道工程施工及验收规范(GB 50299—1999)。
(5)地下铁道设计规范(GB 50157—92)。
(6)建筑工程施工质量验收统一标准(GB 50300—2001)。
(7)通风与空调工程施工质量验收规范(GB 50243—2002)。
(8)建筑给水排水及采暖工程施工质量验收规范(GB 50242—2002)。
(9)建筑电气工程施工质量验收规范(GB 50303—2002)。
(10)深圳市建设工程质量监督办法(2000年5月1日起试行)。
(11)深圳市地铁工程竣工文件编制及档案移交实施细则(试行)。
(12)广东省建筑工程竣工验收技术资料统一用表(深圳版)。
(13)深圳市建设工程监理统一用表。
(14)气体灭火系统施工及验收规范(GB 50263—97)。

22.2.3 定义

(1)常规设备安装工程:指深圳地铁工程中的环控系统、低压动力照明系统(400V以下)、安装、综合管线、给排水及消防系统。
(2)装修工程:指深圳地铁工程中各车站建筑装饰、装修工程。
(3)气体灭火系统工程:指地铁工程中各车站气体灭火系统工程。

22.2.4 工程竣工验收程序

1. 工程竣工预验收程序(图22-4)

(1)在施工过程中,应依据各专业相关标准和合同技术规格书,由监理单位随工程的进展对各分部工程、分项工程及检验批分别组织质量检查验收工作。
(2)设备安装标段项目部在完成上述质量检查验收工作的基础上,进行设备单系统(或单机)的调试,调试结果应达到合同所规定的验收要求,自检合格且工程竣工文件资料编制基本完成后,即可向BT项目承办人提交"设备安装/装修单位(子单位)工程竣工预验收报审表"(表22-6)。

(3)装修标段项目部自检合格且工程竣工文件资料编制基本完成后,即可向BT项目承办人提交"设备安装/装修单位(子单位)工程竣工预验收报审表"(表22-6)。

(4)BT项目承办人应在收到"工程竣工预验收申请表"之日起5天内对竣工初验申请审查完毕(如检查不符合要求,则时间另计)。BT项目承办人审查的主要内容如下:

①审查承包商提交的工程质量证明资料,包括单位(子单位)工程、分部工程、分项工程和检验批的质量验收记录材料;隐蔽工程检查验收记录;关键工序检查记录等。

②审查设备安装标段项目部的"设备单系统(单机)调试报告"及相关测试记录,对其是否达到合同和设计文件的要求做出评定。

(5)工程竣工预验收由BT项目承办人主持,监理、设计单位和标段项目部等有关单位参加验收。

①工程预验收会上,先由标段项目部汇报工程施工情况、自检结果、设备安装或装修工程各阶段质量验收情况、设备单系统(单机)调试试验情况;由监理工程师汇报工程监理情况和工程质量评估情况;设计单位汇报工程设计情况。

②预验收检查可分为三个组,即:合同组、工程组和文档资料组。各组的检查内容如下:

a.合同组主要检查合同项目内容是否已全部完成、工程变更处理情况、计量支付完成情况等。

b.工程组主要检查工程观感质量、现场抽检并复核工程的安全性和功能性。

c.文档资料组主要检查检验批质量验收资料、分项工程、分部工程质量验收记录,隐蔽工程检查验收记录、关键工序检查记录,检查工程质量控制资料,检查工程安全和功能资料。

(6)BT项目承办人依据各方意见,形成书面整改意见及预验会议纪要,根据整修项目工作量大小,确定承包商进行整改期限。

(7)承包商整改完毕,请BT项目承办人复验(必要时请相关部门共同复验)。确认预验合格,根据预验合格批复意见,标段项目部向监理单位申请竣工初验。

2.单位(子单位)工程竣工初步验收程序(图22-5)

(1)设备安装标段项目部在获得BT项目承办人预验合格批复意见后,即可向监理工程师提交"设备安装/装修单位(子单位)工程竣工初步验收申请表"(表22-7)。

(2)监理工程师应在收到"工程竣工初步验收申请表"之日起5天内对竣工初验申请审查完毕(如检查不符合要求,则时间另计)。监理工程师审查的主要内容如下:

①审查标段项目部提交的工程质量证明资料,包括单位(子单位)工程、分部工程、分项工程和检验批的质量验收记录材料;隐蔽工程检查验收记录;关键工序检查记录等。

②审查设备安装标段项目部的"设备单系统(单机)调试报告"及相关测试记录,对其是否达到合同和设计文件的要求做出评定。

监理单位应同时整理监理归档文件并提出工程质量评估报告。

(3)工程竣工初步验收由总监理工程师主持,组织建设、BT项目承办人、设计、设备监理、施工等有关单位参加验收,同时邀请市质监、档案等相关部门参加。

(4)监理工程师要认真记录各方意见,整理形成工程竣工验收整改意见(GD 3SZ001)或初验会议纪要,根据工期的要求和整改内容工作量大小,确定标段项目部进行整改的期限。

(5)标段项目部整改完毕,应填写工程竣工验收整改意见处理报告(GD 3SZ002),报请监理、设计、BT项目承办人、建设单位复验(必要时还需请相关部门共同复验)。监理单位确认初验合格后,由总监理工程师签署"设备安装/装修工程初验合格证书"(表22-8)。

(6)初验合格的常规设备安装工程、气体灭火系统工程通过地铁设备系统总联调后才能进行竣工验收;初验合格的装修单位(子单位)工程原则上可直接进入工程竣工验收阶段。

3.单位(子单位)工程竣工验收程序(图22-6)

(1)工程初验合格且竣工文件已齐备,设备安装及装修标段项目部(设备安装工程和气体灭火系统工程需通过地铁设备系统总联调验证)准备"单位工程竣工验收申请表"(表22-9、表22-10)及相关资料申请工程竣工验收。由监理单位和标段项目部协助建设单位填报"工程竣工验收报告"(报告22-4、报告22-5),标段项目部准备工程保修书。

(2)BT项目发起人收到工程竣工验收申请资料并审核合格后,根据设备安装工程或装修工程涉及的专项内容,按规定向有关部门申请专项验收。监理工程师和标段项目部应协助建设单位进行该项工作。

(3)在专项验收合格证明文件备齐后,由BT项目发起人验收工作管理部门组织BT项目承办人、设计、监理、标段项目部等有关单位的负责人和专业技术人员对设备安装工程进行竣工验收准备工作。根据需要,BT项目发起人可安排验收人员提前查验工程,并可邀请运营单位或接管单位人员和社会专家参加竣工验收工作。监理单位应督促标段项目部提前3个工作日将有关竣工文件资料送市质监部门审查,BT项目发起人通知市质监总站到场监督工程竣工验收工作。

(4)竣工验收会议程序如下:

①BT项目发起人组织BT项目承办人、设计、标段项目部、监理等单位和其他有关专家组成验收组,根据验收内容及工程特点,下设若干个专业组。

②工程竣工验收会上,先由设计单位汇报工程设计情况并提交设计质量检查报告(GD 3006);标段项目部汇报工程施工情况、自检结果、设备安装或装修各阶段质量评定验收情况、设备单系统(单机)调试试验情况,总联调调试试验情况,并提交工程施工总结报告(报告22-6);监理单位汇报设备安装工程或装修工程监理情况、初步验收情况及总联调测试情况,并提交工程质量评估报告(GD 3004);建设分公司业主代表汇报工程管理情况,并提交业主代表工作报告(报告22-7)。

③由验收领导组和三个专业组进行竣工验收检查,即:合同商务组、工程质量组和文档资料组。各组的检查内容如下:

a.合同商务组主要检查合同项目内容是否已全部完成、变更处理情况、计量支付完成情况等,并对存在的问题提出处理意见;还应对场地、临时设施的处理或移交等问题做出处理意见,明确缺陷责任期内BT项目承办人及标段项目部的合同义务。

b. 工程质量组分外业组和内业组。外业组主要检查工程合同内项目是否全部完成、工程观感质量、工程的安全性和功能性、现场存在的工程问题等；内业组主要检查检验批质量验收资料、分项工程、分部工程质量验收记录，隐蔽工程检查验收记录、关键工序检查记录，检查工程质量控制资料，检查工程安全和功能资料，检查监理归档资料等。工程质量组可根据需要提前检查待验工程。

c. 文档资料组按《深圳地铁一期工程常规设备安装、装修、气体消防工程竣工文件归档编制办法（试行）》、《深圳地铁工程竣工文件编制及档案移交实施细则》（深地铁政[2001]325号）、《地铁工程声像档案及电子文件档案制作归档暂行规定》（深地铁企[2003]183号）检查档案资料的完备性和正确性。

④验收领导机构在充分听取三个验收专业检查组的验收意见的基础上，形成该工程的竣工验收意见。如验收中发现重大问题，需向BT项目发起人验收工作委员会报告。

⑤市质监单位对验收情况发表意见。

（5）建设单位验收组织部门在竣工验收过程中应详细记录参验人员对工程验收的评述意见和提出的存在问题，整理形成整改意见或会议纪要，书面指令并督促承包商限期改正。

（6）标段项目部整改完毕后，应填写整改报告（GD）将整改情况书面提交到BT项目发起人验收工作委员会办公室。BT项目发起人应对整改报告进行核查，重要问题需通知各方再次进行现场验收。市质监总站对监督过程中发现问题的整改情况进行复查时，有关单位应予以协助。

（7）验收合格后，BT项目发起人、BT项目承办人、监理单位、设计单位、标段项目部等共同签署工程竣工验收报告；BT项目发起人和BT项目承办人签订工程质量保修书；监理应及时签发"工程移交证书"（表22-11）。标段项目部办理工程竣工档案移交和产权属于BT项目发起人的设施移交，安装工程标段项目部应负责从设备供应商处清点接收的合同设备、备品备件、专用工具及设备随箱技术文件如数移交给BT项目发起人相关部门或接管单位。

（8）BT项目发起人向政府建设主管部门申请备案。

22.2.5 竣工日的确认

设备安装、装修工程竣工日的确认同土建工程竣工日的确认。

22.2.6 备案

备案工作按《深圳市建设工程竣工验收及备案管理办法》（深建施[2002]25号）进行。

22.2.7 附则

本程序中的GD类表指深圳市建设局与深圳市档案局联合编制的《广东省建筑工程竣工验收技术资料统一用表（深圳版）》。

22.2.8 相关文件

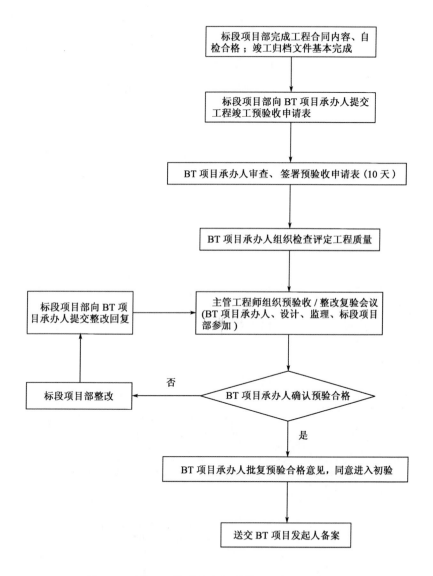

图 22-4 地铁 BT 项目设备安装、装修工程竣工预验收流程图

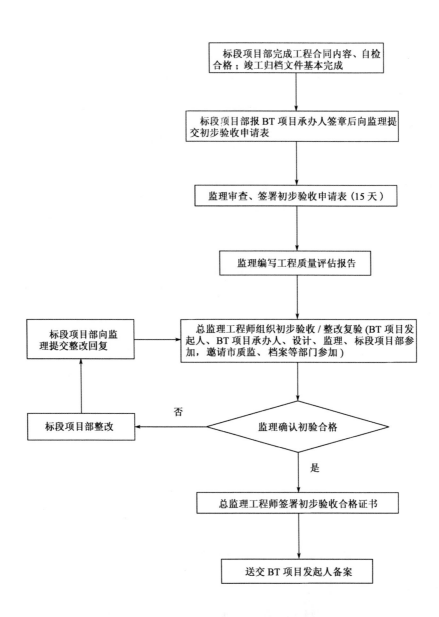

图 22-5 地铁 BT 项目设备安装、装修工程竣工初步验收流程图

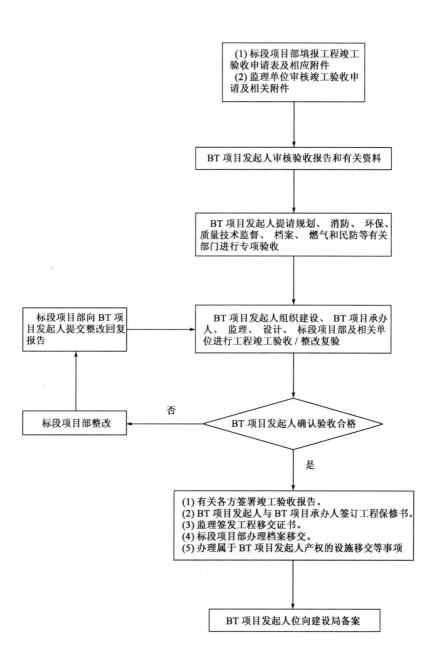

图 22-6 地铁 BT 项目设备安装、装修工程竣工验收流程图

表 22-6

编号：_____

设备安装、装修单位（子单位）工程竣工预验收报审表

工程名称：　　　　　　　　　　　　　　　　　　　　　合同号：

致：_____（BT 项目承办人）

　　按照合同文件要求，我方已完成_____工程，并经自检（初验）证实完成的工作符合合同文件的要求，请 BT 项目承办人于____年____月____日前予以预验收。

标段项目部：_____（公章）

项目经理：_____

日期：____年____月____日

附件：

相关文件及编号：

BT 项目承办人驻地代表意见：

驻地代表：_____

日期：____年____月____日

BT 项目承办人意见：

BT 项目承办人：_____（公章）

负责人：_____

日期：____年____月____日

注：本表一式七份，建设单位、BT 项目承办人、监理工程师各一份，标段项目部四份。

表 22-7

编号：_____

单位(子单位)工程竣工初步验收申请表

工程名称：　　　　　　　　　　　　　　　　　　　　　合同号：

致：_____（监理机构）
　　按照合同文件要求，我方已完成_____工程，并经自检，预验证实完成的工作符合合同文件的要求，请监理方于___年___月___日前予以验收。

标段项目部：_____
项目经理：_____
日期：___年___月___日

BT 项目承办人：_____
负责人：_____
日期：___年___月___日

附件：

相关文件及编号：

监理单位意见：

监理工程师：_____　　　　　　　　总监理工程师：_____
日期：___年___月___日　　　　　　　　　　　　　日期：___年___月___日

注：本表一式七份，建设单位、BT 项目承办人、监理工程师各一份，标段项目部四份。

表22-8

深圳地铁工程设备安装、装修工程初验合格证书

工程名称		验收范围	
施工单位		监理单位	
合同号		签发日期	年　月　日

致：_____（标段项目部）

　　兹证明_____号合同工程初步验收申请表所报工程，已按合同和设计文件（该报表中注明的未完成工程除外）完成，同意签发初验合格证书。该单位（子单位）工程可进入工程竣工验收阶段。

备注：_____

_____

_____

_____

监理工程师：_____　　　　　总监理工程师：_____

日期：____年____月____日　　　　　　　　日期：____年____月____日

注：本表一式六份，标段项目部三份（做竣工文件），监理部、BT项目承办人、建设单位各一份。

表 22-9

编号：_____

设备安装工程竣工验收申请表

工程名称： 　　　　　　　　　　　　　　　　　　　　　　　合同号：

致：_____（建设单位）

　　按照设计和合同约定的各项内容，我方已完成_____工程，工程质量符合有关法律、法规和工程建设强制性标准，并经初验合格，特请建设方予以办理工程竣工验收手续。

标段项目部：_____（公章）

项目经理：_____

日期：_____年_____月_____日

BT 项目承办人：_____（公章）

负责人：_____

日期：_____年_____月_____日

附件1：工程初验合格证书

附件2：质量评估报告

附件3：设计文件质量检查报告

附件4：业主代表工作报告

附件5：工程初步验收会议纪要

附件6：工程验收整改意见处理报告

附件7：通过地铁系统总联调的证明文件

相关文件及编号：

	项目内容	标段项目部自检情况
竣工条件具备情况	完成工程设计和合同约定的情况	
	技术档案和施工管理资料	
	主要建筑材料、建筑构配件和设备的进场试验报告（含监督抽检）资料	
	施工安全评价书	
	工程款支付情况	
	工程质量保修书	
	监督站责令整改问题的执行情况	

续上表

监理单位意见:
总监理工程师:_____ 日期:____年____月____日
建设单位业主代表意见:
建设单位工程管理部门负责人: 　　　　　　　　日期:____年____月____日
建设单位设计管理部门意见:
建设单位设计管理部门负责人: 　　　　　　　　日期:____年____月____日
建设单位合同商务部门意见:
建设单位合同商务部门负责人: 　　　　　　　　日期:____年____月____日
建设单位验收委员会办公室(总工程师室)意见:
总工程师室负责人: 　　　　　　　　　　　　　日期:____年____月____日
建设单位验收委员会意见:
建设单位验收委员会办公室主任: 　　　　　　　日期:____年____月____日

注:本表一式五份,建设单位、BT项目承办人、监理单位各一份、标段项目部两份。

表 22-10

编号：_____

装修工程竣工验收申请表

工程名称：　　　　　　　　　　　　　　　　　　　　　合同号：

致：_____（建设单位）

　　按照设计和合同约定的各项内容，我方已完成_____工程，工程质量符合有关法律、法规和工程建设强制性标准，并经初验合格，特请建设方予以办理工程竣工验收手续。

标段项目部：_____（公章）

项目经理：_____

日期：_____年_____月_____日

BT 项目承办人：_____（公章）

负责人：_____

日期：_____年_____月_____日

附件1：工程初验合格证书

附件2：质量评估报告

附件3：设计文件质量检查报告

附件4：业主代表工作报告

附件5：工程初步验收会议纪要

附件6：工程验收整改意见处理报告

相关文件及编号：

	项目内容	标段项目部自检情况
竣工条件具备情况	完成工程设计和合同约定的情况	
	技术档案和施工管理资料	
	主要建筑材料、建筑构配件和设备的进场试验报告（含监督抽检）资料	
	施工安全评价书	
	工程款支付情况	
	工程质量保修书	
	监督站责令整改问题的执行情况	

续上表

监理单位意见：	
总监理工程师：_____ 日期：____年____月____日	
建设单位业主代表意见：	
建设单位工程管理部门负责人：	日期：____年____月____日
建设单位设计管理部门意见：	
建设单位设计管理部门负责人：	日期：____年____月____日
建设单位合同商务部门意见：	
建设单位合同商务部门负责人：	日期：____年____月____日
建设单位验收委员会办公室(总工程师室)意见：	
总工程师室负责人：	日期：____年____月____日
建设单位验收委员会意见：	
建设单位验收委员会办公室主任：	日期：____年____月____日

注：本表一式五份，建设单位、BT项目承办人、监理单位各一份、标段项目部两份。

报告 22-4

深 圳 市
地铁工程竣工验收报告

（设备安装工程专用）

工 程 名 称：_____

标 段 号：_____

合 同 号：_____

深圳市建设局监制

填 报 说 明

1. 竣工验收报告由建设单位负责填写(施工单位协助)。

2. 竣工验收报告一式七份,一律用钢笔书写,字迹要清晰工整。建设单位、施工单位、城建档案管理部门、建设行政主管部门或其他有关专业工程主管部门各存一份。

3. 报告内容必须真实可靠,如发现虚假情况,不予备案。

4. 报告需经建设、BT承办人、设计、施工、工程监理单位法定代表人或其委托代理人签字,并加盖单位公章后方为有效。

竣工项目审查　　　　　　　　　　　　　　　　　　　　表1

工程名称		工程地址		
建设单位				
BT项目承办人				
设计单位		开工日期		年　月　日
监理单位		竣工日期		年　月　日
标段项目部				
施工许可证号			合同总额	万元
审查项目及内容		审查情况		
一、完成设计项目情况				
二、设备单系统(单机)调试试验情况;参与地铁系统总联调试验情况				
三、完成合同约定情况 　1. 总包合同约定 　2. 分包合同约定 　3. 专业承包合同约定				
四、技术档案和施工管理资料 　1. 施工图设计审查等技术档案 　2. 施工技术档案和管理资料 　3. 监理技术档案和管理资料				
五、进场实验报告 　1. 主要建筑材料 　2. 构配件 　3. 设备				
六、质量合格文件 　1. 设计单位 　2. 施工单位(承包商) 　3. 监理单位				
七、工程质量保修书 　1. 总包与分包单位 　2. 专业承包单位				

审查结果：

　　　　　　　　　　　　　　　　　　　　　　　　建设单位工程负责人：
　　　　　　　　　　　　　　　　　　　　　　　　　　日期：　年　月　日

竣工验收组织实施情况 表2

一、验收机构

1. 领导小组

主任	
副主任	
成员	

2. 各专业组

验收专业组	组长	组员
合同商务组		
工程实体质量组		
文档资料组		

注：建设、BT项目承办人、监理、设计、标段项目部的专业人员均必须参加相应的验收专业组。

二、验收工作程序

（1）建设单位主持验收会议。

（2）BT项目承办人介绍工程合同履约情况和在工程建设各个环节执行法律、法规和工程建设强制性标准情况。

（3）设计单位介绍设计情况。

（4）标段项目部介绍施工情况。

（5）监理单位介绍监理情况。

（6）各验收专业组核查质保资料，并到现场检查。

（7）设备调试试验专业组应到现场进行测试，核查承包商的自检试验数据。

（8）各验收专业组总结发言，建设单位做好记录。

工程质量评定 表3

工程质量评定：				
存在问题：				
竣工验收结论：				
建设单位 （公章） 单位负责人： 年　月　日	设计单位 （公章） 单位负责人： 年　月　日	监理单位 （公章） 单位负责人： 年　月　日	BT项目承办人 （公章） 单位负责人： 年　月　日	标段项目部 （公章） 单位负责人： 年　月　日

报告 22-5

深 圳 市
地铁工程竣工验收报告

（装修工程专用）

工程名称：_____

标 段 号：_____

合 同 号：_____

深圳市建设局监制

填 报 说 明

1. 竣工验收报告由建设单位负责填写(施工单位协助)。

2. 竣工验收报告一式七份,一律用钢笔书写,字迹要清晰工整。建设单位、施工单位、城建档案管理部门、建设行政主管部门或其他有关专业工程主管部门各存一份。

3. 报告内容必须真实可靠,如发现虚假情况,不予备案。

4. 报告需经建设、BT承办人、设计、施工、工程监理单位法定代表人或其委托代理人签字,并加盖单位公章后方为有效。

竣工项目审查　　　　　　　　　表1

工程名称		工程地址			
建设单位					
BT项目承办人					
设计单位		开工日期	年	月	日
监理单位		竣工日期	年	月	日
标段项目部					
施工许可证号		合同总额		万元	
审查项目及内容		审查情况			
一、完成设计项目情况					
二、完成合同约定情况 　1.总包合同约定 　2.分包合同约定 　3.专业承包合同约定					
三、技术档案和施工管理资料 　1.施工图设计审查等技术档案 　2.施工技术档案和管理资料 　3.监理技术档案和管理资料					
四、进场实验报告 　1.主要建筑材料 　2.构配件 　3.设备					
五、质量合格文件 　1.设计单位 　2.施工单位（承包商） 　3.监理单位					
六、工程质量保修书 　1.总包与分包单位 　2.专业承包单位					
审查结果：					

建设单位工程负责人：
日期：　年　月　日

竣工验收组织实施情况 　　　　　　　　表2

一、验收机构

1. 领导小组

主任	
副主任	
成员	

2. 各专业组

验收专业组	组长	组员
合同商务组		
工程实体质量组		
文档资料组		

注：建设、BT项目承办人、监理、设计、标段项目部的专业人员均必须参加相应的验收专业组。

二、验收工作程序

（1）建设单位主持验收会议。

（2）BT项目承办人介绍工程合同履约情况和在工程建设各个环节执行法律、法规和工程建设强制性标准情况。

（3）设计单位介绍设计情况。

（4）标段项目部介绍施工情况。

（5）监理单位介绍监理情况。

（6）各验收专业组核查质保资料，并到现场检查。

（7）设备调试试验专业组应到现场进行测试，核查承包商的自检试验数据。

（8）各验收专业组总结发言，建设单位做好记录。

工程质量评定 表3

工程质量评定:

存在问题:

竣工验收结论:

建设单位 (公章)	设计单位 (公章)	监理单位 (公章)	BT项目承办人 (公章)	标段项目部 (公章)
单位负责人:	单位负责人:	单位负责人:	单位负责人:	单位负责人:
年 月 日	年 月 日	年 月 日	年 月 日	年 月 日

表 22-11

编号:_____

工程移交证书

工程名称:　　　　　　　　　　　　　　　　　　　合同号:

致:_____(标段项目部)

你方施工的_____工程,下列内容已按照合同文件的要求施工完毕并经建设单位验收合格,从总监理工程师签署之日起移交建设单位管理。特此证明。

移交内容:_____
_____
_____
_____
_____
_____

附件:

监理单位:____(公章)_____

总监理工程师:_____

日期:_____

注:1. 本表根据《深圳市施工监理规程》第 26.1 及 26.2 条制定。
　　2. 本表一式 5 份,建设单位、BT 项目承办人、监理单位、标段项目部、档案馆各 1 份。

报告 22-6

深圳地铁工程
业主代表工作报告

工程类别：_____

工程名称：_____

工程标段：_____

　编制人：_____

　审核人：_____

深圳市地铁有限公司
年　月　日

一、工程概况

工程名称			
工程位置			
工程造价			
工程规模			
开工日期			
初验日期			
竣工交验日期			
建设单位	建设分公司：	工作期限	
	规划总体部：	工作期限	
	合约法律部：	工作期限	
监理单位	总监：	工作期限	
	监理工程师：	工作期限	

二、工程质量

历次质量检查结果及奖罚情况	
质量事故及处理结果	
重大技术问题及处理结果	

三、安全文明施工

历次安全文明施工检查结果及奖罚情况	
安全事故及处理结果	

四、工 程 进 度

工程进度总体概述	
重要里程碑完成时间	

五、工 程 投 资

工程投资总体概述	
工程变更及处理结果	

六、其他主要事项

报告 22-7

深圳地铁工程建安工程竣工验收

施 工 总 结 报 告

工程名称：_____

施工单位：_____（公章）_____

填报日期：_____

填 报 说 明

1. 施工总结报告由施工单位负责打印填写,提交给建设单位。
2. 要求内容真实,语言简练,字迹清楚。
3. 凡需签名处,需先打印姓名后再亲笔签名。
4. 本报告一式四份,施工单位、建设单位、质监站、备案机关各一份。

工程项目名称				开工日期		
施工单位全称				资质等级		
				资质编号		
项目部主要人员名单	姓名	职务	专业	职称	执业资格证号	

1. 工程概况
工程位置、工程布置、主要技术经济指标、主要建设内容、工程特点。
2. 施工总体部署
工程施工资源投入与分配、项目机构设置及工作情况。
3. 进度计划
施工总进度以及分阶段施工进度安排,各分部工程的进度安排。分析工程提前或推迟完成的原因。
4. 完成的主要工程量(结算工程量)
设计与实际完成的主要工程量和主要材料消耗量,及上述二者的对比、增减原因分析。
5. 主要施工方法
施工中采用的主要施工方法及应用于本工程的新技术、新设备、新方法、新工艺和科研情况等。
6. 施工质量管理
施工质量保证体系及工程施工质量控制标准,分部分项工程质量数据统计,重大质量事故及处理。
7. 文明施工和安全生产
文明施工和安全生产的主要措施、效果及问题分析。
8. 价款结算与财务管理
合同价与实际结算价的对比分析,包括合同变更、索赔情况分析,盈亏的主要原因等。
9. 工程移交及遗留问题处理
已完工程移交情况,到验收时为止尚存的遗留问题和处理意见。
10. 工程自检自评情况及评定等级
分部分项工程质量评定结果统计、档案资料的数量和质量、观感质量评定结果,整个工程综合评定结果。
11. 对后续工程和项目运营的建议
12. 工程施工大事记
主要记载从收到中标通知书到竣工验收过程中的重要事件、重要会议、重要的合同变化等。

  项目负责人(打印):_____(签名):_____
  单位技术负责人(打印):_____(签名):_____
    施工单位(公章):_____

    签发日期:二〇 年 月 日

参考文献

[1] 李继红. 我国BT投融资建设模式中的法律关系探析[D]. 中国政法大学,2009.

[2] 蔡蔚. "建设—转让"融资模式在城市轨道交通建设中的若干操作性问题[J]. 城市轨道交通研究,2007(08).

[3] 童琳. 公共基础设施的BT模式运用研究[D]. 同济大学,2007.

[4] 葛培健,张燎. 基础设施BT项目运作与实务[M]. 上海:复旦大学出版社,2009.

[5] 中华人民共和国住房和城乡建设部. 关于严禁政府投资项目使用带资承包方式进行建设的通知[EB/OL]. [2006-01-04]. http://www.mohurd.gov.cn/zcfg/jswj/jzsc/200611/t20061101_158769.htm.

[6] 张树森. BT投融资建设模式[M]. 北京:中央编译出版社,2006.

[7] 万先进. 基础设施BT模式问题浅析[J]. 重庆交通学院学报,2005(04).

[8] 李启明. 工程项目采购与和合同管理[M]. 北京:中国建筑工业出版社,2009.

[9] 王灏. BT方式在基础设施项目中的应用研究[J]. 宏观经济研究,2005(10).

[10] 皇家特许建造学会. 业主开发与建设项目管理使用指南.3版.[M]. 北京:中国建筑工业出版社,2009.

[11] 丁士昭. 工程项目管理[M]. 北京:中国建筑工业出版社,2004.

[12] 张晓莉. 城市轨道交通"三位一体"发展战略研究[J]. 城市轨道交通研究,2008(07).

[13] 张世达. "小业主、大咨询"管理模式在铁路客运专线建设中的作用[EB/OL]. [2008-22-30]. http://www.gmw.cn/01gmrb/2008-10/30/content_854048.htm.

[14] 郭庆军. 我国城市地铁可持续发展分析[J]. 交通企业管理,2008(03).

[15] 林正. 香港地铁的可持续发展探索[J]. 都市快轨交通,2008(01).

[16] 陈勇强,姜琳. 大型工程建设项目集成管理概念模型研究[J]. 北京科技大学学报(社会科学版),2009(01).

[17] 贝塔朗菲. 一般系统论——基础、发展、应用[M]. 北京:社会科学文献出版社,1987.

[18] 高明珠. 基于B/S的建筑工程管理信息平台[J]. 计算机工程,2006(3).

[19] 蒋建军. 基于统一编码的信息孤岛集成技术研究[J]. 计算机工程与应用,2006(23).

[20] 陈勇强,吕文学,张水波. 工程项目集成管理系统的开发研究[J]. 土木工程学报,2005(05).

[21] 成虎,陈群. 工程项目管理[M]. 北京:中国建筑工业出版社,2009.

[22] 陈光,成虎. 建设项目全寿命期目标体系研究[J]. 土木工程学报,2004(10).

[23] 丰静. 大型工程项目目标控制体系的研究[J]. 价值工程,2009(11).

[24] 郭庆军. 建设项目目标的层次性分析[J]. 施工技术,2008(08).

[25] 郭汉丁. 业主建设工程项目管理指南[M]. 北京:机械工业出版社,2005.

[26] 何伯森. 应用伙伴关系理念和谐工程项目管理[J]. 国际经济合作,2007(09).

[27] 佘健俊. 城市轨道交通项目设计管理模式分析[J]. 工程管理学报,2003(03).

[28] 陈群. 工程项目全寿命周期的设计质量管理[J]. 福建工程学院学报,2009(04).

[29] 成虎.工程全寿命期设计流程和准则研究[J].东南大学学报(哲学社会科学版),2010(01).
[30] 郑钰.如何加强轨道交通工程的监理管理工作[J].西部探矿工程,2010(08).
[31] 周才志,张斐,方俊等.BT项目招标模式研究[M].武汉:武汉理工大学出版社,2009.
[32] 隋小东.做好地铁工程监理工作的几个难点与对策[J].建设监理,2004(02).
[33] 郑钰.如何加强轨道交通工程的监理管理工作[J].西部探矿工程,2010(08).
[34] 丁士昭.建设工程信息化导论[M].北京:中国建筑工业出版社,2005.
[35] 张明轩.建设工程项目进度管理[M].北京:中国计划出版社,2007.
[36] 尹军,夏瀛.建筑施工组织与进度管理[M].北京:化学工业出版社,2007.
[37] 何清华.项目管理案例[M].北京:中国建筑工业出版社,2008.
[38] 王俊英.基于SD的房地产仿真预测及监测预警模型研究[D].东南大学,2004.
[39] 张树森.BT投融资建设模式[M].北京:中央编译出版社,2006.
[40] 张云波.工程项目工期延误原因及预警模型研究[D].天津大学,2003.
[41] 孙宁.城市轨道交通建设的工程接口管理[J].城市轨道交通,2001(09).
[42] 胡建文.BT模式在深圳地铁5号线建设中的应用研究[D].武汉理工大学,2009.
[43] 葛培健.基础设施BT项目运作与实务[M].上海:复旦大学出版社,2007.
[44] 陆参.建设工程项目质量管理[M].北京:中国计划出版社,2007.
[45] 郭亮,汤竞.动态风险管理在上海轨道交通4号线修复工程中的应用[J].地下工程与隧道,2008(02).
[46] 谢亚伟.工程项目风险管理与保险[M].北京:清华大学出版社,2009.
[47] 王卓甫.工程项目管理风险及其应对[M].北京:中国水利水电出版社,2005.
[48] 中国石油天然气股份有限公司管道分公司,中国石油集团工程设计有限责任公司.兰州—银川输气管道工程PMT/PMC项目管理实践[M].北京:石油工业出版社,2007.
[49] 王喜军,王孟钧,陈辉华.BOT项目运作与管理实务[M].北京:中国建筑工业出版社,2008.